Critical Constructive and Reflexive Thinking on Management Research

管理研究的批判、建构及反思

朝向自我的旅程

韩巍 / 著

北京大学出版社
PEKING UNIVERSITY PRESS

图书在版编目(CIP)数据

管理研究的批判、建构及反思:朝向自我的旅程/韩巍著.—北京:北京大学出版社,2022.3

ISBN 978-7-301-32899-6

Ⅰ.①管… Ⅱ.①韩… Ⅲ.①管理学—文集 Ⅳ.①C93-53

中国版本图书馆 CIP 数据核字(2022)第 030663 号

书　　名	管理研究的批判、建构及反思:朝向自我的旅程 GUANLI YANJIU DE PIPAN、JIANGOU JI FANSI: CHAOXIANG ZIWO DE LÜCHENG
著作责任者	韩　巍　著
责任编辑	徐　冰　孙　昕
标准书号	ISBN 978-7-301-32899-6
出版发行	北京大学出版社
地　　址	北京市海淀区成府路 205 号　100871
网　　址	http://www.pup.cn
微信公众号	北京大学经管书苑(pupembook)
电子信箱	em@pup.cn
电　　话	邮购部 010-62752015　发行部 010-62750672 编辑部 010-62752926
印 刷 者	北京市科星印刷有限责任公司
经 销 者	新华书店
	720 毫米×1020 毫米　16 开本　26.5 印张　482 千字 2022 年 3 月第 1 版　2022 年 3 月第 1 次印刷
定　　价	88.00 元

未经许可,不得以任何方式复制或抄袭本书之部分或全部内容。

版权所有,侵权必究

举报电话:010-62752024　电子信箱:fd@pup.pku.edu.cn

图书如有印装质量问题,请与出版部联系,电话:010-62756370

序言

PREFACE

这本文集收录了笔者过去十多年写的学术文章，其中包括与导师席酉民合作的 4 篇，与北京师范大学赵向阳合作的 1 篇，与深圳大学曾宪聚合作的 1 篇。

30 岁以前，笔者热衷于实践和教学，对管理研究可以说毫无兴趣，因为 1999 年赴加拿大访学期间埋头图书馆的那段经历，后来才真正安心于“全职大学教师”的生活。1997 年以“在读”身份攻读博士学位，2001 年博士毕业，2002 年赴深圳大学任教——笔者的管理研究历程与学术“指标化”的时代步伐不同，可以说，书中的绝大多数文章都是在深圳大学曾经非常宽松的环境中完成的。今天的深圳大学在追求“学术 GDP”上越来越接近甚至超越其他高校，但对笔者并没有多大影响，近期的文章也是研究惯性下自然而然的产物。

我是谁？48 岁时，笔者颇有点儿自负地写过一篇短文《研究是为了免于欺骗的人生》；离 50 岁差不了几天时，在厦门大学“管理学在中国”年会上，笔者做了一个简短的报告，也是一篇文章的梗概，即《学术：朝向自我的旅程》。多年前，从汪丁丁老师那儿了解到怀特海[①]关于“表达与重要性感受”的观点。突然好奇，那些发表的文章到底“重要”吗？值得发表吗？

除了《学术：朝向自我的旅程》《管理以诗，管理如诗》两篇文章，其余文章均已分别在《管理学报》《西安交通大学学报》（社会科学版）、《管理学家》（学术版）、《管理学季刊》发表，为了尊重“历史”，除了对个别语句、错别字及参考文献的订正，这些文章在收入本书时基本保留了发表时的原貌。比较特别的是，每篇文章的末尾都附加了一篇简短的“回顾及反思”，意图贯彻一种比较彻底的反身性（reflexivity），通过回望自身认知、思想的轨迹，既展现笔者对管理研究的看法，

---

① 阿弗烈·诺夫·怀特海（Alfred North Whitehead）（1861—1947），英国数学家、哲学家和教育理论家。——编者注

也呈现学术思考的脉络。文章可大致划分为：学术批评类5篇（含学术评价1篇），本土研究（理论建构）类8篇，哲学反思类5篇，以及短论4篇。后记脱胎于一篇成文，呼应本书书名《管理研究的批判、建构及反思：朝向自我的旅程》。

朝向自我的笔者无足轻重，一个普通的管理研究者而已，可旅程中看到的风景、与同行者的交流则兹事体大。实证研究（positivist research）是管理研究最该倚重的范式吗？管理研究需要新的认识论吗？哲学在管理研究中的作用为何？中国人的“领导”就是英语世界的“leadership”吗？领导研究流行的类型学划分适宜吗？中国组织领导的关键问题何在？学术就是申请课题、发表文章，而且最好是高因子英文文章吗？如何做好本土管理研究？等等——于此类重大议题，笔者当然无力给出足够可靠的答案，但还算是一直在尝试表达自己比较独立的思考，虽然难免幼稚、无知。足以安慰的是，一路以来的坚持见证了笔者对管理学术的一份诚意。

曾经读到一篇同行的综述文章[①]，给笔者贴上了“对现有实证主义进行批评和反对的代表人物之一”的标签，是不是“代表”不是个人意愿可以控制。但回顾自己对管理研究的一系列思考，不以实证研究为意则是板上钉钉的。如果说撰写《论“实证研究神塔”的倒掉》还有一份谦逊，在撰写《“非科学性”让管理研究变得更好：“蔡玉麟质疑”继续中》还有一份温和，那么，在撰写《洞见以下皆为修辞：〈管理学中的伟大思想〉对本土管理研究及理论建构的启示》的时候，笔者已经从对多元范式的梳理中，形成了一种难以遏制的武断性了。幸运的是，前辈陈明哲教授曾在邮件里为我“背书”——“好在你不做实证研究”。

笔者一定是反对科学主义（scientism）的，却非常崇尚质疑、批判的科学精神；笔者一定是反对实证研究范式的霸权地位的，主张多元范式的研究进路；笔者一定是反对管理研究的普适性妄想的，认为管理研究离不开情境约束，管理知识只能是本土知识；笔者一定是反对把学术研究等同于“申请课题+特定期刊论文”的，无论你发表在什么地方，“Junk is still junk”[②]。笔者喜欢关注管理实践的本土情境，管理实践者的日常生活，在多元研究范式的视野中，主张“洞见以下皆为修辞”，无论以什么形式、哪种文字、什么地方发表的成果，都应该是对中国管理实践比较可靠的呈现、解释，且对读者有所启发。因此，很自然地，笔者

---

① 指张佳良，刘军．2018．本土管理理论探索10年征程评述：来自《管理学报》2008—2018年438篇论文的文本分析[J]．管理学报，15(12)：1739—1749。

② 意为“垃圾就是垃圾”。“Junk”是2011年管理学家詹姆斯·马奇（James March）在斯坦福大学对许多顶级期刊论文作出的评价。

一定是反对大量基于西方理论、对中国管理现象进行片面解读(再解读,再再解读……)的,这更像是"吃饭的本领",而不是真诚的"重要性感受"的表达。

管理的本质是实践,是解决问题,是让组织、社会包括人类生活变得更好。管理的本质决定了管理知识的本质只能是与实践的对话,需要经验表征却未必完全符合,需要意义建构却可能荒腔走板,但好的管理知识应对实践有积极向好的干预。管理研究转向"科学"的最大困局根本上不是什么"适用、严谨""本土、普适",而是在本体论意义上,不存在"确定的客体",乃至被很多人言之凿凿的"客观规律"。**实践本身就是人类在互动关系中不断建构的——"生成性"(becoming)——行为,而管理研究的价值就是从认识论意义上如何借由主体间性的"呈现、诠释",达成某种"情境化"的理解,以改进个体、群体的生活。**换言之,走向"科学"的管理研究是在试图完成一个不可能完成的"白日梦"——再人多势众、再主流也无济于事。它完全选错了方向,尽管在方法论意义上,管理研究展现出了日益浓郁的"科学"色彩。极端地说,如果把绝大多数号称管理知识的东西毁掉,这个世界会因此展现出巨大的惶恐吗?笔者以为不会,因为绝大多数管理知识,尤其是其中非常可靠的部分跟人类已经掌握的生活常识相当接近。**管理实践者的真正挑战在于对具体情境、具体对象、具体问题的具体处置。**笔者要强调,这里的管理是指以人为中心的组织、社会活动,而不是把人完全客体化的"管理科学与管理工程",相关领域的研究者无须动怒,因为应用数学家(研究者)一直都在,没有人敢轻视他们,数学,如同理论物理学一样,在笔者心目中从来都与高智商挂钩。

那么,管理研究的意义何在?首先,要尽可能诚实地记录我们所观察、体会到的实践经验,可惜,这样的研究少之又少。其次,对实践经验要有比较独特的解释,不能满足于"包装常识",或者通过剪裁生动的经验生活以适应西方理论对中国实践的"阳光普照"。进一步地,管理理论的价值何在?抛开大家对理论认识上的分歧,一般意义上,管理研究者应该了解对管理理论的严格"证明"不可能是充分的,(准确地说)甚至是不必要的。但一个"符合逻辑"的证明的确有排除"胡说八道"的现实意义,尤其在知识走向实践的"可行性"方面存在启发性。简言之,理论作为精炼的管理知识是用来启发心智、塑造行为,从而干预组织、社会生活的。**好的管理理论,不是因为它"科学、严谨、逻辑",而在于它对当下(过往)管理实践的解释力,在于它对未来生活可能性的想象力,包括其综合的吸引力。**而且,谁提出的理论,以何种方式呈现及传播理论,会严重影响受众对理论想象力、解释力的认知和喜好。人们常常纠结管理知识的有用性,其实是接受者如何被“说服”从而愿意将其付诸实践，亚里士多德早就看到了逻辑以外更常见的两种方式：声望及共鸣。接受了，实践了，搞不好就走向了理论的自我实现预言（self-fulfilling prophecy）。

一个自然科学、工程技术工作者的思想理路与个人成长经历的关系或许没有那么密切，但作为一个管理研究者，其对人、组织、社会的看法不可能与自己的生活无涉。我到底是谁？从大家到小家，我是孙子、儿子、弟弟、丈夫、父亲；而当被老师点名、被同学和同事召唤的时候，我是一个被叫作“韩巍”的学生、同学、同事。幸运的是，从7岁走进校门那一天起，笔者再没有离开过学校——这种人类特有的组织，它既封闭又开放，既稳固又动荡，既规范又无序，既温情又冷漠，既有责任又缺担当，既有历史又有当下……学校提供给笔者太多关于中国当代组织的具体经验和深刻感悟。

从一个懵懂少年，到一个大学中年教师，个人经历如绝大多数同路人一样，平凡、平淡，偶有坎坷，却从未有过大起大落。一路成长，只在学校里打转的贫乏、短视或许永远无法让笔者回答“我是谁？”这个人生的重大问题。尤其看到法国哲学家利科的那本《作为一个他者的自身》，一瞬间仿佛“洞见”了生活的真谛。冥冥中，笔者不过是在他人的期望以及被自己欣然内化的他人的期望中低头前行，近乎无从选择地成为一个永远的“他者”?！好在笔者很清楚，自己似乎挣扎过，所以才会写出本书中这些“不合时宜”的文字，多少保持一点儿个性，成为自己喜欢的样子。而且非常肯定自己不会成为20世纪心理学出名的米尔格兰姆[①]电击实验的“可怜被试”。感谢父母从来没有教给过自己要靠摇尾乞怜、落井下石以出人头地，也感谢这个时代让笔者可以比较自然地生长，无须担惊受怕。本书初稿完成于2019年年底。2020年以来世界的急剧变化，让笔者对一些问题有了新认识，一个思想不断变化的自己，才是生命的常态。

最后，笔者特别感谢徐冰编辑。她不仅长期关注中国管理学的发展动向，还乐于包容笔者这种边缘学人发出的“异响”，才使本书得以出版。她在编辑工作上付出的辛劳大大超出我的想象，不仅纠正了初稿中一些表述和标注中的低级错误，还对很多地方的措辞做了精细的处理。术业有专攻，她让笔者对“编辑”二字有了更深的理解。作为学术著作，本书的所有瑕疵自当由笔者承担。

---

① 斯坦利·米尔格兰姆（Stanley Milgram）（1933—1984），美国心理学家，因对从众行为的研究著名。——编者注

目录

CONTENTS

一　学术批评

01　从批判性和建设性的视角看"管理学在中国" ······ 003
02　论"实证研究神塔"的倒掉 ······ 021
03　管理研究认识论的重构：基于"管理学在中国"专题论文的梳理及反思 ······ 043
04　珍惜学术表达的自由：对《出路与展望：直面中国管理实践》的批评 ······ 064
05　学术评价的回归与业绩管理的矫正：对管理学院两种核心价值观的质疑与反思 ······ 076

二　本土研究

06　和谐管理组织理论：一个探索性的分析框架 ······ 099
07　不确定性——支配权——本土化领导理论：和谐管理的视角 ······ 121
08　机会型领导、幻觉型领导：两个中国本土领导研究的关键构念 ······ 145
09　下属改变世界：领导—下属互动机制的本土建构 ······ 165
10　"管理学在中国"：本土化学科建构几个关键问题的探讨 ······ 196
11　情境研究：另一种诠释及对本土管理研究的启示 ······ 210
12　管理学在中国：学术对话及意义生成 ······ 227
13　本土管理的理论贡献：基于中文研究成果的诠释 ······ 252

三　哲学反思

14　自我呈现及反思：组织管理研究的一种补缺性方法论 …………………… 273
15　哲学何以在场：中国本土管理研究的视角 ………………………………… 290
16　洞见以下皆为修辞：《管理学中的伟大思想》对本土管理研究及
　　理论建构的启示 …………………………………………………………… 305
17　“非科学性”让管理研究变得更好：“蔡玉麟质疑”继续中　………………… 332
18　共在性的图像式理论：打开本土管理研究的一把钥匙 …………………… 357

四　短论四篇

19　管理学者的使命 ……………………………………………………………… 373
20　边缘姿态、本元追问、为学为人：评《学术创业：动态竞争理论
　　从无到有的历程》 ………………………………………………………… 380
21　期待管理研究(者)的想象力：评《试论本土性研究的正当性与
　　可行性》 …………………………………………………………………… 384
22　管理以诗，管理如诗 ………………………………………………………… 391

代后记　学术：朝向自我的旅程 ……………………………………………… 399

一　学术批评

01　从批判性和建设性的视角看“管理学在中国”

学术进步，需要听到不同的声音，准确地说，是批判、是反思。

——笔者

1. 是“中国管理学”，还是“管理学在中国”？

自从1991年半路出家学管理，在中文语境里，对复旦大学苏东水教授的“东方管理学”早有耳闻，只是最近才多见“中国式管理”“中国特色管理理论”“中国管理学”，甚至是“中国管理学派”的提法。曾经以为，冠以“中国”字样的管理学命名方法，带有浓厚的“国家意识”，也有“狭隘的民族主义”嫌疑，实无进入学术领地的必要。因为管理学如果是严格意义上的科学，就不会有中国管理学（派）的说法；管理学如果是严格意义上的社会科学，似乎也不该有中国管理学（派）的说法。虽然在社会科学领域也有比如以学校命名的“芝加哥学派”，以研究团队命名的“桑塔费小组”，但更实质性的是“实证主义理论”“阐释主义理论”“批判主义理论”这样约定俗成的“命名”，且不同理论范式间都有不可通约的“本体论”“认识论”标记。

转向管理学术研究，认真分析“管理实践”乃至“管理理论”（作为实践的系统化知识）是不是具有“普遍意义”，应该是面向“发散性”和“收敛性”的追问。国际视野下经验研究的证据，似乎比我们想象得“凌乱”。比如Ogbor and Williams（2003）就注意到，在管理实践/理论“收敛性”“发散性”的讨论上存在大量相反的证据，并提到存在的管理实践/理论交叉性倾向——“接受自由市场经济的同时，也不放弃本国/本土的价值体系—意识形态”；Cunningham and Rowley（2007）在“中国中小企业人力资源”的专题研究中，揭示了近似的复杂性图景，指出“外部的竞争压力驱使收敛性的出现，但社会文化固有的力量显示着离散性的趋势”；Fey and Denison（2003）对俄罗斯企业文化的研究，则部分验证了美式组织文化和绩效间的关系，但发现了更显著的“调适性”和“灵活性”；忻榕等（2004）对中国国有企业组织文化的研究，也在西方组织文化框架之外发现了一些独特的维度；Singh（2005）对印度管理实践的分析，则显示了美式管理方法和社会传统之间匹配的必要性，强调了情境和认识论转向。

一方面，围绕学术研究，我们很难从上述文献得出管理实践/理论“发散或收敛性”的肯定判断；另一方面，在“国际化—全球化”背景下，似乎隐含着由“自由市场机制”所带来的显著的收敛性。那么，依凭局部“管理实践”的差异或者说非收敛性，是否能“严格”地支撑“中国”管理学/理论创建的必要性，尤其是合理性呢？因为这势必涉及一个非常关键的学术问题——中国管理学独特的“认识论”和“方法论”何在？况且，我们日常使用的大部分管理语言，不都是“西方传统”从而是“普遍意义”的吗？

这是笔者提出的一个疑问，尽管笔者倾向认为，中国管理实践有其“严格”的独特性（韩巍，2004），即认为“特殊主义信任”“关系结构中的合作”是解释中国组织管理行为的两个基本维度〔第三个维度是指创新，但受制于“特殊信任”和“关系合作”的“规定”，三者并称 TCI（trust-cooperate-innovate）模型〕。当然在市场经济基本法则的驱动下，中国管理行为的这种“历史决定性”应该发生“创造性的转化”，而不会永远是“中国特色市场经济”中的管理实践。

至于单纯讲“中国管理学”，也即“Chinese Management Theory”，笔者特意在谷歌学术（www.googlescholar.com）上进行了简单的搜索，发现了“Anglo-American Management Theory”（英美管理学）、“American Management Theory”（美国管理学）、“Japanese Management Theory”（日本管理学）几种说法，尽管其界定与范畴语焉不详（除了日本管理学：Z 理论）。虽然未见“German Management Theory”（德国管理学）、“French Management Theory”（法国管理学）等提法，但看来“中国管理学”的命名似无不可。然而鉴于上述“收敛性”和“发散性”经验证据的“呈现”和以下几种“中国特色管理理论”的剖析，笔者倾向认为“管理学在中国”是相较“中国管理学”更为恰当的表达方式。

2. 是“意识形态”，还是“管理理论？”

《管理学报》2004 年创刊，于 2005 年第 1 期就开辟了以“中国特色管理理论基本问题的讨论”为主题的“学术讨论”专栏,并发表了一系列“颇有见地”的文章(特约评论员,2007)。笔者也算是一系列文章的参与者之一,与人合作撰写过《和谐管理理论的意义与价值》(席酉民、葛京和韩巍等,2005),并于同期发表过一篇商榷性的文章《学术探讨中的措辞及表达——谈〈创建中国特色管理学的基本问题之管见〉》(韩巍,2005)。也就是在这篇文章里,作者一方面强调了“任何理论创建”都应该“遵守知识传统,要重分析,讲论证”;另一方面,也谈到了自己非常粗浅的对于“创建中国特色管理学”的一些想法。简单地说,就是管理研究应转向“社会学”,并认真回答“中国人到底用什么样的理念、什么样的方法在进行组织管理”。

3 年之后,因为要准备 2008 年 3 月份西安交通大学“管理学在中国”研讨会的缘故,笔者特别关注了一系列在《管理学报》发表的中国特色的管理理论的专题文章。既感佩杂志为“管理思想和管理理论创建”提供的平台之好、期望之切,又担心这类文章本身存在的问题会影响杂志的初衷和努力,本着“关注”“爱护”“信任”“期待”《管理学报》的良好愿望,在此提出自己的一管之见,求教于各方。

笔者在此再次声明,所谓知识(形成)传统,是任何严肃的学术探讨必须意识到的一个重大问题。虽然自库恩[1]的“范式”已开启了“科学”的相对主义嫌疑(夏佩尔,2001:57),直至费耶阿本德完全的相对主义(夏佩尔,2001:98),连同多年来后现代思想对西方管理学术界的大范围渗透(Weiss,2000),似乎正在消解着“管理学术”的合法性地位。但在国际上,也包括中国管理学界,学术共同体的影响还在,大家遵循的基本研究范式和专业话语还在,尽管它的包容性应该越来越大。所以,学术创新不宜过分表现出“疑似新范式诞生前的那种亢奋”,而应更大程度地倾向于“与所谓主流(既有)范式的充分碰撞”,才有可能在更大的解释力和更高的预见性上显现自己的学术乃至实践价值。遗憾的是,在《管理学报》围绕中国特色的管理理论发表的系列文章中,不容易看到对管理“知识传统”的充分尊重(比如其中的很多文章很少、甚至几乎从不引用英文世界极为丰富的相关研究成果!),不少“创新理论”[2]。给人更多形似“自成体系”、疑似“自画自说”,甚至夹杂着大量非学术因素(意识形态/权威意志/长官意志)的印象。

---

① 托马斯·库恩(Thomas Kuhn)(1922—1996),美国科学史家。——编者注

② 笔者声明,希望学术观点的交锋,不要夹杂太多的“人事—关系”。从研究上,我尊重所有认真思考并努力创建中国特色管理理论的专家学者,我所不认同的只是他们的一些学术主张。

2.1 关于和谐管理理论

在和谐管理研究的群体看来，虽历经20年的探索，和谐管理理论依然没有形成一种“完整”且“牢固”的理论根基，尽管它已经发展出了一系列关键的“概念”，提出了一系列“框架和模型”，在其指导思想下，正在从事相当规模的理论和经验研究〔阶段性成果见席酉民等(2006)；席酉民、葛京等(2006)〕。但从和谐管理理论的视角，如何解答主流管理理论的某些重大问题(比如战略、企业家、组织理论)？如何迈向可操作性(比如怎么“和”，怎么“耦合”)，从而改进组织绩效？甚至包括如何回应管理哲学的深层次质疑(比如本体论、认识论、方法论)？道路似还漫长，在笔者看来，如果和谐管理不能在这些方面有一系列实质性的突破(尤其是大量经验证据的支持)，难免会沦为一个缺乏“解释力、预见力”，进而无从帮助组织切实改善绩效的、单纯的话语体系！

面临巨大的挑战，和谐管理理论研究群体的师生，包括席酉民教授本人，无不常常感受到“争论—交锋”给探索、思考带来的冲击。当然，多数研究者也习惯从这样的“嘈杂”中体味挫折，找寻灵感。

以笔者为例，就并不认同“和谐管理理论追求管理的‘完美’(和谐态)，并认为和谐是可以测度的，这打破了目前管理学研究的‘适度论’或‘理性论’的束缚……管理实践就是追求在当前或可预期条件下的和谐性改进，这是一种动态最优化过程”(席酉民、葛京等，2006：16)这样的“断然性”表述；并在席酉民等(2006)第一章(“和谐管理——一个正在综合着的管理知识景观”)中，说明了对“和谐管理理论某些重要结论/观点(比如人性假定，环境—组织—领导)的一致性，关注‘合作’还是‘信任’等”的质疑；近期又试图从O-E-M(本体论—认识论—方法论)对和谐管理理论研究进行反思(韩巍，2007)。

和谐管理理论虽然存在很多亟待解决的问题，但其研究的基本态度是“开放的”“交互的”“进化的”。首先，和谐管理的整体研究进程中，始终保持着对丰富管理知识传统(除了对“和”“谐”“耦合”的再定义，尽管未必非常准确)的尊重，其知识来源是“主流管理学”“社会学”“经济学”“心理学”“脑科学”，其倚重的研究方法论是“数学模型”“统计分析”“案例研究”“深度访谈”。其次，尽管和谐管理的原始思想和框架形成，明显受到了“整体思维”的影响，但这不足以使其公开宣称自己是中国特色的管理理论(尽管随着研究的深化，也有人认为存在理论上的可能性)；最重要的是，和谐管理理论的框架及其扩展，主要是描述性、归纳性、启发性，而非决定论、规范性的，而这一点和大多数和谐管理研究者的所抱持的“演化主义”认识论直接相关。某种程度上，这一立场反映了我们对自身因由“必然的无知”而可能带来“致命的自负”处境的省察。当然，也正是在这种意义上，和谐管理理论强调直面管理实践，正在进行着更多经验研究方法论的准备和更大规模的经验研究。

至于和谐管理理论能否算是一个“合格”的理论体系，笔者和其他作者一道曾经在两个场合提出过一个简略的“理论评价”标准（席酉民、韩巍和尚玉钒，2003；席酉民等，2005），最关键的是“是否与经验相一致”“要有好的解释力”和“一定程度的预见性”。就笔者今天的判断，和谐管理理论应该是走在“正确”的方向上，但碍于“某些关键问题”有待突破，经验证据尚显不足，所以必须坚持严肃的学术探索。

2.2 关于东方管理学及和合管理

本文以下的部分，同样隐含着对理论“一致性”“解释力”“预见性”的要求，但就所观察问题的“特殊性”，更要回到“社会科学研究”的一般规范性上。因为在笔者看来，带有明显“中国特色管理”标记的以苏东水教授为代表的“东方管理学”及黄如金博士的“和合管理（理论）”存在着比较严重的一般性也是典型性的“学术规范问题”。

对相关理论的详细评介，受篇幅所限，还请读者参考《管理学报》及其他刊物的相关文章，这里只给出作者“萃取”的相关理论精华。

2.2.1 东方管理学概要

首先，东方管理学提出了一个完整的理论框架，包括诸多新颖的概念。涉及理论基础的“中国管理”“西方管理”“华商管理”“道、变、人、威、实、和、器、法、信、筹、谋、术、效、勤、圆”诸多哲学要素，“以人为本”“以德为先”“人为为人”的三为原理，“治国”“治生”“治家”“治身”的四治体系，“人道行为”“人心行为”“人缘行为”“人谋行为”“人才行为”的五行管理，“和贵”“中和”“和合”的和谐目标，最终达到“和谐社会”（彭贺、苏宗伟，2006）。

其次，东方管理学认为，“东方管理学以现代的、发展的、全球的眼光，去观察、发现、体会中国管理实践及华商管理实践中的现象与问题，系统地总结、提炼中国古代管理思想精华，融合东西方管理文化精髓。提出了一整套以‘以人为本、以德为先、人为为人'为本质属性的东方管理理论框架，适应了新经济时代对新管理理论的需求。东方管理的复兴正在对整个世界的发展做出贡献。"（彭贺、苏宗伟，2006）

再次，东方管理学认为，"东方管理应以问题为中心，根据问题来选择研究范式，寻找东方管理独特的研究方法、综合运用主位和客位研究策略将是未来东方管理方法论方面研究的重要方向……以研究问题为先导，依据问题来选择多种研究方法。量化的方法可以，质化的方法也可以，均是研究问题的有效途径。以能有效解决问题作为判断、选择研究方法的标准。比如，对古代典籍中蕴藏的管理思想、管理智慧的提炼和萃取就必须使用归纳法、文献整理法、解释学等方法；对东西方管理进行对照，则必须使用比较法；对东方人心理行为的价值取向进行研究，则必须使用定量的心理测量法等。"（彭贺、苏宗伟，2006）

最后，东方管理学还特别提及了"研究的边界"问题："第一，从研究的取向而言，东方管理既要对东方管理哲学、东方管理理论体系进行探索，也要对具体的管理原理、管理工具和管理方法进行探索。第二，从研究的时间角度而言，东方管理既要注重对东方优秀传统管理文化精髓的提炼和继承，也要注重对现当代以来东方诸国管理思想和实践进行提炼、归纳、萃取和创新。第三，就研究的空间角度而言，东方管理既要注重对东方本土现实问题的解决，而且也要注重对全球管理发展趋势的跟踪研究。第四，就研究的层次而言，东方管理必须坚持自我、家庭、企业、社会的内容逻辑……研究对象和研究内容决定了研究的方法。研究方法也是确定东方管理研究边界的重要方面。"（彭贺、苏东水，2007）

2.2.2 和合管理（理论）概要

"和合管理（理论）"是中国社科院黄如金博士提出的具有中国特色的管理理论，它"是建立在'和合'哲学思想基础之上的，并且要与现代经济学和管理学的理论融会贯通。'和'，即和谐、和睦、和平、谐和、中和；'合'，即合作、联合、结合、融合、组合。'和''合'联系在一起组成了一个充满哲理性的概念，表示了和睦共处、和气生财、合作聚力、协作制胜的管理理念和管理方法之要义。'和'是'合'的基础和前提，和睦共处才能和气生财；'合'是'和'的选择和结果，合作联合才能取得最佳经济效益。坚持'和合'理念和原则，才会有双赢；贯穿'和合'思想，才能克服现代公共管理理论和经济管理理论及其实践上的缺陷，才有管理学的创新发展论体系"（黄如金，2007）。

和合管理的现实意义，“一是有望弥补现代管理学中的缺陷和不足，有利于管理效率的改进和提高，有利于推动社会主义市场经济的健康、稳定和持续发展；二是在于与构建和谐社会的总体发展目标相互一致、相辅相成，有利于促进和谐社会的顺利发展；三是符合和平共处、和睦共进、联合合作、共谋发展的时代主旋律，对于国际事务的有效处理具有一定的理论意义和现实意义”（黄如金，2007）。

方法论方面，和合管理强调“就是以社会存在决定社会意识为基本研究纲领，将中庸原则与矛盾分析相结合的规则、历史和逻辑相结合的规则、借鉴与创新相结合的规则与社会科学研究一般方法（包括个体分析与整体分析相结合的规则、实证分析与规范分析相结合的规则）有机统一”（黄如金，2007）。

和合管理理论的扩展，提到“‘和合管理’的研究揭示，以人为本与和合理念是和合管理特有的叠生价值观体系。以人为本与和合理念的有机组合，是和合管理与时俱进的生命源泉”（黄如金，2006）。并指出“所谓和合发展力，就是在和合理念及其战略思想指导下，通过合作伙伴之间各种相关因素的优势互补，包括生产、技术、价格、市场、管理等各个方面的有机整合，形成的有利于共同发展和增加赢利的能力。通过‘和气生财，合作制胜’的途径选择形成的企业和合发展力应该成为新时期企业获利能力和持续发展的核心能力”（黄如金，2007）。此外还包括和合管理与企业文化、战略、价值观、公共管理等方面的相关探讨。

笔者对两个理论加以简要对比（见表1）：从相关论文的表述上看，两者均强调中国传统文化的博大精深，提取“以人为本”“人为为人/合（作）”“和谐/和合”作为理论形成的基础；均有强烈的使命感，欲弥补西方管理的不足；东方管理学倾向整体性的贡献，和合管理理论则相对保守，强调“融会贯通”；但对“社会参与/干预”的抱负都很远大，都提及“和谐社会”“社会主义市场经济”“国际事务”。明显的不同在于，东方管理学有完整的框架，对于我们熟悉的组织管理而言，有全面“创新”的“概念”“原理”“法则”“行动”“目标”（多是中国传统文化语境中非常熟悉的概念）。东方管理学强调要寻找研究中国管理实践“独特的研究方法”，但在研究方法论的认识上没有突破。而和合管理理论所提的研究方法论，对于组织管理领域而言相对陌生，比如“矛盾分析”“历史与逻辑相结合”等。

表 1　两种中国特色管理理论的简要比较

	东方管理学	和合管理理论
性质意义	提出了一整套以“以人为本、以德为先、人为为人”为本质属性的东方管理理论框架，适应了新经济时代对新管理理论的需求。东方管理的复兴正在对整个世界的发展做出贡献	建立在“和合”哲学思想基础之上的，并且要与现代经济学和管理学的理论融会贯通。有利于管理效率的改进和提高，有利于推动社会主义市场经济的发展；有利于促进和谐社会的顺利发展；对于国际事务的有效处理具有一定的理论意义和现实意义
要素结构	一个完整的框架：三大理论、哲学要素、三为原理、四治体系、五行管理、和谐目标	“和”“合”联系在一起组成了一个充满哲理性的概念，表示了和睦共处、和气生财、合作聚力、协作制胜的管理理念和管理方法之要义。以人为本与和合理念是和合管理特有的叠生价值观体系。以人为本与和合理念的有机组合，是和合管理与时俱进的生命源泉。和合发展力等于核心竞争力
认识论方法论	用现代的、发展的、全球的眼光，去观察、发现、体会中国管理实践及华商管理实践中的现象与问题，系统地总结、提炼中国古代管理思想精华，融合东西方管理文化精髓。东方管理应以问题为中心，根据问题来选择研究范式，寻找东方管理独特的研究方法、综合运用主位和客位研究策略将是未来东方管理方法论方面研究的重要方向……以研究问题为先导，依据问题来选择多种研究方法……（原文罗列的内容不超过西方社会科学的范围——笔者注）	以社会存在决定社会意识为基本研究纲领，将中庸原则与矛盾分析相结合的规则、历史和逻辑相结合的规则、借鉴与创新相结合的规则与社会科学研究一般方法（包括个体分析与整体分析相结合的规则、实证分析与规范分析相结合的规则）有机统一
扩展	研究边界的讨论	价值观体系，企业文化，公共管理、战略及和合竞争力

注：仅由搜集到的期刊论文整理。

笔者承认，就一个理论的“形式标准”而言，东方管理学已经比较成熟，至少较和合管理理论有明显的“要素”“框架”及“内在逻辑”的系统化痕迹。但对于东方管理学与和合管理理论，即使放弃对于管理实践/管理学“本体论/认识论”

的深层次质疑和反思，这两种中国特色的管理理论，似还不能很好地回答以下问题：①是否符合社会科学理论的一般约定？②是否有比较真实可靠的经验基础？因此，现实管理世界的适用性又如何呢？

社会科学似乎无法像自然科学那样摆脱价值判断（很多人甚至认为自然科学也做不到价值中立），这在社会研究的“阐释性”和“批判性”立场中是比较明显的。但如果任何针对人，尤其是群体的社会理论探索，要想不走到“完全的相对主义”“不可知论”甚至是“意识形态”中去，就必须明确理论的使命、边界，即首先要回答“实然性”问题（具体到组织管理，就是要回答有哪些因素，以何种方式联系在一起并持久地相互作用），而不能首先是“应然性”取向的（告诉别人怎么做才能做得更好）。换言之，也就是要能够首先回答“组织现象的真实性”问题，而不是把“期望的、理想的”构造和机理（如果有的话?），作为一种先验的规定性，以建构自身的理论体系。①

至于“应然性”的导入，有两种可能的进路：其一，组织系统存在大量的“因果关联”，那么借由一个完备的演绎系统，你可以逻辑地推导出系统的结果——“组织目标/社会目标”，比如“和谐社会”，正如东方管理学那个框架给人的印象。但问题是，这是否符合社会实践的本质特性？在组织管理当中存在大量的“不确定性”，包括大量强/弱的“相关性”，但绝不是“确定性”——所谓的有因必有果，事实上，这条路从来在人类社会就没有走通过，如计划经济的失败就是最好的证明。其二，必须深入组织的“情境当中”，呈现组织“真实构造、机理”与“绩效”间的“或然性关联”，要么靠“大样本”所获得的信息，要么靠“可比性框架”下近似“实验控制”所获得的信息，才有可能产生所谓可靠的“管理原理及规律”。虽然笔者很怀疑实际研究中“样本的代表性”“条件的可控性”，很怀疑那种规律的“强度/决定性”，但还是愿意承认：人们可以找到一定的规律以改进组织的管理绩效，这当然也是管理学合法性地位的来源。但这一进路的关键步骤显然是“组织现象真实的呈现”——“实然性”而非“应然性”。

以“东方管理学”为例，其理论的出发点在于“西方管理——中国管理——华商管理”，那么，首先应该回答西方管理是怎样的，中国管理是怎样的，华商管理又是怎样的。有没有做过比较充分可信的经验研究？有没有大量可靠、可信的证据？其次，一方面，人类数（十）万年演化形成的“多样性”“复杂性”构成了

---

① 黄如金（2006）专门论述了这个问题，但在笔者看来还不能令人信服。

人类社会相当复杂/混乱的图景；另一方面，正如中国先哲，也包括西方先哲和其他先哲，所洞察到的“和/合——演化优势”，也正在获得生物学、社会学、经济学经验证据的支持（孔子的“和而不同”似乎用在这里很恰当）。然而，笔者的注释却是：组织社会必须有足够的“包容性”，才能在“长期合作趋势（理想状态）”的基础上，保持人类的多样性，从而保持可持续的“创造性”。因为我们不可能拥有世界未来发展图景“唯一”的理性判断。那么，以“以人为本、以德为先、人为为人”（从最理想的角度理解，而不是中国语境当中的意思）这样“神圣”的规定性，是否在抹杀“人类演化现实当中多样性”的必然性、合理性？而其自身作为“社会科学理论”而不是宗教、意识形态的恰当性何在呢？

做一个简单的思想练习，一旦组织管理从“以人为本、以德为先、人为为人”出发，一个奇妙的现象——“己所不欲则勿施于人”——就会出现吧，人与人之间普遍地相亲相敬，那么，还会有什么冲突和纷争？还需要管理吗？管理的复杂性，尤其是组织内部管理的复杂性，恰恰是因为少量的人会做到“三为”，而大部分人做不到“三为”，且常常分不清谁是那少数人、谁是那多数人，才引发了大量的组织管理问题，不然，还存在管理吗？如果说东方管理学的“三为”原理，仅仅是一种“理想国”的期望，笔者愿意指出，社会科学的“理论体系”是不能建立在“善意”的空中楼阁里的。相比较而言，西方“主流”经济学的出发点（虽然作为一个演化论者，笔者并不认同那个通行的“理性人”假定）就冷静现实得多（所以建立在“理性人”假定，同时强化规制的市场经济所取得的巨大成功也是直接的证明）。

同样，如果再以和合管理理论的“和气生财，合作制胜”为例，如果和气了当然生财，合作了当然制胜，可残酷的现实恐怕是，人们不都和气、不都合作，所以才有管理的必要！再次回到社会科学理论的“实然性”“应然性”的一般约定，东方管理学（包括和合管理理论）如此公开、明显且“正确”的价值判断，势必拒绝了其被证实或证伪的可能性，这能算是学术意义上的管理理论吗？另外，笔者无意挑战研究者们意图将其管理理论扩展到公共管理、社会管理、国际事务管理的抱负，但我还是愿意识别并提出其中“潜藏”的问题，如果“西方管理理论”挟“自由市场经济”强大威力尚不能“一统天下”，上述两种理论所主张的中国特色管理学同样要警惕自己的“越界意图”，更何况，有谁敢宣称中国几十年来的经济成果不是主要来自“市场机制”，而是我们的“优良文化”呢？

笔者还想指出一点，即无论是中国特色管理学的专题评述、东方式管理，还

是和合管理，都有一种强烈的“文化认同倾向”。笔者以为，其可贵之处在于对中国传统的执着，应该也包含了我们所有中华子孙对理想社会的期望。然而，文化就其内涵，绝对不能仅仅是其表述系统的那些内容，更为关键的是身处此种文化中的人们的“践行”部分。用一句常说的话就是，当“说的”和“做的”并非一致，就更应该看重人们的行为本身。比如，两种理论似乎都想当然地把“以人为本”当作其理论的重要依据。笔者好奇的是，这里的“人”到底指谁？“为本”又是指什么？尤其是中国语境中的“人”和“本”到底是什么？如何从千百年的历史、近现代乃至当代中国的社会文化现实中寻找支持这种判断的“经验证明”呢？

如表 2 所示，“社会理论和意识形态的比较”堪称经典，在结束本节的讨论之前，请读者们仔细对照，我们所见的多少“美妙理论”是否仅仅是一种意识形态或其变种呢？

表 2　社会理论与意识形态的比较

<table>
<tr><td>相似处</td><td colspan="2">包括一组假设或一个起点
解释这个社会世界是什么样的，它如何以及为何改变
提供一套概念/思想体系
说明概念间的关系，并解释哪个是因、哪个是果
提供一套相互关联的思想体系</td></tr>
<tr><td></td><td>意识形态</td><td>社会理论</td></tr>
<tr><td>差异性</td><td>提供绝对肯定的答案
有所有问题的答案
固定的、封闭的、完成的
回避检验不一致的发现
无视反面的证据
陷入某种特殊的道德信念中
极为偏颇的看法
充满矛盾和不一致
植根于某个特定的立场</td><td>有条件的，经过斟酌后的解释
不完全的、意识到不确定性的存在
成长的、开放的、延续的、扩大的
乐意接受正面与负面证据的考验
根据证据而做修订
与强烈的道德立场保持距离
以中立的态度考察所有层面的因素
积极寻求逻辑上的一致性、连贯性
超越/横跨社会立场</td></tr>
</table>

来源：纽曼（2007）。

因此，上述两种中国特色的管理理论，似乎缺乏组织经验的支持，缺乏对社会科学理论一般约定的遵循，在笔者看来更像是一种意识形态说辞。基于中国组织管理的理论探索，不管它们如何"宣称"，我们必须追问的是其牢固的经验基础，正如Sullivan(1992)所发现的，那个来自威廉·大内(William Ouchi)、被太多人用各种花样构造的日本管理理论——(当然)包括信任的建立、与政府的合作——的核心是"权力"的广泛渗透(从组织到整个社会)(隐含的是日本牢固的层级结构!)。Sullivan(1992)还指出，"日本的管理哲学是非常精致的，但它不是美国人知道的那些，也不是日本公司在手册和宣传品上说的那些!"

3. 要不要创建中国管理理论？如何创建？

从国家自然科学基金委员会的一份报告中(管理学报，2005)，笔者的确听到了"比较真实"的声音，值得存照于此："许多管理科学研究项目不能很好联系我国的管理实践，只重引论欧美管理实践，缺乏本土案例和数据的支撑。中国企业许多重要的管理实践问题缺乏学术界的关注，如关系中国经济增长质量的生产率问题、制造业企业与服务业融合互动问题、中国企业的国际化战略及技术路径问题等。学术界与企业界缺乏互动，缺乏横向的需求支撑，大多靠强势的纵向导向，科技与经济脱节成为中国特有的一个痼疾，学术界对我国管理实践的现状关注、了解得太少，拿不出有影响力的观点和基础数据。"

报告还指出，"在'直面中国管理实践'这一方针指导下……综合运用自然科学、社会科学、人文科学的最新成就，在推动中国管理实践的不断发展中，才能创建出中国的管理理论。"

中国管理理论的构建具有实质性意义，前文从"收敛性""发散性"角度已有分析，笔者的研究体会也倾向认为，中国文化的特殊性决定了中国管理实践"非收敛"的本质性意义。但问题是，如果没有基于社会科学/人文学科/自然科学的丰富成就，并对管理理论本身做出严肃的"批判"与"反思"，从而在新的认识论引导下、在新的方法论基础上做出"中国管理实践——真实呈现/解释/预见性"的理论探索，那就很难说有所谓的中国管理理论。当然，笔者保持一种积极乐观的态度，向往着更多优秀勤奋的中国管理学者，把自己的理论建构牢牢扎在"中国管理现实"的基础上。但在这一盛况到来之前，笔者以为"管理学在中国"是更恰如其分的说法。

至于走向"管理学在中国"乃至"中国管理学"构建的研究进程，笔者有以下陋见：

从事管理学术研究，我们都应该认识到，中国文化语境中的“和谐”是一种“非经验”的理想，而管理是实实在在的生活。学者应该秉持“存疑——求真——探索”的学术态度，拒绝形形色色的诱惑，尽可能排斥“价值”判断及一厢情愿的文化情结纠缠。

我们应该审慎地对待整体性思维，尤其是避免那种误以为唯有中国文化独具整体性思维“优越感”的诱惑。尽管笔者愿意承认，西方主流管理世界的“理论丛林，以及战略乱象”（明茨伯格等，2002）的确在某种程度上表现出了还原论的思维缺陷，中国人比较长于整体思维的特点（准确地说，是互补性，而不是优越性）的确在帮助我们生产着很多“中国特色的管理学”，比如东方管理学，也包括未必愿意贴上这个标签的“和谐管理理论”。然而，关键的不是我们怎样系统地、整体性地看待组织管理，而是我们如何整体性地“遭遇”现实管理问题，并从事同样是系统性的管理研究——至少在和谐管理理论的探索中，我们“发现”了或者说无法回避掉“组织管理正确的多样性而不是唯一性（这个本体论意义上的重大问题！）”。进而，在认识论取向上，遭遇到“实证主义”“诠释主义”“批判主义”，以及一个极为广谱的“方法论工具箱”。这里不仅有大家熟悉的定量研究方法（数学模型、形形色色的建立于相关性基础上的统计学）和比较熟悉的定性研究方法（案例研究、扎根理论、人类学、临床研究），而且还有很多新奇的定性研究方法（比如女性主义、人类学诗学）（邓津、林肯，2007）。如果没有对这些“研究主张和技术”的批判性理解、消化和吸收，以反思我们的研究进路，很难说中国的整体思维会给我们带来多少令人尊重的学术地位。当然，正如东方管理学的一个重要主张：或许随着研究的进步，我们有必要探索便于研究中国管理的“独特的方法论”。

管理学术研究必须要直面管理现实，笔者曾提到转向社会学的主张（韩巍，2005），在多年的接触中，作者感受到来自席酉民教授的强力支持，华东理工大学的郭毅（2006）也表达过类似的意思。因为身处今天的我们，只要不是刻意地掩饰、遮蔽，只要愿意去接触、观察，就一定能感受到中国组织管理所面临的严重性，甚至是大量根本性的问题——想想中国最好的商学院实际上是怎么做管理的，想想我们为什么只能通过互联网才了解到“真相”，作者的感觉是，很遗憾，我们似乎还没有资格，在人类漫长的演化视野下，面对复杂的组织管理实践，规定出大量具有强烈价值判断的应然性法则。回应优秀的组织理论学者肖知兴（2006）的诘问：中国人为什么组织不起来？我们应该首先发掘中国人今天的

“组织真相”，再大声地告诉世人，中国人可以组织起来，而且有“可持续”的（注定是经由“中国传统文化的创造性转化”所催生出的）、稳定的、可靠的组织模式。否则，任何号称“中国特色管理学”的创建，要么是意识形态在管理学界的代言人，要么就只能是一场后现代“话语权”争斗中的游戏，那么对于学术，我们是否就不需要那么多庄重感了呢？

最后，作者想引用劳伦斯·纽曼的“科学共同体规范”作为文章的结语，愿我们一道，为了“管理学在中国——中国的管理学”而努力！

科学共同体的规范：①普遍主义，不论做研究的是谁，也不论研究是在哪里进行，研究只根据科学价值加以判断。②组织化的怀疑论，科学家应该挑战与质疑每项研究所有的证据和主题，并对其进行严密的审查。批判的目的不在于人身攻击，而在于确保研究经得起细致和严格的检验。③无偏见，科学家必须中立、公正、敏锐，广纳所有非预期的观察或新的观念。他们应该接受甚至找寻与他们立场相反的证据，并且应该诚实地接受所有高质量研究的发现。④共享主义，科学知识必须与他人分享。⑤诚实，科学家要求诚实做所有的研究。不诚实或欺骗是科学研究的一项主要禁忌。（纽曼，2007：15）

回顾及反思

这是笔者批判系列文章唯一被批评者商榷的一篇（见彭贺、苏勇，2009）。其实，笔者曾在撰写《“管理学在中国”几个关键问题的探讨》一文时，用一小节约 1 400 余字进行了回应。不过最后听取蔡玉麟老师的规劝，放弃了。多年以后收录如下：

学术争鸣：对《商榷》一文的简短回应

彭贺、苏勇在《管理学报》发表了《也从批判性和建设性的视角看“管理学在中国”——兼与韩巍商榷》（简称《商榷》）一文（彭贺、苏勇，2009），认为作者情绪化的批评态度可能“干扰了学术探索”，因此表示反对，并认为作者“误解了东方管理研究的内在逻辑，也误解了管理研究与意识形态的关系”。作者接受《商榷》关于“情绪化”部分的“反对”，但不能接受《商榷》暗示作者不讲学术批评规范的“指控”，愿意就“误解”及《商榷》的某些逻辑错误做出简要回复。

《商榷》的一个判断是非常中肯的,作者无法走进“东方管理学的问题体系”。就第一个误解,作者的看法是,社会科学理论不应该是一个完全封闭的演绎体系,应该有“残差”,即我们无法解释的部分,这是我们人类必然无知的逻辑延伸。因此,作者无法想象一个“推导出来的和谐社会”;人类社会的演化性本质决定了任何决定性/规定性的论断,都不可能具有足够的经验意义;而且,最重要的是,一个标准意义上的中国管理理论/社会科学理论,至少要能解释我们今天的观察和经验,也就是说,中国今天的文化实践本身,而不是那些美好的愿望!就第二个误解,关于意识形态,作者不过是依凭一般意义上的“共识”,把它简单化为一种“绝对的真理”而非议。碰巧劳伦斯·纽曼的那个标准是现成的,作者设想从事社会科学研究的人都多少有所了解,所以没有进行“必要”的论证。另外,很显然,受不受意识形态的影响,和是不是意识形态完全是两码事,而且,真正的科学研究与是否能够得到国家的支持,甚至官方的认同(这是一个逻辑的推断),没有太大的关系。

学术争论,尽量不要情绪化,因为“我们彼此”都不应该有那些不讲逻辑、缺乏礼貌的文字,比如“笔者想反问的是,强调民族文化认同,又有什么不好?难道中国的管理研究者就只能跟在西方学者后面做点拾人牙慧的事情?”作者的看法是,(在社会科学研究的语境里)强调民族文化认同,是与先验判断的故意捆绑,不符合理论研究的一般约定,尽管看起来政治正确。但是,转而就被“等于”中国管理研究者只能跟在西方学者后面做点拾人牙慧的事情了!这是什么逻辑呢?又比如“笔者不禁要反问:能否因为历史上曾有过一些阴暗面,就能否定中国传统管理资源?中国的传统就全是糟粕,真的就没有任何可借鉴的地方,真的就是‘让人不成为其人’[①]?”作者十分不解的是,看到一些阴暗面“就等于”否定中国传统资源,“就等于”中国的传统全是糟粕,“就等于”没有可借鉴的地方,“就等于”“人不成为其人”,这又是什么逻辑呢?再比如,“同近期披露的玖龙纸业一样,该公司任意对员工进行惩罚。这家企业的理念与《从》文的思路倒相当一致”。公司对员工任意进行惩罚“就等于”反对“东方管理学”一文的想法,“就等于”别人的道德观有问题吗?很抱歉,这不是我所理解的“学术批评规范”。

也许作者的答辩有点儿抽象了,但可以到此为止了。作者愿意再强调一遍,学术争鸣的目的是为了科学研究的进步,科学研究对于管理学科而言,是“揭示

① 原文疑有误,应为“让人不成其为人”。——编者注

真相，改进绩效”。作者这么看，重要的是，徐淑英教授也这么看。而且我们没有权力辜负旨在“力助中国管理学派成长”的《管理学报》。既然都还在路上，相信时间会是最好的证明，作者拭目以待。

重读这部分文字，看到不带引号的“科学研究”，看到带引号的“揭示真相，改进绩效”已足以让今天的笔者哑然失笑了。若东方管理学算不上“科学研究”，那“和谐管理”算吗？有多少真正的管理研究算是“科学研究”？笔者与东方管理学的邂逅与商榷也过去整整10年了。笔者大概了解“和谐管理”的基本动态，最近又在积蓄能量整装待发，尽管其在中国管理学界影响有限，至少还算绵延至今。东方管理学的影响力或许更不乐观，当然，也可能是因为笔者的孤陋寡闻。

华东理工大学的郭毅老师与笔者私交甚好，而苏东水老师[①]也算是他的老师，曾不无调侃地表达过对我的“不满”。直到笔者对管理研究于“意识形态”的纠缠近乎丧失批判的冲动时，终得以被他幸灾乐祸一番。当然，故事只发生在私人邮件的交流。换作今天的笔者，的确不会再这么冲动地“与人为敌”，尤其是冒犯那些怀揣诚意且长期耕耘的学者。作为一个诠释主义者，笔者更不会漠视“理想国”在学术中的启发性、影响力——它毕竟描绘了一幅美好的未来画卷（For a better world）。

笔者今天回顾东方管理学，不在于其被贴上意识形态标签就消解了其社会研究的合法性，其最大的困扰还是缺乏经验支持，缺乏可行性的必要承诺。作为中国人，的确不容易做到“对事不对人”，更不用说涉嫌“学派”之争。笔者后来与彭贺老师也见过两面，还有言语的交流，却绝没有剑拔弩张，这是值得欣慰的事。其实无论是和谐管理，还是东方管理学，在管理研究国际化大潮的冲击下，一路走来，恐怕不过都是难兄难弟，各自勉力了。

最后，笔者比较笃定在和谐管理与东方管理学之间至少有一点共识，即管理研究的国际化之路绝不可能是中国管理学术及实践的希望所在。**相信时间会是最好的证明，大家拭目以待。**

---

① 苏东水老师已于2021年仙逝，希望曾经的“冒犯”是以学术应有的姿态向老人家所表达的敬意和纪念。

参考文献

CUNNINGHAM L X, ROWLEY C. 2007. Human resource management in Chinese small and medium enterprises: a review and research agenda[J]. Personnel Review, 36(3): 415-439.

FEY C F, DENISON D R. 2003. Organizational culture and effectiveness: can American theory be applied in Russia? [J]. Organization Science. 14(6): 686-706.

OGBOR J O, WILLIAMS J. 2003. The cross-cultural transfer of management practices: the case for creative synthesis[J]. Cross Cultural Management: An International Journal, 10(2): 3-23.

SINGH A. 2005. Indian administrative theory: context and epistemology[J]. Administrative Theory & Praxis, 27(1): 51-80.

SULLIVAN J J. 1992. Japanese management philosophies: from the vacuous to the brilliant[J]. California Management Review, 34(2): 66-87.

WEISS R M. 2000. Taking science out of organization science: how would postmodernism reconstruct the analysis of organizations? [J]. Organization Science, 11(6): 709-731.

邓津,林肯.2007.定性研究:第1—4卷[M].风笑天,等译.重庆:重庆大学出版社.

郭毅.2006.中国管理学者的悲哀:论中国管理学者的社会责任感及其他意识[J].管理学家,3:31-33.

韩巍.2004.基于文化的企业及企业集团管理行为研究[M].北京:机械工业出版社.

韩巍.2005.学术探讨中的措辞及表达:谈《创建中国特色管理学的基本问题之管见》[J].管理学报,2(4):386-391.

韩巍.2007.从OEM看和谐管理理论研究[J].管理学家,12:46-47.

黄如金.2007.和合管理:探索具有中国特色的管理理论[J].管理学报,4(2):135-140.

黄如金.2006.中国式和合管理的方法论问题[J].经济管理,18:4-13.

刘泽华.2000.中国的王权主义:传统社会与思想特点考察[M].上海:上海人民出版社.

明茨伯格,阿尔斯特兰德,兰佩尔.2002.战略历程:纵览战略管理学派[M].刘瑞红,等译.北京:机械工业出版社.

纽曼.2007.社会研究方法:定性和定量的取向:第5版[M].郝大海,译.北京:中国人民大学出版社.

彭贺,苏宗伟.2006.东方管理学的创建与发展:渊源、精髓与框架[J].管理学报,3(1):12-18.

彭贺,苏东水.2007.论东方管理的研究边界[J].学术月刊,2:74-79.

席酉民,葛京,等.2006.和谐管理理论:案例及应用[M].西安:西安交通大学出版社.

席酉民,葛京,韩巍,等.2005.和谐管理理论的意义与价值[J].管理学报,2(4):397-405.

席酉民,韩巍,葛京,等.2006.和谐管理理论研究[M].西安:西安交通大学出版社.

席酉民，韩巍，尚玉钒.2003.面向复杂性：和谐管理理论的概念、原则及框架[J].管理科学学报，6(4)：1-8.

夏佩尔.2001.理由与求知：科学哲学研究文集[M].褚平，周文彰，译.上海：上海译文出版社.

肖知兴.2006.中国人为什么组织不起来[M].北京：机械工业出版社.

忻榕，徐淑英，王辉，等.2004.国有企业的企业文化：对其维度和影响的归纳性分析[M]//徐淑英，刘忠明.中国企业管理的前沿研究.北京：北京大学出版社：372-397.

02 论“实证研究神塔”的倒掉

1. 管理学者不一定会做得更好，但至少不应该更糟

用这样一个有些哗众取宠的标题，其实另有深意：一是向对中国社会有深刻洞察的鲁迅先生表达敬意，因为中国管理学术界太过缺乏先生身上的那种“批判精神”。二是表达长期以来对于实证研究“话语霸权”的质疑。希望更多怀有“科学精神”的管理学者，尤其是年轻学者能够认真思考一个已经“惯例化”甚至“制度化”的谬见——实证研究几乎是“科学方法”的同义语，管理学者们几乎没有自信另寻他途，尽管在美国和中国，实证研究的确是主流研究的基本范式。

习惯上，“empirical research”被翻译成“实证研究”，然而如果将其再对应地翻回英语，应该是“positivist research”。按照维基百科的定义，“empirical research”是通过感官，以直接观察或体验来获取知识的方法。另外，采用统计学的方法精确地分析所获得的数据，在科学研究中，是“empirical research”效度(validity)的关键，同时“empirical research”产生客观的“empirical evidence”。

“Positivism”即“实证主义”，是指一系列的认识论观点和哲学主张。“positivist research”在英文中并不及“empirical research”那么常见，但可以认为两者意思是基本一致的。尽管“实证主义”的流派众多，但看法比较相近，均认为“无论是在物理世界还是在人类生活中，科学方法是揭示其过程的最好方法”。而“科学方法”在这里就是通过观察、测量获得“数据”并进行统计分析的方法。因此，通常实证主义(研究)就等于“定量研究”。[①]

---

① 见 http://en.wikipedia.org/wiki/Positivism，访问时间 2020 年 5 月。

学术界把那些接受“人类社会生活受到‘普遍的因果律’制约（本体论），研究者必须保持‘客观、中立’（认识论），遵循特定规则，研究结果可复制”信念的学者划归为“实证研究者”。他们所惯用的研究方法是通过测量获得数据，对数据进行统计分析，从而验证理论假设。这在很大程度上也即定量研究方法（邓津、林肯，2007）。尽管并非所有的实证研究者都能意识到其看待管理世界的基本立场，但他们都倾向于认为，只有具备“文献综述（理论基础）——提出假设——数据分析——假设验证”样式的研究，才算是真正的学术研究。中国近年来的管理研究论文中，无论是在学术期刊（作者意指那些较为严肃的学术期刊）上发表的论文，还是博士、硕士甚至本科生的毕业论文，实证研究已经蔚然成风！作为学术研究的“看门人”，有期刊建议“非实证研究的文章不发”（谭劲松，2008），所以，采用“非实证研究方法”（比如现象学、人类学、建构性扎根理论等典型的质性研究）的文章可谓凤毛麟角。而那些“聪明”的学生们、学者们也发现，只要“阅读英文文献的水平够好”，只要“对统计分析有一定的了解”，从理论到“猜想”，从成熟的量表到便利的数据收集，再通过界面越来越友好的统计软件，从事主流管理研究的难度远远不如想象中那么让人生畏。简言之，大家从“实证研究”那儿领回了一张“准生证”，大批疏于了解管理实践、更遑论对管理学有深刻思考的硕士、博士、学者被批量化生产出来了。不过既然纽曼（2007）都说“事实上，大部分的人除了（实证研究）这个研究取向，从没听说过还有其他的研究取向”，那么这一切值得大惊小怪吗?!

更令人遗憾的是，管理学术界一方面鼓吹所谓的“国际接轨”，另一方面却不怎么关心一个“更加全貌、更加多元”的国际学术版图（邓津、林肯，2007），也无心认真对待那些来自国际学术领域越来越多对于实证研究的质疑和批评：

“在国际组织管理学术界，乃至国际社会科学界，实证主义正受到越来越多的批评。实证主义所标榜的研究者的‘中立性/客观性’，研究结果的‘可复制性’‘概推/普遍性’均遭到质疑。”“在本质上，管理知识都是局部性的而非普遍性的。”“定量研究方法……也难以处理复杂的、应景的和动态的问题，而这三点恰恰是社会和经营的最基本特征。”“实证主义研究方式把研究对象的特征从场景中抽象出来，用均值抹杀了个案的丰富性”，忽视了人类生活世界的复杂性，因而总体上使他们的知识不可能得到应用（韩巍、席酉民，2009a）。

米尔斯（2005）说：“你必须在学术工作中融入个人的生活体验：持续不断地审视它，解释它。”也许出于对个人生存状态和组织生活经验的一种自觉，或者出于对某种普遍、深远的社会现实的“偏见”，笔者一直深感困扰：在组织文化、关系(guanxi)、组织理论、领导、战略、消费者研究等领域,广泛使用“量表”所发表的那些实证研究论文,为什么常常徒有严谨的外表,而没有深刻的启发?

随着中国经济的发展,“商学院/管理学院/经济管理学院”几乎成了中国大学最常被大众关注的“业务部门”。但为什么远从美国、欧洲,近至中国,“尖锐的批评声”越来越强烈呢(Pfeffer and Fong, 2002; Reibstein et al., 2009; Tsui, 2009; Tsang, 2009)?纽曼(2007:87)声称:“正是研究方法论使社会科学成为科学。”在一个“管理科学”“科学管理”铺天盖地的时代,为什么主要采用了“科学的实证研究方法”的中国管理学术界,依然会被讽刺为“自娱自乐”“与实践严重脱离”呢(郭重庆,2008;孙继伟,2010;吕力,2010)?

本文是对管理研究中“实证研究”的一个反思:第一,本文结合作者多年来的“方法论”偏好,从自身的学习历程中选择四本影响较为广泛的“方法论”著作,解析了“实证研究”存在的问题;第二,本文通过构造一个“问题—分析”框架,进一步阐明了作为主流管理研究范式存在的“实证研究”的缺陷。作为对徐淑英老师提出的“范式革命”的进一步回应(韩巍,2009),本文希望引起更多学者的关注、思考和争鸣——如果不能正视“实证研究”的局限性,不能建立多元范式的合法性,无论研究方法多么具有“科学样式”,要想建立起令人尊重的中国管理学术共同体,相信会和孔德[①]的物理主义理想一样遥不可及。

2. 应该有一种更加诚实、自洽的“实证研究”

按照纽曼(2007)的说法,知识的来源,除了“研究”,不外乎几种途径:权威、传统、常识、媒体、个人经验。人生经历有限,传统、常识仅仅帮助我们应付日常生活;媒体、个人经验又偏见过多。对于学术而言,“权威”自然是更好的选择。必须承认,中国的大多数管理学者并不关心研究方法论这一基础问题,比如,与国外同类书籍的出版数量相比,中文方法论类书籍的出版数量几乎微不足道(雷少波、崔祝,2004)。根据笔者十分有限的了解,如果包含“译著”,从时间顺序上讲,有几本书影响比较广泛,也是本文意图解析的样本。最早的一本是李怀祖(2000)的《管理研究方法论》;接着是巴比(2005)的《社会研究方法》;在管理研究领域,当前影响最大的应该是陈晓萍等(2008)的《组织与管理研究的实证

① 奥古斯特·孔德(Auguste Comte)(1798—1857),法国著名的哲学家,社会学、实证主义的创始人。——编者注

方法》。当然，在笔者的方法论学习过程中，也阅读了纽曼（2007）的《社会研究方法：定性和定量的取向》，以及邓津、林肯（2007）的《定性研究》（这本著作不在笔者的讨论之列）。

任何一本称作研究方法论的书籍，理论上讲，应该反映作者本身较为深入的哲学思考：他/她如何看待“管理（社会科学）研究”——从本体论、认识论、方法论甚至“意识形态”的视角，以及他/她所认为必要的具体研究方法的介绍。对这四本书可以有几种不同的划分方法：聚焦于管理研究的和社会（科学）研究的；实证主义取向的；多元范式取向的；多人合著的和单人独著的。每本书都有不同的侧重，李怀祖（2000）特别强调一些基本概念；陈晓萍等（2008）则较为详尽地介绍了一些具体的研究方法，并提供了范例，指导性更强；两本译著的视野更为开阔，更具有哲学色彩。

一个人应该不会在毫无研究经验、没有理论预设的情况下去阅读方法论书籍，因此，读者只需要把本文的解析当作一种典型的“主观诠释”即可。

2.1 分析思路的提出

考虑到四本书著作者知识背景、研究经验、著作者构成、读者对象的差异，因此是不大可能把它们放在一个相对一致的哲学视角下加以比较的，比如邓津、林肯（2007，第 1 卷：177－178，180－183）所做的那样，当然笔者也无意涉及具体研究方法的细节。笔者感兴趣的问题是：这些著作是如何为“管理/社会研究”提供“合法性”辩护的？这些著作是“科学主义”的吗？这些著作是如何指导读者的？因此，作者提出了以下问题：

问题 1　如何看待科学研究及其与管理研究的关系？

问题 2　如何看待管理研究的特殊性或局限性？

问题 3　如何开展管理研究？

对这四本著作的分析顺序遵循其贴近“实证研究”的程度。

2.2 对《组织与管理研究的实证方法》的解析

《组织与管理研究的实证方法》是专门介绍实证研究的论文集，也是一本很好的指导人们从事实证研究的手册。该书较为详细地介绍了当下比较流行的实证研究方法，尤其是测量统计方面的知识，并提供了很多比较经典的研究范例。

2.2.1 科学研究及其与管理研究的关系

徐淑英等认为“科学的目标是追求真理，解释并且预测自然或社会现象。从科学方法中得到的真理既包括逻辑，也包含证据，逻辑与证据两者相辅相成，缺一不可。”（陈晓萍等，2008：14）

陈晓萍认为“做学术研究的原动力其实来自寻找问题的答案和探索事物的真相”（陈晓萍等，2008：36）；樊景立等（2008：109）进一步指出“科学研究的核心问题在于判断变量间的因果关系”，因—果之间的关系必须是“恒定存在的（constant conjunction）”。

徐淑英等认为“科学研究是实证的，因为它利用实证观察来证实理论解释的效度”（陈晓萍等，2008：17）；樊景立等指出“实证主义的观点强调因与果之间的紧密联系，以及果对因的依赖”（陈晓萍等，2008：109）。

由此，科学研究，即实证研究的手段就是“直接观察”——“借助测量工具（无法直接观察）”——“测量工具用于可观察的行为”，并声称“这三种数据的收集方式使客观世界和符号系统在实证研究中实现了一一对应”（陈晓萍等，2008：110）。

至于管理学研究如何成为科学研究的一部分，来源于徐淑英等的“科学的价值或终极目标是寻求真理，是为了准确、有效地理解并解释我们周围的事物。终极目标是在所有领域内改善人类生活，包括企业管理。通过科学，我们创造知识和技术，帮助人们生活得更加美好。对于管理学者而言，科学能帮助组织效率更高、产出更多、利润更高，也能帮助组织成为友善的雇主，为员工提供有回报的职业，能够为我们的社会进步做出这样的贡献是学术生涯最有意义的回报”（陈晓萍等，2008：30-31）。

2.2.2 管理研究的特殊性或局限性

在此特别指出，这些在国际管理学术界已功成名就的海外华人学者，在其著述中表现出了很高的学术素养。正如该书的主旨在于“组织与管理研究实证方法”的介绍，但他们并没有回避管理学术实践中一些明显的困扰。比如，他们承认自己的科学观建立在所谓“现代观点”的立场上（陈晓萍等，2008：16）；也承认“本范式对于在中国研究管理不一定是最合适的”（陈晓萍等，2008：14）；以及“实证主义思想更多强调的是理论检验，而不是发展新理论”（陈晓萍等，2008：109）。

尤其是樊景立等认为，“虽然实证主义者强调研究资料是客观的，她/他们的研究致力于对外部世界进行客观的描述，但是实证研究所依据的数据是带有主观色彩的。”（陈晓萍等，2008：110）

“我们根本无法在一项实证研究中有效囊括所有可能的变量。而我们在社会科学中的研究对象往往又是不可直接观测的，只能通过间接方式收集资料。当我们使用本身带有误差的测量工具去研究一个复杂的社会系统时，这样的实证研究面临着相当大的挑战。”（陈晓萍等，2008：110）

“在管理文献中，我们常常会发现一个构念有许多种测验量表”（陈晓萍等，2008：119）。然而，很不幸，按照陈晓萍的说法，“大部分的管理学研究都是用问卷法完成的，因为在现实中变化的因素很多，能够在变量之间建立起相关的联系对我们理解现象的发生已经具有很大的意义。”（陈晓萍等，2008：52）

“作为社会科学的一个分支，我们在管理学研究中面临着很多方法论上的挑战：研究方法的局限使我们无法对变量间因果关系做出清晰的界定、对研究的变量无法进行直接的测量、人类组织活动自身的复杂性等。同时，管理学自身的特性也要求研究者必须深入企业、接近企业员工去得到研究必需的资料。而这又往往超越了研究者自身的能力和角色。”（陈晓萍等，2008：125）

2.2.3 如何开展管理研究的建议

“为了在国际期刊上发表论文，年轻的学者们会发现遵循主流的研究范式是必要的或者是理想的方式。”（陈晓萍等，2008：17）陈晓萍指出，“记得以前自己在国内刚刚开始研究生涯时，常常喜欢问一些宏大的问题”，后来发现“研究得越深越细，对理论的贡献和实际的意义就越大”（陈晓萍等，2008：46—47）。

2.2.4 点评

本文无意在此展开对“科学”及“科学研究”[①]复杂面向的深入讨论，仅仅从科学（研究）三个基本的约定出发，加以关照“客观性（价值无涉）、普遍性（情境无涉）、可重复性（恒定的关联）”。该书作者承认“管理世界的复杂性”，但并没有对作为“社会科学”的管理学与“自然科学”可能存在的差异加以鉴别。因此，

---

① 见 http://en.wikipedia.org/wiki/Science；http://en.wikipedia.org/wiki/Scientific_method，访问时间2020年5月。

当他们承认“无法直接测量”“无法囊括所有可能变量”“无法超越能力和角色”的时候，显然无法保证“客观事实与符号系统的一一对应”。当人们“用问卷完成大多数研究”，而且“一个构念存在多个量表”“数据带有主观色彩”的时候，是否也无法保证“研究的客观性、可重复性”？该书特别对管理等领域的研究的“情境”约束性做过讨论（陈晓萍等，2008：24—28），从现有文献也知道管理等领域的研究的复制率是多么离谱（Hubbard and Vetter，1996；Tsang and Kwan，1999）。那么，我们如何能够确信我们主观选择的那部分（可测的）变量恰恰是对客观真相，更不用说真理的有效逼近呢？如果我们可以“主观”地把特定构念，指向不同的属性（多个量表），又该如何通过可复制性进一步检验我们的主观判断呢？还有，我们到底是追求“相关性”还是“因果性”呢？

至于为了发表国际论文那样的号召，相信它本身并不太符合该书作者所秉持的“科学研究信念”；那种只关注“小问题”的倡议，或许与剧变中的中国管理实践也有些脱节。如果那些我们所选择的“变量”不能与中国组织管理在这段历史进程中、在特定情境中复杂的内在机制关联起来，即使测量了再多的变量，也许依然离题万里。当然，这本书唯一的例外，是撰写“建构中国管理学理论的机会与挑战”一章的黄光国教授，笔者较为熟悉他的想法，他从来就不是一个他所谓的“素朴实证主义”（naive positivism）（黄光国，2006）。

2.3 对《管理研究方法论》的解析

李怀祖的《管理研究方法论》（2000）是国内成书较早、较有影响力的方法论著作。笔者当年拿着这本书的“草稿”学习研究方法论，至今对其中的“假设树”“种差”等概念还有印象。当然，该书作为一本国内早期探索性的著作，虽不乏洞见，但忽视了相关哲学讨论存在不足。

2.3.1 科学研究及其与管理研究的关系

李怀祖（2000）对“科学（研究）”没有过多的讨论，而是直接援引了牛津辞典的解释：科学是“通过观察、调查和试验而得到的系统的知识”（李怀祖，2000：1）。并且，该书认为，“在各种类型的求知方法中，以客观、实证和规范为特征的科学研究方法是获取新知识的最精确方法”（李怀祖，2000：10），甚至断言，“不能通过观测解决和验证的问题都不属于科学范围”（李怀祖，2000：6）。

2.3.2 管理研究的特殊性或局限性

“管理研究和自然科学、社会科学研究的区别，主要在于研究对象的不同，管理研究离不开人”“而作为管理学科研究对象的管理者和企业成员则是个性人，是生活在现实中有各自价值观念、偏好和感情的人，这就和艺术一样涉及寻求人生意义的问题”（李怀祖，2000：17—18）。

李怀祖在书中给“管理研究”设定了一个非常有趣的位置，在一个“逻辑—直觉”谱系中（李怀祖，2000：15），把“管理研究”放在了比“社会科学”更远离“自然科学”的地方。笔者推测这是他对“管理研究”本质属性的一种洞察吧！他特别提到思辨方法——“运用直觉判断和个人洞察力获取知识的思辨法”（李怀祖，2000：9）。他也认识到“思辨研究”的价值（李怀祖，2000：9；35），“在主观的社会世界中，人们的行为、人生意义等社会文化现象，则主要是靠思辨即直观的研究方法”（李怀祖，2000：11）。他甚至转引汪丁丁教授的观点，指出“科学主义”的潜在危害（李怀祖，2000：31）。

2.3.3 如何开展管理研究的建议

李怀祖的方法论课程把大家从“我认为”式天马行空的研究带回现实世界的“精确刻画”中，这是该著作在特定时间的主要贡献。他反复告诫读者：“研究生论文以实证为宜，把基本功锻炼扎实，为今后在学术研究上做出原创性的贡献打基础。”（李怀祖，2000：127—128）“对研究生来说，在学习期间培养实证研究这类基本功更为重要。”（李怀祖，2000：225—226）

2.3.4 点评

以今天我们对管理研究哲学的理解看来，李怀祖老师没有对与方法论相关的“认识论”问题及范式问题做出讨论，这为该著作一些明显的“自我矛盾”埋下了伏笔。比如，如果按照李老师对“自然科学、社会科学、管理学科的区别”的强调，进一步地，按“科学研究—思辨研究”关系所构造的那个谱系，既然“管理学”更接近“思辨、直觉、本体、情境交融、艺术”，那么，为什么“管理研究毕竟旨在寻求人类共享的管理领域中的新知识”，还要靠“众人能清晰理解的科学研究”（李怀祖，2000：32）？

事实上，从这本著作的字里行间还是能读出李老师对管理研究“多元化”的认识。他提出针对研究对象的差异，应该选择适宜的方法，比如针对“战略”和“领导”的研究应强调“直觉、洞察”，而不是“科学方法”（李怀祖，2000：33），但同时他又认为，“科学研究总是企图‘侵占’思辨研究的领域，而且总会取得成功”（李怀祖，2000：3）。

上述问题在西方哲学的框架里，恰恰对应不同的“本体论——认识论——方法论”路径，如果管理学本质上更倾向于“艺术”，却非要用“科学的方法”去研究，岂不恰恰是一种“科学主义”的泛化吗？当然，比较“科学研究”与“思辨研究”的简化讨论，或许还应该有另一个谱系，以囊括类似“案例研究”式的实证研究，以及其他偏质性的实证研究（比如扎根理论研究）。

笔者理解李怀祖老师尽管意识到“非实证研究”的必要性，但还是希望学生专注于打好基础、接受实证研究的长期训练的良苦用心。但笔者不大认同的是，对于创新研究成果，应冀望于“一般出现在思维更成熟、研究经验更丰富的年龄段”（李怀祖，2000：225）。因为学术研究存在“路径依赖”效应——长期的实证研究训练，能够帮助学生熟悉从理论到理论验证的基本套路，在当下的学术氛围里，容易滋生以“科学性”、学术主流自居的盲目性。其结果很可能是，那种“扎实的训练”遮蔽了他们跨越范式的好奇和勇气，因此很难看到原创性的东西，而只剩下各种变量的关系。尽管变量对应的构念可能在不断变化，尤其是统计的方法会不断更新，比如今天，还有多少人没有“SEM”（结构方程模型）着“实证研究”？

2.4 对《社会研究方法》的解析

《社会研究方法》（巴比，2005）是研究方法论的经典之作。与上文介绍、评析的两本聚焦于“管理研究”的著作不同，该书是对社会研究方法较为全面系统的介绍，更准确地讲，该书是一本社会学视角的方法论著作。

2.4.1 科学研究及其与管理研究的关系

很显然，艾尔·巴比对于研究方法的思考延续了西方学术界长期以来对“科学研究以及方法论”的哲学思考。因此，巴比对科学的定义就显得比较保守。他选择的定义是，“我们把科学视为一种研究方法，或者说，学习和理解我们周围事物的方法”（巴比，2005：3），并强调“科学对世界的理解必须①言之成理，并②符合我们的观察”（巴比，2005：12）；或者说，“一个论点必须有逻辑和实证(empirical)两个方面的支持：必须言之成理，必须符合人们对世界的观察”(巴比，2005：6)，这与《组织与管理研究的实证方法》的认识一致。而且，可以认为巴比是倾向于寻找因果关系并进行预测的(巴比，2005：16—22)。

2.4.2 管理研究的特殊性或局限性

这本著作不可能专门为“管理研究”提供指南。如果我们承认“管理学”更接近“社会科学”，这本著作就比较具有参考价值。与对自然科学“确定性画面”理解的不同，巴比认为，在社会研究中，“同一种事物，通常会有多种解释方式”(巴比，2005：33)。其基础就是范式，而且，“在社会科学中，范式更替的模式与库恩所说的自然科学并不相同。”“理论范式只有是否受欢迎的变化，很少会被完全抛弃。”“范式没有对错之分，作为观察的方式，它们只有用处上的大小之分。”(巴比，2005：34)这或许可以解释为什么在“管理世界”有那么多“冗余的理论”。巴比罗列了几乎涵盖所有“前现代——现代——后现代”的不同范式，尽管他并没有给予“早期实证主义、社会达尔文主义、冲突范式、符号互动主义、常人方法论、结构功能主义、女性主义范式”以“平等的对待”(巴比，2005：35—40)。

对于实证研究，巴比指出，“实证主义者对客观世界的真实的信仰最后要诉诸信念，而这是‘客观的’科学无法证实的，因为客观的科学本身就是问题。而后现代主义者认为没有任何事物是客观的，至少感觉不到客观的真实体就是事物本身的真实。”(巴比，2005：42)

“任何明确的定量测量，都比相关的定性描述要肤浅”(巴比，2005：26)，而且巴比借用康德主义者的概念指出，“个案式(idiographic)(会觉得完全了解案例之所以发生的所有因素，但与此同时，我们的视野也局限在个案上)和通则式(nomothetic)推理——(解释部分，而不是全部)对于社会研究都是有力的工具。”(巴比，2005：22—23)“你们会发现有一些研究情境和议题最适合使用定性方法，另一些则适合用定量方法。”(巴比，2005：26—27)

2.4.3 如何开展管理研究的建议

“定性研究比较倾向于个案式解释模式相结合，而定量研究比较容易达到通则式的解释。”(巴比，2005：27)巴比建议要将两种取向相结合(巴比，2005：27)。他还指出，“当我们认识到自己运用的某种范式时，有两个好处：第一，我们能够更好地理解那些采取不同范式的人所做出的、看起来很奇异的观点和行

为。第二,我们能够时不时地跨出我们的范式,并从中获得意外的惊喜。"(巴比,2005:34)

2.4.4 点评

不能站在巴比的立场上去苛责《组织与管理研究的实证方法》与《管理研究方法论》在视角和认识上的不足。巴比也没有提供类似《组织与管理研究的实证方法》那么具体的研究示范,以及类似《管理研究方法论》在关键细节上的处理。但可以从巴比带有一定倾向性的著作中清楚地感受到,多元范式优于单一范式,这不仅是从信念、立场出发所获得的结论,面对人类社会的复杂性,伴随人类对"科学""科学研究"理解的不断深入,对研究者而言,没有比视野和心胸更重要的了。很遗憾,这本已经传世多年的经典,未必能全然唤醒某些偏执的"实证研究科学工作者"。

2.5 对《社会研究方法:定性和定量的取向》的解析

纽曼(2007)的《社会研究方法:定性和定量的取向》是笔者比较推崇的著作。因为该书著者的背景与巴比接近,它和《社会研究方法》有可比性。另外,该书是对社会研究方法较为全面系统的介绍,最特别地,它是一本更加"平衡"的方法论读物。

2.5.1 科学研究及其与管理研究的关系

与前面三本著作相比较,纽曼的《社会研究方法:定性和定量的取向》更具哲学色彩,他认为"科学是种社会制度,也是产生知识的方法"(纽曼,2007:10),"科学是指产生知识的体系与由此体系所得到的知识"(纽曼,2007:11)。进而,他指出"研究方法论使社会科学成为科学"(纽曼,2007:87)。但他同时也承认,"这是个重要的问题,有着一段充满争议的漫长历史""尽管经过了两个世纪的讨论与争议,到了今天这个问题仍然困扰着我们"(纽曼,2007:87)。"科学的意义不是写在石头上的,也不是以一本《圣经》的方式流传至今的。它一直是个不断演进的人类创造物。"(纽曼,2007:88)

"科学共同体在最大程度上同时涵盖了自然科学与社会科学。"(纽曼,2007:13)

2.5.2 管理研究的特殊性或局限性

在纽曼的思想里，自然科学与社会科学不可能等量齐观，因此"一门科学的研究主题决定了这门科学所使用的技术与工具"（纽曼，2007：10）。他关于实证研究及定量、定性方法的介绍尤其值得关注，"科学哲学家米勒所观察的'实证主义是科学最常见的哲学面貌。但是当前除了这个取向，还有其他的、获得极大吸引力的研究取向'"（纽曼，2007：90）。20世纪60—70年代，实证主义取向在英国、加拿大、斯堪的纳维亚半岛和美国的主要社会学期刊中占据主导位置。到了20世纪80—90年代，它在欧洲期刊中的地位急剧下降，但在北美期刊中仍占据着主导位置（纽曼，2007：91）。

对于定性与定量的社会研究不幸的是，当这两大研究类型的奉行者中有人觉得难以理解对方的意图或难以欣赏对方的做法时，彼此之间就出现了敌意（纽曼，2007：23）。纽曼引述道，"莱文就写道，'定量社会科学'——他称之为'真正的社会科学'——虽然面对反对的声浪，但是'它会赢得最后的胜利'。登茨[①]与林肯却说，定性研究在近几十年来已迅速扩展，很快将会取代过时的定量研究"（纽曼，2007：23）。

2.5.3 如何开展管理研究的建议

纽曼请大家记住，"你可以根据这三大研究取向中的任何一个来研究同一个主题"（纽曼，2007：117）。"就一门社会研究的课程来说，这三大研究途径，对你来说有什么意义呢？第一，这意味着目前没有一个绝对正确的、进行社会科学研究的取向""第二，这意味着，当你从事研究时，你试图达到的目标（例如，发现法则、确认底层结构、描述意义体系）将随着你所选择的研究取向的不同而有所不同""第三，社会研究所使用的各种技术（抽样、访问、参与观察等）完全取决于不同研究取向的假设"（纽曼，2007：117—118）。

2.5.4 点评

纽曼在该书中采取更加"对等的方式"介绍了定量、定性研究方法，或者叫实证、非实证研究方法。相较巴比的著作，该书更充分地展现了"社会科学研究

① 即邓津。——笔者注

演化性”的一面。对于任何一个缺乏管理哲学背景知识的读者而言，选择纽曼的著作会更加有益。尤其，无论是纽曼在科学共同体规范中所强调的“诚实”（纽曼，2007：15），还是对“科学态度，或者说一种观察世界的方式，这是种重视技术、以创造力为荣、讲求高质量的标准和勤奋工作的态度”（纽曼，2007：15）的关注，更应该引起反思，科学研究、学术研究、管理研究对学者到底意味着什么！

2.6 总评

结合对四本著作原文的引用，以及笔者的点评，重新回到解析的主旨，总结如下：

第一，每本著作都显示了相关著者真诚的治学态度，尽管各自的开放度有所不同，但恰恰是他们“看起来”有些矛盾的表述，给笔者留下了深刻的印象。

第二，李怀祖以及多位海外华裔学者（黄光国是个例外）对科学研究、管理研究、实证研究背后的哲学争论关注较少，这一点与两位美国学者的对比非常明显。只要不断扩展视野，就不难发现其中隐含着太多的争议而绝不是共识，对科学的理解是不断演进的（普特南，2005），实证研究也不例外（亨特，2006）。

第三，尽管李怀祖和陈晓萍等都注意到了管理现象的复杂性，以及管理研究的特殊性，但均没有提供管理研究如何转换成科学研究的有力说明，甚至可以说，这个问题被忽略了。当然持有多元范式的巴比、纽曼在这个方面的困扰比较少，因为巴比对科学的理解是“开放的”，而纽曼注意到科学的“制度”色彩。

第四，没有任何一本书可以提供在社会研究、管理研究，尤其是实证研究中“客观性”的充分证明。当可以选择不同的“构念/量表”，不同的研究方法（实证、思辨），不同的视角（范式）的时候，恰恰进一步佐证了社会/管理学/实证研究是多么“主观”的社会建构（伯格和卢克曼，2009）。

第五，每本书都关注到“情境”“文化”“历史”，《组织与管理研究的实证方法》还专门探讨了这个问题。显然，在没有经过足够的“情境”检验之前，逻辑上不存在“普遍性”的管理知识。事实上，这既是逻辑的约定，也是管理学界趋向一致的认识。

第六，没有一本书能够展现管理学、社会实践中存在“恒定”的因果关系，很显然，只有“情境无涉”“恒定”的因果关系，才能产生“客观”“普遍”的真理。这是自然科学的“常识”。

第七，笔者推断，每本书都在一定程度上有意、无意地混淆了一个关键的逻辑链条：只有当可以假定管理实践与自然界的其他物质（种）具有一致、相近的特征时，采用科学研究方法才是较为可行的（自然科学研究也离不开直觉和洞见），而且，只有科学研究约等于实证研究，才可以说实证研究是最“可靠”、最“合法”的。一旦我们从经验上无法接受这种“科学主义”色彩的假定（按照当下的理解，人是这个世界上唯一拥有“自由意志”的物种），这个逻辑就很难成立。而且，请特别注意：在自然科学领域，实证研究主要采用的方法是“可控的实验”和大量的“观察”，绝不是“量表/问卷”，也就是说，管理研究中根本无法采用真正的实证研究。

笔者接触的不少管理学者想当然地把“实证研究”等同于“科学研究”，想当然地把他们采用的以问卷为主要工具的“实证研究”等同于以观察和实验为工具的“实证研究”，从而似乎具有了不可争辩的合法性。但至少从这几本流行著作的作者那里，笔者不能获得这样的印象。当然，管理学者根本不必为此感到惭愧。作为一个非实证研究取向的作者尤其愿意在此重复 Gummesson（2003）的那句名言——（对于管理研究而言）所有的研究都是诠释性的！

3. 实证研究的局限性及其改进：进一步的讨论

不应该忘记“实证研究”怀揣“科学梦想”的那些承诺：客观性、普遍性、可复制性。但无论是本文所“解构”的那些权威著作，还是相关文献（韩巍、席酉民，2009a），更不用说经验事实本身，似乎并不支持管理学者探求真理的宏愿。管理学研究不仅被指责严重脱离现实，甚至被学者自己谴责为“充满了胡说八道”（菲佛和萨顿，2008）。直到今天，除了知道有大量的学者生活在一个叫作“丛林”的管理世界，学术界到底找到了多少堪称“科学真理”的东西呢？

3.1 管理研究需要更系统的认识论

管理学是复杂的，也是简单的。当确定管理离不开“情境——目标——人际间合作——结构/流程——实施——结果”的时候，我们就应该意识到它是一个开放、动态的系统。正如德鲁克（1999）所比喻的那样，管理学与医学更加相似，它的知识来源必须建立在大量业已成型的基本学科之上。但对于管理过程和结果而言，管理学应该关注的不能仅仅是其中的“基因、分子、细胞、组织”，而应该是“系统的机能”“生命的状态”。科学研究，也是实证研究所依凭的“还原论”在生命科学领域也遭到了质疑（罗思曼，2006）。

同样，如果我们只关注管理学中的某些变量，以及满足于这些变量关系的走向和强度，我们同样无法从一连串的不确定性中找到某种稳定的、可重复的关联（韩巍、席酉民，2009b）。

假定有一篇非常严谨的管理学论文告诉我们“魅力型领导方式更能激发员工的创造力”。如果没有情境的涉及，没有对企业内部结构、流程的讨论，我们能够说服领导们都转向“魅力型领导方式”吗？从一个更加“系统”的研究视角出发，太多的疑问会严重削弱这种研究的可信度。比如，创造力没有领导方式以外更重要的解释吗？我们比较过吗？创造力对于组织一定是好的吗？如果进一步观察企业绩效，我们是否会发现相反的事实呢？万一创造力低的组织反而胜出呢？学者们只关注“战略”“绩效”，而忽视“结构/流程”“实施”等，只关注“文化/气氛”“绩效”，而忽视“技术”“制度”等，难道不会遭遇类似的尴尬吗？更不用说太多的管理学实证研究常常只关注“此时此地”的变量关系，那么我们对“彼时彼地”的启发是足够可靠的吗？

简言之，如果我们想提供更加可靠的管理知识，就应该努力去讲一个“比较完整的故事”，尽量经得起“时间、空间”的检验，即使我们无法兑现“普遍性、可复制性”的承诺，但至少应该让我们的解释一来更加“符合事实”——不容易找到经验上的反例，二是更加“符合逻辑”——不容易发现歧异性的解释。想想看，我们周围到底有多少研究只是纠缠于“领导方式”和“创造力”的关系呢？

3.2 管理研究不能只懂得“测量”

自然科学中的大量研究必须建立在对于事实的“观测”上，但社会科学及管理学研究与其截然不同。即使脑科学的理论和相关技术再发达，它也不能帮助我们洞悉人类的全部秘密。因为管理研究要处理的对象是人——一个源自大自然却具有自由意志的神奇物种。即使我们可以对未来保持最乐观的态度，我们还是必须承认，我们可以测量一些东西（比如人的行动），但我们无法全面洞悉人们的想法，以及保证“想法——说法——做法”的一致性。最讽刺的是，我们测量了昨天的人类轨迹去拟合所谓的规律，但接受我们测量的那些人，却很可能在创造新的历史！

具体地说，在大量的实证研究中，我们不容易看到对于人们经验事实的那分好奇，更多的是用前人所给予我们的（理论）视角，选择性地去测量可以测量的那类变量关系，从而检验我们所谓的“猜想”。尤其当很多管理学者直接援引美国量表的时候，可曾考虑过概念/构念的等价性（conceptual equivalence）（Rosenzweig，1994）？中国人与美国人对“组织公民”的理解一样吗？我们习惯于发放问卷，而不是实地观察，可曾考虑过某种特定的历史、文化、社会化过程会使“被试”在“想法——说法——做法”的一致性上有天壤之别呢（叶启政，2005）？

笔者在这里提出一个由三个层次的问题所构成的分析框架，一方面对注重“测量”的管理实证研究的固有缺陷加以梳理，另一方面是希望推动某种高质量实证研究研究标准的形成。

（1）我们测量了那些“可测性”的变量吗？

（2）我们测量的那些可测的变量间关系都“可靠”吗？

（3）我们测量的那些可测、可靠的变量关系都“重要”吗？

这其中的逻辑非常直观：首先，正如前文笔者对于权威著作的解析，实证研究只是“主观地”测量了他们认为“可测”的变量，自然忽视了其他被他们“认为不可测”，包括的确“不可测”的变量；其次，一个高质量的实证研究，还需要通过不同“情境、组织过程”历时性的反复检验，才能说是可靠的；最后，我们还必须面对一个“反还原论”的追问，这些“可靠的变量关系”是不是组织绩效的，这是更基本的、更具决定性的机制。

否则，就会出现大量垃圾式的实证研究成果——它们看起来是比较科学的，因为它们测量了变量，尽管不够稳定，也并不重要。如果我们非要把这样的研究称作科学研究的话，更实际的做法是赶快修正我们对于科学的定义。

或许，上述三个追问所构造的评价标准，会使实证管理研究者有些气馁，难道从事“管理实证研究”有可能成为“能力以外”的东西吗？那就请承认管理学研究中许多变量的“不可测性”，以及情境约束的复杂性。但我们更坚信人类的智慧，相信能从“组织行动与情境”难以剥离的纠缠中发展出研究者特别的感知能力；相信能从“若隐若现的组织过程”中发展出研究者特别的推断，即洞察力。不过，这种能力不可能仅仅依靠“学习理论”“阅读文献”“问卷测量”“统计分析”来获得。作为管理研究者，**我们应当尽可能接触、熟悉那些丰富的经验事实；应该保持对自己生命经验，尤其是组织生活的严格审视和持续反思；最后，也许是最重要的，变得更加诚实。**

4. 科学外衣的诱惑还要持续多久?

这是个“大师横飞”的时代,而且我们似乎还有“外来和尚好念经”的文化偏好,这里笔者想要引用几个真正的大师的名言:组织管理研究大师菲佛和萨顿(2008:41)说,“只重视量化的东西,会让我们忽视最重要的事情”;战略管理大师明茨伯格(2005:9)说,“管理学不是科学,管理学甚至不是一门应用科学”;德鲁克,这位大师中的大师说,“管理学不是,也永远不会是今天美国人所理解的那种科学。如果要说管理学是科学,也至多不过是像医学那样的科学”(德鲁克,1999:23)。实际上,最古老的术语“人文科学”①是最贴切的术语(德鲁克,1999:204)。我们是有“造神”传统的,我们也倡导与国际接轨,但很显然,当这些大师的训诫、洞见有可能“摧毁”我们职业的合法性和我们既得利益的时候,我们恐怕会断然地拒绝吧。

“科学”是值得我们敬仰的,但无视“科学精神”的真谛,仅满足于“科学样式”的伪装绝非明智之举。我们所观察到的大量的所谓“实证研究/定量研究”,均是借由“数学模型/统计学”以获得“科学研究”的身份,事实上,这些研究离“科学”所承诺的“普遍性、客观性、可复制性”还相当遥远。对于管理研究而言,正如米尔斯(2005:15)所说,“企图将科学的体验等同于人的体验,并声称只有通过科学方法,才可以解决生活的问题,这使许多文化工作者开始感到科学是一个骗人的、虚假的救世主,至少也是现代文明的一个非常暧昧的因素”。特纳和罗思(2009:85)也尖锐地指出,“数学模型能为子虚乌有的情形制造出知识幻景;它们也能制造出经过粉饰的谬论;它们具有使机器计算代替智力推理的永恒危险;根据这些模型所做的许多猜想要么在实践中不能令人满意,要么从这些猜想中只能得出最站不住脚的结论”。而哈耶克(2001:392)早就告诉我们,“如果我们想维护科学的声誉,如果我们想阻止某些人因采用的方法与自然科学方法具有某种表面上的相似性而妄称拥有某种知识的做法,那么我们就必须竭尽全力去揭露这类行径,因为我们知道,从今天的情势来看,部分这类行径已经成了一些历史悠久的大学院系、部门的既得利益之所在。”

笔者曾经读到过斯坦福大学社会学教授周雪光为《马奇论管理》(中文版)

① liberal art,原文如此。——笔者注

所写的序言[①]，周老师说学术大师詹姆斯·马奇（James March）的"领导力"课程使用的教材是四部文学名著：托尔斯泰的《战争与和平》，塞万提斯的《堂吉诃德》，莎士比亚的《奥赛罗》和萧伯纳的《圣女贞德》。也许这正是大师的洞见。他为什么会"置汗牛充栋的研究文献于不顾，而独辟蹊径，从文学作品来解读领导力"？笔者猜想因为他老人家明白了，领导力从来都不是在一个理性的组织——那些被编织出来的"画面"——中发生的，它有历史、文化、社会、人群、人性等极端复杂的面向。而他的做法之所以成为"美国大学中的美谈"，难道仅仅因为他叫 March 吗？

笔者无意贬低实证研究作为一种主要的管理研究方法的可行性和合理性，也尊重高质量的实证研究所展现的艰辛、技巧和智慧。但笔者对"实证研究"作为一种"符号""工具"，为大批量"既无科学精神，又缺少理论价值，更妄论应用价值"的管理研究提供"庇护"深不以为然，对其在当下学术界的泛滥，尤其是对年轻学者、学子的那种根深蒂固的毒害更觉得震惊和气愤！管理学者不能满足于工具主义的花哨技巧，沉醉于"包装常识"，甚至生产连"常识"也不及的那些"喃喃自语"。当然，笔者承认面对强大的主流，面对"科学方法"和"数学工具"的影响力，个体或少数人的抗争或许只能是无奈的呻吟。我们期待着高质量的实证研究：它们应该是对管理实践长期的、近距离的观察；它们应该是在仔细筛选过现有理论之后努力寻找更新颖的解释；它们应该知道如何去平衡还原论与整体论、历时性与共时性之间的矛盾；它们应该意识到"人类管理实践"给各种研究方法带来的边界性；它们应该知道高质量的管理研究，无论是实证的，还是非实证的，一定与我们的智慧而不是技术手段有关。因此，即使笔者解析了实证研究的那些缺陷，即使笔者整理出前人的洞见借以展现某种说服中的修辞效果，我们也绝不会像格里斯利（2006：24）那样悲观："管理学在学术上没有前途""管理学研究的不同方法在其纯粹形式上没有一个是正确的"。只要我们能够用一种更加系统的认识论，并利用多元的研究方法，长久地观察、思考那些鲜活的管理实践，相信我们离那头大象的全貌就不会越来越远。

2011 年 1 月，在斯坦福的一个小型学术会议上，笔者有幸与马奇教授进行了面对面的交流。在笔者做完题为"We can not get new ideas on the old way"的汇报后，马奇表示，他对学界的"范式之争"已经没什么兴趣，认为定量研究、定性研究都有质量高低之分。谈到我们"无限仰慕"的美国管理学术研究，在马奇

---

① 文稿来自私人邮件。——笔者注

看来则是“有许多垃圾(junk)”(他的原话)。尽管大师没有在笔者的追问下,给出一个评价垃圾学术的经验标准,但在论坛最后的总结中,笔者还是找到了一些蛛丝马迹——管理研究就是讲一个好的故事,好的故事要能激发读者对现象有更好的理解,矛盾/冲突不能被完全消减,但研究者可以使得对其的探索更具有实用性。请记住,这是大师的忠告!

最后,笔者想用断言结束这篇有点儿冗长的讨论:部分地,管理学是“历史”的产物;部分地,管理学是“社会”的产物;部分地,管理学是“文化”的产物;部分地,管理学是“人际互动”的产物。当我们仅仅想用那些自己选择并获取的“截面”数据拟合出诸多的管理学“规律”,并以“科学发现”的面貌充填管理学知识丛林的时候,我们的自负和偏见一定会受到历史的惩罚!

回顾及反思

实证研究(positivist research,而非人们习惯的 empirical research)作为最主流的研究范式(方法)存在显著的局限,它很难令人信服地回答以下问题:①我们测量了那些“可测性”的变量吗?②我们测量的那些可测的变量间关系都“可靠”吗?③我们测量的那些可测、可靠的变量关系都“重要”吗?从而,首先,作为管理研究者,我们应当尽可能接触、熟悉那些丰富的经验事实;其次,我们应当保持对自己生命经验,尤其是组织生活的严格审视和持续反思;最后,也许是最重要的,我们应当变得更加诚实。

在科学哲学上,“实证主义”本来就不是什么“高大上”的标签,管理学者如果喜欢追问方法论背后的认识论、本体论预设,那么他们早就应该在这个常识面前变得谦和许多。依稀记得2008年第一届“管理学在中国”学术研讨会时,笔者受导师席酉民指派去做关于“多元范式”的大会报告。为了准备那个发言,笔者集中看过一些顶级期刊不同范式的代表性文章。实证研究除了更具“科学性”样式,更加“人多势众”,其问题意识和研究结论的启发性并不是让笔者印象最深的内容。

回想起来,当年之所以会仿效鲁迅先生产生“倒掉神塔”的冲动,实在是因为周遭太多的同行唯实证研究马首是瞻,又从谭劲松老师的文章里读到了某期刊编辑“非实证研究文章而不发”的言论，读来何其可笑！套用讽刺剑桥大学三一学院院长休厄尔[①]（据说人所共知）的一首诗歌中的一句话：“我所不知道的，就不是知识”（转引自怀特海，2010:42）。更可怕的是，理念、想法一旦落实到学术裁判的话语权，便“无知而有为”起来。普天之下，只剩下遍地开花的“假设—检验”。套用学友姚小涛老师的话就是：一旦我们学会了“假设—检验”，这世上很快就剩不下几个未被检验过的假设了。自然，他也过于悲观了，其实可以继续被检验的假设近乎无穷无尽！

笔者相信，至少在国际主流研究的“启蒙阶段”，在很多中国管理研究者的心中，是有过那么一座“神塔”。好在时至今日，中国管理学术共同体又一如西方管理学界一样，正日益开放、包容。“非实证”研究的比例，比如部分案例研究、部分扎根理论研究的发表量在迅速增加。管理学者毕竟没有一股脑地只做“实证”，而多元范式的说法似乎也变得耳熟能详。

管理学者的文章对于作为终端用户的实践者向来无足轻重，能多少影响几个同行恐怕就该心满意足了，本文或许有这样的功效。目力所及，周围不再“迷信”实证研究的人逐渐多了起来。同事在笔者面前曾专门提及本文，并对笔者当年的“远见”表达了肯定。可惜，哪有什么远见，不过常识而已。可悲的是，把有限的精力、时间用在回归常识上，难道是我们的宿命？

参考文献

GUMMESSON E. 2003. All research is interpretive! [J]. Journal of Business & Industrial Marketing, 18(6/7): 482-492.

PFEFFER J, FONG C T. 2002. The end of business schools? Less success than meets the eye[J]. Academy of Management Learning & Education, 1(1): 78-95.

HUBBARD R, VETTER D E. 1996. An empirical comparison of published replication research in accounting, economics, finance, management, and marketing[J]. Journal of Business Research, 35(2): 153-164.

---

① 指英国科学史家和科学哲学家威廉·休厄尔（William Whewell）。——编者注

REIBSTEIN D, DAY G, WIND JERRY. 2009. Guest editorial: Is marketing academia losing its way? [J]. Journal of Marketing, 73(4): 1-3.

ROSENZWEIG P M. 1994. When can management science research be generalized internationally? [J]. Management Science, 40(1): 28-39.

TSUI A. 2009. Editor's introduction-Autonomy of inquiry: shaping the future of emerging scientific communities [J]. Management and Organization Review, 5(1): 1-14.

TSANG E W K, KWAN K-M. 1999. Replication and theory development in organizational science: a critical realist perspective [J]. Academy of Management Review, 24(4): 759-780.

TSANG E W K. 2009. Chinese management research at a crossroads: some philosophical considerations [J]. Management and Organization Review, 5(1): 131-143.

巴比.2005.社会研究方法:第 10 版[M].邱泽奇,译.北京:华夏出版社.

伯格,卢克曼.2009.现实的社会构建[M].汪涌,译.北京:北京大学出版社.

陈晓萍,徐淑英,樊景立.2008.组织与管理研究的实证方法[M].北京:北京大学出版社.

德鲁克.1999.管理的前沿[M].许斌,译.上海:上海译文出版社.

邓津,林肯.2007.定性研究:第 1—4 卷[M].风笑天,等译.重庆:重庆大学出版社.

菲佛,萨顿.2008.管理的真相:事实、传言与胡扯[M].闾佳,邓瑞华,译.北京:中国人民大学出版社.

郭重庆.2008.中国管理学界的社会责任与历史使命[J].管理学报,5(3):320-322.

哈耶克.2001.哈耶克论文集[M].邓正来,选编,译.北京:首都经济贸易大学出版社.

韩巍.2009.“管理学在中国”:本土化学科建构几个关键问题的探讨[J].管理学报,6(6):711-717.

韩巍,席酉民.2009a.自我呈现及反思:组织管理研究的一种补缺性方法论[J].西安交通大学学报(社会科学版),3:31-39.

韩巍,席酉民.2009b.不确定性——支配权——本土化领导理论:和谐管理理论的视角[J].西安交通大学学报(社会科学版),29(5):7-17.

格里斯利.2006.管理学方法论批判:管理理论效用与真实性的哲学探讨[M].刘庆林,王群勇,译.北京:人民邮电出版社.

亨特.2006.市场营销理论论争:理性、现实主义、真实性与客观性[M].陈启杰,等译.上海:上海财经大学出版社.

黄光国.2006.社会科学的理路[M].北京:中国人民大学出版社.

雷少波,崔祝.2004.为方法理性鼓与呼:万卷方法策划报告暨出版说明[N].中华读书报,2004-03-31(15).

米尔斯.2005.社会学的想象力[M].2 版.陈强,张永强,译.北京:生活·读书·新知三联书店.

李怀祖.2000.管理研究方法论[M].西安:西安交通大学出版社.

罗珉.2005.管理学范式理论的发展[M].成都:西南财经大学出版社.

罗思曼.2006.还原论的局限:来自活细胞的训诫[M].李创同,王策,译.上海:上海译文出版社.
吕力.2010."黑板管理学"的3个来源:操作主义视角下管理理论与实践脱节问题分析[J].管理学报,7(8):1123-1129.
明茨伯格.2005.管理者而非MBA[M].杨斌,译.北京:机械工业出版社.
纽曼.2007.社会研究方法:定性和定量的取向:第5版[M].郝大海,译.北京:中国人民大学出版社.
普特南.2005.理性、真理与历史[M].童世骏,李光程,译.上海:上海译文出版社.
孙继伟.2010.论管理学界的价值迷失:实践迷失和客户迷失的深化研究[J].管理学报,7(8):1117-1122.
谭劲松.2008.关于管理研究及其理论和方法的讨论[J].管理科学学报.11(2):145-152.
特纳,罗思.2009.社会科学哲学[M].杨富斌,译.北京:中国人民大学出版社.
叶启政.2005.社会理论的本土化建构[M].北京:北京大学出版社.
怀特海.2010.思维方式[M].刘放桐,译.北京:商务印书馆.

03 管理研究认识论的重构

基于“管理学在中国”专题论文的梳理及反思

《管理学报》从2004年创刊伊始，就在努力营造一种全新的学术氛围。从早期“中国管理论坛”栏目，到系统介绍中国学者相关研究的“中国管理学派园地”[①]，再到2008年3月首届“管理学在中国”学术大会（西安交通大学）前确定新栏目“管理学在中国”，《管理学报》已经刊发了一批尽管在科学样式上缺乏“严谨性”“实证性”，却足以展现“质疑、反思、批判”精神的学术文章。这些学者对“理论与实践脱节”的检讨，对“直面中国实践/现实”的呼吁，对主流研究（狭义实证研究）范式的“冒犯”，对现行学术评价制度的“抨击”，不仅体现了中国管理学者主体意识的觉醒[②]，也是对国际管理学界动态的积极响应。本文意在对上述共识加以简略地梳理，对其中存在的问题加以进一步地剖析，然后，尝试从研究的“时间维度”“情境维度”“分析维度”提出了一种新的管理研究认识论框架。

1. “脱节”——“直面”——“评价机制”

1.1 理论与实践脱节的反思

在《管理学报》的作者群里，罗纪宁（2005）最早提出了对管理学界“理论与实践脱节”（简称“脱节”）的质疑。郭重庆的《中国管理学界的社会责任与历史使命》一文，措辞严厉地批评了中国管理学界“自娱自乐”的不良倾向，提倡应

---

① 本文无意涉及“中国管理学派”的相关论述、争鸣，但正如刘文瑞（2011）的评价，争鸣本身恰恰体现了一个学术共同体应当遵循的基本学术规范。其他文章的选择受到作者自身认识水平的局限。

② 尽管与其他人文社会学科相比较，管理学界主体意识的觉醒依然任重道远（郭毅，2010a），但“管理学在中国”已经成为一个良好的开端。

“直面中国管理实践，解决中国管理实践问题”〔一个延伸性解读见韩巍和席酉民（2010）〕。罗珉（2008）则对西方管理学学术霸权表达了强烈的不满。同时，《管理学报》对于“脱节”的讨论已不再局限于一般意义上的批评，转向对其成因、机理、危害的反思（张玉利，2008；孙继伟，2009；孙继伟和巫景飞，2009；孙继伟，2010；孙继伟和巫景飞，2011；吕力，2010，2011b；陈春花，2010；陈劲和王鹏飞，2010；杨乃定，2011）。

关于“脱节”的成因，张玉利（2008）提出了一种基于“管理实践水平差异”的解释，认为“脱节”是先进理论与落后实践的脱节，即相对于先进的管理实践，管理理论常常是滞后的。孙继伟的一系列文章，则提供了对“脱节”较为全面、细致的分析，认为“脱节”的症结在于“管理学应用链偏长”“管理学研究者客户迷失”（孙继伟，2009），以及“方法迷失”（孙继伟和巫景飞，2009）；而且“价值迷失是实践和客户迷失的深层原因”（孙继伟，2010），希望管理学研究者应当“自我救赎”，为客户和社会创造价值，自己才有价值（孙继伟和巫景飞，2011）。

陈劲、王鹏飞（2010）批评工具理性的泛滥，陈春花（2010）认为规范研究走向了极端，从而使研究“只有方法而没有价值”，这也是对“脱节”成因的合理推测。吕力（2010）认为理论与实践脱节的本质是方法论问题，并就“技术取向”的认识论进行了探讨，开启了对“脱节”问题的哲学反思（吕力，2010）。杨乃定（2011）则对影响管理学科的五个内外环境障碍进行了梳理，即“庸俗化障碍、学科类障碍、方法论障碍、实践性障碍和成长性障碍”，也指出了“脱节”的一些典型特征，比如“唯方法论”论、“问题虚无”。

综上所述，无论是从学理上以期望解决“脱节”的疑难；还是为响应官方号召以满足社会、实践者的现实需要，如何让中国管理研究能够“直面实践/现实”，成为一种“必然”。

1.2 直面实践的问题意识和策略建议

针对“直面中国管理实践/现实”（简称“直面”）的讨论主要集中在两个方面：①涉及“直面”的“问题意识”。比如韩巍（2005，2008）的“转向社会学”；罗珉（2008）的“人文精神、传统文化”和“中国现实问题”；周建波（2010）的“中国文化深层结构”和“社会进程”；武亚军（2010）的“本土重要战略问题”；田志龙和王浩（2011）的“从企业的实际问题提出研究问题”；陈劲和王鹏飞（2010）的“实践导向管理研究”；杨乃定（2011）的“基础研究”；王鉴忠（2010）、齐善鸿等

(2011)对“异化问题”的反思。其中，陈春花(2011)的一组追问更具本质意义：“中国管理实践的重大问题是什么？中国管理实践的独创性在哪里？中国管理实践的发展脉络是什么？”彭贺和顾倩妮(2010)给出了较为系统的思考，认为“直面”具有七个特征，但笔者认为最关键的两条是“解决中国实践中的问题，研究方法服务于问题的系统解决”。②关乎“直面”的研究策略。比如刘文瑞(2007)的“文化对管理”的多维型塑；李垣等(2008)的“整合”；蓝海林等(2009)的“嵌入”；段明明(2011)的“跨文化比较”，尤其是蓝海林等(2011)的“市场分割”；郭毅(2010b；2010c)对情境的具体化，即融合“悠久的中国文化、80多年中国共产党独创的资源动员机制和30年的改革开放”作为本土管理研究资源，及“对中国共产党成功之道的探讨”的示范，都很有启发性。

至于如何践行“直面”，部分学者也提出了一些具体建议：比如彭贺和顾倩妮(2010)提出“直面”的三种模式：“阅读书刊，了解实践；蹲点企业，观察实践；介入企业，改变实践”，并认为后两者最值得提倡。陈劲、王鹏飞(2010)则强调“横向课题、沟通频次和时长”的重要性。陈春花(2011)也主张“深入地去观察中国企业的管理实践”“需要把自己的研究方式转向实践观察和实践研究，而不是纯粹的理论研究和分析框架”。当然，张玉利(2008)则认为“不能单纯地看学者们是否经常深入企业调研或开展管理咨询服务，是否在企业兼职，甚至是否自己在创办企业，也不能单纯地看学者们研究的课题是否主要来自企业”。

1.3 改变学术评价机制的呼声和建议

围绕上述认识，多位学者讨论了改变现有学术评价机制的必要性，大致有两种倾向：一种比较保守，倾向于在学术体系内部调整(详见韩巍和席酉民，2010；杨乃定，2011)；另一种则比较激进，倾向于从学术体系由内至外入手，寻求大幅度的变革(孙继伟，2009；孙继伟和巫景飞，2009；陈劲和王鹏飞，2010；孙继伟，2011；陈春花和刘祯，2011；陈春花等，2011)，并明确地提出了“管理实践研究/实践派管理理论”的表述。

彭贺和顾倩妮(2010)认为，“研究成果的衡量以在管理实践中的实际成就为标准，评价体系中应将实践者纳入”，应该“改革注重短期学术论文发表的学术评价体系”。孙继伟(2009)推荐了一种兼顾“同行研究者、读者、使用者”的“四个一”评价指标，强调“实践客户最重要”“不再片面强调刊物等级指标”(孙继伟和巫景飞，2009)，进而提出“**实践派管理理论**”的评价标准，即鉴别性和优劣性指标（孙继伟，2011）。陈春花等（2011）提出**实践研究**评价的两个维度：实践导向和创新导向，而管理实践研究的价值评价应满足四个标准：①实践性，管理实践研究要以实践价值作为首要目的；②理论性，管理实践研究要以理论的形式贡献实践；③推广性，管理实践研究要反映成果的外部引用及应用；④验证性，管理实践研究要反映成果本身的效力（陈春花等，2011）。陈劲和王鹏飞（2010）则希望"**重新构建管理研究评价体系**"，强调"解决实践问题，研究成果的实践价值需要从企业、政府、公众三方面评价"，并认为"研究成果的实践性评价最为重要"。

2. 重要共识——多元而不是单一的研究范式

尽管"脱节——直面——方法论——评价"的思路更合乎逻辑，但笔者还是愿意对"方法论"加以单独讨论。在中国管理学界，罗珉（2003，2005）对多元范式已有专门的研究，但与中国主流学术取向（狭义的实证研究）比较，其影响力非常有限。非实证研究学术成果难以发表，个别学者对主流学术范式的质疑不仅应者寥寥，而且颇有"僭越"之嫌。但纵览七年来"管理学在中国"主题下的文章，在"直面中国实践——解决中国现实问题"这一新语境中，研究方法的多元化主张已逐步成为一种共识。伴随着对狭义实证研究不同视角、不同程度的批评和反思（张玉利，2008；孙继伟和巫景飞，2011；吕力，2010；陈劲和王鹏飞，2010；杨乃定，2011a；吕力，2009；吕力，2011a；韩巍，2011a；刘人怀等，2011），以及部分学者在经验研究中从问题出发所形成的切身感受和研究直觉（田志龙、王浩，2011；陈春花，2011；蓝海林、皮圣雷，2011；郭毅，2006；苏敬勤、崔淼，2009；李平，2010；梁觉和李福荔，2010；高婧等，2010；曹仰锋和李平，2010），多元范式的合法性及应用前景更加清晰地展现了出来。

"狭义实证研究"（问卷+统计）被滥用之弊，已成为众矢之的。张玉利（2008）质疑的"为实证而实证"，陈春花（2010）提醒的"走向极端"，陈劲和王鹏飞（2010）论及的"工具理性"，杨乃定（2011）指出的"唯方法论"论，刘人怀等（2011）批评的"粗制滥造"等构成了一幅极具讽刺性的学术缺失画面。孙继伟和巫景飞（2011）对管理研究方法进行了非常生动的类型学划分，所谓"杀牛术、杀鸡术、屠龙术、剪贴术"。吕力（2009，2011a）从哲学视角对实证范式进行了反思；韩巍（2011a）则质疑了实证研究在"客观性、普适性、可重复性"上的承诺，认为实证研究同样具有主观建构知识的特征。

不少学者从研究问题的实际需要出发，拓展了多元方法论的诸多面向。案例研究被广泛推崇（田志龙和王浩，2011；蓝海林和皮圣雷，2011；郭毅，2006；苏敬勤和崔淼，2009；李平，2010；高婧等，2010）。偏质性研究方法，如“深描”（thick description）（蓝海林和皮圣雷，2011；梁觉和李福荔，2010）；“历史分析”“比较分析”（蓝海林和皮圣雷，2011），“企业史研究”“田野研究”“事件史分析”（郭毅，2006）等也受到关注。吕力（2011b）和高婧等（2010）则明确地提出要重视“思辨研究”的价值。韩巍（2011b）在《管理学家》（学术版）发表了《管理学界应该接纳思辨研究》一文。

观察“管理学在中国”学者群发表的文章，这些学者大致可分为三大类（见表1）。①主流规范派（或国际接轨派）的学者，比如李垣等、杜荣等、张玉利（展

表1 方法论取向一览表

主流规范派	调和派			非主流取向
	传统派	折中派	明显倾向质性研究	
李垣等（2008）将中国实际与主流管理理论相整合的理论发展观，符合主流研究模式，此例可见其局限性：“并建立能够真正反映中国企业文化内涵和特点的测量指标体系”； 杜荣等（2008）强调“实证分析”和“与国际接轨”； 张玉利（2008）认为规范的实证研究很重要，但也不能为实证而实证，更不能造假（有必要的反思）	田志龙和王浩（2011）采用国际规范研究方法、本土情境变量，采用案例研究方法； 李平（2010）认为阶段性地看，适宜先定性研究、后定量研究提出	陈春花（2010）直面实践而非国际一流标准，不怀疑西方的研究方法，但认为其走向了极端； 蓝海林和皮圣雷（2011）采用典型案例，不否定大样本统计研究，不忽视国际化方向；高婧等（2010）提出广谱的多元化	刘人怀等（2011）采用“案例研究”； 苏敬勤和崔淼(2009)认为中国特色管理理论的研究需要以案例研究方法为主，问卷调查和理论研究方法为辅	陈春花（2010，2011）直面实践而非国际一流标准；很少做传统的实证研究，而是长期深入实践； 蓝海林和皮圣雷（2011）采用“深描”“历史分析”“比较分析”等方法； 郭毅（2006）采用完整的故事和多元化方法，比如企业史研究、田野研究、事件史分析、案例研究、实验研究； 梁觉和李福荔（2010）强调中国视角、中国构念、批判性、深描、内容与机制兼顾、传统文化的资源； 曹仰锋和李平（2010）聚焦“本土领导力”，侧重案例研究，“阴阳扎根案例研究法”； 吕力（2011b），高婧等（2010），韩巍（2011b）肯定思辨研究的价值

注：主流规范派代表狭义的实证研究（问卷测量、统计分析），非主流取向倾向于“描述、诠释”，这与西方多元范式的分歧相对应。方法论选择背后是认识论的分歧，从上述表格容易发现，国内学者大都对认识论与方法论的关系并不敏感，所以才会出现一些“矛盾”的现象。可以说，在蓝海林等（2011）提到的“领导型学者”中，少有信念上非常坚定的非主流学者。尽管在行动上，陈春花可能是一个典型代表。

现了反思的一面）。②调和派学者，他们当中又可以分为三个亚类：第一，传统派，比如李平倾向于先定性、后定量的传统思路；田志龙也强调国际规范，但认为结合中国情境更适宜案例研究；第二，折中派，也可以说是矛盾派，蓝海林、陈春花、杨乃定较为典型，一方面他们视野很宽、包容性很强，同时声明自己离主流不远，但某些提法又与主流有较大的距离（尽管他们对此并不敏感）；第三，明显倾向质性研究，比如刘人怀等、苏敬勤等。③非主流取向，学者的构成比较复杂，比如陈春花、蓝海林、皮亚雷、郭毅、梁觉、李福荔，曹仰锋、李平。当然，吕力、高婧、杨乃定、杨生斌、韩巍最需要进一步为“思辨研究”证明。

3. 共识的再剖析

借由上述讨论，可以构造出一个与研究者观察（体会）相符合，且具有内在逻辑的分析思路：“脱节——直面——多元——评价”。因为“理论与实践脱节”，所以要“直面实践/现实”；而“直面（问题导向）”，则需要多元化方法论（方法服从问题），最后，新旧研究范式的冲突、融合，甚至转向，必须寄望于学术评价机制的改变。应该说，这场由中国部分管理学者自觉参与的边缘性学术“运动”，既是对国际学术动态的积极响应，又是对中国管理研究现状的深刻反思；不仅初步确立了与“中外主流/非主流研究范式”对话的基础，而且有望拉近“理论与实践”的距离。当然，我们深知“范式革命”的艰难，尚有很多难题必须审慎对待。

3.1 “脱节”辨析及对“直面”的启示

一方面，“管理学在中国”的学者们需要深化关于“脱节”的经验研究。在已有的文献中，我们容易看到激情的批判、辛辣的调侃和零散的例证（张玉利，2008；孙继伟和巫景飞，2011；杨乃定，2011；韩巍，2011a；刘人怀、孙凯和孙东川，2011），却没有更为充分的经验证明，比如基于大样本的统计及典型性的案例分析。大家似乎很熟知“脱节”的现状，而且这已成为一种“共识”，但中国管理学界到底“脱节”到什么程度，还需要一些比“印象—感受—不证自明”更可靠的经验证据。另一方面，“管理学在中国”的学者们还需要对“脱节”有较深入的辨析。第一，“隔阂”（gap）与“脱节”（irrelevance）不同。因为理论一定是对经验事实的“抽象”，“理论与实践”存在某种程度的“隔阂”是必然的。成功的理论固然可以对经验进行较为准确的解释，对实践者有所启发，影响其心智和行动，但理论不可能与事实完全一致，理论与实践的“隔阂”不可能被无限地消弭。第二，从建构主义视角出发，管理知识是研究者基于客观事实所形成的一种主观建构。在管理知识的生产过程中，至少有两种截然不同的“脱节”现象值得区分，即研究态度上的“脱节”和研究方法上的“脱节”。第一种“脱节”，近似于孙继伟(2010)所谈到的**“价值迷失型”学者的作为**(此处无意于对严重学术失范者价值取向的讨论)：研究者缺乏对学术足够的尊重，学术素养有待提高，满足于“照葫芦画瓢—囫囵吞枣”式的模仿研究，执着于“为论文、课题、职称”而研究，从研究之始就无意于研究成果的实际价值，所以才会遭到郭重庆(2008)、徐淑英(Tsui, 2009)措辞严厉的批评。由此而产生的大量研究成果往往流于众所周知的“常识”(杨乃定，2011；韩巍，2011a)或是对常识的冒犯(张玉利，2008)。可悲的是，这种情况不仅普遍，而且似乎日趋严重。第二种“脱节”，主要来自一批“真诚而不得法”的研究者，印象中，这种“脱节”在一些海归学者及其忠实的跟随者中较为常见。他们立足于管理知识的“普适性假定”，主要借助西方管理理论，按照成熟(规范)的研究范式(尤其是美国构念和美国量表)“解读”中国的管理实践，往往表现出“肢解”甚至“曲解”现实复杂性的“非现实倾向”(韩巍，2007)，从而使其严谨的学术成果同样有可能遭遇质疑和冷落。如果可以假定美国学者在研究态度上远比我们更符合学术共同体的基本约定〔事实或许并非如此，见Bedeian et al.(2010)〕，这种研究方法上的偏误应该同样适用于解释多数美国学者在“脱节”方面的困扰。显而易见，针对这种“脱节”的批评就主要应当是围绕方法论、认识论展开的真诚的“学术对话”，这与我们对第一种“脱节”的指责完全不同。

综上所述，所谓“直面实践/现实”就至少包含两个方面的内容：①我们不能一味地用西方现成的管理知识来“肢解”/“曲解”中国的复杂现实。这意味着研究的起点和对象必须是中国管理的实际经验，研究者要对组织实践有更真切的观察、理解和体会。②更重要的是，我们应当反思如何调整我们习以为常的研究思路——这种设想虽然已经被杨国枢具体化为一整套本土研究策略(梁觉和李福荔，2010)，但应该还有继续拓展的空间。因此，所谓“直面”也就不能仅仅是对中国实践“问题意识”的唤起，以及回归到中国实践那么简单(无论深入到何种程度)。

3.2 多元化与严谨性（规范性）

考察“管理学在中国”学者群的方法论立场，我们很容易发现单纯强调国际接轨的主流派似乎变成了少数派。我们当然希望这种“共识”能够不断扩散，无论是范式的冲突、更迭，还是研究纲领的调整、进化，这种认识都非常有利于管理学者从“问题”出发，从“智慧”出发，而不仅仅是热衷于“时尚话题”和“流行技术”的追踪和模仿。多元化取向要想真正取得合法性，还面临一些挑战：①不同范式的通约问题，尽管在美国管理学界，多元化取向已取得不少成果（Eisenhardt and Graebner，2007），而且已成为欧洲管理学会（European Academy of Management，EURAM）使命的一部分[①]，但实证研究与非实证研究的冲突依然激烈。毕竟，范式的差异，总是从本体论、认识论就开始分化的（邓津和林肯，2007；纽曼，2007）。②针对大多数调和派学者，一方面，往往从问题意识和研究经验出发，接受甚至主张“多元化取向”以摆脱“脱节”的困扰；另一方面，也还是更多倾向于接受实证研究的“规范性”要求，即严谨性（rigorous）与实用性（relevant）的平衡。这里存在一个关键的技术难题，因为“严谨”在狭义实证研究者看来，是一套“客观”的、满足“可重复性”要求的技术规范。只要研究者采用一致的问卷（常常如此）搜集数据，理论上，统计分析的结果是不可能因人而异的。凡是对多元方法论有一定了解的学者可能都会意识到，尽管案例研究有一些“经验性规范”，尽管“扎根理论”“内容分析”有一定的研究程序，也可以借助软件提升“研究效率”，但这类研究的关键步骤（形成理论）、关键技术（类属—理论）只能是“主观的”，是严格依赖于研究者的经验和洞察力的（难以重复！），而不是“技术规范”的。更不用说，这类研究从“问题意识”（研究什么）到“证据收集”（观察、了解什么），也就是整个研究过程的起点、过程，必然存在因为“主观选择”而产生的分歧（即使“深描”也不能幸免）。如果我们不能接受一种“相对主义的规范标准”，又如何真正地实现多元化？③针对严格的“非实证主义”研究者，即使我们拒绝实证研究“信度/效度”的评价标准，强调“共鸣/理解”，强调“可靠性/可扩散性”，也不能只沉溺于“争夺话语权”，进而走向“anything goes”（怎么做都行）。

① EURAM places a strong emphasis on multidisciplinary theoretical perspectives and methodological pluralism, and promotes critical examinations of the historical and philosophical roots of management and praxis. 引自 http://www.euram-online.org/r/default.asp? ild=GIFML, 2011/9/15，访问时间2020年5月。

比如，吕力(2011b)、高婧等(2010)为“思辨研究”的合法性辩护，但又该如何评价思辨性研究的规范性，是否需要某种共同的标准(韩巍，2011b)？

3.3 管理知识的“实用性”

部分学者从“脱节——直面”出发，在德鲁克“管理是行而非知”的感召下，跨越了“知识属性”这一重要命题，将管理知识的“实用性/有用性”当作焦点，从而转向“实践性知识”，提出实践管理学(派)、认识论的技术取向(吕力，2011b；陈劲和王鹏飞，2010；孙继伟，2011)。其实，无论是我们耳熟能详的“致用之学”，还是德鲁克所断言的“行”而非“知”，还是认识论向“实用主义”的靠拢，都不足以构成对管理知识“本质属性”的有效说明。也就是说，我们还没有在“什么是管理知识的实用性”，以及“如何判别管理知识的实用性”上进行必要且充分的探讨，更不用说达成一定的共识(杨栋和魏大鹏，2009)，比如大师级管理学者马奇(2010)对“实用性”就颇多异议。在笔者看来，这种“激进的跨越和转向”是值得怀疑和警惕的。考虑本文的主旨，笔者就此只提出两个视角、一个猜测供大家参考、批评：

(1) 管理知识(乃至所有的社会科学知识)与自然科学知识存在显著的区别。因为自然科学知识与人类的关系是一种严格的“主体—客体”关系，尽管人类已经形成了大量的自然科学知识，可以对自然界加以干预，但无论我们对自然界认识到什么程度，对自然界干预到什么程度(主要取决于我们的认识水平)，那些“知识”背后的“规律”都是自动地在发挥作用的(out there)，是“亘古不变”的，与人类“无关”的。管理知识(包括社会科学知识)与人类的关系则是一种“主体—主体”(间性)关系，实践者可以通过研究者的“学术成果”达成与研究者的“视域融合”(理解、认同)。在具体的管理实践中，管理学知识对于组织生活的“干预”或者“强制”(马奇，2010)，必然取决于一种“经济性、政治性、社会性”，甚至是“文化性”的“人类自主选择”，而这种“选择性”还会带来人类合作方式的进一步改变。因此，管理知识背后的“规律”是经由我们“选择”且不断“建构”的，不是“自动起作用”的，也不可能是“亘古不变”的。我们发现了自然界的规律，可以进行检验或加以利用；但我们所“揭示”的“管理规律”，既可能被实践者加以“选择”也可能遭到“忽视”，从而连被检验的机会都没有，何况，“规律”本身也可能正在发生变化。那么，该如何确保“管理知识实用性”的客观实在性？

（2）即使实践者采纳了某些管理知识（包含“因果性”承诺的规律），比如我们采纳了“全面质量管理”（total quality management，TQM），且从经验上观察到了组织整体/局部管理品质的改善，这就足以说明 TQM 的实用性吗？比如“解决问题，提升绩效”，沿着“实践者与管理知识关系”中的“自主选择性”，不难发现，恰恰因为组织“情境”的多样性（存在一系列难以测量的状态和变化），以及“特定人（群）”的复杂性，包括只有内部人（insiders）才掌握的隐性知识（tacit knowledge），组织实践 TQM 的过程才会呈现出非常复杂的面貌。从而使我们无论从逻辑上，还是经验上都很难把组织绩效的变化简单归因为 TQM 的显著影响。换言之，我们很可能无法构建一个可靠（可控）的人类组织实验环境，以获取那种严格的“因果关联”。所以，管理学者才更习惯于用“相关性”取代“因果性”（陈晓萍等，2008）。如此，我们又如何判定 TQM 是真正实用的呢？

（3）更危险的，当我们希望用语义含混的“实用性”作为评价管理知识的依据时，实用主义者可以找到非常具有挑战性的证据让学者难堪（格里斯利，2006）。因为在管理实践中，“望梅止渴”/“歪打正着”是完全可能的，即一种虚假/错误的知识未必不能“解决问题”，未必不能带来“组织绩效的改变”，那么，此类“实用性”该如何判别？当然，笔者也极力主张“直面实践”，强调“解决实际问题”，关键是如何给“实用性”一个更合理的界定，给出进一步的鉴别。可能与有些学者对“实用性”的理解不同，在笔者看来，管理知识必然是“实用的”，但其“实用性”应该有三种不同的表现：其一，“实用性”是指那种能够解决具体问题的实用知识，可以摆脱情境、人为因素的干扰，比如一种管理信息系统的植入或生产装配线的改进，它们具体、有效，适于“quick-fix”（即插即用）（以部分狭义的管理科学研究成果为主）。其二，“实用性”是指那种能够帮助实践者改善“人与组织结构、流程、气氛互动方式”的实用知识，它不可能摆脱情境和人为因素的干扰，所以这种知识需要包含大量情境和人际互动的细节，否则，就会表现出显著的歧义性（以高质量的经验研究为主）。其三，“实用性”是指那种能够改善个体心智、行为习惯的实用知识，它可以摆脱情境、人为因素的干扰。事实上，它就是专门对实践者个体（群体）加以改造的知识（以思辨研究、哲学、伦理学反思、宗教为主）。不过，在笔者看来，第一种知识具有典型的“工程学色彩”，处理的主要是变量关系而不是人际合作的现实问题。只有后两种知识才是严格意义上的管理知识。在这种认识视角里，我们当然可以讨论管理知识的“实用性”，也可以质疑管理知识能否解决“现实问题”。针对后两种知识而言，有几种判断

“实用性”的更具“操作性”“包容性”的标准，比如：①该研究是否讲述了一个较为完整的故事[①]，从而在思维、行动的系统性方面对实践者有启发性？②该研究是否能够在本质结构和机制层面有深刻的洞察，从而在心智和行为的改变方面对实践者具有启发性？如果管理研究必须回到（社会）科学的怀抱，就增加一个追问——③该研究是否符合经验事实和逻辑？

3.4 如何改变管理研究评价机制

在几篇涉及“评价机制”的讨论中，学者们倾向于采纳一种更加系统的“利益相关者”的视角，孙继伟（2009）建议将“同行研究者、读者、使用者”，陈劲和王鹏飞（2010）建议将“企业、政府、公众”，彭贺和顾倩妮（2010）建议将“实践者”纳入评价体系。这种带有“制衡机制”的评价体系显然是一种过于理想的设计，在实际应用中存在巨大的困扰。姑且不论多元化评价系统中主体参与“动机”的来源和差异，“评价标准”的分歧及“辨别能力”的高下，又该如何在“实用性”上达成共识？单从中国管理学界的现状出发，基本的事实是，首先，研究资助方对“学术成果的实用性”缺乏关注，那么花钱的研究者怎么会把实用性当作研究的标尺、主动把“紧箍咒”往自己头上戴？其次，国家科研管理还得依靠学者的参与，而学者的地位、名望、话语权很大程度上取决于从政府获取科研资助项目的能力，项目多了，产量就大、档次就高、奖励就多，已经习惯了自娱自乐的“学术看门人”及其跟随者，又怎么会在意“旁人”说三道四，怎么会“受制于”公众、实践者、读者而改弦更张呢？

在笔者看来，改变学术评价机制只能依靠学者自己来解决，因为良知，因为孙继伟和巫景飞等（2011）所说的“自我救赎”。而学者的“战场”主要在论坛，在杂志；是“声音”，是论著。笔者以为更现实、更值得期待的是那些“领导型学者”（蓝海林和皮圣雷，2011），他们应该充分发挥自己的影响力，发挥张五常（2010）所说的“学术独裁”作用，给普通学者尤其是年轻学者更明确的指引——到底什么才是好的管理研究？什么才是研究者应该追求的“实用性”？当然，笔者也希望在这一转变过程中，学术界可以更加开放地面对那些更理性的政府部门的科研管理工作者、更有鉴别力的实践者和更加成熟的受众。

---

① 马奇的说法是讲一个精彩的故事。——笔者注

4. 管理研究认识论的探索：对于"范式革命"的一个尝试性回答

基于上述共识及存在的问题，笔者希望给出一个更为深入的理论分析，回答仝允桓所提出的一个"悖论"色彩的质疑——管理研究为什么会"研究方法越科学，内容越没有意义"（杨妍，2010）？同时尝试对徐淑英（Tsui，2009）提出的"范式革命"给以解答。鉴于笔者及合作者已经发表的文章（韩巍，2011a，2011b；韩巍和席酉民，2009；席酉民和韩巍，2010），在管理研究的"整体性分析思路""情境结合下的方法论取向""实证研究的局限性"及"为思辨研究合法性的辩护"所形成的认识，笔者认为，管理研究之所以"真诚而不得法"（上述第二种脱节）、需要"直面中国实践"、需要"多元化方法论"，其症结就在于我们太习惯、太满足于生产"截面的""去情境的""可测变量关系"的研究，而长期忽视①"时间性/历史维度"的重要性，即数据关系在时间上的"可重复性"；②"情境"的重要性，即跨越空间上的"稳定性"；③"非可测因素"的重要性；以及④整体性视角的重要性。因此，我们有必要对管理知识的可能形态重新加以梳理。需要说明的是，笔者较为系统地思考了与管理研究相关的几种知识形态，框架中多是约定俗成的用语，因此无须特别说明，但是有两处例外：①笔者用经验研究（empirical research）覆盖了人们常常习惯采用的定量研究（狭义实证研究）与定性研究（非实证研究）。笔者认为，只要研究的对象是人类的组织经验，它们都应该是经验研究，都是对于经验世界的一种"主观建构"（韩巍，2011a），各种经验研究的策略、方法虽然不同，但在与经验世界的关联上没有本质区别。②笔者已经尝试给出了管理研究中"思辨研究"的一个定义，并分析了它的主要基本特征（韩巍，2011b）。笔者将通过表2来直观地呈现这种新的认识论框架。

从表2中可以看出，管理知识主要有三种形态：①经验研究涵盖了各种直接以管理实践为研究对象的定量研究和定性研究。②非经验研究包括两类：一类是思辨研究，另一类是数学建模，它们都是对经验世界的高度抽象，都试图对本质问题做出猜测，但演绎的方式不同。同时，它们都不提供直接的经验证明，但都不拒绝经验事实的检验。③哲学研究主要指针对管理知识生产全过程、研究者、实践者提出的反思和批判。如果我们把这张表当作一个透镜，不针对某些具体的研究，它似乎倾向于否定一大批无论是中国还是国际上比较主流的研究成果（包括我们自己类似的研究）的"实用性"。从表2上不难发现，大量主流研究

表 2 管理知识形态及特征

哲学(伦理学)研究(对管理研究者,研究过程和成果提供持续的反思和批判)								
范式及研究内容	**经验研究**(包含定量研究和定性研究)						**非经验研究**	
							思辨研究	数学建模
	还原论范式(截面化,去情境)			**整体论范式**			本质、机制研究	
	可测变量关系研究(狭义实证研究)		难以观测现象的研究(质性研究)	情境—过程结合研究				
				统计研究(复杂科学研究)		案例研究		
时间性	截面	历时	历时	截面	历时	历时	不涉及	
侧重点	可物化现象		人际合作现象	情境—过程—结果			心智/行为模式	
主要研究手段	数据收集,统计分析为主		证据收集,文本分析、诠释为主	数据/证据收集,综合分析,多元化研究方法			思辨研究	逻辑演绎
重复度	高	较低	低	较高	较低	低	低	高
可靠性	低	较高	低	较高	较高	高	较高	高
难度	低	较高	高	较高	较高	高	高	高
实用性	低	较高	低	较高	较高	高	不确定	不确定
现状	主流	少见	少见	少见	少见	少见	少见	主流
前景	不确定/相对衰落	成长	成长	成长	成长	少见	少见	不确定/衰落

注:笔者倾向于采信比较保守的“科学”定义,认为管理学界应该审慎对待“科学”一词的用法。当然,作为对知识“实用性”的进一步了解,读者可以参考劳丹(见黄光国,2006)所认为的、更应专注于“解决问题”的“科学”,而且也可以参考“科学”在约翰·齐曼(John Ziman)那里以“post-academic”姿态所展现的实用主义色彩(杨栋和魏大鹏,2009)。但是,笔者非常怀疑这一套说辞能够真正解构掉“科学的合法性”。

主要是在截面化而非历时性,去情境而非情境化,片段式而非整体性的认识论中生产缺乏重复性、可靠性的碎片知识。尽管它们可以靠一种标准的“外交辞令”——“本研究的样本有如下局限性,情境有如下局限性,所以,你不必认真对待我们的研究成果”以免责。当仝允桓质疑“为什么研究越科学,内容越没有意义”时,借由这个框架可以给出肯定的解答,而且显然,方法的“精确/严谨”永远不能保证“问题意识”的重要性和“研究成果”的价值,因为偏差是从认识论上就开始的。当大家责怪大量的研究与实践脱节的时候，借由这个框架也非常容易理解，因为，被这类研究忽视的那些现象，很可能是管理实践中真正重要的部分，尤其是中国本土管理的某些实质特征。如果学者批量生产的管理知识，都可以免于“时间、情境、系统分析”的审查，这样的成果怎么可能不脱节（irrelevant），不“talking to ourself”（Reibstein et al.，2009）？

要想让管理知识更有尊严，更加“实用”，不是重新订立标准，不是越俎代庖，不是另起炉灶，不是用“实用性”削弱“规范性”，不是马奇（2010）所讲的“明争理，暗争利”，而是重新认识“实用性”，改善管理研究的认识论。在笔者看来，尽管管理知识是一种不可避免的主观建构，但我们没有权力在自己的心智尚不够发达的时候，选择一种太过狭窄的视角来实现马奇所洞察到的那种“强制”，更不用说这种视角仅仅是从美国舶来的。我们必须与管理知识保持一种开放的、系统的、反思的，而不是封闭的、简化的、固执的姿态；方法论的多元化是一种必然的选择，而多元化的研究不能只遵循一种规范。我们要逼近现实，讲一个尽可能完整的、真实的故事；我们要尽可能从比较完整的故事中寻找“新发现——概念、视角、框架”，以及提供一种能够被实践者意识到的启发性。它应该能超越常识、已有理论，甚至经验。

什么样的管理研究能够产生高质量的学术成果？从新认识论框架出发，笔者认为有两类（四种）当然的备选者。第一类为经验研究：①特殊的案例研究，提供一个更加完整的故事及其诠释。它需要追溯历史，尽可能长期地“观察、体验”，反复地“收集、比较”以满足“科学研究”的艰苦标准。它还需要“理论、直觉、洞察力”以满足研究的智慧标准。因为在我们看来，只有“完整性”才会尽可能剔除种种“浮浅的归因，片面的解读”。②定量经验研究，它需要将视野向“历时性、情境化，整体性”扩展，通过严谨的理论分析以获取更适用于解释中国本土经验的关键变量，而且应该不断提升测量的可靠性。③定性经验研究，它能够为我们提供更丰富的经验细节、更深刻的意义挖掘，以促使更多“隐性事实”的“显性化”。第二类为非经验研究：④思辨研究。管理学界应当接纳思辨研究（韩巍，2011b），因为它更接近现象的本质，更接近根本的结构和机制。假如多数研究者认为管理世界一定存在普适性知识，笔者更相信唯有对经验世界的超越才会让愿望得以实现。同时，请原谅笔者对于“数学模型”的怠慢，因为个人始终认为管理世界（社会科学）中“最普适”的知识一定是改变人们心智、行为的“伟大思想”，而不是任何“经验法则”。应该是出于个人的无知，至少在管理世界中，笔者（尊重自然科学，但拒绝科学主义）看不出人类生活的“思想”必须用数学来包装的必要性。

中国管理研究真的处在“十字路口”（Tsang，2009），真的需要一场“范式革命”吗（Tsui，2009）？笔者认为，这一新认识论框架的构建可以给出一种较为明确的解答。其“残酷性”在于，它似乎可以“草率”地断言，管理学界已经积累下来的大批学术成果，在前文提及的任何一类实用性上，都不大令人满意。这些研究或许曾经给学者们带来了许多荣誉、地位，请允许笔者“狂妄”地推测那些曾经让学者引以为豪的个人资产或许转眼就会成为一种沉重的负债！

5. “历时—情境—整体”视野下本土领导研究面临的巨大挑战：感受而非经验

正因为新认识论框架的构建和冲击，由席酉民主导的本土领导研究团队（因为笔者参与其中，以下简称“我们”）似乎已经走上了一条荆棘密布的探索之路。从本土化领导研究课题申报伊始，我们就试图从动态过程、情境、系统视角出发研究本土领导。因此，我们无法想象任何单一的研究方法可以满足我们的好奇，为了完成设想，我们不可避免地遭遇“实证的”“诠释的”，甚至“批判的”等各种研究范式。我们不断提出猜想，不断加以反驳，期望用更丰富的经验证据，研究者的体验、领悟，以及洞察力，不断逼近那个可能的事实，并随时准备对我们自己的探索加以反思、批判。

基于研究与新认识论可能的关联，我们可以暂时搁置那种寻常的“规范性/严谨性/科学性”质疑，可以“拉大旗做虎皮”（比如援引国际顶刊上类似的研究）以平复饱受批评的焦虑。但客观地说，我们所设计的研究计划，已经给自己带来了巨大挑战。正因为大多数研究者长期接受“狭义的实证研究训练”，缺乏对组织内部复杂性的必要认识，我们大家对“历时性、情境性、整体性”研究的驾驭能力都显稚嫩。当我们“强迫”自己进入历史学、社会学、经济学、人类学、心理学、政治学、哲学、统计学等知识场域，期望以多重视角寻求一种系统的知识建构时，作为研究者，我们才真切地感觉到自己的年轻和知识积累的贫乏！尽管如此，当我们有机会从一种全新的认识论出发并由此开始我们的冒险旅程时，我们坚信无论是国际的、国内的，无论多么主流、多么高档、多么高产，只要它是“去情境、截面化、还原论式”的研究，都不再是我们追求的主要目标。我们深知，对于人类组织实践的研究，基于分析单位（unit of analysis）的要求，其视野不可能被无限地放大。如果我们曾经的选择是严重片面化的，尽管我们总要为“系统化视角”确定必要的边界，但这样的研究至少更接近经验事实，因此，我们必须接受挑战。最后，我们期望通过自己的努力，可以找到某些局部的“解决方案”、更广泛的“系统思维”，最为重要的是，改善中国组织领导者及被领导者的“心智和行为”。

6. 结　语

本文首先梳理了“管理学在中国”学者群历时7年达成的“脱节——直面——多元——评价”的共识，接着对其中可能存在的几点疑难做了剖析，最后以笔者前期的研究为基础，针对上述难题，尝试从“时间维度”“情境维度”“分析维度”提出一个直观的管理研究认识论框架，并对徐淑英提出的“范式革命”进行初步解答，期望对中国管理学界有所助益。笔者无法保证自己研究的正确性，只能以对学术的真诚示人。或许，个人（包括一个团队）的智慧不免会受到历史无情的捉弄和嘲笑，十分有限的能力不足以支撑我们在这条坎坷之路上走得更远。但笔者真诚希望“管理学在中国”能感召并汇聚更多的中国学者，在已经形成的共识上，不畏压力，不惧阻力，坚持信念，坚守立场，回归“质疑——批判——反思——探索”的学术正途，切实提升中国管理研究的品质和影响力。

我们会成为一个勇于承担、善于开创中国管理学美好前景的学术共同体吗？唯愿“面向未来，春暖花开”！

回顾及反思

一个管理研究者妄言哲学问题，难免贻笑大方。好在认识论固然深奥，也可以有寻常的理解。简言之，在具体研究中，研究者到底与“研究对象”“组织现象”是一种什么关系，且如何建立一种关系。本文从“批判——反思”入手，并先后在经验研究和抽象的层面上，提供了两个“划分”：主流—非主流，经验—非经验。显然要把管理研究更适当的方法论归于一种强调“情境—过程—结果”的整体性认识论取向。具体而言，管理研究除非提供了足够的情境背景，详尽的过程内容，一个尝试讲述从“情境、过程”到“结果”的完整故事，否则是不大可能有多少启迪心智、影响行为的价值的。

所谓认识论重构，是继《论“实证研究神塔”的倒掉》以后，对于最为流行的“假设—检验”的又一次刻意冒犯。正如文中所述，这一新认识论框架的构建可以给出一种较为明确的解答，其“残酷性”在于，它似乎可以“草率”地断言，管理学界已经积累下来的大批学术成果，在前文提及的任何一类“实用性”上，都不大令人满意。这些研究无论给学者们带来了多少荣誉、地位和利益，请允许笔者“狂妄”地推测那些曾经让学者引以为豪的个人资产或许转眼就会成为一种沉重的负债！

可以说，正是以本文为起点，笔者以为能够满足这一认识论“标准”的研究，只能是案例研究，而考虑到期刊论文篇幅的有限性，笔者开始怀疑以凯瑟琳·M. 艾森哈特(Kathleen M. Eisenhardt)、罗伯特·殷(Robert Yin)为代表的实证范式的案例研究比“假设—检验”的进步是否足够显著！他们所推崇并示范的案例研究方法会不会只是“假设—检验”的质性变种？因此，笔者近乎毫无保留地转向了社会学、人类学(民族志)文本，尽管管理研究者，包括艾森哈特本人对这类研究的“理论水平(贡献)”似乎并不认可。

某种程度上，马奇在讲授领导课程时转向四本小说的做法给笔者以极大的鼓舞。虽然小说在很大程度上是虚构的故事，但它足以满足本文所倡导的认识论要求。由此，笔者形成了一个顽固而且极具破坏性的判断：管理研究的大多数成果，不过是在“任性”地剪裁现象，以努力创造各种让人眼花缭乱的解释，却几乎从来不能确定——**那里，到底发生了什么！**我们在近乎“缺席”(absence)的情况下，单单凭借所掌握的理论就可以“曲解”现实，不仅不必自责，还能弹冠相庆——这是多么神奇的学术生态！

管理，不是没有科学/工程化的可能或必要，想想极端的案例——无人超市真的能/该畅行无阻吗？更多的情况下，其动态复杂性、情境性、互动性都难以被归结为一张干净白纸上的简单图表。一篇学术论文孜孜以求的“逻辑”解释，最多是可能性之一(还未必是最可能的那个!)。在具体的管理实践那里，不过是诸多可能性的一种。事后重构的画面中，判断、决策总显得真切、笃定，但事前、事中应有的模糊、焦虑可能已被刻意尘封(英雄主义叙事作为主旋律)。

少些理论，多点儿故事；少些假设，多点儿情节。如果我们果真推崇先贤，既然伟大如马奇者最为看重的领导智慧都主要源自小说，我们这些凡人又何必摆出一副科学工作者“掌握真理”的架势呢？一个不够友好的佐证，或许笔者比较孤陋寡闻，可当今世界，最为耀眼的那些企业家们，哪一个是从商学院里训练出来的？不是研究方法的问题，是认识论的问题。

参考文献

BEDEIAN A G, TAYLOR S G, MILLER A N. 2010. Management science on the credibility bubble: cardinal sins and various misdemeanors[J]. Academy of Management Learning & Education, 9(4): 715-725.

EISENHARDT K M, GRAEBNER M E. 2007. Theory building from cases: opportunities and challenges[J]. Academy of Management Journal, 50(1): 25-32.

REIBSTEIN D J, DAY G, WIND J. 2009. Guest editorial: is marketing academia losing its way? [J]. Journal of Marketing, 73(4): 1-3.

TSUI A S. 2009. Autonomy of inquiry: shaping the future of emerging scientific communities [J]. Management and Organization Review, 5(1): 1-14.

TSANG E W K. 2009. Chinese management research at a crossroads: some philosophical considerations [J]. Management and Organization Review, 5(1): 131-143.

曹仰锋，李平.2010.中国领导力本土化发展研究：现状分析与建议[J].管理学报，7(11)：1704-1709.

陈春花.2010.当前中国需要什么样的管理研究[J].管理学报，7(9)：1272-1276.

陈春花.2011.中国企业管理实践研究的内涵认知[J].管理学报，8(1)：1-5.

陈春花，刘祯.2011.中国管理实践研究评价的维度：实践导向与创新导向[J].管理学报，8(5)：636-639.

陈春花，陈鸿志，刘祯.2011.管理实践研究价值贡献的评价[J].管理学报，8(6)：791-795.

陈劲，王鹏飞.2010.以实践为导向的管理研究评价[J].管理学报，7(11)：1671-1674.

陈晓萍，徐淑英，樊景立.2008.组织与管理研究的实证方法[M].北京：北京大学出版社.

邓津，林肯.2007.定性研究：方法论基础：第1卷[M].风笑天，等译.重庆：重庆大学出版社.

杜荣，艾时钟，BRUGHACM.2008.管理科学中国学派如何走向世界？——问题、策略及系统方法论层面的分析[J].管理学报，5(4)：473-477.

段明明.2011.“直面中国管理实践”需要跨文化比较研究[J].管理学报，8(8)：1115-1121.

高婧，杨乃定，杨生斌.2010.关于管理学本土化研究的思考[J].管理学报，7(7)：949-955.

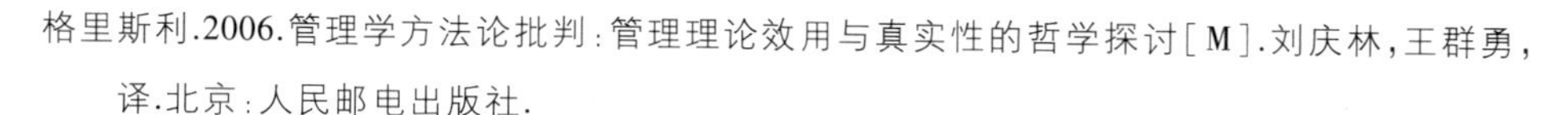

格里斯利.2006.管理学方法论批判:管理理论效用与真实性的哲学探讨[M].刘庆林,王群勇,译.北京:人民邮电出版社.

郭重庆.2008.中国管理学界的社会责任与历史使命[J].管理学报,5(3):320-322.

郭毅.2006.制度环境视野下的中国战略管理研究途径[J].管理学报,3(6):643-646.

郭毅.2010.地方性知识:通往学术自主性的自由之路——“管理学在中国”之我见[J].管理学报,7(4):475-488.

郭毅.2010.活在当下:极具本土特色的中国意识——一个有待开发的本土管理研究领域[J].管理学报,7(10):1426-1432.

郭毅.2010.论本土研究中的他者和他者化:以对中国共产党成功之道的探讨为例[J].管理学报,7(11):1517-1526.

韩巍.2005.学术探讨中的措辞及表达:谈《创建中国特色管理学的基本问题之管见》[J].管理学报,2(4):386-391.

韩巍.2007.寻找“真实”的方法论[J].财经界·管理学家,11:56-57.

韩巍.2008.从批判性和建设性的视角看“管理学在中国”[J].管理学报,5(2):161-168.

韩巍.2011a.论“实证研究神塔”的倒掉[J].管理学报,8(7):980-989.

韩巍.2011b.管理学界应该接纳思辨研究[J].管理学家(学术版),7:23-36.

韩巍,席酉民.2009.不确定性——支配权——本土化领导理论:和谐管理理论的视角[J].西安交通大学学报(社会科学版),29(5):7-17.

韩巍,席酉民.2010.“中国管理学界的社会责任与历史使命”:一个行动导向的解读[J].管理学家(学术版),6:3-19.

黄光国.2006.社会科学的理路[M].北京:中国人民大学出版社.

蓝海林,李铁瑛,王成.2009.中国企业战略管理行为的情景嵌入式研究[J].管理学报,6(1):78-83.

蓝海林,皮圣雷.2011.经济全球化与市场分割性双重条件下中国企业战略选择研究[J].管理学报,8(8):1107-1114.

李平.2010.中国管理本土研究:理念定义及范式设计[J].管理学报,7(5):633-641.

梁觉,李福荔.2010.中国本土管理研究的进路[J].管理学报,7(5):642-648.

李垣,杨知评,王龙伟.2008.从中国管理实践的情境中发展理论:基于整合的观点[J].管理学报,5(4):469-472.

刘人怀,孙凯,孙东川.2011.当前管理科学研究中的若干问题:几个疑点的澄清和两种研究方法的评析[J].管理学报,8(9):1263-1268.

刘文瑞.2007.管理与文化的关系探讨[J].管理学报,4(1):16-20.

刘文瑞.2011.守安身立命之地,走继往开来之路:简评《管理学报》近期的系列争鸣文章[J].

管理学报,8(8):1140-1145.
罗纪宁.2005.创建中国特色管理学的基本问题之管见[J].管理学报,2(1):11-17.
罗珉.2003.管理学范式理论研究[M].成都:四川人民出版社.
罗珉.2005.管理学范式理论的发展[M].成都:西南财经大学出版社.
罗珉.2008.中国管理学反思与发展思路[J].管理学报,5(4):478-482.
吕力.2009.管理学研究中的证实、证伪、还原与诠释[J].管理学报,6(10):1285-1290.
吕力.2010."黑板管理学"的3个来源:操作主义视角下管理理论与实践脱节问题分析[J].管理学报,7(8):1123-1129.
吕力.2011.管理学的元问题与管理哲学:也谈《出路与展望:直面中国管理实践》的逻辑瑕疵[J].管理学报,8(4):517-523.
吕力.2011.管理学如何才能"致用":管理学技术化及其方法论[J].管理学报,8(6):796-804.
马奇.2010.马奇论管理:真理、美、正义和学问[M].丁丹,译.北京:东方出版社.
纽曼.2007.社会研究方法:定性和定量的取向:第5版[M].郝大海,译.北京:中国人民大学出版社.
彭贺,顾倩妮.2010."直面中国管理实践"的内涵与路径[J].管理学报,7(11):1507-1512.
齐善鸿,白长虹,陈春花,等.2010.出路与展望:直面中国管理实践[J].管理学报,7(11):1527-1533.
苏敬勤,崔淼.2009.基于适配理论的中国特色管理理论的研究框架:创新视角[J].管理学报,6(7):853-860.
孙继伟.2009.管理理论与实践脱节的界定依据、深层原因及解决思路[J].管理学报,6(9):1143-1149.
孙继伟,巫景飞.2009.管理学研究者客户迷失的判定、原因及出路[J].管理学报,6(12):1588-1596.
孙继伟.2010.论管理学界的价值迷失:实践迷失和客户迷失的深化研究[J].管理学报,7(8):1117-1122.
孙继伟.2011.论实践派管理理论的评价[J].管理学报,8(6):805-810.
孙继伟,巫景飞.2011.论管理学界的研究方法迷失:实践迷失、客户迷失、价值迷失的继续研究[J].管理学报,8(2):164-172.
田志龙,王浩.2011.中国管理实践研究的路径[J].管理学报,8(2):159-163.
王鉴忠.2010.管理的异化与前瞻:主体性管理新范式探索[J].管理学报,7(6):791-796.
武亚军.2010.中国战略管理学的近期发展:一种本土视角的回顾与前瞻[J].管理学报,7(11):1534-1545.
席酉民,韩巍.2010.中国管理学界的困境和出路:本土化领导研究思考的启示[J].西安交通大学学报(社会科学版),2:32-40.

杨栋,魏大鹏.2009.科学观之演进与管理学科学属性之争[J].管理世界,6:124-134.

杨乃定.2011.影响我国管理学科发展的环境障碍分析及对策[J].管理学报,8(7):970-973.

杨妍.2010.典范引路 主题讨论 探索新模式:2010'“中国·实践·管理”论坛纪要.管理学报,7(12):1759.

张五常.2010.独裁是学术发展之道[EB/OL].(2010-07-06)[2011-09-26].http://www.blog.sina.com.cn/s/blog_47841af70100kfq4.html.

张玉利.2008.管理学术界与企业界脱节的问题分析[J].管理学报,5(3):336-339.

周建波.2010.基于中国管理环境的当代企业运行模式[J].管理学报,7(11):1479-1487.

04 珍惜学术表达的自由

对《出路与展望：直面中国管理实践》的批评

1. 响应

2010 年第 11 期《管理学报》发表了一篇非常特殊的文章——《出路与展望：直面中国管理实践》(齐善鸿等,2010;简称《出路》)。之所以特殊,一方面,是该文作者的数量高达 39 人;另一方面,是文章的体裁,这是一篇呼吁"实践导向"的学术倡议书。就文章的主旨而言,"本文呼吁中国管理科学的研究要直面管理实践,本文从读者、研究者、学生、主管机构、社会评论者的困惑出发,反思了管理科学发展存在的问题,主张管理科学研究要重新思考管理的本质,使之从异化中走出来,强化对实践问题的研究,从中提炼真正的科学理论问题,既可以用理论指导实践,也可以服务于中国管理科学体系的创建"(齐善鸿等,2010),笔者毫无异议。作为"管理学在中国"论坛的积极参与者,能见证学术界对"中国管理问题"更加广泛的关注,能看到更多学者的积极参与,笔者也深感鼓舞。

在这个庞大的作者群里,多数学者是"管理学在中国"论坛的参与者,他们也有不少重要的文章相继在《管理学报》发表。虽然就"如何创建中国管理理论"等相关问题可能存在歧见,彼此间也进行过比较严肃的探讨甚至争鸣(罗纪宁,2005;韩巍,2005;韩巍,2008;彭贺和苏勇,2009),但对中国管理学术现状的反思、对学术研究服务于管理实践的强调应该是一致的。事实上,一个真正负责任的学术共同体,尤其在社会科学领域,应该存在不同的"子群体",应该允许彼此持有不同的研究理念和技术路径,这已是国际管理学术界不争的事实,而且,默顿(2008)对学术共同体"集体性质疑"的强调也是一个学科走向成熟的表现。应该说,《管理学报》正在努力创造这样一种典范效应,尽管这个过程将会比较曲折。

“和而不同”，是生活的智慧，也是管理学术应有的格调。虽然在对中国管理学核心问题的理解、学术研究技术路线的认识上存在差异，但是，正如在一系列文章中所表达意思的一样（韩巍，2008；韩巍和席酉民，2010；韩巍，2009；席酉民和韩巍，2010），笔者非常同意《出路》一文的看法：“如果我们不能从管理的根本问题上入手”（齐善鸿等，2010）——比如对管理哲学的全面梳理和深刻反思，在管理研究的认识论上有所突破〔罗珉（2003，2005）是很好的榜样〕，“如果我们不反观自己所从事的领域在历史上发生的事情和现实中正在发生的事情”（齐善鸿等，2010）——比如“从历史观、（社会化）过程观、情境观”等更系统的视角重新审视管理（席酉民和韩巍，2010），“我们就难以向支持我们的纳税人做出一个很好的交代”（齐善鸿等，2010）。

“如果资助者只是关心传统的所谓成果形式（文章、报告、专著等），那一定很难对出资人做出一个令人满意的交代；如果以上情况不能改变，那成果也只是成就了研究者自己的生存状态，申请课题、写文章、出专著、提教授，然后继续自己的体内循环；如果以上情况不能改变，那作为研究者的职业责任、使命和职业道德就将受到怀疑；如果以上情况不能改变，我们就是在浪费自己的生命、浪费纳税人的心血、浪费社会对我们的信任和期望！”因此，“没有世界视角的研究是狭隘的！没有历史视角的研究是短视的！没有文化功底的研究是肤浅的！没有实践感性的研究是苍白的！没有服务实践提升的研究是没有价值的！”就会显得掷地有声！（齐善鸿等，2010）

2. 批评

《出路》一文，虽只由一位作者执笔，但却是“众多学者智慧的结晶”，“联名发表”彰显了一批中国管理学者的自信，应该能够反映该学术群体艰苦探索的高度和亮点，也就必然要有足够的学术担当和更大的社会责任。但是，我们不无遗憾地看到，这样一篇仅仅是倡议书的文章所存在的某些瑕疵，很可能会严重削弱这份倡议书应有的影响力。

笔者首先声明，作为一篇浓缩学者集体智慧的倡议书，我们可以不苛责文章的形式，笔者甚至非常佩服《出路》一文的创新，比如 39 位作者“联名发表”，当然也应该感谢《管理学报》对管理学在中国的发展的关注和对这一作者群体意愿的尊重。另外，作为一名“科学主义”和“实证研究工具主义化”的坚定批评者，我毫不排斥，甚至是怀着极大的兴趣接受了文中颇具戏剧化的“自问—自答”式行文；因为在一个更加富有“诠释性、建构性”色彩的社会科学领域，学者应该被允许去尝试一些建立在自身生命体验之上且更富有“想象力”、更加“主观性”的表达方式，但是，这样一篇承载学术共同体意志的郑重“宣言”，却存在着比较明显的事实谬误和逻辑瑕疵。我们不能一方面呼吁“在社会很浮躁的情况下，真正的研究者更要坐得住冷板凳！能够管住自己的心，这样，才有可能十年磨一剑！才不愧对自己的生命和国家与人民的委托”（齐善鸿等，2010）；而另一方面，我们自己的“思想和洞见”却以这样“草率”的面貌出现。如此，就比较难以期待读者会认真对待我们的反思、批评和倡议，就比较难以设想39位学者的集体共识本应具有的冲击力和影响力。

本文主要就《出路》中的三点事实、两处逻辑提出批评，希望引起《出路》作者们、《管理学报》，尤其是关心“创建中国管理学”的读者们的充分重视。作为“管理学在中国”这个大群体的一员，笔者也想发出一个呼吁：无论我们怎样号召和鼓动，无论国际学术风云如何变幻，无论管理哲学研究是否如火如荼，无论多元范式如何登堂入室，无论“直面实践的研究”如何蔚然成风，中国管理学术研究的希望，必须立足于社会科学研究的两条基本规范——严谨的逻辑和经验事实的支持（巴比，2005：6）。

2.1 事实谬误

（1）彼得·圣吉（Peter Senge）不是麻省理工学院斯隆商学院的“资深教授”（齐善鸿等，2010），而是“资深讲师”[①]。我们绝不否认圣吉对管理实践的贡献和影响力，尽管有学者对圣吉的工作存在质疑（弗勒德，2004）；我们也有充分的理由肯定圣吉的大师地位，但在斯隆商学院，著述颇丰、影响力巨大的圣吉，的确没有足够的学术发表记录，至少直到今天，他还不是教授。我们可以质疑学术评价的“荒谬”，竟然不能给这样一位大师以充分的肯定，但是我们不能忽视这个基本的事实——因为这种“讽刺性”恰恰反映了美国商学院的评价机制，说明了美国管理学术界同样具有某种纯学术的幻想。的确，这是个很小的过失，但却是个明显的常识性错误，它会让读者对作者们，甚至对整个研究群体的见识产生怀疑。

（2）“不管是与泰勒同时代的法约尔还是今天那些提出新思想和新理论的

---

① 来自 http://mitsloan.mit.edu/faculty/detail.php? in_spseqno=SP000127&co_list=F，访问时间2020年5月。

西方管理学家，他们大多跟实践走得很近，有的人长期跟踪企业的发展，有的人自己就是企业的管理者。即使是在今天的美国，很多管理学者自己还身兼着公司的职务，他们深知管理研究是给谁做的。”（齐善鸿等，2010）对美国商学院发展史稍有了解的人都应该知道，自 20 世纪 50—60 年代的“学科合法性”运动以来（Lynn, 2006），美国商学院的“学术—论文”导向，已使其工作重心离“实践”越来越远。一路走来，那么多批评（Kelemen and Bansal, 2002；Gummesson, 2006；Rynes, 2007；Reibstein et al., 2009），那么多呼吁（Cummings and Jones, 2004；Cummings, 2007；Tranfield et al., 2004），已经在相当程度上表明了美国商学院对传统的“背叛”，对“解决实际问题”的冷漠，尽管中国商学院的情况可能更糟（孙继伟，2010）。但是，在这样一个资讯高度发达的网络社会，我们不能如此漫不经心地告诫读者，尤其是学者们：“即使是在今天的美国，很多管理学者自己还身兼着公司的职务，他们深知管理研究是给谁做的。”读者当然有理由好奇如此断言的客观依据。也许严格的经验研究（empirical research），可以很好地回答这个问题。笔者也欢迎《出路》作者的质疑。鉴于笔者对美国商学院非常有限的了解，猜测这个“判断”是因为没有足够的事实基础，就采取一个简单的“案例研究”加以验证。为方便起见，《出路》以斯隆商学院组织管理系为样本，想给读者提供一个更具有经验事实支持的结论。

斯隆商学院组织管理系有 26 位教师，笔者按“在公司兼职”“有过公司经验”“有咨询经验”“无相关说明”四个类项统计与“实践经验”相关的简单信息。结果表明，“在公司兼职”的有 3 位，占 12%；“有过公司经验”的有 5 位，占 19%；“有咨询经验”的有 11 位，占 42%；“无相关说明”的有 12 位，占 46%。所谓“很多管理学者自己还身兼着公司的职务……”的说法似乎没有多少事实依据。[①]也许是较为随意的一句话，但缺乏经验事实的误判，会让知情的读者感到失望，会让不知情的读者以讹传讹。

（3）《出路》在一系列追问中提道：“富士康的管理是典型的泰勒制，100 年前就出问题了，这不是管理理论的问题，是一个企业管理者的实践问题。”“富士康如果是典型的泰勒制，那在员工跳楼前怎么不见有专家出来指责呢？专家难道只是躲在书斋里研究学问？专家在不断谈企业社会责任的同时，是否也应该谈谈自己的社会责任？”（齐善鸿等，2010）在这段“对话”中，虽然不容易辨识《出

---

① 12%不可能被认为是“很多”，考虑到尽量反映“公司经验”的部分，即使把以往的经历合计，也不过 31%；因为有重复计算，总计大于 100%。当然，斯隆商学院组织管理系作为个案，其说服力有一定局限。

路》作者对“泰勒制”的完整看法。但可以尝试着从作者提供的“议论”去推断：所谓“富士康如果是典型的泰勒制”，那就意味着泰勒制“控制”下的“血汗工厂”肯定会出问题，那么“熟悉”这一事实的中国管理专家就应该提前采取措施，帮助企业避免惨剧的发生。《出路》的作者们强调“专家的社会责任”当然很好，但从“富士康的管理是典型的泰勒制”的发问，包括《出路》作者们提供的“议论”，是否倾向于认定那个惨剧连连的富士康就是典型的泰勒制呢？是否真的“100年前就出问题了，这不是管理理论的问题，是一个企业管理者的实践问题”呢？

弗雷德里克·W. 泰勒(Frederick W. Taylor)是现代管理知识体系最重要的奠基者之一。100年后的我们该如何看待“真实的泰勒/泰勒制”，其实是一个必须认真对待的学术问题。今天的我们不能回到“泰勒时代”去亲身感受“科学管理”，但我们可以求助于历史学家，比如雷恩(2009)的《管理思想史》。泰勒分明希望自己的那个系统“是科学，而不是单凭经验的方法；是和谐，而不是嘈杂；是合作，而不是各行其是；以最大产出代替有限产出；让每个人发展达到最高效率和获得最大富裕”(雷恩，2009：167)。

尽管亨利·洛奇这个资本家的后代，指责泰勒“重新开启了已经终结的‘奴隶时代’，认为‘这样做有利可图，榨干奴隶的最后一滴血，然后任凭他们死去”(雷恩，2009：166)，但那场听证会已结束百年，在经验上观察，回顾美国(Nelson and Campbell, 1972)、英国(Whitston, 1997)，尤其是具有工人运动传统的法国的工业发展史(Besson, 2000；Schwamberger and Yami, 2000)，那是一部血泪史吗？我们看到过“榨干工人最后一滴血的奴隶制”了吗？他们的生产率低下吗？工人的时薪很低吗？工人工作的时间很长吗？

有学者曾分析，20世纪20年代的“科学管理”对于美国工业有些超前，泰勒制的“失败”与当时的社会环境关系密切(Fleischman, 2000)。对历史的诠释是复杂的，但至少发生在西方国家关于“科学管理”的事实告诉我们，在生产效率大幅提升的背景下，在显著消除浪费的情况下，泰勒制不仅没有成为“工人改善生活”的绊脚石，而且影响广泛、深远，绵延至今(Pruijt, 2000)。泰勒制/科学管理发展出了后泰勒主义(Post-Taylorism)(Peaucelle, 2000)、新泰勒主义(Neo-Taylorism)(Crowley et al., 2010)的新形态，即使在今天这个充满不确定性的时代，依然散发着它应有的光芒(Wagner-Tsukamoto, 2008)！

泰勒不是“圣人”，他的确对工人保持了比较“负面”的看法；而对于企业管理者显得过于宽容(Wagner-Tsukamoto, 2008)，但泰勒强调“合作”“责任”，强调“共同富裕”，这些或许更是他的信仰(雷恩，2009)。泰勒制在一定程度上激化了企业管理者与工人的矛盾，缺乏灵活性，缺乏创新性（Wagner-Tsukamoto，2008）；但泰勒制也带来了福利工作与绩效的调和（Whitston，1997），带来了许多新的变化，且不断克服着那些固有的缺陷（Pruijt，2000；Peaucelle，2000；Crowley et al.，2010；Wagner-Tsukamoto，2008）。在这个世界上，人类还没有聪明到可以设计出一种“完美制度”，以免于“缺陷”的质疑。我们今天做不到，又怎能如此要求百年前的泰勒呢？更公允地说，正是泰勒开启了大幅度改善“工效”，以合理成本达成多重目标的革新运动。尽管在今天看来，我们需要反思并审慎看待“科学管理”的边界，也需要不断将其改进、发展（Tamura，2006），但我们一定要尊重事实，一定要客观看待前人的贡献和不足。当我们不假思索地把“血汗工厂”的帽子扣在泰勒制上时，无论在哪种意义上，对伟大的泰勒都有失公允。

2.2 逻辑瑕疵

笔者非常理解39位学者想要迅速改变“中国管理学术现状”的迫切心情，也体谅一篇或许是急就的倡议书难以避免的微小瑕疵，但尊重事实并不算过分的要求，重视逻辑的严谨也应该是行文的要义。

（1）《出路》开篇就指出：“自改革开放以来，中国引进欧美管理知识体系30多年，我们需要思考中国管理的定位，我们需要思考是否调整研究路线。”（齐善鸿等，2010）为什么？至少应该先提供存在一系列困扰的证据（例如现象、前人的研究），否则，会让人觉得是无中生有。比如，“普适”派的读者就会对此产生强烈的怀疑。

“欧美管理方式在金融危机中暴露出其诸多无奈，在发展中国家中暴露出其缺乏包容性，在环境治理中暴露出其缺乏责任性，在面临危机时暴露出其缺乏承担性。”（齐善鸿等，2010）“欧美管理方式”是指宏观的、微观的？政府的、企业的，还是所有的？即使这都是事实，与之对应，是否在暗示中国管理方式是“包容的”“有责任的”“有承担的”？否则，这样的判断，不可以成为任何言说的基础。

“借此机会，中国‘博大精深’的管理思想推动现代世界文明持续发展的时代到来了。”（齐善鸿等，2010）“博大精深”是一种标准的断言，因为这样的判断必依赖于“某些事实”，以及事实背后的“比较框架”。如果与其他“文明”比“历史”，结论至少比较肯定；如果与其他“文明”比“文化”，就需要稍加谨慎；如果与其他“文明”比“科学”，这样的结论就显得一厢情愿。西方又一次的金融危机，就让我们看到自己的“时代到来了”，这样缺乏事实依据和逻辑的话已经喊了太多遍！“最快成长”“次大规模 GDP”这样的“事实”在日本身上已经发生过了，也有广义的中国文化的影子；如果单从儒家文化上讲，在亚洲“四小龙”身上，类似的“逻辑”也用过一回了，结果呢？（韩巍，2004）

另外还应该注意：

“中国经济已经跃居世界前列，凡是中国的主题都备受世界关注”（齐善鸿等，2010）——“中国的主题”有好的，也有不好的。

“我们需要与时俱进，我们需要抓住机遇完成我们自身的突破”（齐善鸿等，2010）——如果学术研究，在很大程度上，是对真相的还原，是对真理、规律的追寻，就无所谓是否“抓住机遇”！

“我们正在总结中国 30 年的发展成就”（齐善鸿等，2010）——务须客观，既要看到成绩，也要看到问题，经济学领域中对“中国模式”的探讨，比如秦晖（2010）、邓正来（2010）、张五常（2009）的观点，虽然众说纷纭，但都有参考价值。

“我们正在弘扬中国 5 000 年的文化精髓”（齐善鸿等，2010）——尽管可以从“正当性”角度理解，但也一定要厘清哪些是表述系统的，即传说当中的；哪些是“洒扫应对”的，即植根于社会实践当中的。

（2）《出路》指出，“西方运用科学管理较好的国家，通常有这样几个特点：经济发达、人口较少（相对于中国）、国民素质较高、民主传统延续时间较长、现代化时间较长、科技较为发达、有宗教信仰。”“反观中国，这些方面有较大反差：经济只有 20 年的高速发展，人均 GDP 水平较低；人口众多；国民素质参差不齐，相对较为落后；民主精神不成熟，民粹倾向较重；现代化只是集中在城市，农村的现代化水平很低；科技只是在某些领域较为发达，总体上还算是落后国家；基本上没有宗教信仰（按照西方的标准，宗教信仰者，是把自己的生命和财产全部或者部分地皈依给了自己信奉的宗教，而我们看到的大部分貌似宗教信仰的，只是求神助己而已）。”（齐善鸿等，2010）

其实，上述分析涉及非常复杂的社会动态演化机制，单靠管理是无法明辨的。单从“几个特点”这段表述的分析就容易发现：条件，也就是科学管理存在“土壤依赖性”不同；或者是“复杂的因果关系”，这些“要素”是自变量，催生了科学管理。如果没有这些要素就产生不了科学管理。当然，还可能是科学管理与这些要素在演化中互为因果、相互交织。由此至少可以推论如下：第一，中国没有这样的土壤（符合条件论），所以科学管理不适用；第二，中国没有这些要素，所以产生不了科学管理（尽管科学管理的植入，也可能促使这些要素的生成，这样更符合简单或复杂因果论）。

比较突兀的问题是，在上述经验背景下，如何实现《出路》的如下转换："中国文化中也有着丰富的高端思想，这些思想……经历了几千年的实践检验之后，愈发光彩照人。儒家的'义利观''修齐治平''内圣外王'等思想依然光彩夺目；佛家的'内观''缘起''八正道''人人是佛'的思想，对于今天浮躁的人们了解自己是非常美妙的法门，道家的'无为而治''不争而达不可争''大私天下''无我大我''反成''有无相生'的智慧，至今在管理学的思想中依然为人津津乐道。"（齐善鸿等，2010）

我们没有"科学管理"，我们没有适配于科学管理的土壤，因此"我们落后……经济高速发展才 20 年"，然而，我们就是有丰富的"高端思想"，所以能"用于中国管理实践，而且能够包容西方已有管理理论，从而成为真正普适性的管理理论而跨越国门"（齐善鸿等，2010）（当然也要吸收别人的先进思想）。

从"全面落后"，到"科学管理不适用"，到我们有"高端的思想"，所以可以"拯救全世界"——作为中国管理学的研究者，我们都应该高度警惕这种逻辑上的缺陷！

作为"管理学在中国"论坛的参与者，笔者也愿意就这个话题贡献一点想法：虽然没有做细致的、面向实践的经验研究，但我比较相信自己有限的生活体验和直觉，从这样的土壤中似乎更容易产生符合"丛林法则"的、好用的理论，尽管那不完全是学者所长于总结、敢于面对的理论，但应该比较符合经验事实，也更符合逻辑。未来是不确定性的，光靠憧憬没有意义，光靠意愿也不会有多大作用，谁对谁错，时间会证明一切，既然要采取行动，就让我们都多做些扎实的经验研究吧！

3. 结语

正如《出路》作者们的观点，我也相信"思想"是管理实践中最重要的力量。思想来源于"文化的熏陶"，也来源于"社会的塑造"，我们必须承认人的历史性和社会性。中华民族从来都不缺乏"铁肩担道义"的仁人志士，但或许跟前人中那些鲁迅先生所谓的"中国人的脊梁"比起来，我们只能自惭形秽。如果说西方的文化和文明塑造了西方人的心智和行为方式（福山，1998），比较容易满足科学管理（不完全是泰勒意义上的）的要求，却也在"管理"上屡屡出现重大危机。

那我们似乎更应该深刻反思，中国的文化和社会化过程如何让我们形成了今天的心智和行为方式！我们不要再被西方学者的“集体主义”标签所误导。中华文化的瑰宝在我的心中可以永远灿烂（天生我材必有用，千金散尽还复来，多么豪情万丈！），但中华文化同样让人心悸的是：我们何时能够走出大大小小的“王权”（刘泽华，2000）？何时能够抑制形形色色权力的滥用？从一个比较微观的角度讲，我更愿意接近肖知兴（2006）的问题意识：“中国人为什么组织不起来？”从一个更宏大的角度讲，我更愿意接近汪丁丁（2010）的问题意识，只不过我稍稍做了修改：第一，什么样的“组织”生活是值得追求的？第二，中国当代“组织”的“结构”（和秩序）是怎样的？第三，中国的“组织”是如何演化的？我确信，只有这样的问题意识和探索求证才有可能支撑起一个叫作中国管理学的学术殿堂。

学术如果还是一种暂时不能被“解构”的建制，我们每一个学界中人，都应该选择更学术的姿态：多观察、多领悟，踏实学理论，认真读文献。这个世界在我们“沉睡”的时候，已经有很多聪明的头脑，为管理学建立起了宏大的知识宝库，它未必只在美国，未必只在当下，但你知道得越多，越会意识到自己的渺小。

最后，尽管“批评”在中国的语境中通常表现为一种破坏性，比如对和谐气氛的影响，但我宁愿这些学术同行们，那些我熟悉或不熟悉的学者朋友们，能够把我看成他们当中真诚的一员，把笔者尖锐的批评当作是一种真正的建设。

回顾及反思

这是一篇比较纯粹的、为了“应景”而急就的批评文章。笔者在对“靶子论文”（黄光国老师爱用的说法）的核心主张稍做响应后，就从原文的“事实谬误”和“逻辑瑕疵”上进行了“讨伐”。

如果在今天，这篇文章完全可以不写。写了，发表了，“惹是生非”而已。回想起来，笔者当年对管理学界的确更多一份“真诚”，不仅有与主流实证研究范式“叫板”的冲动，对持相同、相近立场的同行也更多一份“期待”，所以才不见容“同道”失之严谨的表达。早在批评“东方管理学”时就曾顺带“嘲讽”过一个前辈学者的措辞。好在听取了《管理学报》前任主编蔡玉麟老师的规劝，最终才没有让自己的鲁莽酿成祸事。可以说，内心“批评”的冲动蓄积已久，《出路》不过是个导火索罢了。《管理学报》自创刊以来，特别在蔡老师治下，几乎以其一己之力，少以身份地位为参照，多以思想观点为取舍，为反思管理学界之弊，主张中国本土管理研究，以及强调学术面向实践的声音提供了最大的舞台，也聚拢了不少“离经叛道”的同行。然而，“统一战线”的“战友”却也是套路各异，各说各话。笔者承认，自己对学界同仁在弘扬中国传统智慧（哲学、文化）方面过于自信而疏于事实举证、逻辑推演的情绪化表达怀有强烈的质疑。直到今天，笔者依然坚持认为，中国传统文化必须进行必要的“创造性转化”才能适应社会发展的需要，而对其中许多“超稳定”的糟粕必须进行彻底的批判。

文化自信，不能仅仅是对文本的选择性诠释，也不是讳疾忌医的借口。文化自信不是遮掩问题，而是直面积弊、痛改前非，让中华文化中真正的瑰宝散播出更长久的魅力，让新生的文化力量发挥更大的影响力。

笔者与《出路》的很多作者比较熟悉，我们对管理研究有很多相近的看法。笔者跟第一作者齐善鸿老师也有几面之缘。坦白讲，第一次见面的体验并不“美好”。这篇“挑衅”的文章发表后，《出路》的作者并没有任何一个与笔者发生过冲突。不记得是哪一年了，我还当着陈春花老师的面主动与齐老师握了握手。特别值得一提的是，齐老师的几个男女弟子从来没有因此“记恨”于我，反而释放出很大的善意，让我心存感念。不用寄望于空洞的说辞，这才是“和而不同”的注脚。

参考文献

BESSON D. 2000. France in the 1950s：Taylorian modernity brought about by postmodern organizers? [J]. Journal of Organizational Change Management, 13(5)：423-438.

CROWLEY M, Tope D, Chamberlain L J, et al. 2010. Neo-Taylorismat work：occupational change in the Post-Fordist era[J]. Social Problems, 57(3)：421-447.

CUMMINGS T G, JONES Y. 2004. Academy of Management-New Orleans[EB/OL]. [2010-12-23]. http://meetings.aomonline.org/2004/theme.htm.

CUMMINGS T G. 2007. Quest for an engaged academy[J]. Academy of Management Review, 32(2)：355-360.

FLEISCHMAN R K. 2000. Completing the triangle：Taylorism and the paradigms[J]. Accounting, Auditing & Accountability Journal, 13(5)：597-624.

GUMMESSON E. 2006. Qualitative research in management：addressing complexity, context and persona[J]. Management Decision, 44(2)：167-179.

KELEMEN M, BANSAL P. 2002. The conventions of management research and their relevance to management practice[J]. British Journal of Management, 13(2): 97-108.

LYNN L H. 2006. US research on Asian business: a flawed model[J]. Asian Business & Management, 5(2): 37-51. NELSON D, CAMPBELL S. 1972. Taylorism versus welfare work in American industry: H. L. Gantt and the Bancrofts [J]. Business History Review, 46(1): 1-16.

PEAUCELLE J-L. 2000. From Taylorism to post-Taylorism: simultaneously pursuing several management objectives[J]. Journal of Organizational Change Management, 13(5): 452-465.

PRUIJT H. 2000. Repainting, modifying, smashing Taylorism[J]. Journal of Organizational Change Management, 13(5): 439-451.

REIBSTEIN D J, DAY G, WIND J. 2009. Guest editorial: is marketing academia losing its way? [J]. Journal of Marketing, 73(4): 1-3.

RYNES S L. 2007. Afterword: to the next 50 years[J]. Academy of Management Journal, 50(6): 1379-1383.

SCHWAMBERGER Y, YAMI S. 2000. Negotiation and work flexibility in France towards a post-Taylorian organizational approach[J]. Journal of Organizational Change Management, 13(5): 493-503.

TAMURA Y. 2006. Japanese production management and improvements in standard operations: Taylorism, corrected Taylorism, or otherwise? [J]. Asian Business & Management, 5(4): 507-527.

TRANFIELD D, DENYER D, MARCOS J, et al. 2004. Co-producing management knowledge[J]. Management Decision. 42(3/4): 375-386.

WAGNER-TSUKAMOTO S. 2008. Scientific Management revisited: did Taylorism fail because of a too positive image of human nature? [J]. Journal of Management History, 14(4): 348-372.

WHITSTON K. 1997. The reception of scientific management by British engineers, 1890-1914[J]. Business History Review, 71(2): 207-229.

巴比.2005.社会研究方法:第10版[M].邱泽奇,译.北京:华夏出版社.

邓正来.2010."生存性智慧"与中国发展研究论纲[J].中国农业大学学报(社会科学版), 27(4):5-19.

弗勒德.2004.反思第五项修炼[M].赵恒,译.北京:中信出版社.

福山.1998.信任:社会道德与繁荣的创造[M].李宛蓉,译.呼和浩特:远方出版社.

韩巍.2004.基于文化的企业及企业集团管理行为研究[M].北京:机械工业出版社.

韩巍.2005.学术探讨中的措辞及表达:谈《创建中国特色管理学的基本问题之管见》[J].管理学报,2(4):386-391.

韩巍.2008.从批判性和建设性的视角看"管理学在中国"[J].管理学报,5(2):161-168.

韩巍.2009."管理学在中国":本土化学科建构几个关键问题的探讨[J].管理学报,6(6): 711-717.

韩巍，席酉民.2010."中国管理学界的社会责任与历史使命"：一个行动导向的解读[J].管理学家(学术版)，6：3-19.
雷恩.2009.管理思想史：第5版[M].孙健敏，黄小勇，李原，译.北京：中国人民大学出版社.
刘泽华.2000.中国的王权主义：传统社会与思想特点考察[M].上海：上海人民出版社.
罗纪宁.2005.创建中国特色管理学的基本问题之管见[J].管理学报，2(1)：11-17.
罗珉.2003.管理学范式理论研究[M].成都：四川人民出版社.
罗珉.2005.管理学范式理论的发展[M].成都：西南财经大学出版社.
默顿.2008.社会理论和社会结构[M].康少杰，齐心，等译.南京：译林出版社.
彭贺，苏勇.2009.也从批判性和建设性的视角看"管理学在中国"：兼与韩巍商榷[J].管理学报，6(2)：160-164.
齐善鸿，白长虹，陈春花，等.2010.出路与展望：直面中国管理实践[J].管理学报，7(11)：1527-1533.
秦晖.2010.中国的崛起和"'中国模式'的崛起"[EB/OL].(2010-09-27)[2010-12-23].http：//www.aisixiang.com/data/36235.html.
孙继伟.2010.论管理学界的价值迷失：实践迷失和客户迷失的深化研究[J].管理学报，7(8)：1117-1122.
汪丁丁.2010.三个基本问题[EB/OL].[2010-12-23].http：//wang-dingding.blog.sohu.com.
席酉民，韩巍.2010.中国管理学界的困境和出路：本土化领导研究思考的启示[J].西安交通大学学报(社会科学版)，2：32-40.
肖知兴.2006.中国人为什么组织不起来[M].北京：机械工业出版社.
张五常.2009.中国的经济制度：神州大地增订版[M].北京：中信出版社.

05 学术评价的回归与业绩管理的矫正

对管理学院两种核心价值观的质疑与反思

1. 现象—制度—价值观

无论教书育人(教学)、课题论文(科研)、培训咨询(服务)作为管理学院的三项社会责任多么为人所知,当下管理学院"最优秀"的教师一定在忙于申请纵向(最好是国家级重点、重大)课题、发表高水平论文(最好是英文顶级期刊论文)或正在向同行传授着申请课题和发表论文的宝贵经验。他们通常都被称作"科研型"或"科研教学型"教授/副教授,与之相对的则是教学型教师(Macfarlane, 2011)。

难以理解管理学院为什么会以是否"申请到纵向课题"来评判学者的学术水平。尽管科研工作常常需要工资以外的经费(达利、扎纳和罗迪格, 2008:118),但无论哪类学者、哪种研究都必须"钟情"于课题,把获取(有时候该称作"占用")资源的多寡作为评价学术水平不可或缺的标准,岂不是让不花钱或少花钱但一样做出有影响力成果的学者反而要自惭形秽?这是何等荒谬的逻辑(李醒民,2007)。而且,按照兰州大学尚虎平等学者的初步测算(尚虎平、惠春华和叶杰,2012),在我们这样一个发展中国家,两类国家基金助产一篇论文,生产一个单位影响力(他引)的成本其实并不低廉,**如果学院管理当局执意要把本属于研究起点的课题直接当作成果,而置常识于不顾,是否也该预备着未来可能发生的审计风暴——花了那么多钱的成果,至少在同行中得到了些许关注吧?**

在理想的状态下(韩巍,2013),"成功申请课题"关乎出色的"问题意识、研究基础、研究计划、未来成果"。"基础"和"成果"最终则主要归结到论文发表(著作)。无论课题是否申请成功,一个优秀的"科研型/科研—教学型"教师,更需要在“要么发表，要么淘汰”（publish or perish）的制度框架内充分展现才能。论文既是教师学术水平的直接表征，对绝大多数人而言，也是“成功申请、顺利结题”包括赢得各种荣誉的重要依据。以今天的观察，那些不断刷新从“中文核心——重要——权威杂志”到“SSCI/SCI——Top Journal”发表记录，特别是按照学院规定的期刊名录发表论文的教师，逐渐晋升为知名/顶尖学者。与之相伴，学者也会在纵向课题上表现为自然科学基金系列的“青年——面上——小杰青——大杰青——重点——重大”项目上的和社会科学基金系列的“一般——重点——重大”项目上的显著进步，并渐次获取诸如“优青”“杰青”“千百十”“江河湖海”“领军”等各种称号。

“在高水平杂志发表论文（足以）代表学者的学术水平”（价值观 1）是笔者曾经非常认同的核心价值观。管理学者习惯于关注高水平杂志上发表的文章，高水平杂志上文章的引用率高，而高影响力又使杂志的声望更高，从而形成一种良性循环（Starbuck，2005）。通常，高水平杂志的评审人在学术成就、学术品德、评审过程的严谨性方面都应该更有保障。何况身处这个“关系运作”广泛而深入的社会，确立一种围绕“高水平杂志论文发表”的评价制度也应该更加客观而公正。

一方面，当“在高水平杂志上发表论文”成为管理学院的核心价值观，进而成为教师最重要（最有名誉、回报最高）的行动指南（尚虎平、惠春华和叶杰，2012），教师便会追逐“科研”以配合大学排名竞赛的“客观”需要，进而容易造成教师对教学的普遍漠视（王贵林，2012）。尽管管理学院未必公开声称“教学已经是次要的工作”（价值观 2），但从教师岗位类型划分及责任设计上已不难发现：一个“真正”的管理学院教授一定是科研型或科研—教学型（承担很少、较少的教学工作），而不可能是一个教学型岗位的教师（承担大量的教学工作）。2013 年 6 月，在笔者服务了 11 年的这所曾经宽松而悠闲的大学，管理学院的教师们也终于被划分为科研型、科研—教学型、教学型教师。以个人经验判断，在这种“新型”学术生态环境里，大致会分化出四种类型的教师（这也是自己在另一所管理学院工作 8 年，乃至在后续 10 多年的合作研究中观察的结果）：少数“佼佼者”作为领导意志、制度政策（有时候就是领导本人和制度的制定者）筛选出来的“榜样”，成为制度政策、领导意志最好的合作者/维护者，他们的杰出表现为制度安排的合理性提供着最强有力的佐证。再一批是“追随者”，需要努力追赶，无论是论文发表还是课题申请，他们与“佼佼者”采用比较一致的技术路线，不同的是，他们暂时地欠缺运气、声望、人脉及其他资源。另一批是“放弃者”，其中的一部分教师是因为成长、教育经历的不同，可能没有获得足够的学术训练，另一部分教师则是因为对管理学术意义的怀疑，几乎抛弃了论文发表和课题申请这类典型的科研工作。当然，还有一小撮“边缘人”，他们自以为对“学术”有着独特的认识，保持着与“佼佼者”和“追随者”的距离，从事着他们自以为有价值却非主流的学术探索。他们即使获得了足够高的教职，也与当下学院的主流文化有些格格不入。假以时日，“放弃者”和“边缘人”会被大量按现行制度培养出来的博士所取代。但同时，大多数教师已经把课堂教学，尤其是本科教学这种“良心活”（李怀祖、席酉民和郭菊娥，2009）当作一种次要工作。而当教学不再成为管理学院教师的工作重心且日益被边缘化的时候，“教书育人，培养服务于社会进步的合格管理人才”的承诺又被置于何地？

另一方面，笔者在两个不同类型的管理学院工作了 19 年，有足够的时间跟踪并思考管理学院的变迁和某些成功/失败样本的典型性、示范性。笔者承认那些拥有良好发表成果、课题申请记录的优秀教师大多数是勤奋的、聪明的，当然，往往也是资源比较丰富的。不无遗憾地，可能源于较为片面的观察，尤其是多次聆听管理领域某些“佼佼者”传授如何在顶尖杂志发表论文和如何成功申请国家课题的亲身经历，印象最深的常常不是“问题意识——艰苦探究——深刻洞见”，而是“前沿热点——流行方法——常识性猜想（假设）”，以及因为“发了、中了”而洋溢的那分欢愉。同时，尽管笔者常年以埋头文献为乐，往往也是失望多过收获。无论是国内还是国外，管理学者本该引以为豪的科研成果（比如论文），事实上一直饱受强烈的质疑和批评（郭重庆，2008；Tsui，2009；Tsui，2013；席酉民和韩巍，2010；韩巍和席酉民，2010）。直到最近，引领并目睹内地管理学界大踏步走向国际化的学术领袖徐淑英老师面向她最熟悉的主流学者发出了一个极为常识性的呼吁：**“追求科学精神和承担社会责任”**（Tsui，2013）！

如果说管理学界做出了大量高水平的研究成果，切实推动了组织、社会的进步，“暂时”地以教学的荒疏为代价尚可理解的话，那么面对大量“自说自话”（郭重庆，2008）、“修修补补”（Tsui，2009）、“缺乏科学精神和社会责任”的学术成果，有什么理由可以牺牲掉大多数学生的切身利益，推卸管理学院“培养人才”的郑重承诺呢？

2. 对管理学院两种主流价值观的质疑和反思

2.1 高水平杂志上的发表记录是否（足以）代表学者的学术水平?

从一般经验出发，假定读者有一个平均意义上的文献阅读量（比如 200—300 篇/年），经常登录中国学术期刊网或者 Proquest、Ebsco 数据库。请采用“期刊”“作者”“关键词”单独或混合使用的检索方式，选择前 3 年、5 年甚至 10 年或更长时间的学术文章进行浏览，并特别关注相关文章的引用记录。即使考虑发表时间所造成的滞后效应也不难发现：**①某些高水平杂志上的文章很少被同行，甚至作者自己所引用（杂志的高影响因子不等于某篇文章的高影响力）；②某个作者引用率最高的文章并非发表在高水平的杂志上；③某个领域（问题）引用率最高的文章并非发表在高水平的杂志上**。由此推想，假如某些学者碰巧发了 1—2 篇或 2—3 篇高水平杂志论文，又假如这些论文几乎很少被同行引用，那么，该如何评价相关学者的学术水平？假如某些学者从来没有发表过所谓高水平杂志论文，但其论文引用率较高，又该如何评价这类学者的学术水平？尽管引用率已经被某些学院纳入评价体系，但按照现行的评价标准，只要发表了高水平杂志论文，如同成功申请纵向课题一样，在实际评价中具有“即时回报性”。笔者承认，笔者直到 40 岁以后才在“好奇心”的驱使下有了这样一个常识性的经验发现。

事实上，Starbuck（2005）的研究显示，尽管高水平杂志确实发表了很多优秀文章，但也发表了相当数量低水平的文章，而低水平杂志也发表了一些优秀文章。按照他的测算，有 29%—77% 的（中位数是 57%）发表在高水平杂志上（排名在前 20%）的文章不属于最有价值的文章（排名在前 20%）。因此，如果主要按照杂志水平来评价论文水平，很容易得出错误的评价。Starbuck（2005）尤其指出“心理学、社会学、管理研究”等学科的研究者应该淡化对高水平杂志的依赖。Singh et al.（2007）根据 34 份管理顶尖杂志、7 年引用率发现，如果采用中位数，接近一半发表在这些顶尖期刊上的文章不是顶尖文章；如果采用平均值（以引用率计量），超过 2/3 的文章不属于顶尖论文。作者认为，利用杂志排名评价论文质量，会导致严重偏差，应该致力于评价每篇文章的价值，而不是将杂志排名作为评价学术品质的标准。Golden-Biddle 等同样认为将杂志的声望作为文章品质的衡量标准存在问题，高水平杂志发表低水平文章，低水平杂志发表高水平文章的现象普遍存在(Golden-Biddle et al., 2006)。

另外,越熟悉论文发表,也就越了解高水平(顶尖)杂志普遍存在的"名望、圈子、审稿者偏好、范式歧视"等问题。以"审稿"为例,Starbuck(2005)讲过一个非常"经典"的故事:有人做了一个有些"恶作剧"但不无启示的"实验",他把12篇已经在顶尖杂志上发表过的文章,在18—36个月以后,再次投给了这些杂志。当然,原本都是最有声望的心理学系的作者被"修改"为不知名学院的学者。共有38位编辑和评审人看到了这些"投稿",其中3篇被识别出来是已经发表的文章。耐人寻味的是,剩下的9篇文章收到18份评审意见,在18份评审意见中,16份的建议是"拒绝",而编辑们最终拒绝了9篇文章中的8篇。对于"审稿过程"的考察还显示,评审人会根据自己的研究偏好赞许(与评审人一致)或批评(与评审人不一致)研究者所采取的研究方法(Starbuck, 2005)。这在实证研究当道的某些国内顶尖杂志上可能尤其明显(谭劲松,2008;韩巍,2011a)。

2009年,南希·阿德勒(Nancy Adler)和安妮-威尔·哈金(Anne-Wil Harzing)发表了一篇措辞强烈的文章《让知识成为主宰:超越学术排名的名与实》(When Knowledge Wins: Transcending the Sense and Nonsense of Academic Rankings),全面挑战美国商学院(主流管理学界)以"学术排名"为中心的运作机制(Starbuck 和 Singh 等的研究也被该文引用)。她们响应了一直以来针对管理学界"学术远离现实""对社会发展缺乏贡献"的批评;接着分析了学者排名、学院排名、杂志排名给管理学界带来的诸多负面影响,指出围绕"排名"所形成的激励机制已使学术活动异化为"不是为了发现新知,而是在高影响因子的杂志上发表更多的文章"(Adler and Harzing, 2009)。

Adler and Harzing(2009)期望整个学术共同体有一场让学术回归本真的彻底变革,或者至少在一个更加合理的评价机制出现之前,暂时停止这种"排名游戏"。几年前初读这篇文章时,笔者最深的感受是:我们那些"积极进取"的管理学院、大学管理者和那些已经"初战告捷或功成名就"的学术精英们一定不愿意听到这样的"杂音"。在这篇文章的结尾,她们呼吁管理学界能够客观地评价一个学者,"该教授的杰出贡献来自……",而不是"这是一位发表了1篇《美国管理学会学报》、2篇《美国管理学会评论》、1篇《管理科学季刊》的教授"。当然,这些发表对于中国的管理学者而言,是多么显赫的成就。问题是,我们身边有多少管理学院的管理者关注过Starbuck(2005)和Singh et al.(2007)所揭示的"经验事实",倾听过Adler and Harzing(2009)的强烈呼吁。

一个非常基本的常识:一位拥有一到三篇顶尖期刊论文的教授,尽管按现行评价机制应该算高水平学者，但如果仔细观察一下其文章的引用率，特别是关注一下其文章的问题意识、研究方法和结论的启发性，很可能发现在其研究中没有多少“新知”，与真正的学术贡献相去甚远，更不要说促进组织、社会的进步。那么，这种围绕高水平杂志发表论文的学术实践是否太过于“符号化”了呢？

这里，针对中国管理学院的现状，有必要分享 Adler and Harzing（2009）中的两个质疑：

第一，“为什么只是那些（顶尖）杂志？”尽管笔者并不完全认同围绕这篇文章的其他学者从后现代视角所指出的学术排名的“白人男性中心的霸权结构（hegemonic structures）特征”（Özbilgin，2009），但非常认同学术实践不应该演变为“在一场‘地位、权力和金钱’的竞赛中赢得比赛”（Giacalone，2009）。环顾世界，美国拥有数量最多的所谓高水平管理学杂志，不仅后进的东亚学者承受在西方（美国）顶尖杂志发表论文的压力，在研究上投其所好，缺乏对本地实践者需求的关注（Leung，2007），而且有着深厚学术传统的欧洲学者一样处在十字路口，承受着巨大压力（Marafioti and Perretti，2006）。西方学者反思、批评单一的知识生产霸权（Özkazanç-Pan，2008），认识到即使美国管理学会成员的数量持续增加，但如果新成员只是遵循固有范式从事研究，产生新知的可能性就不容乐观（Hassard and Kelemen，2002）。当东亚期望通过使自己的杂志进入顶尖杂志之列，来展现其理论贡献时（Leung，2007），欧洲学者似乎在更积极地寻找一条既不模仿也不孤立，而是更多自主性的、围绕欧洲问题进行研究的道路（Ricart，2006）。比如，与美国主流的研究范式不同，欧洲管理学会就更强调多学科的理论视角和方法论的多元主义，以及对于管理理论和实践的历史和哲学根源的批判性反思（Czarniawska，2006）。反观中国的管理学杂志，有不少比较纯粹的无意关注“（有人参与的）组织管理问题”的“管理科学/管理工程”杂志，以及与“经济学”渊源很深的经济管理综合杂志、更多也更加驳杂的大学学报。当西方学界已经在致力于“补缺型专业杂志”（niche journal）在学术上扮演更重要角色的时候（Marsh and Hunt，2006），中国管理学界却连一份官方和学界都“认可”的“战略、营销、人力资源、领导”的“顶尖杂志”也没有，更不用说“非实证（定量）研究”“管理哲学”这些边缘话题的杂志。如果学术果真是一场竞赛，至少也应该有一个公平的赛场。

第二，“为什么只能是英文文章？”以笔者对中国学者，尤其是缺乏海外合作资源的学者发表英文文章困扰的了解，笔者承认发表英文文章是非常艰难的〔显然，这里不包括那种已经商业化的 EI（工程索引）、ISTP（科技会议录索引）

文章；在管理学的某些领域，也不应包括少数SCI（科学引文索引）、SSCI（社会科学引文索引）期刊文章；也不大适于具有浓郁应用数学色彩的管理科学与工程类文章〕。再以个人的阅读经历，也承认在中国管理学界，有相当数量杂志上发表的管理类学术文章缺乏起码的“责任感”，更妄谈“学术性”“启发性”“应用价值”。但无论是发表文章的难易程度还是中文期刊的不尽如人意，都不该成为管理学院在管理学领域制度化地推崇英文文章、贬低中文文章的依据。长此以往，将会严重削弱，甚至剥夺中国管理学者用中文进行“理论建构和非定量经验研究”的意愿和努力，而一股脑地沦为在既有理论视角下，以所谓规范的方式，仅仅长于数据采集（可能常常还远离事实）和加工的修补型学者（Tsui，2013）。事实上，十多年来在那些顶尖杂志上很少看到由中国学者撰写的纯理论/思想型/概念型论文，采用质性研究的论文数量也远远低于定量研究的论文。即使从常识出发，作为学者，对于经验研究文章，完全可以依其“问题意识——猜想的新奇性——研究规范（事实—逻辑）——结论启发性”就应对其有“贡献高低”的判断，一篇高水平论文可能因为语言（翻译）的缘故而稍有加分、减分，但一篇“低水平”文章，怎么可能因为以“英文”示人就显得“气宇轩昂”呢？

多年来，部分优秀学者遵从各自学院的期刊名录，在顶级/权威、SSCI（分区）杂志发表了不少“高水平”论文，但其中有多少成果能逃离“吃别人嚼过的馍”（郭重庆，2008）、“脱离实际”（Adler and Harzing，2009）、“取悦西方霸权”（Leung，2007）、“修修补补”（Tsui，2013）的质疑和批评？又有多少高水平杂志的论文，是为学界，特别是管理实践做出了真正贡献呢？

2.2 教学是教师的次要工作？

自从在管理学院当教师那一天起，教书育人（教学）、课题论文（科研）、培训咨询（服务）就是笔者所理解的学院（大学）的三项社会责任，一直以来也倾向于认为只有科研才是大学教师可以被称为“学者”的理由。但长期的观察和思考，尤其是对管理学者“研究态度”“学术成果”，乃至整个学术生态的关注和质疑，让笔者产生了一种巨大的困惑。一方面，相当数量的管理学者缺乏“科学精神”，从事着“远离现实”的科研活动，环顾学界，涌现了多少拥有可观数量的课题、动辄几百篇论文发表量的“优秀”学者？另一方面，管理学院的学生，又有多大比例通过学者们的教学工作培养起健康的心性、宽阔的视野、合理的知识结构、优秀的专业素养，尤其是拥有适应并改造社会的热情和能力？（**当很多学院**

满足于在财富榜、权力榜上攀比校友的时候，又有几所管理学院有勇气面对另一种既成事实的行为失范校友榜呢？）在管理学院中高水平杂志论文、纵向课题雨后春笋般涌现的同时，又有多少管理学院的课堂可以让学生茅塞顿开、对学科探索心驰神往？如是，管理学院，哪怕是那些在现行评价机制中表现最优秀的"科研型/科研—教学型"教师，有什么理由因为所谓的"科研"而轻视教学（教书育人）这一基本使命？

个人的观察、感受及视野决定了其判断的选择性和局限性。但多年来在学院以外与更多其他院校同行的交流，非但没有削弱反而加深了笔者"教学在管理学院评价制度和文化中备受冷落"的印象。中国管理学界向来以美国经验为标杆，遗憾的是，管理者也常常总是习惯于"选择性认知"，甚至拷贝别人的错误。笔者很好奇如果仔细"聆听"美国的另一种声音是否会让管理者有所触动。读者容易发现，尽管那里也有主流及其"霸权"（郭重庆，2008），但始终存在着"质疑、批判和反思"。

证据显示，一方面，美国的大学（包括商学院）的确存在"重视科研，漠视教学"的现象（Srinivasan et al., 2000; Harmon, 2006; McIntyre and Rickard, 2008），存在着使"教学让位于研究"的奖励制度（Harmon, 2006），弥漫着一种"不重视教学，对本科生冷漠，专注于理论研究而非毕业生竞争力"的组织文化（McIntyre and Rickard, 2008）。有学者认为"'教学'丧失其专业地位由来已久……，已沦落为美国大学的二等公民"（Salvatori, 2002）。尽管社会期待高等教育具有更多的服务（社会）功能，公众也认为本科教育应当是大学最重要的内容（Braxton et al., 2002），但学院（大学）似乎要与社会和公众的期待保持距离——"学术自由"，或者叫作"自娱自乐"的权利。

但另一方面，自1990年欧内斯特·L. 博耶（Ernest L. Boyer）发表"重新理解学术：大学教师的主要工作"的报告，不仅受到美国大学的广泛关注，其影响也很快波及澳大利亚、英国（Healey, 2000），促成了一场延续至今、意在提升教学"学术地位"的教育改革运动。根据有限的文献，直到近年，国内才有一些教育学者有非常微弱的响应（王玉衡，2006；史静寰、许甜和李一飞，2011）。

博耶在这份报告中，系统而创造性地提出了四种彼此融合、相互作用，但主旨不同的学术类型，即发现型学术（scholarship of discovery）、整合型学术（scholarship of integration）、应用型学术（scholarship of application，类似的还有scholarship of engagement/engaged scholarship）和教学型学术 scholarship of teaching，后多用教学—学习型学术 scholarship of teaching and learning)。“学术”被认为是一个“通过研究(发现)、整合、实践(应用)、教学，共同达成知识获取的完整过程”(Braxton et al., 2002)。

博耶的开创性工作有两点值得关注的贡献：

第一，促使我们重新思考对于学术约定俗成的看法，即是否只有“发现的学术”才是真正的学术。由此，不少学者尝试为学术确立更为宽松的鉴别标准，以广泛容纳大学教师的教学和服务工作。比如戴尔蒙德(Diamond)认为教师的工作只要符合以下6个标准，即：①展现出高水平的与学科相关的专门技能(知识)；②具有开创性/原创性；③可以被复制或得到详尽说明；④可以形成文本；⑤被同行所接受；⑥其成果对从业者能产生影响，都应算作学术工作(Braxton et al., 2002)。格拉西克(Glassick)等则提出了针对传统学术(即同行评审的学术杂志和学术著作)以外的“其他学术”的6个判断标准，分别为：①有清晰的目标；②有充分的准备；③有适宜的方法；④显著的成果；⑤有效的展示；⑥反思性批评(Rice, 2002)。

第二，促使我们深刻反省对“教学工作”过于肤浅的习惯认识。按照博耶的看法，“教学型学术”应该有三个组成部分(笔者以为，这几乎可以直接转化为判断一位教师是否算是一个教学型学术工作者的工作标准)：①教师应该是见闻广博、思维活跃、知识丰富的，对专业知识应有深入的了解；②教师必须努力构建“教—学”的桥梁，不断审视并改进教学方法和内容；③教师必须是一个持续的学习者，不应满足于简单的知识传播，而应努力促进知识的转化和扩展(Braxton et al., 2002)。

博耶以及后继者的努力，激发了商业(管理)教育领域的积极响应。一项针对美国商学院院长的研究显示“教学及其他非传统学术工作”被给予更多的重视。商学院院长们对未来工作重心的排列依序为“课堂教学、与学生的互动，应用性的学术，指导性的学术，以及服务于商学院(对学院的贡献)”。即使那些获得国际商学院协会(Association to Advance Collegiate Schools of Business, AACSB)认证、拥有博士学位授予权的学院院长也都认为课堂教学是商学院非常重要的工作内容(Srinivasan et al., 2000)。而且，在商业(管理)领域，“教学型学术”已形成相对独立的学术共同体，有专门发表“商业(管理)教学研究”成果的学术刊物。数据显示，尽管与整个商业(管理)期刊(1 000本以上)的数量无法相比，但截至2006年，共计有76本商业(管理)教育类杂志已初步形成一个学术平台

(McIntyre and Rickard, 2008)。当然,我们有理由怀疑这些院长在现实与理想之间的犹疑,这些院长应该区分美国不同商学院在定位上的差异,并清楚至少在当下这些平台的影响力非常有限。

笔者并非专业的教育研究者,也无力系统地回答“教学型学术”面临的挑战。例如,围绕“教学型学术”还存在诸多分歧和争论(MacFarlane, 2011)。有学者提及教学型学术的隐喻性:“(它)概念含混,除了对教学的重视,并没有指明任何确切的东西”(Kreber, 2002);还有学者认为,“教学型学术”需要在更为基础的方法论、认识论方面做深入探讨(Rice, 2002)。更为关键的,虽然博耶明确主张教学类研究文章应当接受同行评审且被当作晋升和获取终身教职的依据(McIntyre and Rickard, 2008),但事实上只有学院可以决定什么样的学术具有合法性(Rice, 2002),也只有学院最清楚接受何种类型的学术更符合其最大利益,而如果教学工作在获取教职及晋升中不被认可,不仅教师不会自担风险(Ward and Carrigan, 2009),也难以提高教学质量(Healey, 2000)。显而易见的是,教学质量比研究质量更难以鉴别(Healey, 2000),不容易在各种竞争力排行榜上为大学(学院)做出更大的贡献,从而学院领导更乐于选择容易计量的“论文—课题”作为依据。

然而,博耶以及后续者的研究,至少让人们开阔了视野,尤其是对于教学在大学中合法性和重要性的重新认识。作为一个建构主义倾向的研究者,笔者非常认同博耶及其后继者的努力,无论是博耶的“给教学以尊严”(Rice, 2002),R. 尤金・赖斯(R. Eugene Rice)所认为的教学型学术有属于自己的“深深嵌入在发现、整合与应用学术中的完整性(an integrity of its own)”(Braxton et al., 2002),还是查尔斯・E. 格拉西克(Charles E. Glassick)等所主张的“尊严、尊重”(Rice, 2002),它始终提醒我们——**在管理学院(大学)中公然漠视广大学生的成长进步是多么荒谬**。

3. 进一步的分析及对策思考

3.1 离开“高水平期刊发表论文”，该如何评价学者个体的学术水平?

笔者并非一味反对价值观 1,将其作为评价学者群体表现的指标,应该有较高的可靠性，因此可以作为参考依据。但对于个体学者学术水平的评价，其意义比较有限(除非有足够数量的发表记录，而不是几次而已)。人们通常认为当下的评价机制(即“数数”)在中国这样一个人情关系社会，会比较“客观”“公正”。但笔者的观察和感受是**现行评价机制不仅不可能排除人为干扰，还会因其易成为“拼(指标)凑(数量)”学术的土壤，让低水平的学者得到公开的认可，甚至让某些不学有“术”，善于“运作”指标的学者被学术共同体欣然接纳。**

历史地看，现有的评价机制在体现所谓“公平性”的同时，有可能会严重抑制学术创新，甚至沦为“逆淘汰”的帮凶。具体到中国管理学界，由于其特殊的发展轨迹，不仅视野狭窄，而且充斥着各种歧视(韩巍和席酉民，2010)。因为“文化冲突”，它可以成为理工科排斥人文社科、理工科/社会科学排斥人文学科的工具；因为“范式冲突”，它可以成为“管理科学与工程”排斥“管理研究(经验研究为主)”，以及“主流管理研究(所谓实证研究)”排斥“非实证研究”的工具；因为“是否接受、服从现有的学术管理制度”，它可以成为“申请课题”排斥“不申请课题”，“按期刊等级发表文章”排斥“不按期刊等级发表文章”，以及“申报成果”排斥“不申报成果”的工具。管理当局是否该扪心自问：到底什么才是真正的学术贡献？必须是纵向课题吗？必须是政府奖项和荣誉吗？必须是高水平期刊发表的论文吗？必须“数数”吗？当“操作性”“客观性”和所谓的“公平性”有可能成为学界谎言时，那些热衷于“数数”的学术看门人和管理当局，是否应重温一下爱因斯坦的箴言：**“每一件可以被计量的东西并非都是有价值的，而且，并非每一件有价值的东西都是可以被计量的”**(Adler and Harzing, 2009)[①]。

本文就学术评价提出以下两点思考，期望对管理学术评价有所启发：

第一，改良的方法。考虑到现行学术评价制度(高水平期刊发表论文+纵向课题+政府奖励)的历史成因和惯性，学院(大学)管理当局即使坚持以之作为评价学者学术水平的标准，也应该有所改良。比如在论文评价方面应参考引用记录、H指数等指标，重视学术同行的引用和引用的类型(观点、论证、结论；认同还是批评；学者引用，还是博士、硕士论文引用；涉及基础问题，还是跟踪前沿热点)。同时也可以借鉴西方学者从学界内部与外部两类影响力来审视管理学者贡献的经验(Aguinis et al., 2012)。这些指标尽管也存在知名学者和高水平杂志形成的“马太效应”，靠圈子效应提升他引比率(师生、同门、小团体间)，综述

---

① Gioia(2021)认为这句话出自社会学家威廉·B. 卡梅伦(William B. Cameron)(Cameron, 1963)，而不是爱因斯坦。

类文章、热点问题引用率高等现象。但比之仅据几篇，甚至1—2篇事实上可能无人问津（他引很少）的所谓高水平杂志论文来判定作者的学术水平还是具有显著改善。在课题方面应该明确成功申请课题不过是研究的“起点”，课题实施后尚需及时跟踪，如果非要以课题评判学者的学术贡献，也应该以成果为主并加强投入—产出的审计（尚虎平、惠春华和叶杰，2012）。至于在我们这个行政权力深入影响学术的国家，至少在今天的管理学界，最好淡化政府奖励在“学术鉴定”方面的价值。

第二，根本的变革。如果说“规模较大的机构和声望较低的机构，更倾向于借助正式的杂志清单去评价学者”（Marsh and Hunt，2006），那么，那些有完整的学科建制、公认的领导型学者、称职的学术“看门人”的学院就应该有自己独特的学术评价标准。因为鉴别学者的学术水平本来就是一个学术共同体非常重要的工作内容。一个研究型大学或顶尖大学，从其学术共同体所选择的学者的学术水平更容易反映出其学术追求和评价标准。

已有学者提出了非常中肯的看法，学术评价应该“针对个人研究成果进行专门评价”，即通过阅读学者的文章，在“理论基础、严谨性、实用性、普适性”等方面做出判断（Marsh and Hunt，2006），并且应该更加关注学者研究成果的“原创性、启发性，及是否正确（严谨性）”（Adler and Harzing，2009）。McGahan（2007）提出了5种判定学者是否成功转化其研究成果的标准，即该研究：①是否形成了反直觉的洞见；②是否解释了商业实践变革的内在机理；③是否揭示了管理实践中重要的原则性偏误；④是否提出了解释特殊现象的理论；⑤是否识别出一些关键问题、重要现象，而且为学术研究和管理实践开拓了一个新领域。该标准也可作为重要的参考。

本文在此尝试提出一组“判断”管理领域经验/理论研究的参考标准，在某种程度上，它反映了笔者的认识论偏见（韩巍，2011b）。这组参考标准为该学者的相关研究：**①是否发现了有趣且重要的新现象（提出新问题）；②是否发展了解释有趣且重要现象（问题）的理论要素、基本形态（一组命题/关键构念）及提供了较为充分的论证；③是否基于可靠的经验证据，即以长期的实地调查、访谈、问卷等多种资料来源，进行了高度情境介入（跨情境比较）的机制探索（命题发展）；是否基于可靠的测量方法，在长期的数据收集基础上，对相关命题/假设进行了验证；④是否提出了比较系统的解释框架，帮助人们深刻理解复杂现象背后的重要事件的基本脉络/发生、演化机制；⑤是否提出了促使人们反思其经验、认识和价值观局限性的洞见（概念、视角、框架、系统）；⑥最为重要的是，其成果是**

否"显著"改善了学术共同体，及管理实践者的思想/认识/行为，从而"直接或潜在地"促进组织合作的绩效。

笔者非常确定，这原本就是一种"常识"。

在针对个体基于常识性原则的评价机制中，核心不是所谓"客观—公平"的"数数"游戏，而是学者对于"学术看门人"的充分信赖。这一评价机制必须依靠优秀学者的"真诚和责任"来主观地评价同行的学术水平。在提出这种表面上罔顾中国现实国情的幼稚想法之前，笔者当然考虑了中国学者常常会有的一种担心和抱怨，如果没有那些客观标准，在中国这样一个人情社会，更容易出现学术评价上更为荒谬的结果。笔者不否认出现这种状况的可能性，甚至也坦诚现行评价机制曾经被笔者当作一种不坏的制度安排。但稍加思考就会发现：我们对于这种评价制度的执着，事实上**隐含着对于学术看门人(评委)的双重蔑视：①认为他们无能力鉴别同行的学术水平，所以必须"数数"；②认为他们无责任心保障鉴别工作的公正性，所以只能"数数"。如果果真如此，身处这样的一个所谓学术共同体，我们每个人的尊严何在？**

中国管理学界，无论哪个层次的管理学院，到底有没有"合格"的学术看门人？通过二十多年来对于这个学术共同体的观察和感受，笔者非常肯定有一批这样的学者。问题是，学院和大学是否愿意给予他们相应的身份和权力。事实上，只要我们从那些优秀学者(真正在学界具有实质影响力)当中找出可以做出如下承诺的学者，就等于为中国管理学术共同体奠定了坚实的基础：①有能力且尽己所能地对候选者的学术水平做出鉴定；②有能力且尽己所能地保证鉴定工作的公正性。笔者确信，这些学者的担当和努力，会显著改善管理学界的学术面貌，会显著提升管理学界学术成果的实质价值和社会影响力。而对于这些学者的最好回报，就是一个"全新的学术共同体"的诞生——作为这一群体的"学术守卫者"，这份荣耀成为其德行和学术能力的最好证明。而且，即使其中个别人存在"道德"和"能力"上的欠缺，也可以用配套的措施加以修正，比如针对个体学者的鉴定报告(而不是简单地"数数""打勾")、评审过程的详细记录，以及必要的申请人申诉制度(允许申请人了解鉴定报告及评审过程)。

在当下，笔者很清楚妄议学术评价改良、变革的"可笑"之处，但作为一个习惯于"幼稚"的边缘学人，还是愿意十分严肃地指出：管理学院主政者，应该关注并反思"高水平期刊发表论文"作为评价学者学术水平的局限性，应该尝试改变这种无论在国际还是在国内都已经让管理学术越来越远离现实需要、越来越需要维护职业尊严的制度安排。**对于管理学者的评价，首先必须是基于个体的，其**

次必须是符合学术常识的，最后还必须是那些真诚而有责任感的学术守卫者“主观”而“公开”的评价。

3.2 做一名从事学术型教学的合格教师，已经足够！

由于历史的原因，与那些更有学术传统的人文社会科学领域的优秀学者相比，中国的管理学人普遍地，无论在价值取向、知识视野、社会观察，还是学术洞见上，常常表现得游离而机巧。几代学人不断变换学术姿态追逐风向的代价（韩巍和席酉民，2010），或许换来的更像是以“发现新知”为名的学术征程上的“自娱自乐”（郭重庆，2008）。我们固然可以无视管理实践的“真实性”，无视各种组织适应环境、改善组织绩效的迫切性，执着于不断借用各种基础学科新奇的理论视角，不断提出无足轻重的“常识性猜想”，提供可有可无的“解释”“证明”和自以为是的“发现”。的确，以自己的阅读经验，只要管理学者愿意坚持，这种游戏还可以长期持续（学界也必须正视一个基本的事实，国际管理学界的游戏色彩也同样浓厚，看的文献越多，这种感觉就越发强烈）。但当我们最“优秀”的学者（教授）远离学生（尤其是本科生）的课堂，当研究生逐渐成为“生产论文的能工巧匠”，当我们只关心自己的研究是否发表在高水平的杂志，自己的研究计划是否获得几个偏好相近的同行评审人的认同，而几乎从未甚至试图用自己的“优秀成果”影响、促成社会进步的时候，人们有理由发问：管理学者到底对这个社会做出了哪些贡献？

那么，我们何妨多一些“真诚与责任”，当我们视野狭窄、见识短浅、思想贫乏、无力建构新知从而无法留名管理学术史的时候，**我们可否不要冒充科学工作者、（著名）学者，而是坦诚地把精力放在力所能及的事情上——做一名称职的教师，以我们的努力影响学生的信念、心智和行为。因为，他们当中的大多数才是一个组织、这个社会、我们国家不断向好的希望。**

笔者无意比较“一般性教学”（照本宣科）与“一般性研究”（炮制论文）的难易程度，但倾向于认为，在博耶所定义的其他三种学术，即“知识的学习、应用和整合”上所需要的能力应该与“发现新知”的能力存在显著差异。倡导对教学（学术）的重视，并不是让当下的日常教学“自动”获得某种学术合法性的地位。但作为一批受到系统的专业训练（尽管专业训练的弊端事实上业已十分明显），具有学习、反思、探索习惯的当代管理学人，还是可以通过自身的努力，与同行分享，与学生碰撞，显著提升我们作为教师的工作绩效的。正是响应博耶的号召，教学必须改进，教学应该重新获得尊严，而这种努力一定会更加符合社会的期待。

笔者结合管理学科的特点，将博耶的“整合—应用—教学型学术”放进一种新的提法——管理学的“学术型教学”（teaching of scholarship），具体而言，它应该具备三个重要的维度，即**对现实的批判性（critical）、认识的系统性（systematic）、解决问题的创造性（creative）**。第一，无论是从直面复杂的管理现实，还是主流理论固有的边界性，管理学领域的许多知识必然面临“静止—动态”“设计—演化”“局部—系统”“本土—普适”“艺术—科学”“理论—实践”的挑战，教师必须引导学生批判性地学习相关理论的预设、适用条件、核心内容、演化并进行争论和反思，这个工作要求教师既联系实际，又植根于对学术进展的关注，需要耗费大量的精力和时间。第二，管理知识的传授以学科分类为基础，但现实问题往往表现出“复杂、多变、不确定性”，如何让学生在纷乱的现象中寻找问题的症结，形成一种较为清晰的判断，需要教师在思维的系统性方面加以引导（这非常接近临床医生通过会诊制希望达到的效果）。尽管，我们大多数教师所受到的以专业学科为基础的训练在这一方面也存在“先天不足”，但毕竟我们的学习能力、知识整合能力比之学生还是具有明显的优势，况且，不同学科之间的教师也可以围绕问题展开积极的合作。第三，管理知识的学习不可能仅仅停留在对成功企业/组织的临摹上，如何在复杂、多变、不确定的内外情境中寻找问题的解决之道，需要的是一种改造世界的“冲动、承担和行动力”，这与循规蹈矩/墨守成规、顺应各种大行其道的“明暗规则”有很大的不同，如果说管理从业者与其他领域的受教育者相比更能影响组织的合作，更能影响这个社会和国家的未来，那么我们教师有责任让学生意识到，只有前所未有的行动才能产生这种变化。

结合中国管理学界的现状（郭重庆，2008；Tsui，2009；席酉民和韩巍，2010），学院（大学）的管理层应该通过创新的制度安排把越来越多的教师引导到“学术型教学”上来。比如，提供给这些教师与所谓“研究型”教师更加相近的或稍微公正、合理的评价和待遇，使其安心教学、专心教学，而不是忙于满足指标，或用权力和制度督促学生忙于“论文生产”。学术型教学的评价固然有一定难度，但远谈不上复杂：它取决于学生在“批判性—系统性—创造性”三个方面能力的提升，也取决于同行、社会对于教师努力的认同（比如通过杂志和论坛）。如此一来，或许管理学院会少了些所谓研究型的教授、副教授、博导、硕导，尤其会少了些指标体系下的论文、项目数量，但至少多数教师和绝大多数学生都会清楚他们各自的本分。

4. 结论及反思

本文质疑了管理学院两种在学术评价和业绩管理制度中充分彰显的价值观，并通过分析指出：①“高水平杂志上的发表记录代表学者的学术水平”这一价值观，在评价个体学者时并不可靠，学院管理当局应该采用“回归常识”的学术评价方法，引导学者做出真正有价值的学术贡献；②“教学实质上（而非名义上）是教师的次要工作”这一价值观已严重削弱教师对教学工作的重视和投入，需要引入博耶的“教学型学术”理念加以矫正。笔者认为，多数管理学院的教师应该把高质量的教学（学术型教学）作为努力的主要方向，而不是热衷于那些自娱自乐（创造学院“GDP”）的所谓科研工作。

当下中国，包括我们身在其中的管理学院和大学，常常发生着一些十分荒谬的事情。我们处在这股潮流中难以自拔地把本应承担的责任推给环境、制度以及他人，仿佛自己对于这个世界的“建构”毫无影响，甚至毫无尝试改变的必要，这难道不是一种阿伦特意义上的“平庸之恶”吗？

学术有其常识，关键是要有学术的守卫者为学术共同体发现人才、挑选同道，而不是利益输送、提携恩赐；教学有其常识，关键是要有教书育人的信奉者在“传道、授业、解惑”，而不是敷衍塞责、误人子弟。追求“真诚”，坚守“责任”，首先做一名管理学院称职的教师：通过“整合—应用—教/学”那些真正优秀的学术成果，让我们的学生“怀抱信念、追求卓越”；如果我们确有足够的智慧和努力，可以作为一名管理学院真正的学者，通过“发现新知”为这个社会、组织、实践者“拨开迷雾、开创未来”！

最后，让我们再次揣摩 Adler and Harzing（2009）的这个叩问：“What is our scholarship actually contributing?”（我们的学术到底贡献了什么？）它关乎管理学院和每一个管理学人的尊严；不可避免地，无论我们做过什么，正在或将要做些什么，这一切注定会被写进历史。

回顾及反思

几年前，同系贺和平老师曾经向笔者提起过这篇文章，说其中的道理可能很多人都心知肚明，笔者则比较“勇敢”地讲出了那些常识，对此笔者不能否认。为了写这篇文章，笔者在阅读高等教育方面的论文时“偶遇”美国的教育学家博耶，了解到他被广泛引用却并未被认真对待的学术工作划分方法。深圳大学管理学院的前任院长陈智民老师在担任人力资源部主任时，还在学院的微信群里分享过这篇文章，他还不止一次地提到学校职称评定文件里的某个说法就取材于这篇文章（至少在一定程度上，为教学的重要性提供了支持），算是本文的一点儿实际价值。

当然，今天我们依然非常确定，“一个学者的科研水平＝国家课题＋高等级期刊论文”这个“等式”近乎成立，除了极个别的例外，比如笔者本人的晋职经历。当年撰写这篇文章时，心里挥之不去的是曾经工作过8年的西安交通大学管理学院和今天的深圳大学管理学院。这个等式不仅依然维护且强化着学术共同体对教师职称的最终决定权，而且它还有一个更大的功效，即把大学教师“切割”成两个部落，把那些敢于不走“正道”的老师，归于不做学术（甚至不学无术！）的“纯教学型教师”序列。至于这类教师，或其中的某些教师为了更好地启迪学生所付出的那些无法显性化的博耶意义上的“学术工作”，则近乎被完全漠视。一个拥有“国家课题＋某类期刊发表”的教师的学术水平就一定高于另一个没有这些“符号资本”的教师吗？如果“影响力”相当、相近呢？不可以从“资源节约”的角度再做一些比较吗？评价一个同行的学术水平果真只能“数数”吗？

近年来，学术评价与代表作制的关联日益密切，看起来像是对“数数”评价的一种矫正。但笔者却一点儿也不乐观。因为本文所描绘的那幅“学术看门人”的图像似乎过于理想化了。在“课题＋论文”文化熏陶和制度培育下的很多学术看门人——先是受益者，接着作为评委、审稿人的学术判断力、鉴别力可能已经严重固化了。以“实证研究”为主体的管理研究在十多年来获得了管理领域（笔者向来认为管理科学与工程应该属于应用数学或工程学的分支）最大规模的资金支持，发表了最多数量的论文，自我繁殖为具有统治地位的研究范式，自然其看门人群体也最为庞大，掌控中国管理学界的命脉。

我们很少反思管理研究的实证研究取向不过是最大限度地在验证、修补西方的既有理论。笔者也承认在满足“体制化学术”大批量生产论文这一核心诉求方面，主导范式的确成绩斐然。可惜，关于中国管理实践，尽管我们已经拥有太多（甚至过多）对某种微观现象基于各种理论视角的“解释”，却未必深化了我们对现实的“理解”，未必能够成为本土管理理论创新的源泉，更谈不上对中国管理实践的显著影响。管理研究成果走向发挥实际影响力的征程依然路途遥远。更可悲的是，基于科学哲学的判断（比如批判现实主义/实在论，critical realism），大量实证研究的结论连被期待转化成实际成果的价值都不具备。因为完全不考虑组织动态性、情境性的“变量关系”，无论此时、彼时的“正负”“强弱”为何，回到具体的管理问题，依然是“it depends”，从而只能是“so what”了。可以说，实证研究霸权的危害，利在当代，遗祸千秋！

回顾本文在学术评价中的那一组“标准”，需要反思的是，当时笔者对理论（贡献）的认识还是有些狭隘了，而且，笔者对于“验证”依然保留着某种不假思索的信赖。今天，笔者对于理论（贡献）的看法改变了许多（见本书《洞见以下皆为修辞：〈管理学中的伟大思想〉对本土管理研究及理论建构的启示》一文及相关反思）

最后，中国管理学界的希望到底何在？拥有足够话语权的主流范式推崇者，如果能够多一点儿反思，逐渐变得谦逊、包容，尤其是能够拒绝最大限度自我繁衍的诱惑，那么，对于未来，似乎还可以稍稍乐观一些。

参考文献

ADLER N J, HARZING A. 2009. When knowledge wins: transcending the sense and nonsense of academic rankings [J]. Academy of Management Learning & Education, 8(1): 72-95.

AGUINIS H, SUÁREZ-GONZÁLEZ I, LANNELONGUE G, et al. 2012. Scholarly impact revisited [J]. Academy of Management Perspectives, 26(2): 105-132.

BRAXTON J M, LUCKEY W, HELLAND P. 2002. Institutionalizing a broader view of scholarship through Boyer's four domains: volume 29, number 2[M]. San Francisco: Jossey-Bass.

CAMERON W B. 1963. Informal sociology: a casual introduction to sociological thinking[M]. New York: Random House.

CZARNIAWSKA B. 2006. The quiet European? [J]. Journal of Management Inquiry,15(3):332-334.

GIACALONE R A. 2009. Academic rankings in research institutions: a case of skewed mind-sets and professional amnesia[J]. Academy of Management Learning & Education, 8(1): 122-126.

GIOIA D. 2021. On the road to hell: why academia is viewed as irrelevant to practicing managers (in press) [J/OL]. Academy of Management Discoveries [2021-10-19]. https://doi.org/

10.5465/amd.2021.0200.

GOLDEN-BIDDLE K, LOCKE K, REAY T. 2006. Using knowledge in management studies: an investigation of how we cite prior work[J]. Journal of Management Inquiry, 15(3): 237–254.

HARMON M M. 2006. Business research and Chinese patriotic poetry: how competition for status distorts the priority between research and teaching in U.S. business schools [J]. Academy of Management Learning & Education, 5(2): 234–243.

HASSARD J, KELEMEN M. 2002. Production and consumption in organizational knowledge: the case of the 'paradigms debate' [J]. Organization, 9(2): 331–355.

HEALEY M. 2000. Developing the scholarship of teaching in higher education: a discipline-based approach[J]. Higher Education Research & Development, 19(2): 169–189.

KREBER C. 2002. Controversy and consensus on the scholarship of teaching[J]. Studies in Higher Education, 27(2): 151–167.

LEUNG K. 2007.The glory and tyranny of citation impact: an east Asian perspective[J]. Academy of Management Journal, 50(3): 510–513.

MACFARLANE B. 2011.Prizes, pedagogic research and teaching professors: lowering the status of teaching and learning through bifurcation[J]. Teaching in Higher Education, 16(1): 127–130.

MARAFIOTI E, PERRETTI F. 2006. International competition in the academia: the European challenge[J]. Journal of ManagementInquiry, 15(3): 318–326.

MARSH S J, HUNT C S. 2006. Not quite as simple as A-B-C: reflections on one department's experiences with publication ranking[J]. Journal of Management Inquiry, 15(3): 301–315.

MCGAHAN A M. 2007. Academic research that matters to managers: on zebras, dogs, lemmings, hammers, and turnips[J]. Academy of Management Journal, 50(4): 748–753.

MCINTYRE J E, Jr, RICKARD M K. 2008. A study of business education research outlets[J]. Academy of Educational Leadership Journal, 12(2): 69–85.

ÖZBILGIN M F. 2009. From journal rankings to making sense of the world[J]. Academy of Management Learning & Education, 8(1): 113–121.

ÖZKAZANÇ-PAN B. 2008. International management research meets "the rest of the world" [J]. Academy of Management Review, 33(4): 964–974.

RICART J E. 2006. The European challenger[J]. Journal of Management Inquiry, 15(3): 327–331.

RICE R E. 2002. Beyond *Scholarship Reconsidered*: toward an enlarged vision of the scholarly work of faculty members[J]. New Directions For Teaching And Learning, 90: 7–17.

SALVATORI M R. 2002. The scholarship of teaching: beyond the anecdotal[J]. Pedagogy Critical Approaches to Teaching Literature Language Composition and Culture, 2(3): 297–310.

SINGH G, HADDAD K M, CHOW C W. 2007. Are articles in "top" management journals necessarily of higher quality? [J]. Journal of Management Inquiry, 16(4): 319–331.

SRINIVASAN S, KEMELGOR B, JOHNSON S D. 2000. The future of business school scholarship: an empirical assessment of the Boyer framework by U.S. deans[J]. Journal of Education for Business, 76(2): 75-80.

STARBUCK W H. 2005.How much better are the most-prestigious journals? The statistics of academic publication[J]. Organization Science, 16(2): 180-200.

TSUI A S. 2009. Autonomy of inquiry: shaping the future of emerging scientific communities [J]. Management and Organization Review, 5(1): 1-14.

TSUI A S. 2013. The spirit of science and socially responsible scholarship [J]. Management and Organization Review, 9(3): 375-394.

WARD C, CARRIGAN M. 2009. Are all forms of scholarship considered equal? [J]. Contemporary Issues in Education Research, 2(2): 45-50.

达利,扎纳,罗迪格.2008.规则与潜规则:学术界的生存智慧[M].卢素珍,主译.北京:北京大学出版社.

郭重庆.2008.中国管理学界的社会责任与历史使命[J].管理学报,5(3):320-322.

韩巍.2011a.论“实证研究神塔”的倒掉[J].管理学报,8(7):980-989.

韩巍.2011b.管理研究认识论的探索:基于“管理学在中国”专题论文的梳理及反思[J].管理学报,8(12):1772-1781.

韩巍.2013.管理学者何为?[J].管理学报,10(7):967-968.

韩巍,席酉民.2010.“中国管理学界的社会责任与历史使命”:一个行动导向的解读[J].管理学家(学术版),6:3-19.

李怀祖,席酉民,郭菊娥.2009.构建孕育创新人才的大学学术文化[J].西安交通大学学报(社会科学版),2:80-86.

李醒民.2007.荒谬的逻辑,荒诞的考核:就本人的经验小议课题申请、学术评价及其他[J].自然辩证法通讯,3:96-97.

尚虎平,惠春华,叶杰.2012.从绩效至上到科研消费主义:我国公共财政资助科研基金中科技观的异化与矫治[J].自然辩证法研究,6:82-86.

史静寰,许甜,李一飞.2011.我国高校教师教学学术现状研究:基于44所高校的调查分析[J].高等教育研究,12:52-66.

谭劲松.2008.关于管理研究及其理论和方法的讨论[J].管理科学学报,11(2):145-152.

席酉民,韩巍.2010.中国管理学界的困境和出路:本土化领导研究思考的启示[J].西安交通大学学报(社会科学版),2:32-40.

王贵林.2012.教学学术:教学型大学教师发展的基本选择[J].高等工程教育研究,3:103-107.

王玉衡.2006.美国大学教学学术运动[J].清华大学教育研究,27(2):84-90.

二 本土研究

06 和谐管理组织理论

一个探索性的分析框架

组织理论的结局，必须落脚于人、人与人的“关联”，最终，落脚在人与人之间关联的“决定性”力量。

——笔者

1. 引言

和谐(管理)理论自1987年由席酉民(1989)提出，经过几十年的发展，已经取得了长足进步，伴随着和谐管理理论框架的提出(席酉民、韩巍和尚玉钒，2003)，团队发表了大量的理论和经验研究文章(王大刚、席酉民，2007)，截至本文写就，研究成果集中在《和谐管理理论：案例及应用》(席酉民、葛京，2006)和《和谐管理理论研究》(席酉民、韩巍和葛京等，2006)两本专著中。简单地说，基于研究者的认识能力和经验支持，和谐管理理论有以下几个重要主张：第一，从认识论角度，和谐管理理论倾向于从“还原现实”或是“直面真相”的立场接近组织的管理实践，特别强调一种“演化意义”的(Pierce and White，1999；Augier，2005)、“非还原论”的(罗思曼，2006)、“非决定性”的(普利高津，1998)组织管理图景。由此，和谐管理理论一方面对“和谐主题(泛指那种带有‘涌现’性的组织关键问题)”内在属性的认识，激发起我们对传统“战略管理”尤其是“战略设计”的怀疑甚至叛逆(席酉民，2006；韩巍，2006)；另一方面，和谐管理理论从解决组织管理问题的应用性视角，提出了“以‘和/和则(泛指组织文化、领导方式等组织要素)’应对因人而生的‘不确定性’，以及以‘谐/谐则(泛指流程、结构等组织要素)’应对组织的各种‘优化’”的“整体性解题”思路(席酉民、韩巍和尚玉钒，2003)，同时还关注“企业家”的重要作用，包括提出“和”与“谐”耦合的具体样式上存在着“多样性”的相对主义认识（韩巍，2006）。第二，从方法论角度，尽管和谐管理理论继承了当下主流的管理研究方法（比如数理统计），但其更倾向于“整体性地”发掘组织管理实践中的“内在关联”，比如带有明显“质化”色彩的案例研究就在和谐管理经验研究中扮演了重要的角色。实质上，我们倾向于将归纳而不是演绎作为最根本的研究方法。第三，从本体论角度（尽管并非和谐管理理论研究团队的共识），和谐管理理论“质疑”了管理实践、管理知识的本质意义，提出了“管理知识的类型学划分”，某种程度上，它暗示着管理研究的本质属性可能是“启发性”或“弱法则”，而不是“规律性”（韩巍，2006）。

客观地讲，我们在对和谐管理理论的梳理和反思中，始终没有放弃提供一个集中体现其“认识论—方法论”取向，且相对完整的对于“组织实践”的系统诠释。一方面，和谐管理理论需要一组属于自己的核心术语和独特的分析视角；更重要的是，和谐管理理论希望展现出对于组织管理更加广泛且中肯的“解释力、预见力”，并最终对管理实践产生积极的影响。因此，本文实质上是和谐管理理论面向“组织理论”的一个初步探索，笔者无意为“组织理论”提出任何新的界定，达夫特（1999）对于组织理论“并不是事实的汇总，而是关于组织的一种思维方式”“组织理论是深入而准确地洞察和分析组织的方法，这种观察和思维方式是以组织设计和行为的方式及规律为基础的”的界定，同样反映了我们对组织理论的一般理解。简言之，笔者意在为“组织管理”提供一种更具解释力的“分析视角”，展现一种较新的“研究路径”。我们并不特别关注这种洞察在学术上的“创建性”，我们关注的是，它是否有可能把对组织的独特观点/看法和经验研究真正地结合起来，从而能够为理论界，尤其是实践者提供应对复杂性的“思想和工具”（McKinley et al., 1999）。

达夫特（1999）为“组织理论”所提供的简洁画卷，可以作为理解组织理论的向导。其中，我们既可以看到“广谱”的“现代—后现代”组织范式和传统的权变论说，也可以看到组织间的“种群生态学”和“学习型组织”等新观点。虽然笔者对于“组织管理”的思考，注定受惠于“组织理论”研究的丰富成果，但是本文并不想沉浸于由此所衍生的大量“组织细节”，我们选择的是一个更为“基本”的、带有“发生学”色彩的分析路线，即**“人们”为什么会加入“组织”？如何理解“加入”组织的“人（们）”？组织过程的“核心问题”是什么？**以及由此产生的一个“备选”的组织分析框架。对应地，以和谐管理理论已有理论分析为铺垫，本文将从对上述问题的“回答”中尝试刻画“和谐管理组织理论”的基本构造，并进一步解释一些纠缠于“和谐管理理论框架语境”中的重要问题，即在组织管理的经验分析中，什么是"和"？什么是"和则"？什么是"耦合"？以期初步建立一个和谐管理视野下新的组织管理分析视角。

2. 本文的研究方法

笔者熟悉学术共同体对管理研究的方法论要求，也了解中国管理学术界对"非实证"和是"非定量研究"[①]常常带有鄙夷的所谓"思辨性"判定，甚至世界学术界也难幸免（Smith, 2008）。遗憾的是，笔者没有提供大家所熟悉的"主流方法"，而是求助于某种程度上建立在个人有限的组织经验上的"反身性思考"（reflexive thinking）和笔者一以贯之的"**直觉/洞见**"（Hutchinson and Wolf, 2004），以"**阐释**"笔者对组织理论的独特看法。可以肯定地说，为了完成厘清中国组织管理构造和机理这一神圣的学术使命，大家不仅应当相互尊重和包容，而且应该意识到，任何严肃的学者从自己对"管理世界"的基本信念出发，选择反映其认识论取向的多种方法论所从事的旨在反映中国组织管理"独特认识"和"经验证据"的学术探索，都应该受到学术共同体的包容和欢迎、质疑和批判。在2007年美国管理学会上，"挑战正统：尝试实用主义"的主题演讲亦表达了此意（Smith, 2008）。唯有此，才会迎来中国管理学术界的真正繁荣。我们深信，对于任何研究"组织现象"的"科学工作者"，都不可能把自己当作一个置身事外的"旁观者"，并提供"绝对客观"的发现和思考，我们提供的只能是个人信仰和思维模式下对现实世界的"局部"剖析和解读。

3. 和谐管理组织理论的"人性观"

3.1 人[②]为什么会走进组织——必然的社会化

社会学家（波普诺，1999：177）认为："人类是天生的社会性动物，人类就是生活在所有不同规模和类型的群体中"，并指出"所有社会成员的共同需要有两类，即工具性需要和表意性需要。……这两方面的差异，就是人们为什么形成社

① 中国管理学术界有必要反思在"实证主义"，甚至是"科学主义"主导下那些重要研究成果的品质缺陷，管理研究如果既不能很好地还原中国组织管理的真相，又不能证实中国管理实践成败的内在机理，很难想象它可以作为一门广受尊重和认可的专业学科。

② 笔者在本文中对于"人"做出的任何假定，仅仅是一个复杂且不确定的行动和意识的结合体，本质上，我们不想对人做出任何假定。

会群体的两个基本原因”。其中，“一些群体满足工具性需要（instrumental needs）——这就是说，群体帮助其成员去做那些不容易单独完成的工作”“一些群体的形成主要是为了满足表意性需要（expressive needs）——这就是说，群体帮助其成员实现情感欲望，通常是提供情感支持和自我表达的机会”（波普诺，1999：178）。

波普诺（1999：166）同时指出，“尽管社会化在整个生命周期都在进行，但我们所形成的（人格）大部分是建立在初级社会化过程中所习得的未发生变化的价值观的基础上，建立在那时确立的自我认同之上。然而，在某种情况下，青少年、成人经历着一种再社会化（resocialization）的过程，即有意忘掉旧的价值观和行为模式，接受新的价值观与行为”。

因此，按照社会学的一个基本假定，社会不仅塑造着“人（们）”，要求人们“社会化”以实现“工具性”“表意性”需要，而且还要不断地接受“再社会化”的改造。从经验上观察，人们怀揣多重动机（断言人的动机或许是这个世界上最狂妄的游戏了，心理学家能做到吗?）参与到组织，以扩展自己的能力边界。极端地讲，即使组织是“一个认知陷阱（cognitive trap）、一个精神监狱（psychic prison），如果每个人都认同这种功能失调的‘科层结构’”，组织就成为一个舞台，以实践人们未意识的渴望和驱动力——被压抑的性欲，对死亡的担心，对礼仪、神话的膜拜〔出自加里斯·摩根（Gareth Morgan），转引自 Marrington and Rowe（2004）〕。进一步追问“社会化”和“再社会化”的实质，所谓“社会化”即人们参与到组织当中，意味着这是社会强加于人（们）的一种“不得不的选择”，其实质是人们交付了自身对“自由”的绝对支配性；而“再社会化”是人（们）需要不断修正自己的“价值观和行为模式”。当然对抽象的组织而言，类似地，也具有拟人化的“控制权让渡”和“价值观与行为模式的修正”问题。

笔者想在此强调，这是我们自己连同我们观察所见的“社会人”的宿命。

3.2　人性假定——对组织参与者的重新理解

如果“社会化”及“再社会化”成为人类实践的必然，那么，从组织角度，会如何看待组织的参与者？传统组织理论的解释并不关注具体组织对特定人员的选择，而是用提供人性假设的方式确立其“认识立场”和“组织分析方法”。例如，“各种组织理论建构的共性在于：他们各自看待组织的观点（趋向一致）——换言之，他们都享有关于人和组织共同的假定”（沙夫里茨、奥特，2004：5）。另外，Astley and Van De Ven（1983）提出的一个分析框架，也是以“宏观”“微观”，以及关于人性（human nature）“被规定性”（structural constraints）、“自治性”（autonomy，self-direction）两个维度所划定的四个组织理论领域——自然选择视角（natural selection view）、系统结构视角（system-structural view）、集体行动视角（collective action view）和战略选择视角（strategic choice view）。

从对人性假设[①]的系统思考上，笔者认为 Hjelle and Ziegler（1992）拥有较广泛的视野。但就组织管理的实用主义取向而言，“经济人”“社会人”“复杂人”等假说更受人们的关注。例如，郭士伊和席酉民提出“经济人”“社会人”“文化人”和“人的智能特征”显示了人性假设的“理论价值”，并指出人的经济属性、社会属性、文化属性和智能属性共同构成了管理中的智能体（郭士伊、席酉民，2004），强调“人性假说”对组织管理理论的重要性。

但人性假定为什么是组织管理理论不可或缺的？更为关键的是：这种人性假定的实质是什么？

借鉴郭士伊和席酉民（2004）的分析可以看出：不同的人性假设除了理论分析的需要，一个基本的线索是不断扩展对“人的复杂性”的认识，并发现或寻求应对的方法和机制。但遗憾的是，管理中层出不穷、因人而产生的“扰动”以及“混沌”却似乎并没有因为“人性假设”而消隐，比较客观的结论似乎更倾向于强调人的复杂性，甚至是不可理喻性！所以今天组织研究不仅仅是关心“灯光”或“非正式群体”，甚至连“同性恋”“性骚扰”这样的“边缘经验”也成为组织管理中的必修课了（O'Leary-Kelly et al.，2000；Obear，2000；Wright et al.，2006）。

在笔者看来，无论是管理实践还是管理理论——任何对人性的假定（**假设的本质**）都存在着一种“简化世界复杂性”的风险（以规避因“人的不确定性”而带来的“行动风险”），即便是最宽松的“智能体”假设（郭士伊、席酉民，2004），也无法详尽那些对影响没有反应的人类麻木行为。具体地说，对于组织“实践”而言，任何“人性假定”不过是“妄想”对人类行动做出某种预先的“规定”，其目的不过是在于“可预期/稳定性/匹配性/一致性”，从而获得相对“确定性结果”，以减少人类行动过程的不确定性。例如“理性人”假定，“凡是符合这一规定的

① 中文里“假定”“假说”“假设”经常混用，笔者习惯用“假定”对应 assumption——无须证明或不证自明，用“假设”对应 hypothesis——需要证明。而引文原作者的本意不好揣摩，所以予以保留，可能看起来会有些混乱。

行为即为‘理性’，凡是不符合的则为‘非理性’〔而且赶快把这些行为打入另册，甚至是交付给‘医学’（如抑郁——自杀?），以逃避自身的责任〕”，从而使结果成为可预期的。这一简化组织管理的意图，在“经济学的基本逻辑（个人利益最大化）强调经济诱因对人的行为的可预期性”上表现得最为充分，“社会人”兼顾人的“群体取向”，“文化人”考虑了人的“其他需求”，“智能体”更加“多元化属性”，解释力似乎愈加广泛，但一个经验世界的挑战永远是：我们无法穷尽人性的复杂多样性，无法判断人性实际的、特定的分布，从而，当我们按照这种组织理论传统的假定设计组织的“结构/机制”时，永远不可能洞察到真实世界的全部。

经验层面分析，从人性假定出发，组织又是采用何种标准来选择组织成员的呢？组织又是如何甄别那些“经济人”“社会人”“文化人”，乃至“智能体”呢？他们的现实对应又是什么呢？笔者想用一组十分简单的问题进行一番梳理：好人也会做坏事？坏人也会做好事？好人一定是好员工？坏人一定是坏员工？

4个肯定/半肯定的答案意味着：对于人性假定，除了有分析上的便利和经验上的“假象”，似乎并没有实际的意义。或许有人会坚持认为，大多数人的人性应该符合假定的分布，可管理经验似乎都倾向于暗示小概率事件才构成真正的组织管理问题。相信大多数人都同意，我们生活在一个用“常识”就可以解决大多数问题的世界，但真正困扰我们的一定是“常识”以外的问题，所以我们必须转向“权威”和“好的经验”。用一句简单的话讲，“好人一定是好员工?”“坏人一定是坏员工?”我们暂且不引入对“好/坏”的道德解释，更不用说如何判别人的“好/坏”，就经验而言，将这两个问题一般化就是“人”与“员工”的区别在哪儿。而要回答这个问题，只需对“组织”稍加解释即可：一个好人，可能是一个好员工，也可能是一个坏员工（人的好坏来源于社会标准，员工的好坏来源于组织标准），因此，此组织的好/坏员工，在另一种组织，完全可能是一个坏/好员工。道理非常简单，组织“好坏”的标准来源于其对自身“秩序”的规定和理解，而对好/坏人的判定，既不必要，也不可能。

基于上述分析，笔者的看法是：一个拥有最广泛视野的人与组织，完全没有必要为“人”的假定做出哪怕是理论上的任何约定。这也意味着，组织设计并不需要也无法先验地采取特别的人性约定。我们大抵知道，人一般不会杀人、不会吃人（事实上，这并非我们经验的底线！），至于其他的，我们可能根本没有办法保证！这也就意味着，按照这种“人性假设虚无主义”的做法，组织设计的实质就是要有应对所有可能发生的“彰显人性复杂性”的灵活机制。

进而，我们放弃人性假定后的分析要点在于，正是组织依靠自己所识别出的目标（和谐管理更倾向于将其定义为和谐主题），选择建立某种“特殊的行动结构”，“挑选”着符合其“意愿”的适宜的组织参与者。就我们分析的实质而言，人参与到组织，以及预备和组织“合作”的关键，是参与人“选择”是否接受组织的那些“规定”和“结构”。当然，在一定程度上“必要的自由”应该作为“选择”的前提。

综上，和谐管理组织理论首先不会对组织参与者本身（人性）“做出任何一厢情愿的期待”，而从实质上讲，怀揣多重动机的人们聚集在一起，不过是人们对于他人的“预设”和他人行动的预设达成彼此的暂时性的妥协！

3.3 补充概念，显示人性复杂性的“意识之箱”

为了加深理解，笔者改造了一个适于本文分析的人的“意识之箱”，人的意识可分为“黑箱”“灰箱”“白箱（透明箱）”三个部分。[①] 黑箱被分解为“深黑”和“浅黑”两个部分。深黑是指潜意识（动机、意图）所主宰的领地，是人类未知的领地。浅黑是指人能意识到，但不愿表达的“私密”部分，其最大的特点是不可观察。而灰箱是指“部分”可见的意识（部分源于意识/意图/动机—行动的一致性），问题的复杂性在于，“动机—行动不一致”的客观实质有可能被主观建构所曲解，从而产生推理/理性的谬误（历史分析和刑侦分析中的常见错误）。最后，白箱是指“充分”或“全部”可见的意识部分（源于意识/意图/动机—行动一致性的充分证明，比如对一个好人一生做好事的观察），因此不会产生太多的“不确定性”。

可以认为，这一复杂的箱体来源于“基因”和“基因突变”，来自人类的“社会教化”和“文化滋养”。不幸的是，尽管人类可以用“种族”“语言”“历史”“性别”等进行大致分类，但似乎没有充分证据表明人类行为的相似性远远高于“人与其他物种”的区别。做一个思想练习：我们如何预知一个过分自私的人，一个过分贪婪的人，一个投机取巧的人，一个逃避责任的人？我们如何预知一个栽赃陷害的人，一个残忍粗暴的人，一个品性低劣的人，一个生性恶毒的人？我们又如何预知一个性骚扰者，一个同性恋者/双性恋者，一个变性者？你试图进入人的

① 这一提法可能受到了控制论的启发，不过定义并不相同，我们也没有严格区分意识与动机的差异。

“心理世界”，甚至是“犯罪心理”的领地吗？这是我们未必亲历却已经“看到”的组织现实。

人类已经进入一个“极端多样”，甚至不可理解的“混乱时代”，从人类社会实践、人性张扬的角度来讲，今天或许是最好的时代，但对于“组织秩序”可能是最坏的时代。我们的选择是，只关注人们的“白箱”“灰箱”构造，准确地说，主要关注人们的“灰箱”构造，我们不用猜疑人们的动机—行动是否一致，因为这是伴随人类的或许是最复杂的“本质性”问题，而且结果是我们猜对的概率，即使条件允许的话，也只能是“$P=0.5$”。

笔者认为，请注意——我们只强调一种基于“选择”的观点，也就是“和谐管理的组织分析观点”，对于人性的假定是不必要的，是注定缺乏“弹性”和“复杂性”，缺乏“可操作性”，从而最终可能是无意义的。笔者的看法是，“人为”地、“尝试性”地建立一个“组织—秩序”，它一定不是普遍适用的，但一定是“自以为”（按照意识之箱的说法，这当然是不可能的）特别服从于组织目标（和谐主题）、群体结构、文化传承、领导风格的规则体系，并且声明（借由条例、条例的执行，以及事件处理的标志性宣示）这是你“进入”且被“接纳”，从而交付自身“绝对自由”的代价，最终是一种“共同约定”。

因此，和谐管理在组织分析历程的出发点就要表明：组织管理中的人是特定的，“生物属性的、历史的、社会的、情境中的”，有复杂的“意识”“行为模式”的“活生生”的人，立足于还原真相的和谐管理组织理论必然选择拒绝对人性的先验“假定”。

4. “和”“和则”“耦合”的再认识

4.1 组织管理的核心及“和”的再定义

我们已经为任何“自由人”进入组织敞开了大门，而对于组织，可以有两种简便的看法：其一，人、物（自然）的集合（席酉民、韩巍，2002）；其二，环境—目标[①]—行动—结果所构成的系统。对于组织管理，从特定的时间和空间（情境），出发，我们看到“人的行为”“物的运转”“人与物的互动”，本质上，是目标

① 和谐管理更强调以“和谐主题识别”这一反映“演化性/涌现性”特征的“问题集合”方式取代“决定性”“战略目标”，有兴趣的读者可以参考席酉民（2006）。

（和谐主题）导向下规定着“人与人、人与物互动”的特定“结构”和“机制（理）”。

和谐管理对上述“结构和机制”的理解，在于“合作”，因为只有“合作”才能产生可预期的结果（尽管基于常识和经验，这个结果或多或少会出乎组织的目标）。在“合作”的背后，一个替代“结构和机制”的简洁说法是“秩序”，或者叫“合作秩序”，按照笔者的理解，它可以被表达为互补性/匹配性/一致性、嵌入性/相容性、连续性/联动性，等等。

一般意义上，不同阶段的组织目的/目标无外乎“创建”“存续”“发展”。我们把对组织目标的分析先搁置一旁，笔者意识到目的/目标对“合作秩序”的切实影响和其作为“环境、领导、参与者”的“综合意愿”（战略/和谐主题）（王亚刚、王琦和尚玉钒，2006）与组织“合作秩序”的复杂关联（席酉民、韩巍和葛京等，2006）。但和谐管理是从组织而不是整个管理的角度出发，此处分析的重点是“合作秩序”本身。

什么是“合作秩序”的关键构成呢？是人、物（机器）、规定、结构、机理。本文第二节对组织参与者的分析已经指出，组织需要应对的是极为复杂的、完全不可能确定的“人（们）的意愿，尤其是行动”；“物”则自有其“确定性的关联”和“装置”；而最关键的是特定结构、机制（理）的“规定性”。

和谐管理（席酉民、韩巍和 2002）曾经对“和”给过一个人及人群的观念、行为“合意”地“嵌入”组织的抽象界定，今天笔者有机会给出一个在和谐管理组织理论视野下，更加准确地反映“组织经验”的解释。所谓“和”，即指一个/一群具有意愿及行动不确定性（复杂性）的组织参与者，让渡自由的部分控制权，遵循组织的“规定性”，与他人建立并保持一种相对稳定“合作关系”的选择性行动。简言之，“和”就是一种“选择”。在某种程度上，这种行动所呈现的（理想）状态，也可以命名为“和”。

上述定义并没有包含和谐管理对“人的意愿和行动”的洞察/约定，我们对人的极端复杂性的解读意味着，只要组织参与者“选择”并继续“选择着”一系列由组织“规定”的“结构和机制（理）”所强加的约束，就反映了“合意”的全部内涵。但笔者也很清楚，首先人必须有选择，也就是有接受或是拒绝组织“规定”的权利，这说明和谐管理组织理论并不能解释“奴隶制下的组织实践”；其次，人还有选择“让渡”“遵循”“建立”“保持”，总之是合作“强度”的权利，这说明和谐管理组织理论也不能解释“最大化”的组织实践！比如，我们一直在大学工作，并非我们的意识和行动在这类组织中达到了完全的一致，而是，我们在行动中“选择”进入大学所提供的一种松散的合作秩序。

4.2 “和则”的再定义及经验描述

“和则”曾被和谐管理描述为“用来应对组织中‘人的永恒的不确定性’的专门装置”。席酉民、韩巍和尚玉钒(2003)认为存在三个层次的“和则”,以调节人与人、人与组织、组织与组织的共处,其现实对应物为“规则、契约、文化、舆论、社会观念,等等”。今天和谐管理组织理论可以给“和则”一个新的界定,即组织借以建构合作秩序的制度安排①。其经验层面的主要来源是社会道德、社会习俗、社会规范、法律规定,也可能是对上述来源的颠覆或部分颠覆(来自组织设计者既有的特殊经验),比如违背道德和法律,但保有部分习俗。而“和则”的现实对应物是特殊的“组织规定”,或者叫“组织纪律”——一般意义上,它既反映道德、习俗、规范、法律的深刻影响(迪马久、鲍威尔,2007:24—43),又表现出组织基于自身目标/目的的制度安排所体现的特殊的创造性。同时我们应该意识到,人们在“制度安排”里行动,又构建着“制度安排”本身。

无论是哪个层面的“和”,组织与组织的关联终究是“人与人”的联系。道德、习俗、规范、法律为三个层面的“和”提供了“选择”的框架。经验上,除了“道德”和“法律”具有比较而言的普适性,“习俗”和“规范”明显具有局部性,人们在建构组织规范或纪律的时候,还是存在巨大的选择空间。当然,在某种程度上,我们对“关系”的探讨,隐含着作为中国管理“组织纪律”的框架性认识(韩巍、席酉民,2001)。

可以想象,组织的每个参与者都带有一套对世界的基本看法,一套应对他人的独特预设,这些都反映了人们不同或者相近的道德、习俗、规范,以及法律“记忆”。它是基因、历史、文化、家庭、社会经验塑造的结果,所谓组织合作秩序的来源,恰恰是人们愿意选择,即接受特殊的“组织规定(纪律)”,从而扩展自己达致目标的能力和边界。经验上看,对被框架所约束的多数人来说,这一被“组织”的经历并非沉重,但对少数人来讲,或许极其艰苦,所以管理者或组织纪律的设想和实施者,很快就会发现:这少数人为组织规范(纪律)所表现出的焦躁和抵触将会成为真正重要的组织管理问题。

回到制度安排的社会来源和组织规范的创设,不可避免地,其间会有大量的社会道德与组织规范,社会习俗与组织规范,社会规范与组织规范,以及法律与

---

① 这里所说的制度安排,是正式制度和非正式制度的统称,也包括组织的既有经验。为了分析之便,我们主要集中在非组织内生的部分。

组织规范的“冲突”，比如：领导要让你做假账（合于组织纪律，违背法律）；领导让你陪吃陪喝（合于组织纪律，违背法律、习俗，甚至是自己的道德）；等等。不难理解，组织规范应当是首要的，也就是说，和谐管理组织本身在这里并没有预留“道德组织”的特殊空间，一个好的组织理论应该既能解释并提升“嫣然天使基金”那样的慈善组织绩效，也能洞察并改进一个黑社会犯罪集团的管理（这并不是说我们没有自己的道德立场，但社会科学研究的使命当然首先应该是实然性）。

如果说“和”反映的是一种本质意义的“选择—自由”，合作秩序的“确立—维系”则反映了一种根本意义上的“组织设计”，以确保意愿、行动和结果的一致性或可期待性。笔者愿意声明，我们的分析在很大程度上响应了纽曼和萨默（1995）所提到的“自由和秩序”的“古老命题”。

4.3　“耦合”的再认识及和谐管理组织的分析框架

在和谐管理中，“谐”及“谐则”是非常容易理解的概念。简单来说，“谐”是组织的物要素，以及可被当作物要素处置的“人”，其实质上是基于“确定性”关联的一种“优化行为”；与“和则”的“制度属性”不同，“谐则”更强调“优化”的具体方法。比如说，自动控制车间中有人“机械式”参与的流水线，甚至严酷的奴隶制工厂都近似是组织管理“谐”的“标本”。和谐管理对“谐”及“谐则”的定义和表述中，没有人的不确定性，以及没有人的可选择性，因此也没有我们所理解的“组织理论”问题。但就我们对组织管理实质，即“目标（和谐主题）导向下规定着‘人与人、人与物互动’的特定‘结构’和‘机制（理）’，即合作秩序”的理解，至少在“人与物”的关系上似乎没有得到彻底的澄清和说明。事实上，和谐管理本身看到了“谐”与“和”在管理活动中的“遭遇”，以及相互关联，并强调“和”与“谐”之间的“分流及对话”（席酉民、韩巍和尚玉钒，2003）、“和”与“谐”的相互转化（曾宪聚、唐方成和马骏，2006），也即和谐管理理论重要的耦合机制。那么，在和谐管理组织理论“新”的认识中，“耦合”到底是什么？又有什么样的经验基础呢？

在组织“人，物，人—人，物—物，人—物，物—人”的要素和关系集合中，很少能撇开“人”而不见“物”，或者撇开“物”而不见“人”，即曾宪聚、唐方成和马骏（2006）所说的“你中有我，我中有你”。比如，自动化生产线离不开人的参与；任何人际交往，哪怕是两人关系，都会有结构和关联（平级、上下级/前后、共时）

的相对“规定性/确定性”，几乎所有“现象”中都既见“优化(结构/机制)”，又见“不确定性消减(人的选择)”，似乎不存在纯然分离的“和”与“谐”。而在和谐管理组织理论的“合作秩序”中，我们强调的目标(和谐主题)导向下的人与物交织在一起的行动结构和机制所呈现出的“互补性/匹配性/一致性、嵌入性/相容性、连续性/联动性等等”，从根本上讲，体现的也是组织全面的“人与物”的联系。

进一步分析“人与物”的关系，我们会发现两种非常不同的“景象”：一种是比较纯粹的“人与人”之间的互动，比如社会性结构和机制、制度安排及非正式制度；而另一种是人与机器之间的“结构和机制”，比如装配线上的机器组合方式。**显然，在“人与机器”的“分流—对话—相互转化”，也即“耦合”中，人是“完全”的从属性/被动性因素，是机器的“意志”和“逻辑”，即机器的(确定性的)工作原理规定着人的选择，从而最终决定着“合作秩序”的可能结果；而在“人与制度/非正式制度”的“耦合”中，人应该是“完全”的主导性/主动性因素，是由人的“意志”和“逻辑”，即人的(不确定性)工作机制规定着人的选择，从而最终决定着“合作秩序”的可能结果(这一条解读应该对中国组织管理的分析更具有启发性)。这意味着所谓的“你中有我，我中有你”，从经验操作上，只有两种可能的方式，即人的逻辑和机器的逻辑！甚至从本质上讲，只有一种逻辑，那就是人的逻辑，而并非一幅“混合”的图像。**上述两种“人与物”关系的厘清，在和谐管理组织理论看来，非常关键！

人类的组织管理实践倾向于“积聚”确定性的成果，制造领域生产方式的不断改良就是最好的范例。比如，福特的装配线，能使庸常的人们借助一种美妙的机器，大批量地生产出远远超越其“认知”和“技能”的伟大成果，从而在根本上扩展了人类组织的合作空间和收益。依照这样的逻辑，我们在走向“去人化”，最终，是完全的机器化——在“科学主义”的认识中这或许是一幅值得向往的画面。

但另一方面，我们容易发现，即使“调节”人类关系的各种制度发明，即这个世界的“道德、习俗、规范、纪律”业已足够丰富，人类的“不确定性”，以及组织管理的“不确定性”，依然伴随着我们不断扩展的“无知”，被“正反馈”为空前的“混沌”。人类社会呈现出的广泛和深切的“多样性”，不断地冲撞着我们常人智慧的极限，我们千百年来无法解决的恰恰是人与人的合作问题(不仅仅是在组织层面)。

到此为止，和谐管理组织理论已经详述了我们对人的“极端复杂性”的理解，论述了人如何“选择”加入一个特定的组织（和），以及人被“组织起来”的制度来源（和则），而组织的核心是耦合的实质，是和及和则的扩展，谐及谐则已变成在组织理论中仅仅具有工具意义的余缺问题。接下来的追问便是：“组织规定/纪律”，即组织合作秩序，是如何被“创造”并用以“规定”人之行动的？合作秩序中到底是由“谁”，以及依靠什么来决定着组织管理关键行动的可能走向的？我们认为这是和谐管理组织理论的核心问题。

一个思想练习能够帮助我们完成“合作秩序及参与者”的基本分析。可以想象（并非空想，而是对经验的高度抽象）：一个“复杂人”带着自己的独特的“预设”（对于世界的基本认识）和“行动模式”即将被“再社会化”（加入一个特定的组织），那么其可能的动态过程是什么呢？

（1）“**识别**”自己的意愿[①]和行动模式，并评价其是否和自己基于经验所“想象”的特定组织所“宣称/期望”的意愿、行动相吻合。比如一个具有浓郁自由主义倾向的人大概不会“自认为”适于加入“官僚机构”，如作为大学教师的笔者就不奢望在官僚体制中会有良好的表现。

（2）“**验证**”自己的意愿和行动模式与“组织期望”的“吻合”程度，这是“经验事实”对“识别”的严格检验。必须指出，无论是亲身经验，还是间接经验，都可以通过一个个**“事件”（在和谐管理组织理论中，“事件分析”在方法论上具有重要意义）**来证实或证伪自己的“识别”。比如，在一个宣称“以人为本”的组织中，如果观察到一起带有明显“责任推诿”色彩的“工伤事故”的处理，就等于证伪了某个真正持有“尊重生命权”的个人的“识别”。再比如，一次大规模的“迎评造假”，当然也就毁灭了任何坚持“诚信”企图的个人信仰。

（3）“**强化**”自己的意愿和行动模式，在多数组织经验里，客观地讲，个人通过“验证”所获得的，多是与自己“识别”相“吻合”的感受，从而进一步**确立**个人“意愿和行动模式”的合法性[②]。比如个人所持的“多劳多得”的信念，会伴随着组织“相对公正的激励措施”的实施而得以显著地“强化”。

（4）“**分享**”自己的意愿和行动模式，即多个“个体”从“强化”中获得的比较“长期吻合”的判定，会经由人际间的相互确认，扩展成为一种组织的“共识/共同体验”。

---

① 意愿可与动机近似，也与前面的意识混用。我们尊重“意愿”的客观存在，但并不声称可以洞察它的实际样貌。

② 合法性是一个近似“有效性”的指称，它与正当性相区别，当然也与我们一般意义上的“合乎法规”无关。

(5)“**冲突**”的浮现。在“验证”阶段，个人也可能获得“证伪”的经验，也就是与自身“识别”严重的、甚至是根本性的差异，这在某种程度上会产生个人“意愿和行动模式”与组织“期望”深刻的不可调和性，从而爆发“**冲突**”。

(6)“**修正**”自身意愿和行动的模式，可能是“验证”之后的正向改变，比如看到“榜样”的作用，调整自己的意愿和行动以更符合组织的期望(不排除机会主义行为)；或者是在“验证”之后反向的改变，尤其是在“冲突”后，选择背离组织期望，并最终有可能“背弃”组织本身。

那么，在上述个人“组织化”的过程中，组织对意愿和行动模式的“期望、规范”又是什么？以及如何体现呢？

对于任何特定的“组织”，均有一个基本结构，即“环境—目标—行动—结果”，而其中的关键部分是：“目标”(和谐主题)——引导组织的所有行动；“行动”——通过“合作秩序”确保组织的所有行动符合“目标”，最终产生所期望的结果。但进一步的问题是，由谁确立组织目标？由谁创建并维系合作秩序？是什么力量保证“目标—行动—结果”的可预期性/一致性？

不难理解，“企业家”“组织创建者”“领导”“管理者”是我们熟悉的“谁”的现实对应物。但在和谐管理组织理论的视野下，上述“称谓”和“头衔”只具有表象意义，最关键的是其中所折射出的一个本质性存在物，即**权力**[①]**——对他人行动的影响力、决定力**！

在我们看来，正是权力决定了组织的目标(识别了和谐主题)，并规定了权力所期望的“合作秩序”，因此，作为组织管理最为核心的问题，我们必须思考围绕“权力”分析的三个重要维度，即权力的来源、结构和制衡。

巴纳德(1997)曾经论述过，组织当中的权威要服从一个二元结构的要求，即被管理者对管理者的认可，然而那更像一种对“权力”的“理想型”描述。我们更感兴趣的是，就人类组织管理的经验而言，一个更加广泛的“权力”到底意味着什么深刻的理论和经验价值？

需要感谢所有组织理论的探索者，在我们所“洞察”到的权力背后，已经就

---

① 权力是西方社会科学的一个重要问题，韦伯(1998)、福柯(Abel, 2005; Hatchuel, 1999)、曼(2007)都有广泛的论述，它同时也是组织理论研究的重点(沙夫里茨、奥特，2004)。本文无意对其研究做出更系统的梳理，按照我们的理解，组织中的权力大致可以定义为在人际交往中影响他人意愿和行动模式的行动力。笔者的一个重要发现是，从某种程度上，和谐管理组织理论的思考与费埃德伯格(2005)所反映的立场和部分结论比较接近，尽管我们分析的路径完全不同，而且和谐管理组织理论提供了的一个更加系统的、从“人—选择—合作秩序—权力”的过程分析框架。

我们所“直觉”到的权力“来源”“构造”和“制衡”产生了大量可靠的理论和经验成果，这里笔者并不准备对权力进行仔细的刻画。我们的分析路线更像是一种宣称或断言：权力所承载的（无论是作为个人还是作为群体的“**直觉/洞见、经验、知识、物质资源，等等**”），第一，构成了组织的权力来源；第二，在一个社会特定的“道德、习俗、规范”参考框架内，为组织权力建立了基本的结构特征，而组织实践不断呈现的“环境—目标—行动—结果”的丰富经验，为组织权力及权力结构的“制衡”提供了终极性合法依据。

和谐管理组织理论的核心已经浮现：首先，如何看待权力结构特定的社会文化特征（一个引申命题为本土化/情景化），并保持对权力来源的质疑？其次，如何看待反映权力结构的组织规范与组织参与者的“意愿和行动模式”，与“道德、习俗、规范”的冲突性和相容性？最后，如何看待经验为“权力结构—制衡”所提供的合法性依据？尽管这三个问题存在着某种微妙的联系，我们还是要强调，这一组追问恰恰构成了和谐管理组织理论对于“合作秩序”一个简明而且正式的分析框架。

（1）组织权力的来源是什么？一方面，权力反映的是个人或小群体对于组织“合作秩序”的“想象”，在一定程度上必然也反映出特定历史、社会、文化对所有组织参与者的塑造。这就如同让一个中国人完全模糊掉“自己人”和“外人”的区别，应然性恐怕大于实然性（并不是否认任何例外）。另一方面，组织的权力虽主要来源于“企业家”或“管理者”的“直觉”“既有经验”“知识”及“物质资源”（企业家多特有的），但其可靠性并未经过充分的验证，对于新组织的管理，有可能是“想当然”的产物，所以不能排除其他组织参与者的“直觉”“经验”及“知识”对权力的实质性贡献（尽管在组织生命历程的特定时期存在例外）。和我们通常的经验不同，既有权力与其他“直觉—经验—知识”的冲突，表现在个人加入组织的“验证”“冲突”与“修正”三个步骤中，存在着既有权力让位于其他“直觉—经验—知识”的必要性（未必是必然性）。正如一线营销人员最了解组织的“顾客需要”，从而最可能具有为组织提供新的“顾客服务目标”和新的“营销方式”；高等院校的一线教师最应该了解当代大学生的困扰，最清楚如何改进教学内容和方式，从而达到那个教育的神圣宗旨。

（2）组织需要什么样的权力结构/机理？我们强调过“组织规范的首要性”，但这并不意味着这一权力结构只服务于组织目标，它必须接受道德、习俗、社会规范的审视。当社会不能为组织规范提供合于道德、习俗、社会规范的相容性参照时，我们必须进一步反思：道德、习俗、社会规范对组织管理实践到底意味着什么（仅仅是利益相关者，还是社会责任，还是社会公民）？两者的不匹配或是冲突又意味着什么？组织如何选择权力结构以反映其对道德、习俗、社会规范的认同或排斥？同时，如何处理权力结构与“组织参与者——意愿和行动模式”的冲突和融合也具有重要价值。

（3）组织经验如何保证权力结构的合法性？世界上从没有过，也不可能有永远正确的组织管理样本。随着时间的推移，组织管理的现实经验总是在不断或者反复证实和证伪着权力结构及其派生物（决策）的正确性，权力和权力结构永远只能是“暂时性”的。正如个人需要修正自己的意愿和行动模式一样，组织的权力结构也有必要修正自身所催生的“合作秩序”，以反映权力结构对经验的认识。笔者曾经指出，在组织的“和谐主题（环境—目标）—行动—结果”关系中，不可能有“确定性”的保证，这是人类社会实践的宿命，不仅来源于环境的不确定性和人的不确定性，也来源于人不断认识自己，同时又重构自己的社会/组织实践的“双重性”（韩巍，2006）。组织只有不断尝试各种各样的“可能性”，去展现管理实践本质上的“试错”特征。而在这一典型的“试错”过程中，谁以及如何修正权力结构的刚性和弹性，并最终提供一种必要的制衡，在我们看来，必须重新回到对权力来源、权力结构与“道德—习俗—规范”的反思中，必须重新回到对人的预设、人“选择”加入组织“意愿—行动模式”的反思中。

我们当然也可以把组织做拟人化的处理，从而可以近似地看清“他”（比如组织被看作唯一的管理者）的再社会化进程：“他”用来源于自身“直觉—经验—知识”所决定的权力结构，“挑选”适合其“合作秩序”的参与者，这种为组织立法的天然优越性，使得“他”往往在“验证”其参与者的过程中表现得较为顽固，一旦“匹配性/相容性”产生，“他”会“强化”并扩散自己与参与者的共识，但当“冲突”爆发的时候，“他”常常最后一个产生修正的愿望，可以说，作为组织的“他”必然是自负的。

基于上述分析，我们进一步指出，耦合—权力结构，既反映组织/组织管理者经由其“历史、社会、文化”痕迹所形成的“直觉—经验—知识”，又涉及组织参与者的“意愿和行动模式”，从体现组织/组织管理者认识的“目标（和谐主题）”出发，组织/组织管理者与组织参与者一道，通过“识别/选择”来“验证”彼此的“意愿和行动模式”，确立某种暂时性的“共识和共享的行动模式”。其中，双方既有的“直觉—经验—知识”会在“道德—习俗—规范”的参照下，在组织实践的经验中寻求一种相对的平衡，最终创设出属于特定组织的权力结构、合作秩序和组织面貌来。

我们尝试给出一个更直观的和谐管理组织理论分析框架（如图1所示），正如我们在上述分析指出的，和谐管理组织理论的核心是“合作秩序”，本质是“权力结构”，它即是耦合，也是耦合的产物。组织目标来源于组织管理者（受环境的影响——其实这是和谐管理的和谐主题识别），和组织参与者“交付自由—选择”加入组织的过程，即“和”是个人（参与者和管理者）“识别—验证—强化—分享—冲突—修正”的“融合”过程，最终成为“组织的共有者”，而“道德—习俗—规范”是其重要的参考依据。所谓“（经验/修正）组织共有者”则意指“组织经验”对既有“权力结构”检验后，组织参与者和管理者经由修正转向一种新的“和”状态。

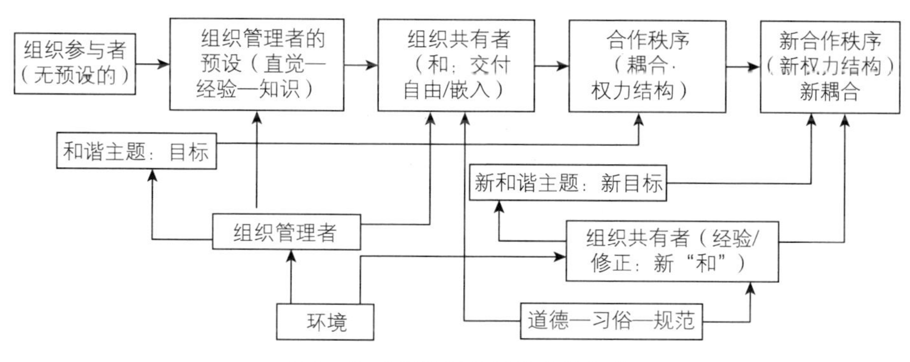

图1 和谐管理组织理论分析框架

一些必然的推论是，组织理论是对具体情境中组织管理的解释；组织理论不可能预见合于特殊情境的“多种权力结构”的具体样式；组织理论应该服从于组织实践的反复经验；组织理论根本上是关于组织中“人”的解释，其特殊性在于，这些极端复杂的人出于同样复杂的动机，选择性地交付了对自由的绝对控制权。

5. 和谐管理视野以外的“中心问题”：价值观

和谐管理理论，作为一种探索/完善中的社会科学理论，并不能给出“和谐管理”的具体规定性——应然性取向。根据对和谐管理理论的理解，我们深知，给理论导入“价值判断”是危险的，但既然我们对组织的分析充满了“演化背景下”的“选择”，那么给出一个并不逾越人们“道德”习惯的弱的“规定性”，从而稍具“启发性”的组织立场应该是可以被谅解的。

根本上讲，我们试图回答以下问题：有什么样的和则，可以呼应“知识”（创造力而不是权力)时代、“民主”(自由选择)时代的“组织要求”?

和则基本原理,就是不违背普适价值,即“己所不欲 勿施于人”体现的公平原理。如果你违背了普适价值,也可以找到自己意义上的“和谐”,同理,违背了以下和则原理,你也可以“和谐”。但我们想表明,那不是我们所期望的“和谐组织管理”,因此我们想给出一组势必带有我们认识局限性和历史标记的和谐管理组织理论的“价值原理”。

和则原理 1　不率先背叛原理(Tit for tat)(进入原理)。这个原理根本上是合作主义(金迪斯、鲍尔斯,2006;阿克塞尔罗德,2007)。笔者在此很希望导入“利益相关者”的概念,但有可能使此原理完全失效,因为企业利用信息优势的赢利行为,是违背这一原理的。

和则原理 2　自由选择原理(退出原理)。

和则原理 3　不加害弱者原理(冲突原理)。

和则原理 4　不加害无辜者原理(义务原理)。

和则原理 5　包容性原理。

笔者愿意强调,上述原理只有启发性的意义。

6. 启示和结论

我们在看待世界、自身及他人的基本信仰和立场上的差异性显著地大过相似性,即太多我们所认为的匪夷所思的事情在他人看来可能是理所当然的。组织管理的使命首先就是洞察人们的这种差异,其次我们必须意识到修正这种“禀赋”,即再社会化工程,始终不能摆脱人们的极端复杂性。尽管我们罗列了一套由道德、习俗、法律规定的行动框架,但事实上,每个人对于这组规范的看法乃至对策是千差万别的,而为了组织秩序的生成和维系,“组织的权力”必须明确地宣称自己的行动取向,从而形成组织纪律,以确定适合组织特定目标的规范(则)体系。组织理论的一个着眼点是,如何在确保权力的正当性和合法性的同时,保证权力受到必要的制衡。也许是受到案例法的启示,和谐管理组织理论更看重事件处置对人们识别问题并修正预设的重大意义,最终,我们认为面对复杂情况的人,一个具体情境的组织应该呈现出一幅独特的画面。

我们反对“决定论”,相信“演化论”;我们反对“唯一性”,主张“多样性”。因应这个“复杂—不确定性”的世界,我们或许选择了相对保守的认识论,但我们断言：没有比具体呈现一个个组织的“参与者意愿和行动模式”以及深层的“权力结构”更有价值的组织理论问题了。最后，我们强调“复杂的人”“自主选择”“制度资源”“合作秩序”“事件分析”“权力结构和机制”是和谐管理组织理论的一组关键概念，同时也是其独特的组织分析方法的决定因素，这个独特的组织分析方法可以应用于对人的复杂性的理解、对组织特定合作秩序的理解，以及根本上，对组织权力来源、作用及合法性的理解。由此，笔者认为，一个体现达夫特（1999）意义的和谐管理组织理论分析框架已经初步形成。

回顾及反思

本文发表在《管理学家（学术版）》第1期，一份业已消失的杂志，幸好，这篇文章还在，还有同行的关注。自2001年、2002年与席老师在《管理科学学报》发表《管理研究的系统性再剖析》《面向复杂性：和谐管理理论的概念、原则及框架》以后，直到开始酝酿本文，笔者才又重新思考作为一种元理论的“和谐管理”如何影响、渗透到经验理论。

本文是比较理论化的，是笔者使用“思想练习”将生活经验与思辨研究结合在一起形成理论阐释的一次尝试。这种写作方式在稍后发表的《不确定性—支配权—本土化领导理论：和谐管理的视角》中也有体现，尽管当时、当下容易受到主流范式学者的抵触和排斥。但坦白地讲，一种几乎不借助经验素材的“纯理论”分析并非易如反掌。

本文的个别观点在当年就受到同行的批评，比如“放弃人性假定”的说法在西北大学刘文瑞老师那里就显得非常可疑。但从发生学角度，即主体选择的观点重新看待“组织化”过程应该是本文的一个亮点；本文还比较详尽地解释了和谐管理的几个关键概念如何落实到具体的组织过程；尤其是把“耦合”与组织“权力”直接关联在一起；笔者还意识到“和谐管理”的一个固有疏忽，即价值主张的缺位（只是当时笔者对应然与实然关系的理解还是不够清晰）。可惜，中国研究者的“理论思考”向来不会受到重视，即使我们自己的研究团队成员从本文中获得的启发也非常有限。印象中倒是当时还在哥本哈根攻读博士学位的李鑫曾给予过热情的肯定。笔者后来还有幸在一篇有关医护的文章中，看到它潜藏的启发性。

多年以后回看本文，笔者依然不会觉得惭愧，甚至觉得中国管理学者实在是发表了太多“假设—检验”的规范论文，太少尝试这种纯理论的写作。尤其在中国，研究者对于经验世界的好奇心尽管很强，但无论是从一手资料还是二手资料去拼凑那个所谓“真实”画面的空间毕竟有限。一种更加符合中国情境的写作手法，或许是内化那些不可、不便言说的属于“你懂的”的信息，用“曲笔”将之融入更加理论演绎的行文中，以激发读者默会性的理解和感悟。再者，中国本土管理研究合法性的来源，自然不会是实证研究的修修补补。我们必须展现出一定的、必要的理论思考和理论表达的能力，才有可能为更加聪慧、更有勇气的后来者做出示范。

我们这一代、两代人是否能建构出本土管理理论并不重要，关键是管理学界更值得期待的年轻学者，可以迈过我们的身体，走出“变量—相关性”的无底深渊，去深描故事，去挖掘机制，去颠覆概念，去质疑范式，去反思价值。总之，去学习、尝试、把握所有可资利用的人类智慧，从中国人的现实生活出发（现象学所谓的生活世界），去诠释、建构属于中国人自己的管理学术思想和管理知识体系。它的合法性依据，不会是国际发表的数量和质量，而应当是理解我们自己且助力我们走向更美好的未来。

参考文献

ABEL C F. 2005. Beyond the mainstream: Foucault, power and organization theory[J]. International Journal of Organization Theory & Behavior, 8(4): 495-520.

ASTLEY W G, VAN DE VEN A H. 1983. Central perspectives and debates in organization theory [J]. Administrative Science Quarterly, 28(2): 245-273.

AUGIER M. 2005. Why is management an evolutionary science? An interview with Sidney G. Winter[J]. Journal of Management Inquiry, 14(4): 344-354.

GUMMESSON E. 2003. All research is interpretive! [J]. Journal of Business & Industrial Marketing, 18(6/7): 482-492.

HATCHUEL A. 1999. The Foucauldian detour: a rebirth of organization theory? [J] Human Relations, 52(4): 507-519.

HJELLE L A, ZIEGLER D J. 1992. Personality theories: basic assumptions, research, and applications[M]. 3rd ed. New York: McGraw-Hill Book Company.

HUTCHINSON I, WOLF A. 2004. "Insights" in Social Science Research[EB/OL]. [2007-12-

12]. www.msd.govt.nz/documents/events/strategic-social-policy/conference-04/152.doc.

MARRINGTON P, ROWE J. 2004. The usefulness of management education: what has the university done for us? [J]. Management Decision, 42(3/4): 454-463.

MCKINLEY W, MONE M A, MOON G. 1999. Determinants and development of schools in organization theory[J]. Academy of Management Review, 24(4): 634-648.

OBEAR K H. 2000. Best practices that address homophobia and heterosexism in corporations[J]. Diversity Factor, 9(1): 26-30.

O'LEARY-KELLY A M, PAETZOLD R L, GRIFFIN R W. 2000. Sexual harassment as aggressive behavior: an actor-based perspective[J]. Academy of Management Review, 25(2), 372-388.

PIERCE B D, WHITE R. 1999. The evolution of social structure: why biology matters [J]. Academy of Management Review, 24(4): 843-853.

SMITH K G. 2008. Fighting the orthodoxy: learning to be pragmatic[J]. Academy of Management Review, 33(2): 304-308.

WRIGHT T, COLGAN F, CREEGANY C, et al. 2006. Lesbian, gay and bisexual workers: equality, diversity and inclusion in the workplace[J]. Equal Opportunities International, 25 (6): 465-470.

阿克塞尔罗德.2007.合作的进化:修订版[M].吴坚忠,译.上海:上海人民出版社.

费埃德伯格.2005.权力与规则:组织行动的动力[M].张月,等译.上海:上海人民出版社.

巴纳德.1997.经理人的职能[M].孙耀君,等译.北京:中国社会科学出版社.

波普诺.1999.社会学:第10版[M].李强,等译.北京:中国人民大学出版社.

迪马久,鲍威尔.2007.铁的牢笼新探讨:组织领域的制度趋同性和集体理性[M]//张永宏.组织社会学的新制度主义学派.上海:上海人民出版社:24-43.

达夫特.1999.组织理论与设计精要[M].李维安,等译.北京:机械工业出版社.

邓津,林肯.2007.定性研究:第1—4卷[M].风笑天,等译.重庆:重庆大学出版社.

郭士伊,席酉民.2004.和谐管理的智能体行为模型[J].预测,2:9-13.

韩巍.2006.和谐管理:一个正在综合着的管理知识景观[M]//席酉民,韩巍,葛京,等.和谐管理理论研究[M].西安:西安交通大学出版社:1-28.

韩巍,席酉民.2001.关系:中国商业活动的基本模式探讨[J].西北大学学报(哲学社会科学版),1:43-47.

加登纳.2005.历史解释的性质[M].江怡,译.北京:文津出版社.

金迪斯,鲍尔斯,等.2006.人类的趋社会性及其研究:一个超越经济学的经济分析[M].浙江大学跨学科社会科学研究中心,译.上海:上海人民出版社.

罗思曼.2006.还原论的局限:来自活细胞的训诫[M].李创同,王策,译.上海:上海译文出版社.

马丁.2005.历史解释:重演和实践推断[M].王晓红,译.北京:文津出版社.

曼.2007.社会权力的来源:第1-4卷[M].刘北成,李少军,译.上海:上海人民出版社.

纽曼，萨默.1995.管理过程：概念、行为和实践[M].李柱流，金雅珍，徐吉贵，译.北京：中国社会科学出版社.

普利高津.1998.确定性的终结：时间、混沌与新自然法则[M].湛敏，译.张建树，校.上海：上海科技教育出版社.

沙夫里茨，奥特.2004.组织理论经典：第5版[M].北京：中国人民大学出版社.

王大刚，席酉民.2007.和谐管理理论研究评述[J].生产力研究，6：141-145.

王亚刚，王琦，尚玉钒.2006.和谐管理理论的核心：和谐主题[M]//席酉民，韩巍，葛京，等.和谐管理理论研究[M].西安：西安交通大学出版社：106-133.

韦伯.1998.经济与社会：上、下卷[M].林荣远，译.北京：商务印书馆.

席酉民.1989.和谐理论与战略[M].贵阳：贵州人民出版社.

席酉民.2006.别了，“战略”！[J].中外管理，11：115.

席酉民，韩巍，葛京，等.2006.和谐管理理论研究[M].西安：西安交通大学出版社.

席酉民，韩巍，尚玉钒.2003.面向复杂性：和谐管理理论的概念、原则及框架[J].管理科学学报，6(4)：1-8.

席酉民，葛京，等.2006.和谐管理理论：案例及应用[M].西安：西安交通大学出版社.

席酉民，韩巍.2002.管理研究的系统性再剖析[J].管理科学学报，5(6)：1-8.

曾宪聚，唐方成，马骏.2006.复杂问题求解：和谐耦合的模式与机制研究[M]//席酉民，韩巍，葛京，等.和谐管理理论研究[M].西安：西安交通大学出版社：207-235.

本文合作者：席酉民

07 不确定性——支配权——本土化领导理论

和谐管理的视角

1. 领导理论：简要的回顾

“丛林”和“大象”是管理学界两个给人留下深刻印象的“洞见”。“丛林”是对于事物存在状态的一种写实性描绘，“大象”则是来源于那个古老寓言的巧妙比喻。感谢哈罗德·孔茨(Harold Koontz)，我们能够从生态学视角系统检讨管理研究的繁茂图景，从而使学术思考有机会找到更可靠的本体论依据；感谢亨利·明茨伯格(Henry Mintzberg)，在战略领域验证了孔茨的发现，并展示出“比喻”恒久的启发性。重要的是，越来越多的有心人开始反思管理学术探索中认识论和方法论的明显缺陷。

事实上，如果把注意力投向“leadership”(领导)浩瀚的学术成果，另一片“丛林”(孟建平、霍国庆，2008)和另一头“大象”就会浮现在我们眼前，且不断加剧我们对管理研究的质疑和某种深切的失望。在20个世纪80年代，据估计平均每天有5篇领导方面的英文论文产生；在20世纪90年代，这个数量提高到了10篇(Ford, 2005)；大约在90年代末期，一年就有2000多本领导方面的书籍出版(Goffee and Jones, 2000)。而各种各样的领导理论更让人目不暇接，“伟人理论”(great man theory)、“特质理论”(trait theory)、“行为理论”(behavioral theory)、“权变理论”(contingency theory)、“交换理论”(transactional theory)、“情境理论”(situational theory)、“魅力理论”(charismatic theory)、“变革理论”(transformational theory)、“归因理论”(attribution theory)、“替代理论”(substitute theory)(罗宾斯、贾奇，2008)、“大师理论”(guru theory)、“后英雄主义理论”(post-heroic theory)(Ford, 2005)、“诚信理论”(authentic theory)、“复杂性理论”(complexity theory)、"保姆理论"(servant theory)、"跨文化理论"(cross-cultural theory)、"E-领导理论"(E-leadership theory)、"精神导师领导理论"(spirituality and leadership theory)(Avolio, 2007);等等。对领导类型的划分愈加丰富(Yukl et al., 2002),跨文化、本土化领导研究也有新的发现,比如,带有明显文化标签的"水平式集体主义领导""垂直型集体主义领导""水平式个人主义领导""垂直型个人主义领导"(Kim and Dansereau, 2004),"人际交往能力"在中国内隐式领导理论(Chinese implicit leadership theory)中作用巨大(Ling et al., 2000)。

我们熟悉的那些理论,几乎都存在正反两面的经验证据(罗宾斯、贾奇,2008:156—173)。而现有学术成果也遭到严厉的批评,Ford(2005)认为主流领导研究存在三大缺陷:第一,没有形成统一的认识;第二,缺乏批判性;第三,男性中心立场。最重要的,是忽视情境、性别、管理行为的差异,去寻找所谓普遍适用的发现。作为一个女性主义研究者,她甚至指责(主流)研究者背离追求真知的初衷,而沉溺于在自己的研究中"建构现实"。即使是主流的组织理论专家,罗宾斯、贾奇(2008)也不得不面对领导理论遇到的挑战,"领导更多是一种表象,而不是事实";甚至"在很多情境下,领导者怎样表现其实并没有太大关系"(罗宾斯、贾奇,2008:170)。几位西方非主流组织管理大家对领导的独特理解,也为这类质疑提供了注脚:定义和描述领导,要认识其圆滑的本质,它是在特定情境中,被(领导)个人的经验、背景和反思,以及所有卷入其中的人所共同塑造的(Ford, 2005)。

总之,从关注"个人"的特质、行为方式,到强调"领导—下属的交互性",甚至是下属的中心地位(Meindl, 1995);从挖掘内向的"下属"的个人满意、组织目标的实现,到聚焦外向的"情境依赖""权变调整",人们对领导的了解日益丰富。那么,我们正在获得一幅关于领导的完整拼图吗? 我们真的有机会看清那头"大象"的全貌吗?

如果从库恩的视角,我们似乎毫无理由把这样的"领导"和"科学"联系起来;如果借用弗迪南·德·索绪尔(Ferdinand de Saussure)的"能指"和"所指",我们又该如何厘清"领导"的真切含义? 沃伦·本尼斯(Warren Bennis)和伯特·纳努斯(Burt Nanus)在20世纪80年代就提到领导的定义有超过350个之多(Ford, 2005),这么多年过去了,这个令人瞠目的记录也许早已被刷新。但更不幸的,是来自Stogdill(1974)的"预言":"有多少想为领导下定义的人,就会有多少个领导定义。"

这种“盲人摸象”式的研究，和库恩所说的“前科学”丛林状态，激发了学者们“整合”领导理论的热情(Avolio, 2007; Bennis, 2007; 尚玉钒、席酉民、宋合义，2008)。本文是“和谐管理理论”直面领导的又一次理论探险，我们重新选择了一个更具有扎根色彩的研究路径，意在回答：①什么是领导？②什么是中国人日常生活中的领导？③不确定性和领导的关系到底是什么？④和谐管理对领导的重新诠释能否影响到人们对领导的理解？尤其是，它能否成为一个本土化领导理论建构的基础？

如果一定要说明本文的方法论，它既不是典型的演绎推理，也不是典型的归纳分析，它类似科斯所惯用的“思想实验”，并被应用于检讨自身的经验、观察和思考。它叫溯因推理(abduction)，是建立解释新观察的新规则，也被认为是产生新东西的唯一逻辑过程。[①] 在笔者看来，它是产生新知识所最可能倚重的“直觉”(劳, 2004)。

2. 和谐管理对领导的重新诠释

2.1 “领导”的语义学分析

什么是领导？如果问一群接触过组织行为学的管理系学生，估计罗宾斯的定义会被比较完整地再现。但作为管理研究者，研究中国人的组织管理现象时，应该认识到，西方或北美主流学术圈的管理术语，有可能存在明显的情境依赖，如果不加分辨地全盘接受，引起误读就不可避免。因此，我们常常需要跨越语境、文本间的隔膜，扎根于参与者、观察者、思考者自身社会文化母体的经验，才能获得对学术概念更准确的把握。比如中国人的“guanxi”(关系)就严格地区别于英语世界的“relationship”(关系)(韩巍、席酉民，2001)。

回到中国人的现实生活，大概没有多少人会通过翻查《现代汉语词典》(商务印书馆，第6版)第827页上的“领导”[②]词条(【领导】：①动 率领并引导：集体～|党～人民从胜利走向胜利。②名 担任领导工作的人：～和群众相结

① 此概念表述引自维基百科。

② 领导一词，可以被拆解为“领”(颈，引申为“头”)、“导”(引导、开导)来理解，而“领导人”和“领导行为”，也被认为是从日本引入的“外来语”，我们将“leader”翻译成“领袖”“领导者”“首领”，但对于“leadership”却没有恰当的翻译，所以“领导”在中文里，显然被赋予了比“领导人”“领导行为”更丰富的内容，比如中文的“领导”中就不含“领导能力”“领导职位”的意思。

合)来掌握领导的意义。一个小学生也会告诉你班主任不算领导，校长才是；而年纪稍长的夫妻，也习惯在外人面前把另一方尊称为“家里的领导(掌柜的)”，尽管事实可能完全相反。在我们的日常生活中，领导更多是被当作名词，当作职位、头衔来使用，接近上述词条的第二种释义，比如把领导与群众相对，所以领导和干部的部分语意也存在交叉。而名词性的领导在不同的语境中也有很大差异，比如在一个比较偏僻的县城，股长也算是领导；但在北京城做一名县团级官员，被尊称为领导可能就有一点讽刺。关键是，这种对于领导的解释仅仅类似于“the position of being the leader”(领导人的职位，见《麦克米伦高阶美语词典》，外语教学与研究出版社，2003：797)或“leader”(领导人)，几乎无助于人们理解“leadership”(领导)的确切含义，同时，我们也有“集体领导”“领导人民”“领导时代潮流”这样的动词性用法，但在普通人的语言习惯中使用较少。随着西风东渐，“leadership”概念的植入，尤其是“企业管理”社会影响力的提升，人们才接纳并习惯于“领导力”“领导艺术”“领导科学”这样的表达方法。

不难看出，尽管在汉语词典的释义中也包含“率领”“引导”这类接近“leadership”的语意，但中国人日常使用的“领导”，含义还是比较狭窄。

“leadership”最早出现在英语里大约是在1800年，它的词源是“lead”，其含义包括“to guide”(引导)，“to influence actions and opinions of”(影响)，“to control”(控制)(Angalet, 2000)。英语词典对“leadership”的定义集中在“position”(职位)、“tenure”(任期)和“ability of leaders”(能力)。但在组织管理领域，英语世界却有着非常丰富的词汇被用以指称“leadership 涉及的行为和过程”，我们不妨挑选其中的一部分稍做检视：seek, search, find, see, analyze, aware of, listen, perceive, keeps abreast with, enable, exert, build, design, allocate, adopt, share, coordinate, trust, co-define, respect, awaken, initiate, inspire, encourage, nurture, develop, move, influence, help, lead, guide, direct, manage, provide, support, endorse, learn, reach, overcome, communicate, sustain, change[①]，等等。

我们知道，社会科学理论比较容易形成一套关乎其研究对象的独特看法，理论的前提、假定和方法论的不同，既有利于我们从局部走向整体，也容易产生太多“应景的碎片”。如果不能从基本概念入手，重建对于“领导现象”的认识，任何“整合理论”的企图都可能是徒劳的。约翰·麦克斯威尔(John Maxwell)曾说

① 事实上，中文翻译很难准确反映这些近义词的细微差异，离开了具体的语境，就更难把握，加之我们对读者同行的信心，所以没有逐字提供对应的翻译。

过，领导就是影响力，多一分则长，少一分则短。我们也同样希望把“动态化的leadership”收敛到一个基本的“作用力”上。值得强调的是，它似乎更应该是一个我们熟悉的中文词汇，既能反映英语世界“leadership”的丰富含义，又能合理解释我们在日常生活里以及组织管理中的经验。

2.2 在“被支配”的生活中理解“领导”

如果明天你丢掉了头衔、职位和权力，还会有人依然支持并跟你合作吗？这是一个多么深刻的问题！对于大多数没有头衔、职位、权力的普通中国人而言，也许从他们真切的现实生活入手，更容易建立我们对于领导的独特理解。请允许我们先简单勾勒一个中国城市小男孩一天的生活画卷，作为一个放在显微镜下的切片（时间仅供参考）：

早上，7:10—7:30，起床、刷牙、洗脸，穿好校服，背上书包，下楼等车；

7:30—8:00，等车、坐车、入校；

8:00—9:00，早饭、早读；

9:00—12:00，上课。

中午，12:00—14:00，午饭、休息，和同学游戏。

下午，14:00—16:30，上课，和同学游戏直到放学；

16:30—17:30，排队出校、上车、回家；

17:30—19:00，吃饭、看动画片。

晚上，19:00—22:00，写作业、拉琴、看课外书、自己玩耍；

22:00，刷牙、洗脸、睡觉。

每周的星期四，18:00—19:00，跟老师学小提琴。

每周的星期一、星期三、星期五，16:30—17:30，在学校的球队练足球。

逃学？从来不会，自从开始上幼儿园，他就知道即使自己哭哑了嗓子，去过集体生活也是唯一的选择。上课说话？有时候如此，这是他这个老师眼里的好学生为数不多的瑕疵。完成作业？除非父母都觉得课业太重，主动提出让他早点儿休息，通常要等到完成了才睡。不好好吃饭？或许常常如此，他偏食、没有饿肚子的生活经历，而且他知道家里的冰箱里总有零食。拉小提琴？多数情况下，他会磨磨蹭蹭，直到被父母厉声催促。踢球？他很享受，特别是进球后向父亲吹牛的时候。看动画片？应该是他的"节日"，似乎永远都乐此不疲。在学校，他和同学相处得不错，会跟风，比如玩悠悠球；也会指手画脚，比如在球场上的时候；出门在外过十字路口一定看红绿灯，坐在车上总提醒父母不要压黄线，偶尔坐地铁时见了老人一定会让座。

读者或许看到了那种流畅的秩序感（成人的平凡世界也往往会如此早九晚五吗？），也应该看到其中的规则、纪律、习惯，训诫、引导，以及爱好和冲突。规则和纪律设定了一个中国男孩刚性的行动框架，训诫和引导塑造了他比较弹性的行动环境，他有自己的意愿和选择，他很少会挑战刚性的制度，但也会争取一点自由的空间，重要的是"经验"会被他逐步内化为一种"生活习惯"。然而，什么是更真实的图像呢？

> 想一想，父母什么时候开始遭遇小孩子的埋怨：为什么不能有零花钱？为什么周末还非要拉琴？为什么不能先去玩游戏？为什么家长看电视，却让他/她们好好学习？等等，总之，为什么凡事都要听家长的？
>
> 想一想，老师什么时候开始受到小孩子的挑战：为什么非要穿校服？为什么说了实话受到批评？为什么体育课又变成了语文课、数学课、英语课？为什么这么多无聊的作业，还总是说素质教育？等等，总之，为什么小孩子总是错？
>
> 想一想，社会习俗（规则）什么时候开始被小孩质疑：为什么公交车里会飞出瓜子皮？为什么上车不排队而是在比体积？为什么只有少数人在等交通灯？为什么那么多规则没有人遵守？等等，总之，为什么小孩子越成长越会藐视制度的权威性？

那种井然有序的背后，难道没有无数个中国孩子"成长的烦恼"？无论是埋怨、挑战，还是质疑，都意味着孩子们有了自己的想法、自己的选择。经验而论，可以假定他们的意愿和选择都存在"严格的缺陷"（多么自以为是的想法！），但同时，在他们人生道路上无数个"十字路口"，不可能都借助他人或者外力来选择正确的方向。很显然，任何个体的意愿和行为，在是社会和组织生活的框架中的，上述个案，最终会表现为"家长—男孩""老师—男孩""同学—男孩""习惯—男孩""规则—男孩"间的互动结构。我们认为，互动关系中的双方因为共同意愿而表现出"秩序化"的稳定状态。也就是说，我们不太期望"心往一块想"，更合理的期望应该是，即使意愿无法一致，某一方也注定会取得更合于自身意愿的（往往以共同意愿为名）、对另一方行为的"引导和控制"，在中文里，有一个适宜的词汇——支配(权)①。因此,我们容易看到很多"结果导向"的"劲儿往一块使"。

可悲的是,在这一过程中,家长、老师都想当然地以为,孩子们的那些"为什么",在我们这里都有最满意的解答。我们居高临下、颐指气使,在他们面前,我们拥有着"身份""经验""财力""奖惩",说到底,拥有对他们行为的"支配权",甚至是"绝对的支配权"。我们当然认为自己总是正确的,因此这个支配权不仅包括孩子的今天,也包括他们的未来。我们总是语重心长地告诫:不考上个好中学怎么能行?不考上个好大学怎么能行?不选个好专业怎么能行?直到我们当中的大多数人终有一天会明白,自己根本没有足够的智慧和经验,为他们指引出一条康庄大道。但不幸的是,尽管我们没有那样的能力和远见,但我们总是牢牢地掌握着支配权!

总而言之,检讨个体的成长过程,不难发现,当儿童逐渐摆脱自身的动物性束缚后,便很快开始积累着各种"被支配"的生活经验。他们不断地接受来自父母、老师或其他长辈的引导/控制,一步步克服自己的好奇、冲动以及蛮干,从而逐步为融入社会做好准备。中国的普遍现实是,家庭中的独生子女进入幼儿园的第一课,在理想的状况下,应该就是"接受老师的再教育",修正自己在家庭中形成的"独占资源"的不良习惯,开始学会包容与分享。很快,听家长的话,听老师的话,遵守学校的纪律规定,不能撒谎,不能打架,不能偷窃,学会和同学们友好相处,为班集体争取荣誉,不要给学校抹黑,通过认真读书获得好成绩等,这些渐渐会进入孩子们的血液,成为大多数人的经验和习惯。而且,无论孩子们理解与否,他们还是会把在家庭、学校所形成的对"权威"和"规则"的初步认知内化为他们参与社会组织的基本常识,从而顺其自然地外推到更广大的社会范围里,成为被社会接纳的"合格"成员。必须承认,这幅理想的图景,是我们这个社会秩序的主要来源。

回到那些"为什么",可以说,只有很小比例的孩子敢于质疑并挑战那些支配权。他们开始不习惯被引导和控制了,无论是从家长、老师、学校、习俗、规则,还是从传统、经验、权威;他们也开始不在意那些花样繁多的奖励和惩罚了,他们决定不再完全放弃选择权,开始体现自己的意愿和行为方式;他们开始在家长、老师、学校、社会所划定的训诫、规则、框架以外,进行各种尝试和冒险。也许在这个时代,不仅孩子"被支配"的状态被逐渐颠覆,越来越多传统"支配者"正在

① 支配权和支配力在本文中是一种等价的表述。

经历失望、恐慌和狼狈不堪。

这就是我们所观察和体会到的中国人的“典型”生活，蕴含着重新理解领导的常识。什么是我们所理解的“领导”？简单地说，**就是在个体与他人交往的过程中，在面对一系列困扰，同时存在选择的时候，那些最终决定了该个体采取特定行为方式的支配性力量**。我们必须强调，那个“面对困扰时的选择”是“支配权/领导被需要”的依据，这一点洞见非常重要。进一步地，如果允许我们对社会习俗、规则做出拟人化的处理，那么“人—人”这个最简单的结构，就可以作为分析“人际互动中困扰”的基本单位。而那些所谓的困扰，不管是来自哪一方，都被我们翻译成一个组织管理中的术语——不确定性。

然而，组织管理的现实，并不像孩子在家庭和学校这样的环境中那么简单。一般而言，企业或组织所面对的内外部环境，是缺乏紧密社会联系的陌生人世界（当然，家族性企业，利用人缘、地缘关系的组织应该有所不同）。如何凝聚这些陌生人的意愿、行动以服务于一系列外在于他们的目标，就成为很大的困扰。在笔者看来，组织管理完全可以淡化对人们意愿的揣测（韩巍、席酉民，2008），而更关注人们的行为，因为基于愿望行动一致性的假设未必符合人类的生活经验。如果人们经过“讨价还价”，愿意在特定的时间、空间出让/转让自己的智慧和体力，他们一定面临如何“被组织”“被协调”，乃至“被支配”“被领导”的困扰，比如组织结构应该更科层化还是更扁平化，业务流程应该更工程化还是更“人性化”？大家一起努力的结果，是否更接近于那一系列目标，并最终获得期望的报偿？我们需要强调，这恰恰是组织管理中“愿望和秩序”以外的东西，在某种程度上，这才是真正的管理问题。

2.3 “不确定性——支配权”：组织管理中领导的重新解读

2.3.1 最小单位组织中的不确定性及其经验来源

不确定性，从来就是科学领域的重大问题。哲学家们早就抛弃了“确定性世界”的图景，自然科学家也发出了“确定性终结”的声音。而在社会科学领域，尽管富兰克·H. 奈特（Frank H. Knight）对不确定性曾做出过非常著名的分析，但我们更倾向于采信赫什莱佛和赖利（2000：10）的观点：“我们不同意奈特的划分，这种划分已证明是不会有结果的。就我们的目的而言，风险和不确定性指的是同一件事”。那个不确定性意味着，“一切人的努力都受制于我们有限的和不确定性的知识——关于过去、现在和将来的外生事件，关于自然、上帝和人类的法则，关于我们生产和交换的机会，关于其他人乃至我们自己可能如何行动的知识”（赫什莱佛、赖利，2000：1）。

与对上述“不确定性”的抽象认识不同，我们认为，在组织管理中，“不确定性”是指无论从作为组织参与者的复杂个体（韩巍、席酉民，2008），还是作为基于个体间关联的共同体，都无法超越由于人类之无知所造成的“意愿—行动—结果”的不一致。或许一个最精练的人际互动结构，可以更加充分地展现这一认识。人的复杂性是我们分析的起点〔有兴趣的读者可以参考韩巍、席酉民（2008）所提出的“意识之箱”〕，而在《和谐管理组织理论：一个探索性的分析框架》一文中，我们已经为组织管理最核心的问题给出了一个探索性的答案：无论是人（和）、物（谐），还是人—物（耦合），归根结底，只能是人起到决定性的作用。由此，我们给出了两个非常直观的模型，并分析在一个组织的微观层面，可能有多少不确定性。

如图 1 所示，就个体而言，不难发现：

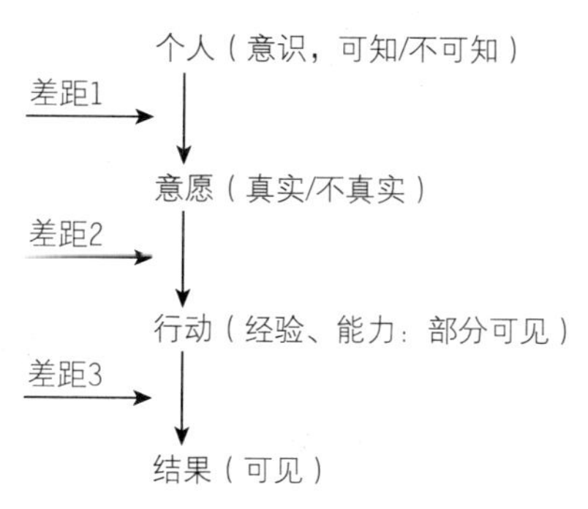

图 1　意愿—行动—结果的个体模型

差距 1：个人（意识）与个人意愿存在间隔，人类不可能完全了解自己，意识过程的复杂性，尤其是前意识、潜意识（张春兴，1994：173—174）的存在，使得我们的意愿表达不具有可靠性（真实性）；同时，人类还有隐藏真实意愿的主观故意。

差距 2：假定个人意愿为真，个人意愿与个人行动也会有间隔，因为人类无法全面地了解实现自身意愿的所有行动方式，并最终选择出一条最佳路径。意愿不真，同理。

差距 3：个人行动与结果存在间隔，因为人类无法保证行动的结果完全取决于自己的行动，也就是说，在组织生活中，不大可能存在唯一的因果链条。

如果考虑“人—人”之间最小的互动结构，我们只关注意愿、行动、结果（见图2），那么还会有：

差距4：两个人的共同意愿难以形成，彼此“真实/不真实”意愿的交会，使得双方均为真实的意愿状态仅仅有1/4的可能。所以我们不能完全接受人们常说的“共同愿景”，它往往就是一种宣称，甚至仅仅是一种假象。

差距5：两个人共同行动的方式同样有太多的选择，而且行动方式和各自的禀赋、经验、能力有关，个体无法确定最佳路径，两个人也很难达成一致。

差距6：两个人共同的行动方式和结果存在间隔，和差距3一样，不大可能有那样的因果链条。个人与个人间的行动存在间隔，很显然，我们不太相信单个人能力的局限能被两个人所克服。

我们强调，这一组直观模式未必涵盖了所有的不确定性（比如两个人的合作如果以非人力控制的机器为媒介，也存在不确定性，但我们容易通过统计方法估计出一个可接受的水平，比如0.05以下。当然，即使主要由人决定的合作，也有人会强调主观概率的可靠性，不过我们并不认为专家的直觉就那么可信），因此，“差距1+差距2+差距3+差距4+差距5+差距6”就是这一模式所呈现的有人参与的组织管理最小水平的、极端状况下的不确定性的主要来源（其中并不包括外部/环境的不确定性）。

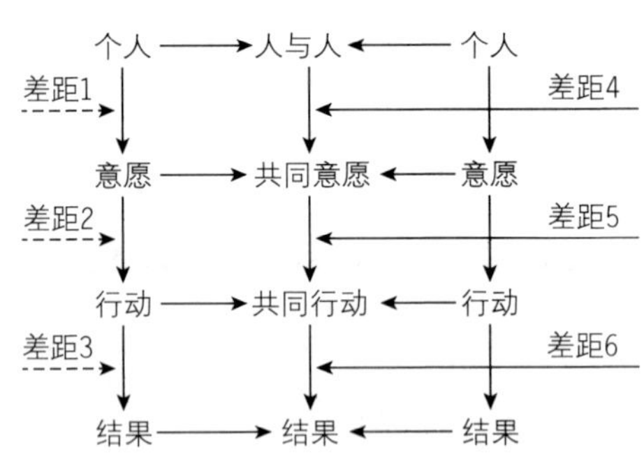

图2 意愿—行动—结果的最小组织模型

可以用一个简单的情景分析，说明不确定性的复杂图像，比如一个老师开的学堂和一群教师支撑起的管理学院。一个老师的学堂，差距1：无论老师如何宣称“传道、授业、解惑”，我们并不容易识别他/她真的是想教书育人，还是想混口饭吃；差距2：即使他/她真想传道授业，也未必掌握所需的技巧方法；差距3：天才的产生不一定是老师辛苦的结果，培养了一群庸才，也未必是老师失职。那么一群教师的管理学院呢？一群人教书的困扰是，差距4：每个老师的愿望不可能一致；差距 5：教师在学术研究、教学技巧、品德修养上的差异，很难让大家形成“一致的行动”，从而服务于共同愿景；差距 6：学院的成绩未必完全是老师们团结、努力的结果。

不难设想，面对一个典型的组织情境，超越 6 种差距所造成的人为不确定性，将不同的人、不同的意愿、不同的行动，最终塑造成共同期望的结果绝非易事。当然，现实可能比直观模式展现得更为简单。我们也看到了很多非常成功的人类组织实践规模或大或小，历时或长或短。其成功的秘诀何在呢？是消灭所有的不确定性吗？还是用特定的结构和机制塑造出注定是“暂时性”的、更符合环境、人，以及特定组织经验的行动模式？我们仍然以管理学院为例，你可以通过文凭和试讲寻找学院需要的老师；你可以通过长期的学生评议识别老师的意愿和技巧；你可以依据优秀论文的发表情况来发现学术精英，你也可以通过激励最好的示范，惩罚最差的典型以全面改进教学科研的努力，最后，你可能正在实现自己的目标。

上述分析的重点，固然是组织的不确定性的来源，但隐藏的恰恰是消减不确定性的强烈需求，正如我们在日常生活中所看到的“困扰—支配权”，以及我们研究个体参与组织过程时所分析的“自由选择的必然让渡”（韩巍、席酉民，2008）。当我们提到“一套/一系列组织结构和机制”，就应该意识到其中一定存在的那个稳定结构**也就是因为“不确定性”才存在的“支配权”。什么是领导？领导就是面对不确定性，是受他人支配做出选择（被领导），还是支配他人做出选择（领导），这就是我们常识般的理解。我们可以说“领导”被收敛成了“支配权”，而不是无数的“能指”，但和那些传统“权力观”最大的不同在于，支配权必须以“不确定性”的存在为前提。**

当然，要想对组织管理中的“领导”进行较为详细的解释，必须有一个更加完整的画面。很多人研究组织的不确定性，但至少在我们有限的阅读范围里，似乎没有人从“环境—目标—行动—结果”这一组织系统的全程视角，直观地展现组织不确定性一系列最主要的经验来源。

2.3.2 组织管理中不确定性来源的全景式图谱

如果前述“人—人”的“意愿—行动—结果”最小组织模型是我们尝试解剖组织内部不确定性来源及领导（支配权）的微观分析工具，这里要提出的就是组织系统的宏观分析，当然，它是一幅基于现实经验可认识、可触及的抽象图景。读者很快可以发现，根据我们对领导“不确定性——支配权”共生关系的理解，在这一组全景式的不确定性背景下，人们对于领导的疑惑和困扰有显著的改善（见图 3）。

让我们先从组织管理系统的不确定性以及对领导的需求说起：

（1）人—人与人—小群体（**战略/领导**）。环境—战略间差距的实质在于“领导—领导层”[①]对外部世界的认识未必是完全可靠的，所谓的“战略”（方向），会不同程度地与多变/快变环境的要求存在差距，带有“试错性”（韩巍，2006），这与领导的**洞察力**有关。

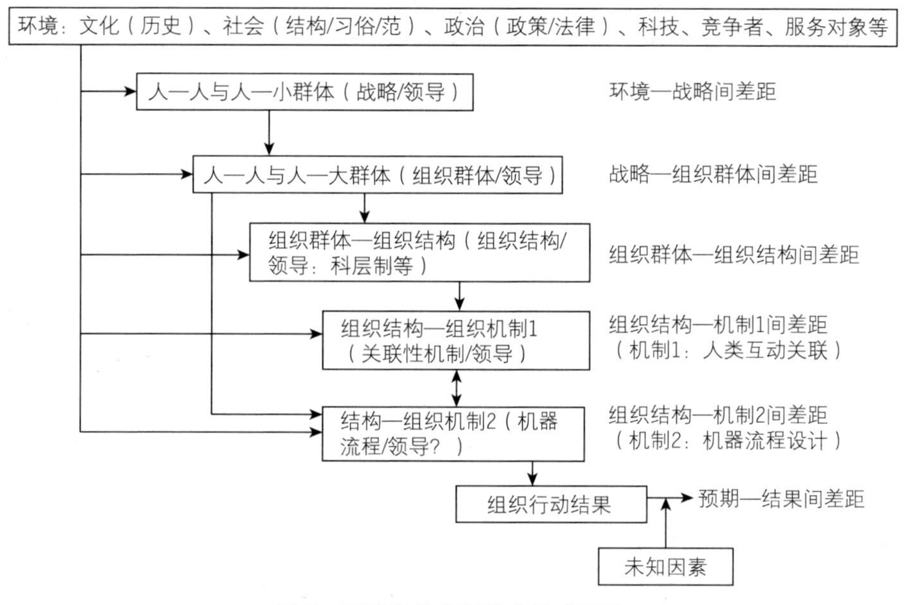

图 3　不确定性来源的全景式图谱

（2）人—人与人—大群体（**组织群体/领导**）。战略—组织群体间差距的实质在于领导为实现战略所选择的人以及人群未必是完全可信的、充分合作的，也未必与战略所需要的人群完全匹配，这与领导的**识别力**有关。

（3）组织群体—组织结构（**组织结构/领导**：科层制等）。组织群体—组织结构间差距的实质在于领导基于组织战略，为特定人群所选定的关联方式未必是可靠的，也不可能存在最好的组织结构，这与领导的**设计能力**有关。

（4）组织结构—**组织机制** 1（**关联性机制/领导**）。组织结构—机制 1 间差距的实质在于领导基于组织战略，且为特定人群所选定的关联方式，不一定能建

① 这里可以不考虑最小组织模型所涉及的“人—人”之间的不确定性。

立起保证其行动可靠性的动力机制，也不可能存在那个最好的组织机制，这与领导的**建构能力**有关。

（5）结构—**组织机制** 2（**机器流程/领导？**）。组织结构—机制 2 间差距的实质在于组织中的人在被动地与机器关联时，有发生错误的可能，而一旦人的活性完全受到抑制，偏差只来自机器的偶然误差，容易理解领导并没有太多实际的价值。

（6）组织行动结果。预期—结果间差距，当然来源于上述不确定性的叠加或累积，很难想象组织可以经过如此漫长的不确定性历程，最后完全达到自己的预期。更何况，世界依然有太多的未知，不可预见的“黑天鹅”还会不时造访，组织管理不乏神奇的故事，但谁要是以为自己找到了破解人类组织不确定性的答案，便是妄想。

建立在组织管理经验基础上的不确定性来源的全景式图谱，为我们打开了一扇重要的理论窗口，相信敏感的读者会意识到：①从经验和直觉上，不确定性是有人参与的组织管理的“通解”，是本质性的表述，但确定性作为“特殊解”，应该是组织管理的常态现象；②抽象的不确定性不再是一个狭义的语汇，而是被还原为对于经验事实的一种直观解释，不确定性从来就不是同质化的，它存在着影响广度、影响深度、影响长度以及可消减难度的明显差异。与之相应，领导（支配权）的作用也注定是类型化、局部性、介入性、过程性、尝试性的。有理由相信，这一理论视角，正在帮助我们穿越“领导丛林”的迷雾。

我们容易看到三种不同“领导被需求”的类型：①在由机器主导、人主导机器，或人与人互动的组织过程中，如果没有不确定性就不需要他人的支配，即**不需要领导发挥作用**。一个自动化生产线需要的是工程师，而不是领导，这很容易理解；由人所控制的机器，比如讲台上那些教学装备，只要工作状态良好，也不大需要领导；在人与人之间，比如高校里的老师，有校规、守则、教学大纲，以及从学生到老师多年内化的习惯的约束，写文章、站讲台，就不太需要领导的干预（这当然是一种局部的视角）。②如果存在不确定性，但不确定性的影响范围小，或影响程度低，或影响时间短，或影响消减的难度不大，或兼而有之，则对他人支配的需求不会很大，即**领导的作用非常有限**。机器会发生故障，但对于大多数小问题，能修的就修，不能修的就报废，如果有明确的制度，就不需要领导来做什么。教室的电脑死机、投影仪不显示，讲台上的说明写得很明白，要么自己解决，要么打某个电话求助，实在解决不了，就换教室，需要领导重复那些规定吗？一个教师如果是合格的，有按学校的规定做研究、教书育人，既发表了文章，也没有被学生赶下台，还需要领导教他们怎么做老师吗？当然，我们必须强调，在上述两种情况里，我们固然看不出对领导的需要，却不等于没有支配力。一方面，其中的当事人在社会化的过程中建立了足够多的认识和习惯；另一方面，其中有很多的制度、规则、纪律起到了支配的作用（替代品），但我们无法接受我们被制度“领导”这样的奇怪说法。

因此，值得再强调的是，**不确定性是支配权存在的前提，但支配权如果不是来源于他人，就不能被称为“领导”**。但我们必须承认，中国恐怕是世界上拥有最多领导的国家，因为我们的制度、规则，甚至良好的习俗常常都不起作用。③如果存在不确定性，而且影响范围大、影响程度深、影响时间长、不容易被当事人所处置，或兼而有之，则**需要领导，需要领导动用其支配力决定当事人的最终选择**。特别是当不确定性在领导的支配下得到了满意解决的时候（有效性为支配权的合法性提供依据），人们对“领导”的需求同时被强化，这不仅是对我们成长中那些丰富的“被支配经验”的共鸣，也是我们有机会“反思自身局限性”的必然过程。当一个博士研究生刚开始他/她的学术探索时，需要在研究方向和研究方法的选择上得到指引，并接受规范的训练；而当一个新教师开始他/她的教学生涯时，也必须有人指点，以成为一名合格的组织成员。对于此类型的分析和例证似乎和经验有很大的距离，因为导师和前辈并不是人们通常所理解的“领导”，但在我们看来，常识错了，人们对领导的理解也错了，只有不确定性条件下的支配力/支配权才具有本质的意义，而且支配权的拥有者还必须向被支配者证明，**他/她的支配权不仅因为被支配者所面临的“不确定性”才具有正当性（必要条件），而且必须通过解决那些不确定性带来的“困扰”，才能确立支配权的合法性（充分条件）**。因此，在不确定性影响愈加复杂的今天，曾经主宰人们生活的那些制度、规则、经验、习惯、身份、头衔也受到广泛的挑战，我们尝试以和谐管理理论加以说明什么是“领导”以及“领导如何发挥作用”。

2.3.3　领导：和谐管理的重新解释

什么是从和谐管理理论理解的“领导”？简单地说，无论我们已经看到了多少关于领导的定义，领导的特质、风格，以及领导随情境而权变的类型，从和谐管理理论的基本框架看来，管理基本的关键词，是旨在解决不确定性消减的“和则”、旨在优化的“谐则”，以及反映组织和谐互动的“耦合”。“优化”是机器的逻辑，它是一种可预见输入—输出结果的机制（韩巍、席酉民，2008）。而组织管理的核心问题，是“不确定性消减”。它涉及主题识别、组织合作秩序，即“耦合样式”的建构和维系，它是由人的不确定性所决定的领域，是人的逻辑最终发挥作用的领域。而不确定性消减在组织中的根本决定性因素，是我们所重新发现的“权力”，即决定组织方向、决定合作秩序样式，并最终为目标达成背书的“权力”。也就是说，在我们当下的理解中，**领导是组织所有不确定性消减场合中所涉及的支配权，领导＝权力＝支配力**。此时，人们依然可以追问，在判断力、影响力、控制力、创造力、学习能力中，到底谁是最根本的作用力，直觉和经验告诉我们，推动组织前进的最终力量一定要具备两个方面的因素，即方向和控制力。在这里，我们可以把“领导”最终收敛且重构为“支配权”，它才是组织管理最根本的决定性力量。

当我们把不确定性与支配权并置在一起的时候，当我们把不确定性作为支配权存在的前提条件时，从图 3 可以看出，**有没有不确定性，有没有不同类别（特性）、不同影响程度、不同影响长度、不同影响范围的不确定性**，将全面改善我们对支配权，也即对领导的理解。可以说，在和谐管理所确立的“不确定性”路径上（席酉民、韩巍，2002），“领导”这种极为繁复的“丛林”状态，第一次呈现出了它应有的直观性，尽管它依然是一种抽象的分析。

回到组织管理的现实生活，根据我们对领导的全新理解，即领导为解决不确定性困扰的支配权，依据图 3，不难发现：①领导是支配权的现实对应物，或者叫伴生物，支配权的作用无处不在，而领导却并非如此。②在属于前两种“领导被需求”类型的情况下，事实上人们并不（太）需要受到支配，如果存在领导的作用空间，反而可能会对组织造成不必要的伤害。③领导的作用受到环境、人、经验、能力的严格约束，领导的“支配力”可能阶段性地表现出某种良好的“可复制性”，但它无法收敛到任何“唯一正确”的方向或“唯一合理”的模式上，因此领导必须经常接受质疑和挑战。④和我们对组织管理的分析不同，现实生活广泛的支配力/领导现象，在很大程度上，是一种人们在社会化过程中习得的经验和常识，这可能是领导最主要的初始来源，而领导作为一种“社会建构”，反映了我们“被支配经验”在“再社会化”过程中的延续，也在某种程度上满足了我们的“精神需求”，即英雄崇拜。⑤和那些致力于区分“管理和领导”异同点的学者不同，在我们的理解中，管理和领导不存在实质性的区别，都是不确定性所引起的对支配权的需求，它有时候被称为管理，有时候被称为领导，完全是人们的一种常识性偏见或者叫语言习惯。⑥我们认为领导有扩张自身影响的心理学和社会学动因，因此必须受到广泛而深刻的抑制。看到了丛林，我们似乎也看到了大象，重要的是我们提供了符合自身分析逻辑的也合乎经验的判断。

领导是支配权，支配权是组织管理的核心（韩巍、席酉民，2008），是为了不确定性消减，不确定性消减是和谐管理的主要课题（席酉民、韩巍和尚玉钒，2003）。从和谐管理的基本框架出发，借助和谐管理组织理论的启发，我们可能找到了一种对领导的全新解释，以及符合和谐管理的内在逻辑。我们很愿意向领导研究学术共同体发出一种强烈的呼吁：领导不可能时时处处都被需要，传统意义上的领导，不可能是支配权的唯一合法主体，这是组织中永远不可能消灭的不确定性，是人类知识的局限性所决定的。因此，大家当然可以继续寻找那些“相关性”的领导类型，但应慎重对待这种归纳研究的局限性，不要轻易地认为领导必须是男的、必须是 AB 血型、必须是博士、必须是海归、必须是左撇子、必须是从小吃苦的、必须是有魅力的、必须是诚实的、必须是有社会责任的……总之，最后就可能会变成太多良好愿望，或者仅是美妙词汇的堆砌！

2.3.4 一组领导理论命题：基于和谐管理理论的视角

我们可以用一组命题对和谐管理的“领导观”做出更进一步的说明。

和谐管理领导理论的第一原理 由于人类必然的无知，人与人之间存在“环境—战略（主题）—组织—结果”之间的不确定性，不可能找到唯一的“成功领导”方程。推论如下：

推论 1 对于领导的研究，必须能反映“环境”和“组织经验”的紧密关联。

推论 2 领导研究的成果，对“环境和组织经验”相似的领导实践启发较大。

和谐管理领导理论的第二原理 不确定性是领导的必要条件，为领导的存在提供正当性的依据。推论如下：

推论 1 没有不确定性，就不需要领导（可以解释归因论的质疑）。

推论 2 不确定性的程度，决定了领导的被需要程度（可以解释替代论的质疑）。

推论 3 不确定性会被规则和机制所取代，所以领导可能被闲置和符号化（可以解释归因论和替代论）。

和谐管理领导理论的第三原理 不确定性的性质决定了领导的差异。这一原理可以解释多数基于类型划分的领导理论。推论如下：

推论 1 对于“黑天鹅”式的不确定性，需要“高屋建瓴”和“有神护佑”的领导。

推论 2　对于人际互动中的不确定性，需要“伟人—大师—诚实—魅力—精神导师型”的领导。

推论 3　对于人与机器互动中的不确定性，如果主要依靠人的支配力，则同样需要“魅力型”领导。

推论 4　对于人与机器互动中的不确定性，如果主要依靠机器的逻辑，则需要“交易型—纪律型”的领导。

和谐管理领导理论的第四原理　领导的充分性取决于应对不确定性的经验和能力。所谓充分性，可以叫有效性，或者叫合法性。推论如下：

推论 1　领导不是位置，也不是身份，缺乏正当性、合法性的领导不是真正的领导。

推论 2　谁有应对不确定性的能力，谁就有支配权，谁就是实质上的领导。

和谐管理领导理论的第五原理　领导和管理没有本质的区别，都是在不确定性的前提下支配他人的行动，以适合支配者的意愿，其通常的区别多来源于人们的习惯。

我们似乎已经开拓了一个领导研究的全新视角，提出了一系列值得深入研究，且能够被经验研究所验证的命题。直觉告诉我们，现实中组织领导的表现应该更加丰富而细致，比如对于人际互动中的不确定性，“伟人—大师—诚实—魅力—精神导师型”的领导只是粗略地说。但我们都很清楚，对于一个保险公司的寿险推销团队，也许“导师”“教练型”的领导比较合适；而对于一所大学或管理学院，可能更需要“诚实”和“魅力型”领导。经验提醒我们，在选定方向时领导或许很重要，因为这里不确定性的影响重大、广泛且长远，因此最需要经验、灵感、直觉、运气拥有者的神奇支配力。在人际矛盾的处理上，虽然这种不确定性的影响未必重大，但往往难以消减，所以需要洞悉人性、善于调解的高明领导；在组织结构、机制设计和资源分配方面，领导的作用就未必那么重要，因为这些领域早已积累了大量比较可靠的组织经验，我们更应该尊重“制度/规则”的支配力；至于那些已经由制度和习惯调节得很好的组织基层领域，支配权或许更多应该克制自己的影响，或者叫学会为领导划界，为支配权立法。

3. 对于和谐管理研究的进一步反思

我们希望和谐管理理论跻身于“管理理论”的行列，不仅仅是为了创建一个新的理论体系，更希望能为这个“丛林”世界提供一些独特的看法，能突破“大象”比喻所昭示的局限。我们最早对管理现象的简化处理，或许还有待反思和深化，但从管理学术演化历程所觉察到的“不确定性消减”和“优化”两条路径，有更广泛的解释力(席酉民、韩巍，2002)。而后在完善和谐管理理论框架的尝试中，我们又试图用“和谐主题”取代同样处在“丛林”状态的“战略”(席酉民、韩巍和尚玉钒，2003；韩巍，2006)，直到“优化”与“不确定性消减”之互动关系所构成的“耦合”(组织的基本问题)，在还原为对管理现实的认真观察和深入思考时，对领导的关注日益成为焦点。客观地讲，和谐管理研究从一开始就充满了来自研究者的重重阻力，作为管理理论的学习、研究和应用者，我们的价值观、认识论，包括方法论取向几乎都只能效仿西方，准确地说，是效仿美国。如果不是西方主流世界、非主流世界对管理学术的不断反思，不是我们日日经见的中国管理现实问题的挑战，我们似乎最急于表达的，是和谐管理理论可能存在的那么一点“正当性”。因此，不少和谐管理研究要么从西方主流丰硕的研究成果中寻找合法性依据，要么面向各个管理领域提供一套标签式的系统性看法。

《和谐管理组织理论：一个探索性的分析框架》的发表(韩巍、席酉民，2008)，是从和谐管理理论出发，叩响传统组织理论之门的一次初步尝试。在此篇文章中，笔者从个体参与组织的过程视角，发现了组织理论中既有的权力概念，而这个概念应该是解释组织合作秩序的最根本因素。与之相关联，和谐管理就如何重新看待领导问题，展开了积极的探索。在完成的另两篇文章里，“基于和谐管理理论的领导行为有效性研究”(尚玉钒、席酉民和宋合义，2008)一文，通过对领导研究存在问题的简要梳理，借鉴和谐管理理论思想，构造一个和谐领导行为有效性整合模型，凸现了领导在主题(问题)识别、关心人(和则)、关心生产(谐则)，组织要素互动(耦合)中的显著作用；而《领导力的系统分析：和谐管理理论的视角》(曾宪聚、席酉民，2007)一文，则借助和谐领导行为有效性整合模型，结合组织学习理论，对领导力进行了系统的分析，并较为详细地勾勒了判断力、影响力、控制力、创造力和学习能力在目标、策略及机制方面的特点，以期建立一种领导之和谐管理能力的新认识。

本文的研究思路与上述两篇文章有所不同，它承接了《和谐管理组织理论：一个探索性的分析框架》一文的立场，选择从组织的基本过程，即“环境—目标—行动—结果”的视角，重新看待领导问题。本文从描述“领导现象的发生学”入手，提出了领导的微观结构，即“**不确定性——支配权**”，在一定程度上，是对组织中“权力”概念的扩展；并且，本文通过构造一个组织不确定性来源全景式图谱的方法，对“领导”进行了较为全面的解读。我们的分析结果表明，已有的各类领导理论，近乎是“和谐管理领导视野”中的一系列“特殊解”。而那些所谓的困扰，也可以在我们的框架内得到较为合理的解释。当然，本文仅仅是和谐管理组织理论的一次探索性研究，对于中国人习得的“被支配”经验，除了传统、习俗、家庭、规则，是否还存在其他的来源？“被支配”经验如何被组织管理所引入和转化？中国文化的王权特质（刘泽华，2000），以及长期的官场积习如何塑造了中国人“被支配”的组织经验？为什么中国社会存在大量“人为的不确定性”和广泛的“去制度性调节”，并常常代之以“领导”的支配？没有正当性、合法性的领导如何受到抑制？“异质不确定性”如何与繁复的“领导类型和技巧”相匹配？等等。这许多问题，还值得我们深入探讨。

和谐管理对管理研究的哲学反思，使我们倾向于不再相信还原论，并且很认同诺思的判断，“社会科学没有与基因、质子、中子和分子相类似的基本单位来建构理论”（诺思，2008），但也并未放弃对根本性问题的好奇；我们不再相信决定论，因此，很怀疑管理研究中的普遍性诉求，但非常希望看到管理理论显著的收敛性。笔者必须声明，这里提出的只是部分和谐管理者的“激进”看法，**我们根本无法找到管理世界中人与人之间唯一的确定性关联，因此也就无法满足“科学理论”对预测力的要求**；我们只能转向去完善理论更全面、更深刻的“解释力”，这也可能是所有社会科学理论的宿命。正如美籍罗马尼亚经济学家尼古拉斯·乔治斯库-罗金（Nicholas Georgescu-Roegen）所说：虽然预测是科学知识的“试金石”，但一般来说，科学的目的并不是预测，而是在于对知识的理解（威廉森，2001）。“和谐管理”必须首先要对中国组织管理实践做出合理的解释。

4. 本土化管理理论建构的启示

本土化是社会科学领域的核心问题。在20世纪80年代初期，中国学者叶启政就曾对“社会学本土化”进行过非常重要的探索，他指出，本土化，“就积极的层面来说，它是社会学知识体系之在地[①]传统的建立；就消极的层面来看，它是针对外来西方社会学知识体系的反省和批判。因此，不论就积极或消极的

① “在地”应该是我国台湾地区学术界的一种提法，在地性类似本土性。——笔者注

层面来看，本土化所包含的，不但是问题的选择，而且是理论架构、概念，乃至研究方法及工具的确立”（叶启政，2005：21）。今天，本土化问题在组织管理领域的呼声日见高涨，无论是遵循或接近实证主义传统的主张，“我们所理解的本土研究……是要创造具有普遍意义的知识”（徐淑英、刘忠明，2004：19）；还是多元方法论的尝试，以实现建构本土社会科学理论并发展相关研究的进程，其实就是在启动一场“科学革命”（黄光国，2008）；或者是“（本土化）知识并非只是从经验事实中归纳而来；人们尚可以运用想象力、观察洞识力，透过对立与文化特质的掌握，发挥拟情（empathy）的诠释能力来捕捉发生在周遭之诸多事件的蕴涵，而这才是知识之所以为知识最可贵的地方”（叶启政，2005：65）；“学术‘本土化’就必须是从研究者自身的自觉与自省开始”（叶启政，2005：70），似乎仍不能很快形成共识。

笔者强调中国管理研究应转向社会学视角（韩巍，2005；2008），也非常认同“在中国管理研究的初期阶段，这意味着在发展概念和构建理论的时候要采用归纳法。这还意味着定性研究是必要且适宜的研究工具。我们鼓励学者们采用人类学方法、参与观察、深度访谈以及广泛的个案研究方法”（徐淑英、刘忠明，2004：21；韩巍，2006）。但本文的研究旨趣，更是对翟学伟的一个响应：“回到中国社会现实中去看、听、闻，去观察、发现、体会，然后再寻求用什么来表达它们是什么……是关心在我们这个社会中能有什么样的学术成就可以准确地反映和合理地解释这个社会”（翟学伟，2005：20）。在一定程度上，这决定了本文所呈现出的认识论和方法论倾向。正如徐淑英、刘忠明（2004：20）所称，“高质量本土研究的第一步是要定义概念，并确定这个概念在本土情境下有意义的表现”。本文研究的一个重要启示是，学术概念不是中文和英文的简单互译，中文中的“领导”并不等价于英语中的“leadership”，研究者应该从我们的日常生活、约定俗成或语言学规范含义的角度进行梳理和提炼，才能为任何意义上的“本土化”管理研究奠定坚实的基础。

我们深信，只有那些在中国文化浸泡中成长起来的人们，只有那些参与、观察并不断反思自身组织经验的人们，才有可能更好地借用西方比较成熟的研究方法（陈晓萍、徐淑英和樊景立，2008；邓津、林肯，2007），找到更符合中国情境的研究方法，把自己武装成可靠的研究工具，从而对中国管理学术做出真正的贡献。尽管本文仅仅是和谐管理在组织领导理论的一次初步尝试，还会受到不断的质疑，但我们注定会沿着自己的方向努力前行。

回顾及反思

继《和谐管理组织理论：一个探索性的分析框架》之后，笔者发表了这篇“和谐管理”在领导方面的基础文章。它的核心问题非常简单：我们为什么需要领导？或者，领导的合法性、正当性来源到底是什么？一如《和谐管理组织理论：一个探索性的分析框架》，本文是以日常生活的流动性来比附组织过程，通过“思想练习”呈现笔者对于领导的“全新”认识。另外，本文还对组织当中的“不确定性”来源做了一个比较直观的分析（全景式图谱）。

把一个人尽皆知的学术概念（比如 leadership）重新放入中文语境和中国人的生活情境，应该是本土管理研究必要且有益的尝试。这种操作不难从索绪尔的能指、所指，维特根斯坦的语言局限观，包括跨文化管理学者的自觉、自醒（比如概念等价性，equivalent concept）（Rosenzweig，1994）中找到学术支持。领导如此、战略如此，管理亦如此，更不用说大量“次级”概念了。多年后，笔者读到金观涛、刘青峰两位老师的《观念史研究：中国现代重要政治术语的形成》就如沐春风，深以为然。从他们的仔细甄别中，诸如“真理、科学、民主”这样的词汇在中文语境里都别有一番含义。况且，笔者越来越感觉到语言对人类心智、行为的塑造能力。

至于本文所提出的那一组命题，至今读来依然自觉其启发性，除了所谓“第三原理”中从“不确定性的性质”去附会既有领导类型显得牵强。当然，不像“第四原理推论 2”的认识，后来笔者在提出“机会型、幻觉型”领导类型划分的时候，更愿意把领导看作是一种现象，或者说状态。一个更“完备”的说法是，领导既是也不是一种身份，既是也不是一种位置，既是也不是一种现象，既是也不是一种意识，领导终归是一种支配权（权力意志）。它是多重的、复合的、共在的，它是人类组织、社会生活须臾不可缺少的部分，尤其在中国，我们尚不习惯把“支配权”交付给可以近乎自动运转、起效的“制度、机制”，或者说，我们的文化基因里尚缺乏对于“制度、机制”的足够理解和尊重，从而为“人力”预留了太多、太大的空间，非得要领导们亲临现场，亲自过问，亲自批示……更需要领导们意识到自身责任、义务而非仅仅是支配权(发号施令)的重大意义。

回到关于儿子的故事。生在我们这样的家庭,他没有选择;他一路成长,有很多快乐的时光,也有很多压抑的情节,所以他很排斥教师这种职业(父母都是大学教师,他们都懂得的太多了,太会讲道理了)。但他可以不参加高考,可以在国外读书,可以选择自己的专业……这些都是在父母不再扮演那种高高在上的支配者,而是共同商量后主要由他"选择"的结果。在某种程度上,笔者对儿子是有些"放任"的,年轻的孩子按照自己的意愿选择专业,按照自己的设想规划生活,尽管笔者看不清楚,甚至有很多担心。但笔者很确定,做父亲,只要孩子走在一条不那么"出格"的轨道上,应该支持孩子发挥自由意志(有选择的权力);作为一个家庭,我们应该做好承担一切风险的准备。

人生就是在不确定性中追求暂时的确定性,我们需要技术、智慧,更需要良知、善意。小家如此,大家亦如此。

参考文献

ANGALETG B. 2000. A new leadership paradigm for the twenty-first century[D]. Newark: University of Delaware.

AVOLIO B J. 2007. Promoting more integrative strategies for leadership theory-building[J]. American Psychologist, 62(1): 25-33.

BENNIS W. 2007. The challenges of leadership in the modern world: introduction to the special issue[J]. American Psychologist, 62(1): 2-5.

FORD J. 2005. Examining leadership through critical feminist readings[J]. Journal of Health Organization and Management, 19(3): 236-251.

GOFFEE R, JONES G. 2000. Why should anyone be led by you? [J]. Harvard Business Review, 78(5): 62-70.

KIM K, DANSEREAU F, KIM I S, et al. 2004. A multiple-level theory of leadership: the impact of culture as a moderator[J]. Journal of Leadership & Organizational Studies, 11(1): 78-92.

LING W Q, CHIA R C, FANG L L. 2000. Chinese implicit leadership theory[J]. The Journal of Social Psychology, 140(6): 729-739.

MEINDL J R.1995. The romance of leadership as a follower-centric theory: a social constructionist approach[J]. The Leadership Quarterly, 6(3): 329-341.

ROSENZWEIG P M. 1994. When can management science research be generalized internationally? [J]. Management Science, 40(1): 28-39.

STOGDILL R M. 1974. Handbook of leadership: a survey of theory and research[M]. New York: The Free Press.

YUKL G, GORDON A, TABER T. 2002. A hierarchical taxonomy of leadership behavior: integrating a half century of behavior research [J]. Journal of Leadership & Organizational Studies, 9(1): 15-32.

陈晓萍,徐淑英,樊景立.2008.组织与管理研究的实证方法[M].北京:北京大学出版社.

邓津,林肯.2007.定性研究:第1—4卷[M].风笑天,等译.重庆:重庆大学出版社.

韩巍.2005.学术探讨中的措辞及表达:谈《创建中国特色管理学的基本问题之管见》[J].管理学报,2(4):386-391.

韩巍.2006.和谐管理:一个正在综合着的管理知识景观[M]//席酉民,韩巍,葛京,等.和谐管理理论研究[M].西安:西安交通大学出版社:1-28.

韩巍.2008.从批判性和建设性的视角看"管理学在中国"[J].管理学报,5(2):161-168.

韩巍,席酉民.2001.关系:中国商业活动的基本模式探讨[J].西北大学学报(哲学社会科学版),1:43-47.

韩巍,席酉民.2008.和谐管理组织理论:一个探索性的分析框架[J].管理学家(学术版),1:3-16.

赫什莱佛,赖利.2000.不确定性与信息分析[M].刘广灵,李绍荣,主译.北京:中国社会科学出版社.

黄光国.2008.建构中国管理学理论的机会和挑战[M]//陈晓萍,徐淑英,樊景立.组织与管理研究的实证方法.北京:北京大学出版社:85-103.

劳.2004.统计与真理:怎样运用偶然性[M].北京:科学出版社.

刘泽华.2000.中国的王权主义:传统社会与思想特点考察[M].上海:上海人民出版社.

孟建平,霍国庆.2008.领导理论丛林与领导学科的发展[J].科学学与科学技术管理,3:160-166.

诺思.2008.理解经济变迁过程[M].钟正生,邢华,等译.杨瑞龙,郑江淮,校.北京:中国人民大学出版社.

罗宾斯,贾奇.2008.组织行为学精要:第9版[M].吴培冠,高永端,张璐斐,等译.北京:机械工业出版社.

威廉森.2001.治理机制[M].王健,方世建,等译.北京:中国社会科学出版社.

尚玉钒,席酉民,宋合义.2008.基于和谐管理理论的领导行为有效性研究[J].管理学家(学术版),2:113-119.

徐淑英,刘忠明.2004.中国企业管理的前沿研究[M].北京:北京大学出版社.

叶启政.2005.社会理论的本土化建构[M].北京:北京大学出版社.

席酉民，韩巍.2002.管理研究的系统性再剖析[J].管理科学学报，5(6)：1-8.

席酉民，韩巍，尚玉钒.2003.面向复杂性：和谐管理理论的概念、原则及框架[J].管理科学学报，6(4)：1-8.

曾宪聚，席酉民.2007.领导力的系统分析：和谐管理理论的视角[Z].深圳：深圳大学.

翟学伟.2005.人情、面子与权力的再生产[M].北京：北京大学出版社.

张春兴.1994.现代心理学：现代人研究自身问题的科学[M].上海：上海人民出版社.

本文合作者：席酉民

08　机会型领导、幻觉型领导

两个中国本土领导研究的关键构念

很难设想一种没有领导的人类组织生活，但这并不意味着人们必须无条件地接受、服从领导（韩巍、席酉民，2009）。传统上，领导研究过分关注领导个体的特质、能力及其正面作用（Tierney and Tepper, 2007），而忽视了领导作为社会组织驱动力一直存在的模糊性、多变性（DeRue and Ashford, 2010）。领导对组织所起的积极作用即使在发表于西方一流杂志的经验研究中也没有足够的证据（Wasserman et al., 2010）。而且，领导有时候可能是破坏性的（destructive）（Einarsen et al., 2007）、令人厌恶的（aversive）（Thoroughgood et al., 2011），甚至邪恶的（toxic）（Lipman-Blumen, 2005; Padilla et al., 2007）。

如果说巴纳德（1997）对于权威的解释很早就预言了领导可能存在的合法性危机，那么西方新近的领导研究终于开始了一种"集体性"反思：①"领导的合法性"并非不证自明，那种过分美化、甚至神化领导的幻觉受到怀疑（Young et al., 2011）；领导并不能因为占据了那个位置就自动成为领导（Mumford, 2011）；在一种社会情境中，哪些因素促使人们成为领导者或跟随者，依然是模糊的、变化的和情境依赖的（Tierney and Tepper, 2007）。有研究指出，在某些特定的组织情境中，领导不仅没什么积极作用，还可能产生负面影响（Alvesson and Sveningsson, 2003）。②领导研究尽管数量上增加明显，但依然缺乏实质性进步，引发了较为激烈的批评（韩巍、席酉民，2009；Mumford, 2011；席酉民、韩巍，2010）。领导研究因为过分专注领导个体的特质、方式、能力而受到批评，领导研究的立场、预设遭到挑战（Hunter et al., 2007）；大量研究只关注领导的正面贡献，忽略了他们的缺陷和业绩方面的拙劣表现，这在很大程度上反映了研究者的偏见（Bligh et al., 2007）。③领导研究的视野更加开阔，新的研究方法论得到提倡（Alvesson, 1996），有学者提出更加系统性的研究框架（Fry and Kriger,

2009)。研究者意识到领导与组织情境(O'Donnell et al., 2010),包括社会文化的紧密关联(Thoroughgood et al., 2011; Waldman et al., 2001)。有学者认为领导的表现受到社会情境的影响(Mumford, 2011),比如"环境不确定性"就显著影响领导的表现(Howell and Shamir, 2005);有学者认为领导与下属的关系,是在组织情境中动态地建构起来的,领导和下属的身份也可以通过社会建构而发生转换(Tierney and Tepper, 2007);下属的自我概念决定其与领导的关系特征(Howell and Shamir, 2005);人们对下属"建言"(voice)的认知和反应也根植于共享的传统、工作生活和社会经济现实(Detertand Edmondson, 2007),表现为下属"不敢出声"(Detert and Edmondson, 2005);而领导—下属间互动方式的不当(如不必要的监视)则会造成对组织的危害(O'Donnell et al., 2010)。

值得中国本土领导研究者关注的是:尽管传统上,大量研究专注于领导积极、建设性的一面,但即使西方学者也发现:在领导位置上的人常常有能力也有动机来造成破坏性影响(Tierney and Tepper, 2007; Einarsen et al., 2007)。领导者在个性上可能存在阴暗的一面(Harms et al., 2011),有学者用"跟随者—中心"的研究方法揭示了领导令人厌恶的一面(Bligh et al., 2007);有学者区分了领导的"亲社会—反社会行为"(Mumford, 2011)。"差错"被认为是领导身上一个实质性的部分(Hunter et al., 2011),人们必须思考,领导在"何时、如何、为何"做错事(Mumford, 2011)。

总之,领导是一种复杂的组织(社会)现象;领导知识的生产同样面临各种各样的挑战。我们习惯于援引西方的理论、构念、问卷,去理解中国管理实践的尝试,这种做法尽管有其合理性,但对于解释并改善中国的本土领导实践却可能作用有限(徐淑英,2012),本土领导的研究可能更是如此。

1. 问题的源起、理论基础及研究方法

1.1 问题的源起

有关本研究问题意识的形成并非来自现有的领导理论或相关文献,而是基于生活经验、对组织的长期观察及对既有领导研究的反思。在我们看来,中国管理学者,特别是领导研究者,似乎必须直面一种"显而易见的现象",为什么有大量"不称职"的领导者主宰着人们的组织生活(即使从传统领导研究的视角来看)? 因此,最重要的本土领导研究不应该仅仅是借助西方领导理论,聚焦在某

个(些)组织领导特质、方式与结果关联上的“猜想”，而是应该回归中国人的现实生活，从所熟悉的经验事实出发，寻求一种更具解释力的本土领导理论。本土领导研究应基于特定的历史时期和特殊的社会环境(笔者所亲历的这个时代)，关注是否存在具有群体特征的组织领导类型，尤其是主导类型，并反思这种现象赖以发生的文化传统、社会生态和组织氛围。我们并非漠视很多组织领导通过艰苦努力所取得的成就，而是期待一种更为广泛、积极的社会变迁，不仅可以使那些已有的“成就”得以传承，而且使我们这个社会更容易涌现出大量“称职”的组织领航者、价值创造者。

1.2 理论基础及分析单位

从领导研究文献不难发现，在主流的英语学界，领导研究已经出现了一种缺乏美感的术语构成策略：$\{X_i\}$+leadership，$\{Y_i\}$+leadership。比如，X_1 = charismatic leadership(魅力型领导)，或者 Y_1 = toxic leadership(邪恶型领导)以及与之伴生的数量繁多的“领导理论”(韩巍、席酉民，2009；席酉民、韩巍，2010)。而且，大量的研究总是试图跳跃复杂的组织过程和情境约束，把特定的“$\{X_i\}$+leadership”变量化，并与组织绩效联系起来提出种种常识性猜想，并声称提供了较为充分的经验证据。这样的尝试，无论多么主流、多么人多势众，如缺乏组织过程更加系统和深入的分析，也难逃草率的质疑。从组织不确定性出发，我们能够看到一条比较清晰的逻辑链条，即[环境]—[领导]—[战略]—[组织结构+组织机制]—[行动结果]。如果想要对[行动结果]做出最有说服力的解释(比如把领导作为自变量)，就不仅需要了解[环境]、[领导]、[战略]、[组织结构+组织机制]的复杂性，而且需要努力寻找[环境]、[领导]、[战略]、[组织结构+组织机制]间的内在关联，才有机会得到更为可靠的研究结果(韩巍、席酉民，2009)。对于“领导成效”的评价，如果仅从“领导”的单一视角来褒贬组织领导的“成败得失”，企图提供大量的承诺，难免趋于虚妄。

基于对传统领导研究的反思，笔者认为应更加系统地从“历史、社会化、组织情境、领导与下属的互动”来解读中国本土领导现象。尽管这一研究进程，会遭遇“多学科、多视角、多理论、多技术”所带来的巨大挑战(韩巍，2011a)。对于任何复杂的组织现象，如果文化传统、社会环境、组织情境的影响力更大，就不应该局限于组织层面的解释；如果人际互动关系的影响力更大，就不该局限于个体层面的解释。因此，合理地选择研究的分析单位就显得十分重要。本研究的

“分析单位”具有一种典型的嵌套结构，即在特定文化（亚文化）传统、社会化过程、组织情境中“领导与下属的互动”。我们关注的焦点是“领导者与组织成员（下属）是如何互动的”，同时，“互动”是嵌入在怎样的“组织情境”中，经由了何种“社会化过程”，又折射出什么“文化（亚文化）传统”。希望由此反映笔者对于中国领导实践“现实性、本土性”的思考。当然，分析单位的转换并不能保障研究的可靠性，鉴于问题的复杂性和文章篇幅，笔者无力对这种系统性思考所涉及的多个维度、多种因素都进行同种程度的探讨。本研究在对历史文化、社会化过程、组织情境做出了某种处理之后，重点讨论了组织中领导与下属互动的“细节”。

1.3 研究方法的说明

本研究是一项典型的理论研究，即笔者所定义的“思辨研究”（韩巍，2011b）。因此，我们无法参照经验研究的标准为其“科学性”进行辩护。笔者承认，这项研究是对自己所熟悉（经历、观察）的组织经验的理论抽象，也可以说是研究者对于中国领导实践的一种主观建构。它是我们提出的一种新领导研究框架（席酉民、韩巍，2010）的延伸，希望结合中国的“文化传统—社会化过程—组织情境”来剖析组织“领导与下属的互动”。较为特别的是，这种框架的变化，淡化了领导的“光明面”，而较多涉及了领导合法性、领导作用的真实性、领导的幻觉性，甚至领导的黑暗面，以及对领导研究的种种批判性反思。本研究既尊重理论表述的内在逻辑，也强调结论被进一步验证的必要性。当然，笔者更愿意接受的挑战是，我们的思考和总结是否有助于对中国组织现实的深入理解，是否对读者产生某种启发，尤其是中国本土领导实践的改观。

2. 两个本土领导构念：机会型领导及幻觉型领导

2.1 组织领导基础分析框架及讨论

笔者曾经将领导定义为一种专门应对不确定性的组织支配权（力），其作用主要体现在两个方面：方向感和控制力（韩巍、席酉民，2009）。所谓方向感，就是如何基于内外部环境，为组织选择方向、设立目标；所谓控制力，就是如何创造并维系“组织秩序”，在既定的方向上通过合作达成组织目标。当然，考虑到领导过程的完备性，还需要强调修正的环节：既可能是组织内部合作秩序的改进，又可能是组织方向、目标的调整，也可能兼而有之。而支配的发生，显然取决于组织其他成员与领导的“互动”。

传统领导研究常常将领导特质与领导行为的直接关联作为“假设——检验”的核心。尽管那种关联可以构成一幅丰富的经验图景且会产生大量映射式的研究成果，但如果不能在组织情境和领导与下属互动的关系上给出必要及深入的刻画，那种关联的稳定性、启发性可能会比较有限。历时性地观察、反思现代中国人的心智格局和行为方式，不仅有社会化过程（如阶级斗争、思想运动、改革开放、市场经济、拜金浪潮等一系列重大事件）对人们的塑造，而且有文化传统（如勤劳、坚韧、宽容、关系、家长制、官本位、“酱缸”、厚黑学、实用主义等一系列信念、价值观）对人们的影响。

社会化过程容易从生活经验直接获得印证，而文化传统的具体面貌和影响，单从笔者的经验和非常粗疏的理解出发，就存在太多意识形态化及视角上的分歧。研究者从不同的理论出发，似乎都可以找到自己想要的东西。比如雷丁（2009）在研究华人企业时发现的“家长主义”（包括郑伯埙等后来的发展），刘泽华（2000）揭示的社会运行机制的“王权主义”。在更深入的文化层面，既可以看到辜鸿铭（2012）充满诗意的“中国人的精神”，也可以看到明恩溥（2011）十分尖锐的“中国人的气质”，而孙隆基（2004）的“中国文化的深层结构”带给我们的挫败感或许又被部分新儒学家对中国文化传统救世功能的期待所挽救。可以说，既是“仁义礼智信”，又是“坑蒙拐骗偷”。

图1是笔者提出的一个用来分析组织领导现象的基础框架。其核心是领导与组织成员（下属）的互动关系（圆圈里的部分），而互动关系嵌入在组织情境、社会化过程及文化传统中。显然，一篇文章无法覆盖框架中的所有概念，也难以充分说明和解释概念间的关联。因此，本文并未对文化传统、社会化过程、组织情境详加讨论，图1中的箭线所展示的逻辑关系也是非常初步的、探索性的。笔者考虑过一般意义上的“组织情境因素”（徐淑英、欧怡，2012；Johns，2006；韩巍，2009）。表面上，我们可以从国家、地区（规划、政策、法制等因素）、行业（技术、资源、竞争等因素）等多重结构分析组织的外部环境，但就中国的现实而言，笔者倾向认为关系网、官本位、任期制、政绩观、政府权力的边界、权贵资本、寻租等潜在因素或机制，更容易解释组织情境的嵌入性特征。同时，文化传统和社会化过程所塑造的社会主体才是微观组织情境更重要的缔造者。因此，本文只把组织情境笼统地划分为高不确定性和低不确定性，进而详细分析了领导如何设

计并维系一种必要的合作秩序，通过领导与组织成员（制度以及其他非制度方式为中介）的互动达成组织目标；初步反思了领导与组织成员的互动所折射出的社会化及文化传统的影响。

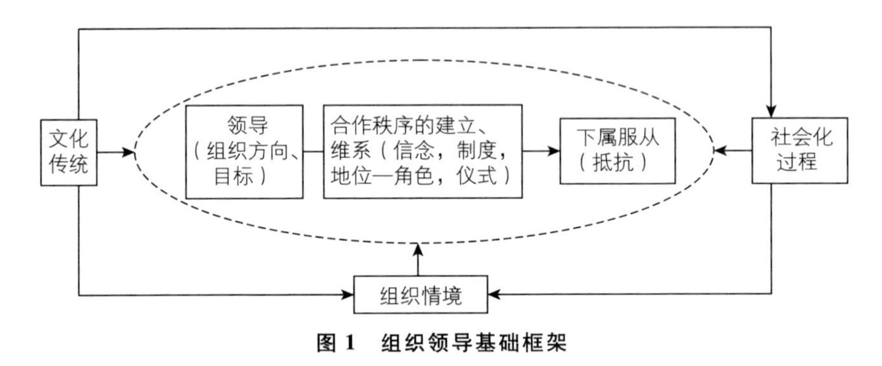

图1　组织领导基础框架

本文的分析重点是组织领导与下属的互动。我们从常识、经验和现有知识出发，将领导与组织成员互动的具体方式简要划分为支配与服从。一方面，领导的支配手段有以下四类：信念，制度（化），地位（位置）—角色，以及仪式。其中，制度（化）是指组织中为实现组织目标而形成的具有共识性的组织结构、组织流程，包括各种规定性文本或合作习惯。大多数组织成员都应该明确自己在其中的位置、角色、权利和义务。假定人们都依从制度行事，领导自然可以缺席（韩巍、席酉民，2009）。当然，制度化的不足之处显而易见，比如它较难应对环境变化带来的各种挑战，尤其是某些非常细节的问题。此时，地位—角色可以提供必要的补充。而在更为极端的情况下，信念的感召、认同，仪式的强制、洗礼，也可以为下属提供方向感，激发其参与合作的热情。另一方面，组织成员则可以分别采用服从（屈从、盲从）和抵抗作为参与组织合作的手段。一般意义上，服从倾向于是一种主动选择，屈从的被动性较强，而盲从则展现的是一种毫无反思的“主动选择”。

当然，即使基于对非常有限的组织经验所进行的观察和体会，也不能否认在领导与组织成员的互动中，可能还有诸如胁迫、利诱、构陷、破坏等一类极端的方式。但在一个高度抽象的理论研究中，笔者认为可以把信念、制度（化）、地位—角色和仪式视为最基本的领导支配手段，同时忽略组织成员的抵抗选项，尽管本文稍后会强调组织成员的“抵抗”具有修正领导缺失的重要作用。这一切听起来或许是组织生活中的常识，但某种程度上，违背常识难道不是今天中国组织实践的最大困扰吗？

进一步地，首先笔者假定，领导要发挥作用，应该满足“方向—目标—秩序”的一致性（假定1）。其次，本文是对正常社会组织的讨论（可以理解为部分地反映了我们的价值观），笔者还要假定，我们对于大多数组织的“方向、目标、秩序”已经具有一种基于常识、经验与专门知识所形成的共识（假定2）。以常见的企业与大学为例，前者向社会提供某种价值物，实现利润、获取财富；后者生产知识，通过培养人才回报社会。作为企业，不能向社会提供有害的产品或服务；作为大学，不能生产虚假的知识，背离人才培养的宗旨。

由此出发，本研究提出了一种新的领导类型划分方法，即从领导实践与假定1和假定2的关系分离出4种基本的领导类型：常态型领导（满足假定1、假定2）、机会型领导（满足或不满足假定1，但不满足假定2）、理想型领导（不满足假定1，满足或不满足假定2）、幻觉型领导（违背假定1、假定2）。通过进一步剖析，笔者认为，其中常态型领导、理想型领导在解释中国组织领导实践方面没有特殊的价值，大量我们熟悉的领导研究都可以划归为这两类。但机会型领导、幻觉型领导应该是解释中国领导现象两个非常关键而独特的构念。值得注意的是，本研究的分析单位决定了这种区分和命名是针对组织领导现象，而不是领导个体。比如以机会型领导来命名，并非说领导个人就一定是威廉森（2001）所说的那种“损人利己”的机会主义者。

2.2 四种领导类型

2.2.1 常态型领导

常态型领导是指这样一种现象：组织情境的不确定性低，大多数组织成员理解组织的方向和目标，对组织的合作秩序存在共识，组织中的制度（规则）应当不会显失理性、严重背离常识。组织成员遵守规则，主要通过服从制度来参与合作，当制度存在边界效应或局限性时，领导可以借助“地位—角色”和“仪式”加以补充调整。文化（亚文化）传统为组织成员的心智、行为及互动方式提供基本资源，社会化过程进一步强化组织成员的合作习惯。也就是说，领导与组织成员一起，作为一种文化（亚文化）、社会化过程的产物，在一个相对稳定的环境中，共同实现了组织目标、达成了愿景，领导的作用既不突出，也谈不上神奇（见图2）。

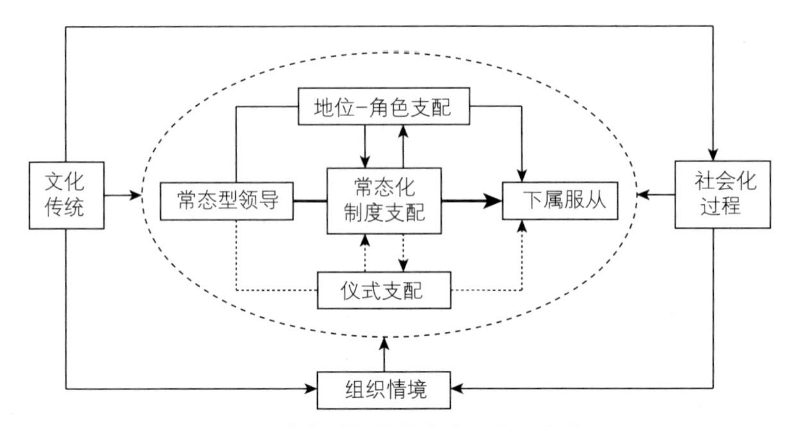

图 2　常态型领导的生成及作用方式

注:粗实、细实、细虚线表明互动关系主导性逐步减弱,下同。

2.2.2　机会型领导

机会型领导是指这样一种现象:组织情境的不确定性较高,但大多数组织成员对组织方向和目标存在较为一致的预期,对正常的合作秩序也存在共识,而领导者却采信了一套存在理性缺失、可疑的,甚至违背常识的制度(规则)安排。尽管这种矛盾性,无论从理论还是经验上,似乎都很难解释。但组织成员依然可以对这些制度(规则)表示出尊重和服从,我们将其称为"屈从"。当反常性制度存在边界效应或局限性时,领导同样可以借助"地位—角色"和"仪式"加以补充性调整。这种反常的领导现象,既受制于"特定的组织情境",又与文化(亚文化)传统、社会化过程(包括三者的复杂作用)存在紧密关联。组织成员在机会型领导下的"再社会化",会使组织的反常状态常态化(见图 3)。

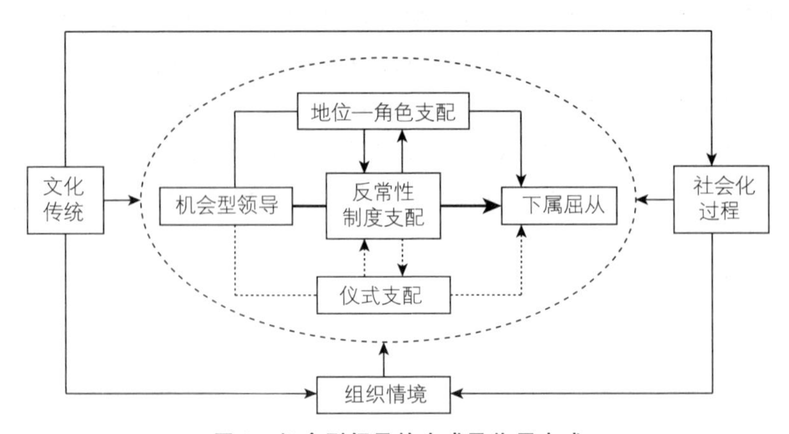

图 3　机会型领导的生成及作用方式

2.2.3 理想型领导

理想型领导是指这样一种现象.组织情境的不确定性高，大多数组织成员并不理解组织方向和目标，对合作秩序缺乏共识，组织中的制度（规则）更多是暂时性、尝试性的，不具有足够的合法性。因此，领导往往需要给组织其他成员提供一种“超越经验”的指导，例如以愿景、使命、理想召唤下属，用当下的说法可能是“意义生成/给赋”。与之对应，下属也会表现出高度的服从性，而此处的服从，往往不会有太多理性的计算，缺乏足够的经验基础，是对“信念的追随”。当信念存在边界效应或局限性时，领导可以借助“地位—角色”和“制度”“仪式”加以补充性调整。文化（亚文化）传统为组织成员的心智、行为及互动方式提供基本资源，社会化过程进一步强化组织成员的合作习惯。我们推测，“英雄崇拜”作为人类文化历史遗产和社会心理的重要组成部分，未必在文化传统和社会化进程中存在严格的差异。理想型领导容易凸显领导人的伟大，因为他们为组织选择了“正确的方向”，创造了“新秩序—新世界”。当然，一旦秩序本身发挥作用，理想型领导的意义也即减弱或消散。同时，对于理想型领导也不能赋予过多字面上的“理想主义”色彩。事实上，理想型领导可能是一种非常危险的领导类型，会给组织带来相当严重的负面后果。“唯我独醒者”一旦获得稳固的权力或许就会倾向于“唯我独尊”。中国人或许对理想型领导存在格外的幻想和渴望，但这恰恰反映了我们多么需要反思自己的文化传统和社会化过程（见图 4）。

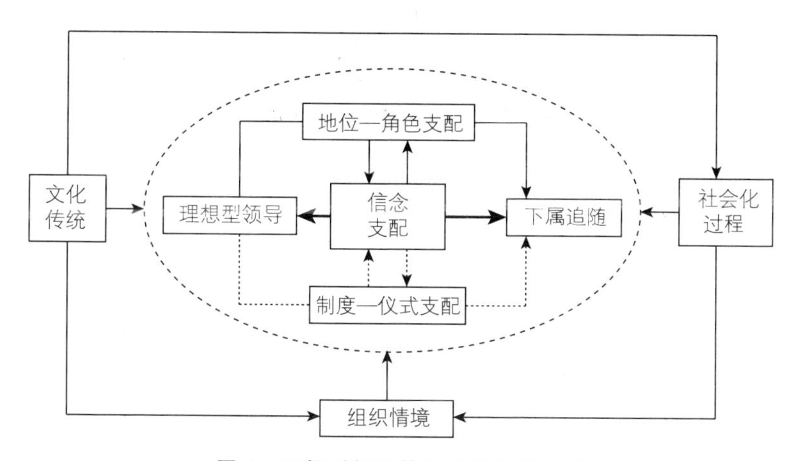

图 4　理想型领导的生成及作用方式

2.2.4 幻觉型领导

幻觉型领导是指这样一种现象：组织情境的不确定性较低，大多数组织成员对组织方向和目标存在较为一致的预期，对正常的合作秩序也存在共识，但某些缺乏上位、在位合法性的领导，在组织中放弃了相关制度（规则）安排，常常以“仪式化”等具有威权色彩的手段逼迫下属迎合自己的意志。而下属的“服从”倾向于毫无理性和反思的“盲从”。当然，一旦“仪式”存在边界效应或局限性时，领导可以借助“地位—角色”和“制度”加以补充性的调整。与机会型领导类似，我们推测这种“反常”的领导现象，既受制于“特定的组织情境”，又与文化（亚文化）传统、社会化过程（包括三者的复杂作用）存在紧密关联。当然，组织成员在幻觉型领导下的再社会化远较在机会型领导下困难，但如果存在更深厚的文化传统和社会化过程的影响，比如很多人指责的中国人的“奴性”，也有使组织反常状态常态化的趋势（见图5）。

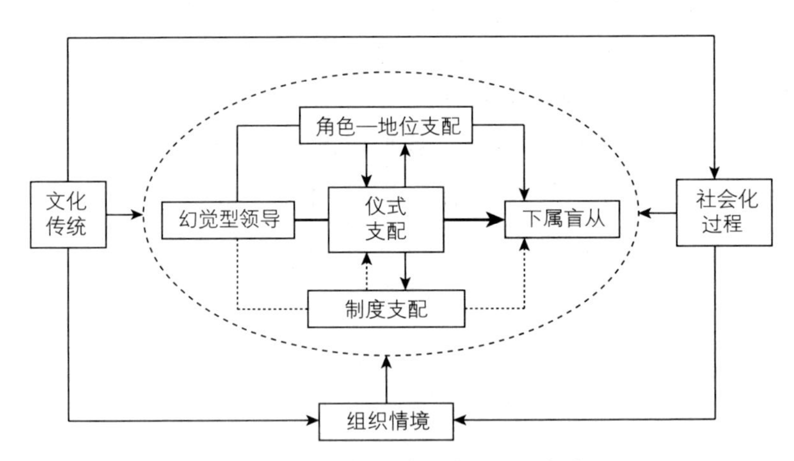

图5 幻觉型领导的生成及作用方式

2.3 四种领导类型的混合及转换

一方面，笔者所归纳的四种领导类型是一种基于经验抽象出来的理想类型。组织情境、领导方式、下属选择共同构成了一组简要的划分标准。当然，其中措辞的模糊性也非常明显，比如“不确定性（较）高/（较）低”“显失理性”“常识”“反常”。笔者无力在一篇文章中深入廓清四种领导类型的内涵与外延，更无意于将其发展成更具操作性的构念（初步建立潜变量与可测变量的关系）。另一方面，将抽象概念还原到经验世界以后，不可能识别出任何严格意义上的“纯粹”的常态型领导、机会型领导、理想型领导、幻觉型领导，而较易识别的是以某种类型为主导的领导现象。也就是说，作为个体领导者的领导行为，既可能同时体现这四种类型的某些特征，也会体现出一种比较主导的类型。具体到某个领导个体，因“组织情境—互动对象”的差异，会表现出复杂的倾向性行为特征。

如果动态地思考领导现象可能的变迁，除了幻觉型领导不大可能成为理想型领导，因而转换的途径略为阻塞（如图6箭头方向所指），其他三种类型都分别存在三种转换的可能性。比如理想型领导，在不确性较低后，可能更多地倚重制度进行支配，从而转向常态型领导；当然，理想型领导也可能假借制度的外衣，背离组织合作的宗旨转向机会型领导，而当领导支配权的合法性、有效性渐渐缺失的时候，领导的幻觉化也就会越发明显。机会型领导同样可以转向幻觉型、常态型领导，也不能排除其转向理想型领导的可能性。只不过在经验上，这种幡然悔悟的根本转型，需要领导个体某种全新的内化过程或者外部环境变化的刺激。常态型领导转向理想型领导、机会型领导、幻觉型领导的可能性也都存在。

考虑组织成员的选择，以理想型领导为例，如果领导一方转向常态型领导，下属也可能转向服从，但如果依然保持追随的状态，就可能产生“冲突”（比如对制度支配的不适应）；如果领导转向机会型领导，下属不能保持“屈从”的状态，则可能产生剧烈的冲突（抵抗、边缘化、破裂）；而常态型领导转向理想型领导、机会型领导、幻觉型领导，或者机会型领导转向理想型领导、幻觉型领导，也会引发组织成员的行为在“服从—屈从—盲从”间转换。

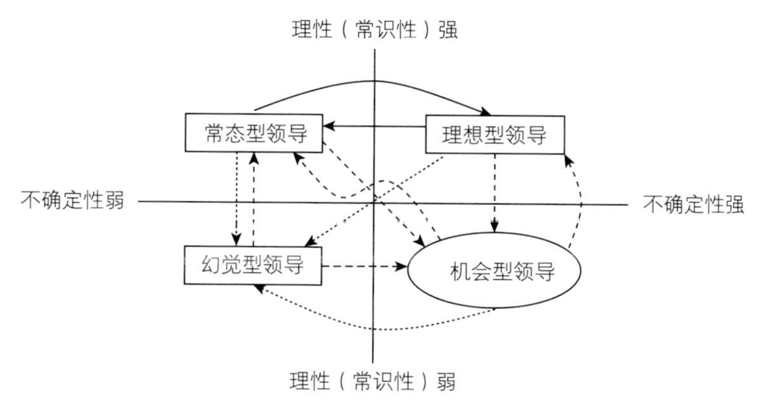

图6　领导类型的转换路线

注：实线、线段虚线、点状虚线表明转换可能性逐步减弱，当然这只是一种推测。

2.4 机会型领导、幻觉型领导的深层反思：社会化过程和文化传统

机会型领导至少存在如下两个特征：一是有可能违背具有合理预期的组织方向和目标；二是采纳违背常识、理性的组织支配方式。那么，组织成员为什么要服从？幻觉型领导至少存在以下三个特征：一是合法性缺失（危机）；二是违背具有合理预期的组织方向和目标；三是采纳违背常识、理性的组织支配方式，以威权为主。那么，组织成员为什么仍要服从？

组织需要一致性、稳定性，这是不言而喻的常识。但领导所选择的方向、目标及合作秩序，绝不可能永远正确。调整或纠错是组织存续的关键环节，而领导者往往最难对其支配权加以约束和反思。因此，组织成员的选择将成为及时预防、制约甚至纠正领导错误的重要因素。中国的现实社会中存在大量主要靠组织以外的“上层、外部”纠错的经验事实。尽管在今天几乎“无孔不入”的网络世界，我们发现了一些借助舆论自下而上修正领导偏误的成功范例，但总体而言，纠正组织领导错误的滞后性已经给社会造成了太多原本可以避免的巨大损失。不难推测，即使组织领导做出了错误决策，组织成员，尤其是某些关键的组织成员，如果能坚持合理的方向、目标，坚守常识和理性，无论是“冒犯冲突、主动谏言”，还是“消极怠工”（尽管个人或小群体可能面临多种风险，比如中国人熟悉的“穿小鞋”），就长远而言，都可能会为组织带来明显的正面回报。但假如组织领导做出了错误的决策，却几乎没有来自组织成员的任何“不合作”的挑战——要么是大多数人违背自身意愿的屈从；要么是毫无反思的盲从，在“冷漠”中任由组织迈向危难；再要么是用“两面派作风”，一边“积极合作”，另一边却在背后对组织领导表达“愤怒、失望甚至鄙视”——那么长远而言，谁又会为组织的前途，包括组织成员自身的前途背书呢？！

从“领导—下属”的互动结构中，我们发现了两种特殊的领导现象：机会型领导和幻觉型领导。然而，为什么领导错了，作为命运共同体的组织成员还要服从，还要将错就错？部分地，也许正如 Smith et al.（2008）的发现——即使在实践中领导的合法性受到质疑，却依然会被人们所接受。从常识、经验，包括那些已有的领导研究，可知：一个组织总是存活在一段特定的历史时期，而组织的成员总是被文化传统，以及更直接的社会化过程所“塑造”。那么，组织参与者，无论是领导还是下属，都应该有那种文化（亚文化）、那段历史、那个社会化过程的烙印。

论及社会化过程，本文无意提供更加翔实的证据和剖析，或许自身的生活体验、长期的观察，以及必要的常识、知识和理性，已足以让我们形成一种可以得到广泛响应的判断。无论把视角对准家庭这种初级社会化的关键环节，还是学校教育这种次级社会化的主要角色，甚至包括再社会化中的各种组织，社会化过程更多展现的是一种非常罕见的、高度一致的“组织驯化”现象，它在剥夺个人独立意志和思想方面发挥了异常强大的作用。中国人不仅很少质疑“既有世界的合理性”，反思“自我生存的意义”，还会在成长过程中不断把形形色色的“潜规则”内化为参与组织生活的行动指南，发展出一套“适应社会”的专门技能。典型的例子是，我们特别善于“察言观色”，习惯于“见风使舵”，前者有时候就会放纵为“指鹿为马”，后者就可能堕落为“不择手段”。

当然，我们也愿意寻求超越切身感受以外的文化反思，以深化我们对“服从何以可能”的历史性思考。按照杨国枢（2004）的看法，在中国基本的社会取向中，就存在所谓的权威取向，表现为权威敏感、权威崇拜、权威依赖。而李汉林（2004）通过对中国“单位”（主导性社会组织形式）的研究也指出，对单位领导的习惯性顺从，“是不少中国单位人放弃自我、丢失平等和自由的一个源头，也是中国传统的家族文化在中国单位长期社会化的结果”。西方学者雷丁（2009）也认为，“家长主义在自我—关系—组织—社会层面的逐步展开”表现为“等级、专制、权力与控制的非理性”。而刘泽华（2000：372）更是尖锐地指出“中国古代社会结构属于‘权力—依附’型结构。这种结构广泛存在于社会生活的各个层面”。同时，“与普遍化的‘权力—依附’型社会结构相适应的是普遍化的绝对权威的崇拜。中国古代社会权威的特点是：几乎一切社会权威，无论是虚拟的还是实在的，都被视为绝对权威，即具有较强的支配性、强制性和不可违逆性；每一种权威总是由一个未经民主程序认定的个体来体现，并尊之为绝对主宰；为了维护这类权威，总是力图剥夺服从者的人格独立乃至一切权利和自由；权威者与服从者的关系实质上是人身依附关系，即主奴关系。这类权威又大多染以神圣的油彩，以致成为全社会的信仰”。或许最为可悲的是孙隆基（2004）所谓的文化深层结构中那种“反省与批判官能的麻木”。最终，“一个武装人员可以押送一群人，他们平静地往前走，无人逃跑”（阿伦特，2008）。

服从何以可能？本文尚没有确切的答案。这个问题的复杂性超出了我们的能力，也可能超出了本研究所引述研究的视域。但在此，笔者可以提供一个深入思考的线索，即巴特勒（2009）对“服从”的洞见：主体强烈地依恋于他（她）自己的屈从。如果我们的精神世界已经先验地，并在社会化的进程中把权力内化为一种可靠的行动指引，那么，除了自我的反思和救赎，怎么可能会有其他的选择？

3. 领导类型划分的意义：回到经验世界

我们希望在一个更加广阔的视野，梳理四种领导类型的多重面向。对其中涉及的诸多内容，如形成途径、作用条件、作用机制、领导风格、领导角色、下属行为、冲突处理、合作前景、正面效果、负面效果等，简要的总结见表1，其中的很多内容是标签化的。同时，为了客观、公平地反映组织领导者的真实状态，把机会型领导又进一步划分为意图型和非意图型两种类型，这一划分更符合组织现实。

以领导的上位为例，比如在常态型领导中，一般会有比较充足的显示性信号。无论是个人的素养能力、经验业绩，还是组织程序，通常较为合理、可信。当然，合理、可信也有时空性和情境性，且不以出离常识为依据。比如，组织不能长期任由那种不择手段、在政绩/业绩竞赛中取胜的领导成为自己的主宰。在理想型领导中，领导上位的依据则更多来源于一种信念共识。此种领导并不容易在日常经验中得到充分辨识和确认，但在组织的一系列重大变故/危机面前，如果允许进行连续的观察，应该可以做出较为可靠的判断。理想型领导中的领导者往往是孤独的，因为信念共享说易行难，而且独特的见识本身就非常稀缺。但只要存在一个较为紧密且高效的合作团队，他们往往会给组织带来根本性和长期性的正面影响。在机会型领导中，领导个人往往也可能具有一定的显示性信号，比如能力、经验等，但其合理、可信方面却非常可疑。因为此类领导常常是自我导向而非组织导向的，是短期导向而非长期导向的，是局部导向而非整体导向的。他们缺乏理想、信念，善于用“表面上合理、可信”却经不起推敲的“制度”实现自认为可取的组织目标，善于在原本既有的正常秩序中人为地“制造混乱”，很可能对组织造成长久、广泛、深入的负面影响。在幻觉型领导中，领导的上位主要取决于组织内部错误的遴选方式（比如极端的裙带关系；长官意志等），他们往往缺乏从事领导的基本素养和能力，是在“勉为其难”地支配。也许与人们常常所说的“外行领导内行”不同，某些专家型领导的“瞎指挥”，同样可能具有幻觉型领导的明显表现。

表 1 领导类型特征及作用汇总表

比较内容	领导类型				
	常态型领导	理想型领导	机会型领导		幻觉型领导
			意图型	非意图型	
形成途径	合理、可信	共识、可信	疑似合理、疑似可信	疑似合理、疑似可信	不合理、可疑
作用条件	在位(缺位)	在位(在世)	在位(在场)	在位(在场)	(在位)在场
作用机制	制度为主	信念、情感为主	假借制度之名	错借制度之名	以仪式为主
领导风格	指导	感召、支持	指导/命令	指导/命令	命令
领导角色	老师、警察	导师、朋友	投机者	疑似投机者	统治者
下属行为	服从	追随(盲从)	屈从		盲从
冲突处理	公事公办	说服	穿小鞋、边缘化	公事公办	打击报复
合作前景	自然疏离	长期延续	人走茶凉	自然疏离	遭人唾弃
正面效果	效率高	探索性	效率高	效率高	“自信”
负面效果	灵活性缺失	方向偏离、效率低下	长期宗旨的背离	灵活性缺失	折腾

注：在研究者看来，现实世界的领导可能基于自身成长、下属、组织情境的差异，表现出较为复杂的混合形态，而各种类型之间也有转换的可能。

比较而言，机会型领导，尤其是意图型的机会型领导，因为其表面的合理、可信，尤其是制度上的“疑似合理性”，是最为可怕的一种领导类型。在各级地方政府、各种组织中，存在大量善于迎合某些显失常识的各种“政绩/业绩指标”的地方官员、组织领导。比如，地方官员大张旗鼓、不择手段地追求 GDP 规模、增速；大学大张旗鼓地对各类项目、基地、博士点、SCI(SSCI)进行过分的追逐；企业忽视产品品质、消费者权益、环境安全、资源保育，而对销售额、利润率过分追求。或许在短期、在局部上，机会型领导中领导的“政绩/业绩”可能堪称“优异”，却会给组织、社会的广泛合作带来长期的危害。今日之政府、大学、企业等组织所饱受的种种质疑和诟病，很大程度上就是机会型领导泛滥造成的恶果。

我们期望组织外部环境的确定性增加，期望内部合作共识的增强，希望中国大量的社会组织主要靠常识和理性就能找到应对组织挑战的基本模式和制度(规则)。当“不确定性增加”、内部合作“复杂性、模糊性”增强时，有“伟大”的领导能够带领我们开创组织、社会的全新格局。但这些领导者如何上位？如何规避和削减机会型领导和幻觉型领导现象？如何让那些显失公允、缺乏理性、罔顾组织和社会长期利益的组织制度(规则)失去滋生土壤？使责任缺失、违背意愿的屈从或盲从不再普遍？这才应该是中国本土领导研究的主题。不是说只有中国才有机会型领导和幻觉型领导，有人类组织的地方，都可能存在；只是来自组织生活的切实感受、观察、体会和理论分析表明，在中国，无论是从文化、历史还是现实社会出发，我们发现这两种类型领导都称得上泛滥。抵制机会型领导和幻觉型领导，除靠外部环境、文化、社会变迁的影响外，在组织层面，领导当然可以通过反思来自我救赎，但其实很大程度上只能取决于下属与领导的有效互动，特别应该充分重视"不合作下属"的建设性意义。尽管无数的历史、现实经验不断告诫我们"不合作"对于个体和小群体可能带来负面影响，但恰恰因为机会型领导、幻觉型领导的客观实在性，及其对于组织长期发展的"明显危害"，组织需要内部往往是来自下属视角的质疑和批评，甚至是抵触和冒犯。尤其在今天，当我们早已习惯于接受现实的"残酷"，又轻松地把自己绝缘于"现实之外"的时候，我们应该意识到一个基本的事实——每个人可能都是自己所厌恶的那个现象的"共同建设者"。

4. 小结

本文简要梳理了英语世界针对领导的反思/批判性研究，结合现实经验和理论思考，提出一个由文化、社会化、组织情境和互动四个维度构成的中国本土领导分析框架，并围绕领导与组织成员的互动归纳了四种领导类型。一方面，机会型领导和幻觉型领导是有效解释中国组织领导现象的关键构念；另一方面，期望中国本土的领导研究更多从社会干预的角度，积极反思我们的文化资源、社会化过程及组织互动，唤醒领导者、组织成员个体的责任意识，以规避并扼制机会型领导、幻觉型领导在社会组织实践中广泛而深入的泛滥。本文提出：①领导是可错的，甚至必错的；②领导的错误是难以自我纠正的；③组织成员的不合作是纠正领导错误非常重要的"建设性"组织资源，它将促使领导进行非常必要的自我反思；④组织成员的不合作行为尽管可能带来当下的损失，但就组织长远的发展而言，无论是领导、组织，还是其他组织成员都可能受益于此；⑤组织成员的不合作是可行的，而且它将成为抵御机会型领导与幻觉型领导泛滥的重要力量，尤其是在今天这样一个由全新媒体所塑造的全新的社会秩序建构过程中；⑥作为一个中国人，在继承和发扬我们文化传统精华的同时，要勇于、善于抵制社会化过程及文化传统中那些违背理性、违背文明、违背常识的破坏性力量；⑦为了一个更加美好的未来，我们每个人都责无旁贷。

回顾及反思

概念是研究的基础，西方领导研究从来不缺乏概念，笔者为什么还要无视“奥卡姆剃刀”的警示，尝试一种可能是狗尾续貂的游戏呢？

自从关注领导研究，笔者的头脑里就充斥着各种关于领导类型的标签，交易型、变革型、魅力型、辱虐型、邪恶型，等等。分类是学术探索的前提，但笔者总感觉西方管理学界基于“还原论”的分类方法并不可信。研究领导，怎么能没有下属（作为基本的分析单位）？研究领导和下属的互动，怎么能缺少组织情境？进而，领导与下属怎么能缺少“社会化”的痕迹，缺少文化传统的影响？也正是在这一连串的追问中，一个在更加整体性的分析框架基础上的新分类方法得以浮现，这是写作本文时基础的思想轨迹。

在笔者曾经生活过的20世纪80年代，以《乔厂长上任记》为代表的文艺作品，塑造了一批巴纳德意义上的“权威领导”形象。他们高瞻远瞩，有魄力，有担当，有办法，一如深圳蛇口的袁庚先生，为中国改革开放“杀出了一条血路”，给笔者留下很深的印象。而在笔者有限的历史记忆当中，那些早期的革命家（领导人），以他们的坚定信仰、牺牲精神，有勇有谋，前赴后继，克服重重困境创建新世界的丰功伟绩更不可能诱发任何对领导合法性的质疑。作者于1994—2002年曾在西安交通大学管理学院工作，至今还清楚地记得一些老同事对交大首任校长彭康的那份由衷的钦佩，甚至推崇。

时移势易，当笔者的心智愈加成熟（或许吧）、对外界的看法愈加系统（可能吧）时，却突然发现，对于领导的观感越来越五味杂陈。无论是与企业接触的经历，还是环顾周围的领导，一个很紧要的疑惑是：为什么有这么多显然不适合当领导的“问题同志”走上了领导岗位？体制内“德能勤绩廉”的领导考核标准到底是怎么落实的？

只有比较极端新颖的现象才值得被冠以新的概念。当然，按照文中那个框架的“预设”，机会型领导、幻觉型领导并不是那种与个别领导“如影随形”的特质或身份标签。它们指涉的是现象。一个领导，完全可能在他(她)职业生涯的同一(或不同)阶段,分别(或同时)有多种领导类型的表现。而在文化传统、特别是特定社会化过程的塑造下,会比较集中地出现机会型领导、幻觉型领导的现象。同时,这篇文章已经为"下属改变世界"埋下了种子。既然领导和下属的互动才是研究领导更适宜的分析单位,下属又怎么会缺席呢?

记得笔者多年前在"管理学在中国"年会上就此话题做大会报告时,点评人齐二石老师就自嘲说,自己就是个机会型领导。笔者相信,作为管理学院院长,齐老师那一刻的说法是真诚的。另外,无论是机会型、还是幻觉型,不仅与领导有关,与下属,广义上,其实与每一个人的生活都有关系。人人都有理想,也都活得普通,但偶尔也可能持续性地,会在"机会"与"幻觉"中迷失方向,丢掉生活中那一份应该有的从容。

参考文献

ALVESSON M. 1996. Leadership studies: from procedure and abstraction to reflexivity and situation [J]. The Leadership Quarterly, 7(4): 455-485.

ALVESSON M, SVENINGSSON S. 2003. The great disappearing act: difficulties in doing "leadership" [J]. The Leadership Quarterly, 14(3): 359-381.

BLIGH M C, KOHLES J C, PEARCE C L, et al. 2007. When the romance is over: follower perspectives of aversive leadership[J]. Applied Psychology: An International Review, 56(4): 528-557.

DETERT J R, EDMONDSON A C. 2007. Why employees are afraid to speak up[J]. Harvard Business Review, 85(5): 23-25.

DETERT J R, EDMONDSON A C. 2005. No exit, no voice: the bind of risky voice opportunities in organizations[J]. Academy of Management Proceedings, 1: 1-6.

DERUE D S, ASHFORD S J. 2010. Who will lead and who will follow? A social process of leadership identity construction in organizations[J]. Academy of Management Review, 35(4): 627-647.

EINARSEN S, AASLAND M S, SKOGSTAD A. 2007. Destructive leadership behaviour: a definition and conceptual model[J]. The Leadership Quarterly, 18(3): 207-216.

FRY L, KRIGER M. 2009. Towards a theory of being-centered leadership: multiple levels of being as context for effective leadership[J]. Human Relations, 62(11): 1667-1696.

JOHNS G. 2006. The essential impact of context on organizational behavior[J]. Academy of Management Review, 31(2): 386-408.

HARMS P D, SPAIN S M, HANNAH S T. 2011. Leader development and the dark side of personality[J]. The Leadership Quarterly, 22(3): 495-509.

HOWELL J M, SHAMIR B. 2005. The role of followers in the charismatic leadership process: relationships and their consequences[J]. Academy of Management Review, 30(1): 96-112.

HUNTER S T, BEDELL-AVERS K E, MUMFORD M D. 2007. The typical leadership study: assumptions, implications, and potential remedies[J]. The Leadership Quarterly, 18 (5): 435-446.

HUNTER S T, TATE B W, DZIEWECZYNSKI J L, et al. 2011. Leaders make mistakes: a multilevel consideration of why[J]. The Leadership Quarterly, 22 (2): 239-258.

LIPMAN-BLUMEN J. 2005. Toxic leadership: when grand illusions masquerade as noble visions [J]. Leader to Leader, 36(1): 29-36.

MUMFORD M D. 2011. A hale farewell: the state of leadership research[J]. The Leadership Quarterly, 22 (1): 1-7.

O'DONNELL A, JETTEN J, RYAN M K. 2010. Watching over your own: how surveillance moderates the impact of shared identity on perceptions of leaders and follower behaviour [J]. European Journal of Social Psychology, 40(6): 1046-1061.

PADILLA A, HOGAN R, KAISER R B. 2007. The toxic triangle: destructive leaders, susceptible followers, and conducive environments[J]. The Leadership Quarterly, 18(3), 176-194.

SMITH P K, JOST J T, VIJAY R. 2008. Legitimacy crisis? Behavioral approach and inhibition when power differences are left unexplained[J]. Social Justice Research, 21(3): 358-376.

THOROUGHGOOD C N, HUNTER S T, SAWYER K B. 2011. Bad apples, bad barrels, and broken followers? An empirical examination of contextual influences on follower perceptions and reactions to aversive leadership[J]. Journal of Business Ethics, 100(4): 647-672.

TIERNEY P, TEPPER B J. 2007. Introduction to *The Leadership Quarterly* special issue: destructive leadership[J]. The Leadership Quarterly, 18(3): 171-173.

YOUNG M J, MORRIS M W, SCHERWIN V M. 2011. Managerial mystique: magical thinking in judgments of managers' vision, charisma, and magnetism[J]. Journal of Management, 39(4): 1044-1061.

WALDMAN D A, RAMIREZ G G, HOUSE R J, et al. 2001. Does leadership matter? CEO leadership attributes and profitability under conditions of perceived environmental uncertainty[J]. Academy of Management Journal, 44(1): 134-143.

阿伦特.2008.极权主义的起源[M].林骧华,译.北京:生活·读书·新知三联书店.

巴纳德.1997.经理人的职能[M].孙耀君,等译.北京:中国社会科学出版社.

巴特勒.2009.权力的精神生活:服从的理论[M].张生,译.南京:江苏人民出版社.

辜鸿铭.2012.中国人的精神[M].李晨曦,译.南京:译林出版社.

韩巍.2009."管理学在中国":本土化学科建构几个关键问题的探讨[J].管理学报,6(6):711-717.

韩巍.2011a.管理研究认识论的探索:基于"管理学在中国"专题论文的梳理及反思[J].管理学报,8(12):1772-1781.

韩巍.2011b.管理学界应该接纳思辨研究[J].管理学家(学术版),7:23-36.

韩巍,席酉民.2009.不确定性——支配权——本土化领导理论:和谐管理理论的视角[J].西安交通大学学报(社会科学版),29(5):7-17.

雷丁.2009.华人资本主义精神[M].谢婉莹译.上海:格致出版社.

李汉林.2004.中国单位社会:议论、思考与研究[M].上海:上海人民出版社.

刘泽华.2000.中国的王权主义:传统社会与思想特点考察[M].上海:上海人民出版社.

明恩溥.2011.中国人的气质[M].刘文飞,刘晓旸,译.南京:译林出版社.

孙隆基.2004.中国文化的深层结构[M].桂林:广西师范大学出版社.

威廉森.2001.治理机制[M].王健,方世建,等译.北京:中国社会科学出版社.

杨国枢.2004.中国人的心理与行为:本土化研究[M].北京:中国人民大学出版社.

席酉民,韩巍.2010.中国管理学界的困境和出路:本土化领导研究思考的启示[J].西安交通大学学报(社会科学版),2:32-40.

徐淑英.2012.推荐序一[M]//李平,曹仰锋.案例研究方法:理论与范例——凯瑟琳·艾森哈特论文集.北京:北京大学出版社:1-2.

徐淑英,欧怡.2012.科学过程与研究设计[M]//陈晓萍,徐淑英,樊景立.组织与管理研究的实证方法.2版.北京:北京大学出版社:13-32.

本文合作者:席酉民

09　下属改变世界

领导—下属互动机制的本土建构

1. 问题来源

作为当代高度组织化社会中的一员，作为在各类学校这一特定组织中学习、工作的一员，作为长期接受管理知识专门训练、从事管理研究和教育，并具体介入组织管理实践的一员，我们深知任何组织（社会）都必须建构并维持某种“领导—下属”的合作机制以应对广泛的不确定性，并展现出某种必要的秩序感。这也是人类合作长期演化的优势策略（Van Vugt et al., 2008）。在以往的研究中，笔者曾尝试对中国本土领导的本质特征加以重新诠释（韩巍、席酉民，2009），提出一种更加系统的本土领导分析框架（席酉民、韩巍，2010），并结合本土情境对领导类型进行新的划分（韩巍、席酉民，2012）。虽然早已意识到领导—下属互动的重要性，但以往的研究似乎沿袭了领导研究的惯性思维，并未对其进行深入研究（韩巍、席酉民，2012）。组织（社会）的合作秩序仿佛只与领导有关而与下属无涉。

就我们近二十年对组织（社会）的经验、观察和感受，今日中国既可谓成绩显著也可说问题丛生，很多领域都发生了规模化、系统化甚至“荒谬”化的蜕变。一方面，人们似乎已经习惯于从泰戈尔的箴言——“雪崩的时候，没有哪一片雪花认为责任在自己”中找到解脱；另一方面，理论家、实践家似乎已经找到“丧失信仰、风气败坏、制度缺位”等诸多理由，进而形成进行社会干预的重要依据。从短时间看，这些社会干预在宏观层面可能会有重锤响鼓、立竿见影的功效，但从微观上来说“荒谬”为何会在组织（社会）畅行无阻尚缺乏深入剖析。假如把广泛的组织（社会）现象抽象为一系列领导—下属的互动行为，那么笔者会非常好奇：**当代中国组织的领导与下属到底是如何互动的？当领导做出错误决策的时候，下属为什么会服从**（韩巍、席酉民，2012）？**进一步地，当领导做出荒谬决策的时候，下属为什么还要服从？**本文希望从领导—下属互动关系，尤其是下属视角的深入剖析中寻找答案，并对破解各种“荒谬”的组织（社会）行动有所启发。

2. 文献综述

早期的领导研究已经意识到不能孤立地看待领导（Oc B., Bashsur, 2013），但忽视下属的状况直到最近才得以改善（Van Vugt et al., 2008；Collinson, 2006；Van Vugt, 2006；Baker, 2007；Thoroughgood et al., 2011；Uhl-Bien et al., 2014）。领导作为“一个动态系统，涉及领导者（领导）与下属（追随）在情境中的互动”逐步成为共识（Van Vugt et al., 2008；韩巍、席酉民，2012；Uhl-Bien et al., 2014；DeRue and Ashford, 2010）。当然，领导与下属的关系并不对等，受益与努力之间也未必匹配，加之目标的不一致，产生矛盾也在所难免（Van Vugt et al., 2008；Van Vugt, 2006）。

一方面，正如人们传统的看法，低级别的个体只有服从支配才能保护自己的利益（Van Vugt, 2006）。下属在“互动”中有多种理由保持沉默，组织中也存在多重机制诱发并维系广泛的组织沉默（organizational silence）（Morrison and Milliken, 2000）。而违抗领导的一系列结果，比如与领导疏离、失去资源、破坏合作关系、失去升迁机会等（Carsten et al., 2010），使得下属倾向把服从当作首要选择。下属偶尔的建言（voicing）或针对领导错误的抱怨（blow the whistle）往往也是计算预期成效与个人成本后的结果（Morrison and Milliken, 2000）。

另一方面，“转换透镜”（reverse the lens，即将焦点从领导转向下属）后的研究表明，至少部分下属在“互动”中更强调建设性地“质疑及挑战领导”（Carsten et al., 2010）。下属可以借助“道德想象力”（moral imagination，即合作与批评而不是单纯服从）提升领导与下属的合作关系（Werhane et al., 2011）；可以采取更积极的行动（比如建言、对组织制度施加影响），甚至拒绝领导不道德的要求（Uhl-Bien et al., 2014）；下属不再是单纯的服从者，而是领导的“合作伙伴”，甚至是“合作型领导者”（co-leaders）。在某种程度上，下属甚至希望主宰领导—下属互动关系（Crossman and Crossman, 2011），从而展现出组织中下属作用的想象空间。

3. 研究方法说明

中国管理学界长期受到实证研究范式的影响，缺乏对多元范式研究的了解和包容，这已经对中国本土管理研究形成了严重制约（Alvesson, 1996；韩巍，2011a）。笔者并不是要宣扬保罗·费耶阿本德（Paul Feyerabend）的“anything goes”，而是主张管理（社会）研究不应执迷于研究样式的规范性、科学性，更应该关注研究成果的启发性与适用性。

本研究采用了多种研究方法。在经验事实部分，主要采用自我民族志（auto-ethnography）、反身性/自反性（reflexivity）启发下的“自我呈现与反思”（韩巍、席酉民，2009），同时也采用笔者对于“日常用语”参与社会化从而塑造人类认知行为的敏感（Boje et al., 2004；Sparrowe, 2005）以及一般意义的社会观察；在理论建构部分，主要采用典型的思辨研究（韩巍，2011b）。尽管笔者非常理解那些怀揣科学梦想并持强烈实证主义取向同行的忧虑，但是我们早已抛弃了那种仅仅希望通过专注于“测量/反映”就建构人类组织（社会）实践权威知识的想法。笔者认为，经验事实只是理论研究的线索、拼图，经验素材（本质上）是一种语言现象（Alvesson, 1996），没有人能借助“（维特根斯坦意义上）有限的语言”（伽达默尔，2007：24—26）就完整地呈现事实本身。**组织（社会）研究的真谛在于，每一位研究者用阅历、经验、知识、智慧所形成的特定研究工具，要么“尽可能”完整地呈现经验事实，要么在直面经验事实的过程中提出洞见，从而使读者获得认知视野、深度，以及行动上的启发性。**

本研究涉及的经验事实部分主要取材于两个“样本”，即两位研究者韩巍（HW）和席酉民（XYM）的成长经历、组织经验和社会观察，这既符合个人历史（personal history）、早期生活（early life）、重要生活事件（critical life events/trigger events）在社会化过程中对个体的塑造的一般认识（Parry et al., 2014），也是研究者理解中国本土领导现象系统化思考的反映（席酉民、韩巍，2010）。笔者选择样本的依据是：①熟悉。尽管并非所有人都认可笔者更熟悉其生活经验的假定，但比较目前管理领域流行的经验研究方法（如果客观上存在对于笔者几十年生活全天候的监控，我们也愿意相信大数据的分析结果），比如问卷调查、深度访谈、实验方法，笔者认为“自我呈现及反思”是一种值得信赖的方法（韩巍、席酉民，2009）。除非当事人自己诚恳地表达，传统的研究者很难走进其“真实世界”。②“极端”典型性。读者有充足的理由质疑任何建立在“极端个案”的研究成果，但笔者并非漠视主流学术传统，而是进行一种积极的尝试。因为按照笔者的理解，特定时空条件下绝大多数个体的思想和行动首先一定是平均意义（变异较小）的，那是人类参与组织（社会）生活最基本的行动框架；其次，平均意义以外的特定个体，至少在某些方向上，其思想和行动一定突破了那个框架的约束，从而扩展了与多数身处同样（相似）境遇行动者潜在的选择空间。换言之，“极端”典型性非但没有削弱平均意义的稳定指向，反而凸现了因为“新奇性”使得平均意义的人类思想、行为之演化（更大的变异）成为可能，也就是说，“极端”典型性扩展了人们认识人类行为的宽度和纵深，它不是统计学意义上的样本，而是启发洞见的样本（insightful examples）（Alvesson and Sveningsson，2003）。给“极端性”加双引号的目的在于声明两个样本并不是真正的极端（最大变异性）。但无论是自我评价还是熟人判断，笔者可以被认为是在认知和行动之特定维度上表现出平均值以外特征的个体。虽然笔者无法套用一组指标以举证其直观性，但既然论文主要是写给管理学同行的，不妨就请他们为本研究呈现的事实做出鉴定。③反思性，本研究是一次研究者与其成长经历、生活经验、社会观察的对话，尝试在细节与抽象、情境与理论的反复揣摩中建构一种“本土理论”，它不是对生活经验的简单反映，而是旨在重新诠释生活经验并给予意义的叙事（narrative）（Hawkins and Saleem，2012）。研究者可能不无偏见，或失之笨拙。但是，本研究即使有选择性处理事实的策略，却没有篡改事实的动因；即使有调整修辞方式以适应当下语境的策略，却没有隐含真实意思表达的用意。这是研究者对于“可靠性/可信性”的郑重承诺。

4. 自我呈现与反思

“生活故事”既是理论研究的线索，也是理论建构的基础和参照。期待无论持哪种范式的读者与研究者一道理解“我们”的共同经历，并反思“我们”每一个人的生活意义。

HW，男，生于1969年，陕西西安人；XYM，男，生于1957年，陕西长安（现归为西安）人。两人的家庭环境不同：HW，城市/干部，父母健全，由姥姥带大，有哥哥、姐姐；XYM，农村/农民，爸爸在城里工作，由母亲、伯父、伯母照顾，放养式成长，但爸爸和伯父对青少年时期的成长有较大影响。两人童年、少年期所处的年代不同而且敏感（或许有些巧合，按照传统的生肖划分，他们都属鸡）。无论那个时代多么波澜起伏、风云诡谲，学前的那段时光，对于没有上过一天幼儿园

（XYM 也如此）、整日流连于花草昆虫的 HW，更多是自由自在的美好记忆。XYM 的早期成长经历比较特殊，与“三年严重困难”“社会主义教育运动”，尤其是“文化大革命”（开始时 XYM 9 岁）存在密切关联。他听大人们讲每当人民公社吃大锅饭的钟声响起，常处于饥饿状态人们会有强烈的反应；“社会主义教育运动”中，伯父先是因受牵连无奈出走，后来居所被查收，因此他只能在一间被麦草堵住房门、只能从窗户进出的小屋艰难度日；他目睹了“文化大革命”中的“武斗”场面，不解那些浑身是伤、满脸带血的壮汉为何激情满怀、信誓旦旦……从小学到初中，他始终是一个好学上进的孩子，参加过“学生上讲台”“小教师”活动等。他抓住了“文化大革命”后念高中的机会（只有不到 10%的学生有此机会），“教育回潮”使他度过了刻苦学习、成绩名列前茅的两年高中生活，但在 1974 年春快毕业时，一场批判“教育回潮”的运动不但延迟了他的毕业时间，而且使其更加困惑。充满各种各样政治运动、每月参加和组织各类会议的四年农村生活，让 XYM 充分理解了社会最底层人们的生活方式和社会政治状态的无常，也使其踏着这种运动和历练的步伐步入青年时代，并抓住 1977 年高考的契机进入了大学。相比之下，HW 的经历或许可以用“少不更事”来解释，但事实上，1975—1976 年，他的父亲曾在“反击右倾翻案风”中受到冲击，也给他留下很深的印象。每个人都难以逃脱时代的影响，但对时代的解读和时代对个人影响的方向或程度会因人而异，这也许正是“时代”凝结在叙事（一种建构）中的集体记忆和个体记忆关系的复杂性（韦尔策，2007）。

进入学校后直至少年时期，两人均是家长眼里比较“听话”的孩子，也是老师眼里的“好学生”。无论是“五谷不分”的 HW，还是“学工、学农、学军”的 XYM，均没有太多“惹是生非”的男孩儿故事。青年时期，他们在大学求学，读研究生，直到在大学任教。在 20 世纪 70 末至整个 80 年代，中国发生过很多重大事件：经济改革、平反冤假错案、对越自卫反击战、“严打”、反对资产阶级自由化等。历经小学、中学、大学的 HW 和历经大学、硕士、博士并参加工作的 XYM 对社会整体变迁及微观生活的认知应该存在明显差异。但有趣的是，这两个保持了长达十多年合作关系、私下朋友般相处的“知识分子”，却很少在日常交流中分享对那段“共同岁月”的感受。研究者认为 HW 更倾向“文科生”的感性、冲动，XYM 更倾向“工科生”的理性、谨慎，这或许是他们保持“缄默”的部分原因。当然，“师生关系”（1997—2001 年，HW 跟随 XYM 攻读博士学位）也会阻碍他们走进彼此更深层次的内心世界。比较明确的是，这些重大事件所串联的历史片段与他们主要在学校中的成长经历相距甚远，但从来没有成为他们理解彼此的障碍。

20世纪80年代末期，在读大二的HW和已经在高校工作的XYM不可避免地遭遇到那场风波。坦率地讲，他们做过那段时间绝大多数高校在校生、（青年）老师做过的事情，但绝不激进。XYM在整个过程中保持了理性，但依然被一重要事件影响其学术和事业数年。尽管他们在此不便分享各自对那段人生经历的感受，但直至今天，那场风波并没有给他们个人造成难以磨灭的困扰或伤害。HW读完硕士后于1994年开始在高校任教，其间从事过6—7年的咨询、策划工作（“半下海”），1999年短暂出国留学后彻底回归大学，2002年调到另一所大学，始终是一名普通的大学教师。而XYM则从一所知名大学的年轻教授（两次破格提升）做到研究所所长、管理学院院长、重点大学副校长，直到成为一所中英合作办学高校的实际掌舵人。

回望他们平凡的人生经历（XYM的人生轨迹或许并不符合“平凡”的通常理解——HW注），无论对于家庭还是单位（学校），无论是大时代还是小环境，在绝大多数情况下，他们都称得上“顺民”。作为“好孩子”“好学生”“好教师”，对于父母的叮嘱、师长的期待，包括单位（组织）的要求，都称得上中规中矩、尽职尽责。

HW一路成长，娶妻生子，为父母养老送终。尽管他从小就背负“盲目骄傲自满”的名声，常常被调侃为“愤青”“愤中”，但除了在公司兼职那几年曾数次毅然抛弃领导（组织），成为一名大学教师以来的20年间几乎没有干过一件让组织犯难或是让领导难堪的事情。面对大学（学院）20多年来出人意料且难以逆转的蜕变，所谓的“愤怒”只不过是朋友、同事间私下的牢骚，以及学术范畴公开发表的批评文字。

但是，在HW真正步入成人世界，尤其是20世纪80年代末期的那场风波之后，即使是一直宽容且内心骄傲的父亲也开始不断提醒他“言多必失”“祸从口出”（今天的HW当然明白从《人民日报》就能洞见政治气候的那一代知识分子曾经承受过多大的精神压力）。奇妙的是，伴随HW的成长，诸如“枪打出头鸟”“别多管闲事”“胳膊拧不过大腿”类用语总是萦绕耳畔，母亲“上有老，下有小”的叮咛更是如影随形，乃至成为他应对外部世界最习惯的参照框架。更为神奇的是，在这种熏陶下，HW在学校偶尔萌发出一丝“犯上作乱”的冲动，就会被另一组诸如“为集体（大家）着想”、小心“众叛亲离”的暗示将冲动化为无形。直到有一天，HW发现曾经困扰过自己的很多“荒诞事”，已经越来越容易被“人在江湖，身不由己”“常在河边走，哪有不湿鞋”所理解和包容。

不过，HW 也有固执的一面。尽管朋友经常规劝他不要写那些冒犯同行或者批评学界的文字，他还是发表了一些批评某学者、某群学者的文章（韩巍，2005；韩巍，2008；韩巍，2011c）。从对主流实证研究范式的批评（韩巍，2011a）、对多数主流研究的非议（韩巍，2011d），乃至对管理学院学术评价制度的质疑（韩巍，2014），HW 无法确定 2009 年以来这一系列表达的实际价值以及可能引发的结果，但非常肯定一个事实：只有表达了这些内心最真实的想法，他才会找到自我的存在感，否则，生命或许会在一种残酷的自我审视后彻底丧失那点儿原本就卑微的意义。

XYM 的人生经历丰富多彩，常在风口浪尖。虽然在不同岗位担任领导，但也长期保留下属的身份。作为始自 20 世纪 90 年代某管理学院制度创新的探索者、主导者，中国大学长期变迁的参与人、见证人，XYM 想借助“自我呈现与反思”去“还原”其中太多重要时间、地点及决策中人与事的是非曲直并不现实。但直到他在一篇名为《50 岁感言》的短文中对院士评审表达异议，直到 2008 年他决意执掌一所前途未卜的大学，才真正反映出他的信念、抱负、姿态与力度。这种爆发并非一时冲动，而是长期累积的结果，源自他从小就有的（内心）批判精神。从陕西机械学院物理高才生到西安交通大学系统工程（管理）硕士生转型过程中获得的自信心的提升，在国家科学技术委员会所做三峡等大工程的研究中获得的国家层面的“全局”观念，在国务院与一批忧国忧民老科学家的合作对其在人生价值和意义上的重塑，以及大学后勤社会化等一系列体制改革实践，为这些别人看来很难理解的决策埋下了伏笔。

至少在 XYM 赴任之前，HW 没有想象过中国内地会出现一所如此与众不同的高等院校。几年来，经由 XYM 及其管理团队、教师、学生、学生家长、合作单位、媒体以及政府部门的共同努力，一所新型的大学已赫然屹立。今日中国，有几所大学不是忙于“课题——获奖——论文等级/数量——博硕士点——研究基地——重点实验室——‘江河湖海’学者——院士”的“指标运作”，有几所大学真正着力构建“视野——责任——教学为重——科研与实践结合”的全新文化？我们无法断言更无法预言一场微观组织变革在中国情境之大系统中的意义和未来。但很显然，无论作为一名管理学者还是高校领导，投身于社会实践的身体力行而不是一味抱怨，才是符合 XYM 之“理工科生”特质的必然选择，才是其自我意义之所在。回望历史，两位研究者或许对于某一段共同经历（管理学院的制度变迁）存在不同的解读，但 HW 推测，XYM 今天的努力，某种程度上是对自己过往的一种“背叛”，是对一种虚妄的控制系统的抵抗。两位研究者非常确定，中国高校、中国高等教育、中国教育乃至整个中国社会需要的是“方向感”，而非简单的“事业成败”。

把丰富的人生经历压缩在上述文字中势必存在风险。然而，反复回味自己生命的重要片段，我们才有机会找到建构理论的线索。显然，一方面，我们是普通的，一如绝大多数中国人在大时代潮流中所表现出的习惯性的“平凡、平庸和怯懦”，我们是服从的、沉默的大多数；另一方面，我们又是独特的，即在相对封闭的大学、学院、学术共同体中，表现出了有些突兀的“激情、勇气和坚持”，我们还是发声的、抗争的少数人。“与众不同”或许存在某种狭隘的“个人动机”，也可以玩笑般地归于属相（鸡，好斗的象征）。但我们非常确定，在这个时代，尽管环境逼仄，我们所做的既谈不上大逆不道，也谈不上破釜沉舟。我们即使处在非常狭窄的行动空间（所谓体制内），依然还有选择，如 XYM 的管理学院改革、后勤社会化改革、放弃“高升”到副部级的机会等。如果说一直伴随个体成长经历且承载了重大事件记忆的“语言”切实塑造着每个人的心智和行为方式，那么**我们不过是在因循“螳臂当车”——“位卑言轻”——“明哲保身”的人间道路上，在“难得糊涂”直至“得过且过”前产生了迟疑。**

5. 关键概念定义及本土领导—下属互动模型

我们有必要聚焦领导—下属的互动关系。笔者曾经提出过一个宏观的领导模型（韩巍、席酉民，2012）。现在要用“放大镜”观察领导与下属互动界面上的细节。而且，我们认为，“下属视角”的研究不能简单翻版既往的领导研究（Uhl-Bien et al., 2014），不然就会被无数“形容词+下属（追随）”的“新概念”所掩埋（韩巍、席酉民，2009；Crossman and Crossman, 2011）。

5.1 习惯性支配与服从

演化心理学研究表明，“领导（支配）—下属（追随）结构”（leader-follower structure）具有竞争优势（Van Vugt at al., 2008）。一方面，人类文化中存在“英雄概念化”（heroic conceptualization）的倾向（Thoroughgood et al., 2011），在位的领导容易出现更高的自我评价（Van Vugt, 2006）。在建构主义者看来，领导容易通过叙事、建构事实、生成意义来影响下属（Auvinen et al., 2013）。另一方面，在组织里，“规律/纪律不仅是强加于他人的支配的结构，也是自我控制的模式，为平等参与社会行动奠定了基础”(伯基特,2012:125)。

聚焦中国历史、文化传统、当代社会化过程及组织情境特征(韩巍、席酉民,2012),结合笔者的成长经历和生活经验,我们认为,**“中国领导”具有习惯性**[①]**支配倾向,即自然而然的支配倾向,表现为乐于发号施令**;而**“中国下属”则具有习惯性服从倾向,即自然而然的服从倾向,表现为乐于唯命是从**。支配与服从,作为人际交往结构的一体两面,在历史、文化、社会研究中存在广泛的佐证(韩巍、席酉民,2012)。尽管西方有学者并不认同“领导”与“支配”(dominance)存在密切关联,认为领导与支配分属不同的演化路径(Van Vugt, 2006),但笔者以为这正是文化预设带来的认知差异。在我们看来,中国本土领导的本质特征就是支配(韩巍、席酉民,2009)。而且,西方研究者经常纠结于所谓的权力来源/合法性(Barbuto, 2000),我们的经验要简单得多:领导的那个位置/头衔就是最直接、最强大的理由。

对于领导、下属的不同角色,整个社会在“主体缺位”的状况下进行了十分系统的“培育”(Collinson, 2006)——从家长开始的“驯化”,学校对“驯化”的强化,以及职场、社会环境(舆论、参考群体)对“驯化”的再强化。绝大多数孩子、学生、职员学会了服从,而少部分学生、家长、老师、领导学会了支配。场域不断转换,家庭、教室、会议室、运动场、主席台等,剧本高度雷同——家长、老师训话,领导指示,领导视察,接受领导检阅,让领导先走,前呼后拥,掌声雷动,等等。经过“演员”们的反复演练,某些从小就有“领导经历”的少年,一方面,会习得“领导式”的语言风格和行为做派(颐指气使,飞扬跋扈);另一方面,则会“有眼色”,在老师、领导面前尽可能地低调、谦恭、噤若寒蝉。

更为有趣的是,在组织、社会的具体管理中,在原本应当主要靠制度“自动”调节的场域中出现了一些奇怪的现象,如有红绿灯不行,警察在场才行;有规章条例甚至法律不行,领导发话才行。而社会舆论也在强化这种荒谬感,动辄以领导“亲自过问”“亲临现场”“亲自批示”来削弱制度本身的权威性。领导的这种“在场性”使得制度本身变得形同虚设,而其作用也需要领导的“再度诠释”才能得以发挥。近来披露的很多腐败案例、冤假错案,无不显现“领导在场”对制度、程序的破坏。正是由于领导的习惯性支配与下属的习惯性服从,即使有再完备的制度,也难以避免大量常识不及的决策和行为。

---

① 笔者没有使用皮埃尔·布迪厄(Pierre Bourdieu)的“惯习”(habitus),认为其过于庞大、宽泛和模糊。

由此，我们认为习惯性支配和服从是中国本土领导—下属互动的基本预设。

5.2 领导—下属行动域

大量研究试图对领导行为加以“风格化”的区分（韩巍、席酉民，2009），这意味着领导在不同情境下，针对不同事项、不同下属的“支配”存在多种选择（Carsten et al., 2010）。笔者将之简化为“引导、支持、训练、打压”，不是企图覆盖所有的领导行为，而是强调领导行为的选择性。比如，虽然我们更强调支配性，但不难发现管理者“除了会‘领导’也会‘顺从’下属”（Uhl-Bien et al., 2014）。同时，下属在如何应对领导方面也存在多种选择（Barbuto, 2000），可以将其选择简化为“盲从、服从、屈从、抵抗”。在“抵抗”（resistance）方面，不仅人类学在多种社会发现了人们具有强烈的、通过结盟（band together）抵抗领导支配的倾向，而且还会利用谣言、嘲弄、选举和其他公共监督手段控制领导（Van Vugt et al., 2008）。下属通过“有勇气、够坚持”的抵抗以展现“尊严”（show integrity）（Oc and Bashshur, 2013; Collinson, 2006）。

为此，我们给出以下定义：**领导—下属行动域是指在特定情境中，领导与下属互动存在选择不同的“支配”和“服从”方式的可能性**。我们认为无论“支配”还是“服从”（尤其是抵抗），均受到“社会情境”的显著影响。从前述领导—下属互动的预设容易推测在我们熟悉的组织（社会）环境里，双方的选择空间有窄化的倾向。在领导的“支配权”一端，强制性更强；而在下属的“服从”一端，盲目性、迎合性更强。

5.3 惩罚—激励想象

领导对下属的支配，本质上无外乎激励和惩罚，关键是下属会如何反应。大多数下属会如何反应？为什么少数人的反应可能不同？

在一个高度组织化的社会中，绝大多数处在下属位置的人倾向于服从，这是演化的结果（Van Vugt et al., 2008），是自我建构的必要条件（巴特勒，2009），最终成为这些人一种习惯。但是，在具体的组织（社会）场景，鉴于领导与下属难以避免的矛盾（Van Vugt et al., 2008; Van Vugt, 2006），不假思索地听命于领导并不是唯一选择。假定领导做出了错误甚至荒谬的决策，至少有人会心存疑虑，有些人会产生抵触和排斥情绪。但两位研究者有限的人生经历和观察显示，几乎在绝大多数情况下，“我们”最终还是选择了服从。不难推测，除了各种“利益”的计算，“怯懦”是最重要的原因。此处的“怯懦”与习惯不同，因为习惯是自动的、无须权衡的反应。而怯懦是经过“算计”以后，下属预见到某种比“自身焦虑”更可怕的危害从而主动放弃“抵抗”。而且，在我们所熟悉的组织（社会）环境中还会为“怯懦”找到一种自圆其说的解释，如“识时务者为俊杰”，否则就是“螳臂当车，自取灭亡”。我们可以简单地援引“趋利避害”的人类特质来解释，但有时是下属仅仅只是预见到可能的危害就联想起历史上无数“臣子”直谏而“粉身碎骨”的故事（个人记忆也是社会记忆），因此产生某种“感同身受”。笔者将这种现象称作**“惩罚想象”，指人们只经由思考而非亲身经历，就对自己的言行可能对权力的冒犯和带来的危害形成比较确定的判断**。相应地，人们也可以产生“激励想象”，即虚构一种场景，认为自己对权力的逢迎会带来回报。经验事实虽然未必每一次都支持这样的判断，但相反的现象却可能更为罕见。因而，惩罚—激励想象就成为人们在习惯性服从以外，应对“质疑—焦虑/猜测—期待”的另一套准则，也可以说，成为人们应对支配权的另一种行动预设。

对于一个组织，如果领导的决策失误，下属的“惩罚想象”越强，越不会产生对错误、荒谬的抵抗；而“激励想象”越强，则越会加剧错误、荒谬的泛滥。有趣的是，这一机制的发现，并不完全源自笔者个人组织经验的反思。在HW与XYM长达20年的交往中，可以说在大多数情况下，HW与XYM的互动并不符合“惩罚想象”原理，也不完全适用于“激励想象”。相反，早已离开师门的HW之所以跟XYM长期保持合作，在一定程度上恰恰跟HW的“放肆”与XYM的“纵容”有关。直到有一天，当HW在和同门师弟、师妹吃饭时抱怨团队缺乏生气、听不到不同的声音，一位师弟的说法让他找到了“惩罚想象”的现实对应物：“您敢讲，我们不敢讲，因为您在席老师那儿拥有特权。”换言之，除非拥有特权，即使在最该讲究平等的学术讨论中，惩罚想象作为预设也会为很多人的内心建立起一道牢固的篱笆。我们同样好奇领导会不会有“惩罚—激励想象”。简单地说，总体上，在语言所建构的领导意识里会有“顺我者昌，逆我者亡”，其激励面向是“重赏之下必有勇夫”，其惩罚面向则是“山里的核桃砸着吃”，甚至叫“给脸不要脸”。

5.4 命运共同体错觉

从众是人类的重要特质（阿伦森，2007），近当代中国人更有浓郁的“单位”情结（李汉林，2004），即组织化情结。人们属于家庭—村落—乡县—城市，很多人终其一生在一两个地方、一两个单位工作。父母如此，周遭很多朋友、同学如此，甚至下一代也因循着父辈、祖父辈的轨迹（“接班”、相互关照，银行业父母关照电信业朋友的子女，同时得到回馈）。我们被期望要把单位当成家（李汉林，2004），最终被一切组织化的力量所统辖。户籍（与之配套的一系列涉及个人和家庭生活的制度安排）差别、城乡差别、地域差别等极大程度上强化了一种普遍的、接受固定位置的组织化趋势。而长期生活、工作在少数几个单位，在建构社会关系时，也习惯带入亲疏有别、兄弟姐妹、关系铁（硬）、“没关系”等文化资源。仅将研究者的组织经验（HW 在一个单位待了 8 年，在另一个单位待了 12 年；XYM 在一个单位待了 26 年，在另一个与前一个单位有密切关联的单位待了 6 年）作为参照，无论作为普通员工还是部门、单位的领导，其实都嵌入在一种结构致密且缺乏动态性的关系网络中。

作为下属的 HW，尽管历经中国大学 20 年来的变迁，产生过种种质疑、抱怨，但那些具体的领导个人很少成为他直接诟病、挑战的对象，因为是熟人甚至是朋友，因为“抬头不见低头见”。而 XYM 作为领导，也作为下属，虽自认为有原则底线，不会因关系突破原则，但也面临着来自师友、同学、同行、同事关系的约束，未必能在无论作为领导还是下属的关系结构中充分地自主行事。我们都经历过中国高校几个阶段的“折腾”，内心也产生过强烈的抵触甚至厌恶，在争取到的空间中力所能及地做过努力，但行动上基本是“尽职尽责”，尽量配合领导的要求。不仅是惩罚—激励想象中的“怯懦”，而且自身信念、原则以及行为方式“独特性”的发挥也会限制在一定的尺度之内，我们会自觉地具有一种利益共同体的“患难感”，不愿意“一粒老鼠屎坏了一锅汤”。

我们把这种现象定义为**命运共同体错觉，即组织成员把自身命运捆绑于特定组织/群体，并听命于组织（领导）决策从而维系一种群体身份的心理倾向。**当然，笔者承认这种心理机制并不适用于“此处不留爷，自有留爷处”（不介入的权力）（伯基特，2012：220）。但在大多数情况下，绝大多数被高度组织化（尤其是体制内）的人们会倾向于调用这种机制解决自身偶然产生的冲动。比如在 HW 工作过的一个单位，曾经发生过一场学院级别的群体性抵抗领导的事件。大家那种来自命运共同体的“分寸感”让人印象深刻。放眼社会场景，一个医生曝光医院的秘密（红包、小金库）甚至可能遭到大多数医院成员的排斥；而大量行业、单位的群体性犯罪（窝案）尤其凸现了这种不问是非、只问组织利益的命运共同体错觉。当然，我们并不认为这种认知只有负面的影响，它本身同样可以发挥积极的抵御组织外部“环境压力”的作用。设想一个“文化大革命”风暴中的单位，完全可能因为强烈的命运共同体意识从而保全某些“问题人士”。较之下属，领导可能更容易从命运共同体错觉中获得奖励，如果组织变成“家”，“家长”会更便利地把“组织资产、人力资源”纳入组织成员命运共同体错觉的许可范围。经验上，如果有机会为领导的家里办事，下属多半会乐此不疲。

5.5 个体自我意识效应

管理学界已有关于领导“辱虐管理”的研究，这些研究均涉及下属的激烈反应。但在我们有限的组织经验中，未必会常常感受到那种来自领导的“公开敌意”(Tepper, 2000)”。当个人对领导支配存在质疑并产生焦虑后，尽管会同时受到习惯性服从、惩罚想象、命运共同体错觉的制约，但伴随着焦虑的加剧，还是会产生各种类型的“抵抗”，比如小范围的抱怨、“公开”表达不满、正式场合的冒犯、行动上的抗争等。例如，HW 因为长期持有对管理学界主流研究取向的质疑、对单位学术评价政策的质疑，除了私下表达不满，其还撰文公开质疑实证研究，质疑管理学院的学术评价制度、绩效考核制度。XYM 作为管理专家，长期作为一所知名大学的主要领导成员，却由于教育环境及学校体制、治理结构等方面的约束，无法实践其教育理念。在接手一所中英合作办学的学校后，面对跨文化挑战(国际师资占比大，带来不同的思维和行为方式)、组织短期发展目标压力(比如生源及社会各界的惯性期待)、资金紧张等多重困扰，XYM“固执己见”地推行以“和谐管理理论”为支撑的扁平、高效的网络化管理机制并着力培养全新的大学文化，这事实上也是对高等教育传统观念及管理方式的一种“颠覆”。但是，无论是 HW 的“发声”，还是 XYM 的“反叛”，在当下的组织(社会)情境中却并非其可行域中“唯一的选择”，更不要说是最佳策略。只不过对于他们而言，这近似于“唯一的选择”。我们认为，这是一种基于个人强烈的“自我意识(自我认同)”的表现。换言之，对于多数人“退一步海阔天空”的事情，对于少数人则可能变成“是可忍孰不可忍”。诚如伯基特(2012:5)所言，“在试图找寻我们是谁时，常常会诉诸某种社会活动，以揭示那个‘隐藏的’自我”。我们将这种现象命名为**个体自我意识效应，指组织参与者即下属(领导)个人因为难以忍受领导决策(或下属行动)对其自我意识(自我认同)的严重威胁(或者说“过度压迫”)而产生的抵抗行为。**

我们认为在中国的现实情境中，除非存在某种群体意识的唤醒运作，否则这种抵抗行为缺乏群体响应。这种抵抗行为常常表现为个体的、冲动的、异质的、孤独的，甚至具有某种“破坏性”。而多数人往往保持一种自我防卫的心理，即使偶尔萌发抵抗的冲动，还是觉得最好不要由自己来承担责任，由此选择做沉默、安全的旁观者，等待一个个“壮士”“烈士”的出现。换言之，个体自我意识效应存在不同的阈值。在一般情况下，尤其是在组织环境中，冲突并非十分激烈，并没有达到所谓“辱虐”的程度，因此多数人会出现自我意识效应抑制，甚至丧失的现象。

我们并不十分确定“抵抗”行为是否符合吉登斯的“因为在每一个体身上都存在一种对立，一方面是自我中心的冲动，另一方面是具备某种‘道德’意涵的那些冲动”（伯基特，2012：25-26）。所谓自我意识可能是符合良知的、建设性的，也可能是不道德的、破坏性的。我们也很怀疑西方学者在某种积极的价值观预设下对于“自我”在道德取向的先验性判断（伯基特，2012：73）。但是我们非常认同理查德·桑内特（Richard Sennett）的论断，“要拯救品格，有一种策略就是采取某种‘生涯’（career）叙事，在这个特别的社会世界里，创造出某种统合感、能动感、责任感”（伯基特，2012：225）。而且，当“遭到那些质疑和挑战、被抛进困惑和危机的时期，我们能够从中重新构建出一种蕴含意义的感觉：置身他人当中的自我认同”（伯基特，2012：232）。或者，即使我们无法在工作中找到自我，不得不采取一种中立的姿态，那至少还有一种不在场的自我值得追寻（“indifferent me at work”以及“real me outside”）（Collinson，2006）。

当然，在中国情境下找寻“自我”，或许更接近伯基特（2012：2）的“社会性自我”（social selves），即“想成为具备自身独有特性/身份/认同（identity）的个体自我，首先必须参与和他人共在的、由历史和文化塑造而成的世界”。“我们”是属于关系取向的个体，关系是中国人生活的出发点，我们缺乏甚至没有过“selfness”意义上的“自我”。因为我们每个人都不过是一张“网”中的节点。福柯（2012）对于驯化的分析固然很有启发，但我们的“驯化”版本，可能更为系统化、细节化尤其是直观化。因此，如果说“现代主体有能力通过与自身之间的反思性关系来认知自身，正是这种能力，形成了现代自我的历史性构成的‘本质’，构筑起我们的能动作用的基础”（伯基特，2012：135），那么或许不得不承认，我们近乎从来没有过所谓“现代主体”的生命体验。

另外，“self-awareness（自我意识）包括 self-regulation（自我规制）”是西方“可靠性[①]领导”（authentic leadership）、“可靠性下属”（authentic followership）研究中

① “authentic leadership”常被翻译成“真实领导”，但笔者认为这种翻译并没有准确表达英文的原意。

被“重新”发现的主题。自我意识被认为是可靠性领导的核心要素，或许可靠性下属也类似，意味着人们“能够觉察、确信其动机、感受、愿望和自我相关的状况”，包括“对其优点和缺点的了解以及自我多重面向的觉察”（Gardner et al., 2005）。西方学者虽然也在关注领导的“黑暗面”，但总体而言，他们对于领导研究的一般“预设”是积极和乐观的。本文所采用的“自我意识”显然缺乏上述积极意义，它更接近一种“底线意识”，笔者认为这正是文化差异的关键所在，在本土管理研究中不应该不加审视地接受来自西方语境中的“术语”（杨中芳，2009:200）。

5.6 群体意识

按照笔者对个体自我意识效应的定义，其作用机制事实上受到“组织情境、社会化过程、历史文化”的严重制约。“三思而行”“小不忍则乱大谋”“吃亏是福”“关系”“面子”“人情”等类似语言所建构的认知习惯会让人们形成较高的个体自我意识效应阈值。近三十年来，中国人从早期对“走后门”的普遍愤慨，演变成对各行各业“潜规则”的习以为常，直至对“英雄不问出处”的不择手段的“成功”的向往。事实上个体自我意识效应的阈值不断提高，表现出极大的包容性。假定某些个体自我意识还包含着某些“是非对错”的常识性记忆，在当下会更加凸显其生存的逼仄性。如果我们把那种基于平均意义的自我意识效应阈值转换为一种“群体意识”的话，个体自我意识效应阈值较低的主体在与这种群体意识的较量中注定困难重重。当然，可以想象，做出抵抗的主体一定会寻求某种同盟者（Van Vugt et al., 2008），一定会通过融入更大的群体以寻求“合法性”（Courpasson and Dany, 2003）。如果从领导与下属的角色来考虑，领导从个体自我意识效应中消解既有“群体意识”并建构新型群体意识的可能性显然更大。或者，某种具有“意见领袖”角色的下属也比较容易建构新型的群体意识。

6. 领导—下属互动机制本土模型及应用

结合我们自身的个人经历、组织经验和社会观察，根据上述关键概念的定义，我们“重新”提出一个诠释中国领导—下属互动机制的本土模型。笔者之所以强调“重新”，是因为我们曾经提出过一个简化的“互动结构”（韩巍、席酉民，2012），但当笔者长时间凝视并反思自己的表达时，意识到其中还存在更深层次的机制。本研究提出的阐释中国领导—下属互动机制的本土模型如图 1 所示。假定领导与下属具有特定的信念—认知—行为，在合作中不可避免地存在分歧和冲突。该模型的基本内容可以概述如下：①无论从历史文化资源，还是社会化过程中，作为一名（普通的）中国人，领导一般会表现出较为强烈的支配欲，下属则倾向于强烈地服从于领导的支配，构成“习惯性支配与习惯性服从”的互动关系预设。②在领导—下属的互动中，无论是领导的支配还是下属的服从都存在选择空间。领导的支配可以具体化为引导、支持、训练及打压；下属的服从可以具体化为盲从、服从、屈从及抵抗。③除了习惯性支配与服从，领导和下属在互动中还会动用“命运共同体错觉”和“惩罚—激励想象”以强化（弱化）支配或服从，因为支配与服从的具体策略存在冲突性。④伴随着领导—下属互动中对立性的加剧，领导和下属还会动用“个体自我意识效应”来强化（弱化）支配和服从，个体自我意识效应可以简化（区分）为起效和抑制两种，且取决于个体自我意识效应阈值的高低。⑤个体自我意识效应是基于个体的较为强烈的心理及行为反应，是个体“抵抗”行为的主要成因。⑥个体自我意识效应与群体意识相互影响，个体自我意识效应需要经过恰当的运作才有可能激发某种群体行为，比如

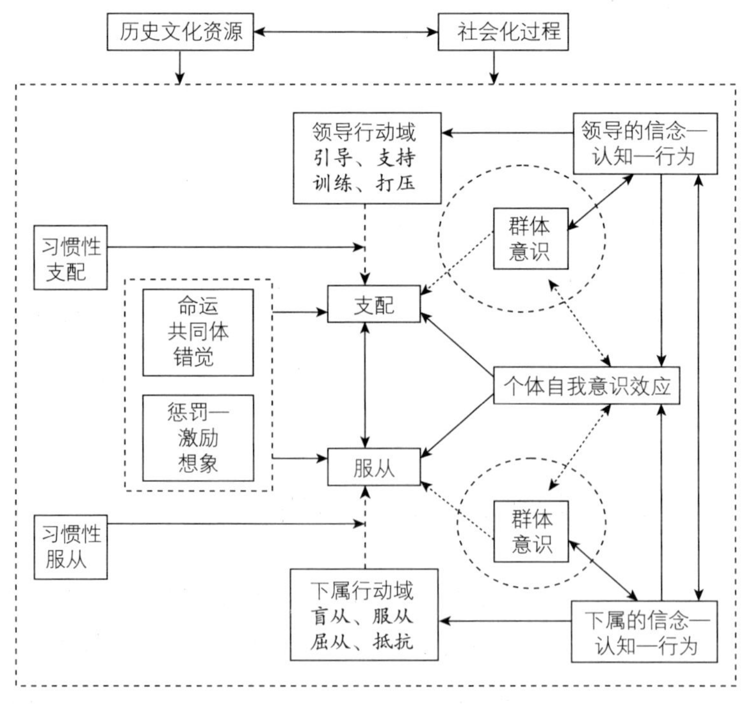

图 1　中国领导—下属互动机制本土模型

显著增加抵抗的强度。⑦习惯性支配与服从，命运共同体错觉，惩罚—激励想象，个体自我意识效应，群体意识及领导（下属）的信念—认知—行为方式都嵌入在历史文化及社会化过程中。可以推测，假定领导做出了错误甚至荒谬的决策，无论是组织还是社会层面，首先需要个体的自我意识效应发挥作用，需要个体自我意识效应的群体化；其次，必须期望历史文化的必要转型及社会化过程的重塑，以弱化领导过分强烈的支配欲及下属过分强烈的服从倾向（换言之，必须修正领导—下属互动的基本预设），尽量消弭领导与下属在信念—认知—行为上的隔阂，从而使领导和下属能够各担其责，良性互动，以创建一种全新的领导—下属合作关系。

领导—下属互动机制本土模型的提出，主要是基于两个"极端"典型的中国人的生活经验及社会观察，参照主要由日常语言所"呈现"的社会化过程，结合笔者的反思所完成的一项既归纳又思辨的理论建构。为了进一步展现该模型的解释力，笔者在以下分析中尝试通过分别悬置模型中涉及的"领导""下属"部分，主要以下属视角剖析领导—下属互动机制中几种常见状态。

6.1 领导—下属共犯结构的形成

今日中国，很多领域、很大范围内出现了远离理性、远离常识的系统性扭曲，它既是我们长期共同建构的社会、组织的现实，也是每个人不得不适应的情境。XYM 形象地将之称为"荒诞对荒诞的大行其道"（比如指标管理催生的极端事件）。对这些显见的"荒唐事"，人们的态度可能不是想方设法令它胎死腹中，而是任其泛滥成灾。当聚焦某个领域（比如教育）、某个组织（比如学校）时，暂时不考虑各类领导的初衷，就一系列源自领导（尤其是一把手）的错误（甚至是远离常识、容易被识别的荒谬）决策而言，组织内部为什么缺乏制衡、无法及时纠错?

任何领导在做出一项重大决策的时候，未必自信到能够确保预期目标的顺利达成，如果遭遇下属的强烈质疑和坚决抵触，也有可能做出及时的修正。然而，如果下属积极配合，很少发生质疑和抵触，一旦按照既定设想迅速取得某种"显见"的成果，就容易形成一种正向激励从而造成领导的自我肯定。从下属的角度出发，通常我们会习惯于服从，特别是当领导决策的错误（荒谬性）不那么明显的时候，自然而然的服从会成为绝大多数下属的主要选择。即使有个别人发觉领导决策的可疑性、荒谬性，也会被"惩罚—激励想象""命运共同体错觉"

所抑制，来自下属的异见/抵抗会显得非常不合时宜（见图2）。例如，社会长期弥漫着“发展是硬道理”的气氛，大学业已形成了“学术是硬道理”的文化，无论在哪个层次上的下属都很难提出强有力的质疑（尽管并非不可能）。但落实到每一级政府或每一所大学时，其主政领导设计的制度安排和大力推进实施的举措，都可能将“发展是硬道理”重新释义为“发展经济是硬道理”“提高GDP才是硬道理”，换言之，政府将“发展”等同于不计代价的GDP指标提升；而大学将“学术是硬道理”重新释义为“科研成果是硬道理”“课题、论文、期刊等级、获奖、学科基地、博硕士点、院士才是硬道理”，即将“学术”异化为不计代价的科研指标改进（get the job done at all costs）（Thoroughgood et al., 2011）。无论是各级政府官员还是大学校长、书记，事实上正在逐步走向那些“硬道理”的反面，使得“运作指标”逐渐泛滥成当下中国各种组织场域最通行的逻辑。无论在政府、高校还是企业，人们均按照评价系统（appraisal system）、业绩工资（performance-related-pay）和审计文化（audit cultures）完成一种表演型自我（dramaturgical selves）的社会建构（Collinson, 2006）。

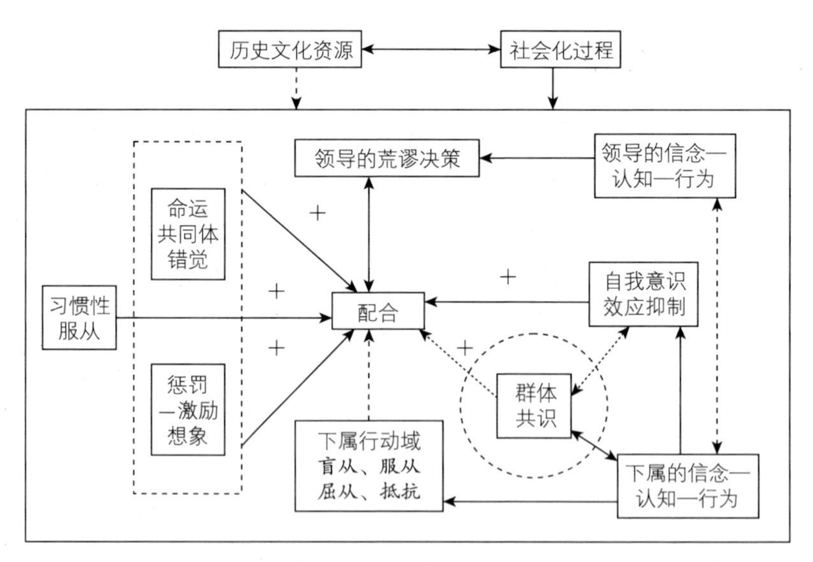

图2 领导—下属共犯结构的形成

在现实生活中，领导决策不可能畅通无阻，遭到不同程度的质疑、抵抗在所难免。那些个体自我意识效应阈值较低的下属更容易产生比较强烈的反弹。更常见的是，组织中总会涌现一批下属，正如任何历史片段中的弄潮儿，成为领导决策的积极配合者。他们善于审时度势，长于摆正位置，乐于以勤奋的、创造性的工作姿态努力达成领导(制度)所设定的目标,并且常常获得拔擢(成为领导圈子里的自己人),更为充分地保障个人或小群体利益。正是这种“榜样”的作用,让更多的“摇摆派”追随先进而让那些“质疑者”倍感压力,阶段性地瓦解任何“异见”的生存空间(这是中性的描述——笔者注)。

回到当下,如果“大道理”已经走向反动,领导决策的荒谬性已经部分地被经验事实所“证明”,积极配合型下属的作用会变得非常可疑。他们因为与领导保持比较一致的“信念—认知—行为”取向,会产生强烈的个体自我意识效应抑制,加之习以为常的服从、命运共同体错觉(为自己也为集体的“荣誉”)及惩罚—激励想象(离经叛道后被“穿小鞋”、被边缘化)的共同作用,依然会坚持我行我素,形成一种普遍化的钱理群教授所洞见到的“精致的利己主义者”群体。在我们看来,它甚至可以成为理解中国历史、社会、组织现象的重要构念。同时,跟风者即使已经开始反思,囿于现实利益的考量,还是会遵循既有的轨道。坦率地讲,我们发现今天比任何时候都容易听到反思、批评的声音,却难以观察到多少矫正性的实际行动。那些质疑者被逐步边缘化,采取行动的抵抗者依然会受到惩罚。大家共同努力的结果是:只要 GDP 增加了,可以无视强拆,无视贪腐,无视社会风气的败坏;在企业,只要销量、利润增加了,可以无视信誉,无视欺诈,无视对社会资源的浪费;在大学,只要规模、排名增加了,可以无视使命,无视尊严,无视对社会贡献的贫乏。凡此种种,才会有许多领域、行业、组织、领导的群体性、系统性溃败。笔者将这种现象定义为**共犯结构**:**领导和下属在互动中表现出来的远离组织使命(社会期待)和组织责任(社会责任)的一致性行为,其对组织、社会具有长期、深远的负面影响**。如是,无论从微观组织还是宏观社会,大家上下其手,合力建构出一个既光鲜又暗淡、既荣耀又羞耻、既熟悉又陌生的“现实”。当我们选择性地直面生活中“暗淡—羞耻—陌生”之种种荒谬时不得不承认,在社会/组织这一共犯结构中几乎每个人都难辞其咎。最为可悲的是,在我们有限的生命历程中,有些荒谬的故事不断上演。

6.2 领导荒谬决策的阻滞

如领导—下属互动机制模型所示,历史文化资源和社会化过程强化了领导的支配倾向,而下属则更具服从性。当领导做出错误和荒谬的决策时,按照共犯结构形成机制的分析,部分下属的积极配合所产生的强示范性会进一步加剧领导支配的“专断性”(支持合作者并打压异己)。长远而言,这会给社会、组织造成严重的危害。研究者必须思考个体自我意识效应的作用及其群体化的可能性。

一般而言，领导与下属的信念—认知—行为系统可能趋向一致，也可能存在冲突。当冲突发生时，比之下属，领导同样存在一定阈值的个体自我意识效应，借助权力也容易形成更为广泛的群体共识。假如领导的错误、荒谬的决策已被识别，是否能从下属方向产生有效的抵抗，则主要取决于个体自我意识效应能否抵御习惯性服从、命运共同体错觉及惩罚—激励想象的影响（见图3）。如前文的分析，在很大程度上，这取决于下属的个体自我意识效应阈值。当阈值较高时，下属的容忍空间就大；反之，则容易激发个体自我意识效应的产生。

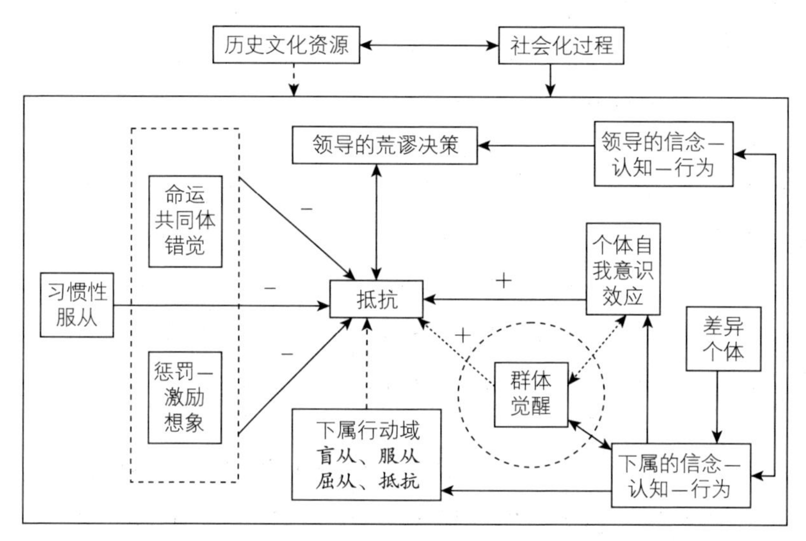

图3　领导荒谬决策的阻滞

我们可以按照两种不同的情境分析个体自我意识效应的作用及群体化。一种是领导荒谬决策缺乏广泛群体响应的阶段1，另一种是领导—下属共犯结构已然形成的阶段2。阶段1更像是领导对于下属反应的“评测期”。少数下属被激发的个体自我意识效应与积极配合者的服从尚有相近的机会来阻滞或扩大领导的决策效力。而挑战在于，积极配合者拥有习惯性服从等多种心理资源，而且有领导“合作”意愿的支持；而抵抗者所拥有的资源相当匮乏，且面临被孤立、受打击的巨大风险。因此，我们推测，越接近权力核心的下属越容易有效地动员关系资源以激发群体意识，达到阻滞荒谬决策的效果；而远离权力核心者，即使阈值很低，除非具有“意见领袖”式的地位，所激发的个体自我意识效应作用则非常有限（荒谬阻滞的变革式逻辑，代价较小）。对于阶段2，领导—领导群体—多数下属已经形成较为牢固的合作关系，信念—认知—行为系统趋向一致，可能已出现广泛的个体自我意识效应抑制和缺位现象。少数人被激发的个体自我意识效应多处在社会、组织边缘地带，缺乏广泛的动员力和必要的资源。在很大程度上，其作用的发挥取决于抵抗本身的决绝性和破坏性（荒谬阻滞的革命式逻辑，代价较大）——即使“众叛亲离”“千夫所指”也“义无反顾”地要“把皇帝拉下马”。应该说这类下属除非具有异乎寻常的“个性”，否则很难激发起其抵抗的勇气和动力。在某种程度上，研究者似乎有严重的个人英雄主义倾向。图 3 中模型的“差异个体”是想说明，这种个体缺乏识别性，往往是很偶然的涌现。

中国当今社会和组织需要一批“铁肩担道义”的参与者，需要多一些“我自横刀向天笑，去留肝胆两昆仑”的豪迈气质。**无论是已经在位的领导者还是永远的下属，无论是在阶段 1 还是阶段 2，虽然努力甚至“牺牲”未必能够带来阻滞领导荒谬决策的结果，但对于历史，问心无愧难道不算是一种成就吗？**

6.3 领导正确决策阻滞的破解

当下，笔者真切地感受到中国组织（社会）在某些局部上所发生的激进转变，并愿意展望其更加宏伟的系统性成就。作为一项本土领导研究，笔者意识到领导—下属互动机制本土模型同样适于分析一种更加现实的组织—社会现象，即当领导已经做出正确的（即使是局部意义的、符合理性的、符合常识的、容易识别的）决策之后，如果遭遇到下属广泛而强力的抵抗（比如反腐斗争中所面临的挑战），双方的互动可能会有什么结果（见图 4）。

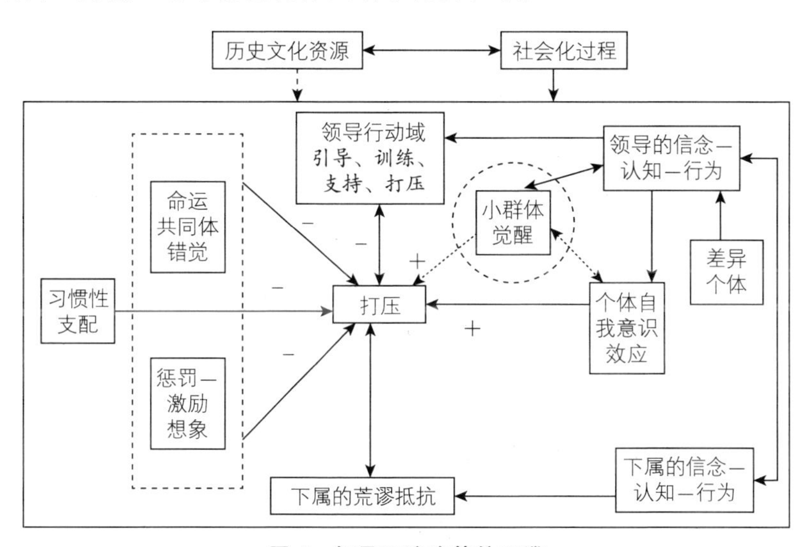

图 4 领导正确决策的阻滞

不难想象，假定从领导—下属的共犯结构出发，无论出于什么原因（笔者并非简单敷衍，而是揣摩动机非但无助于以下的分析，还会产生不必要的争议），有（极）少数领导重新装配了信念—认知—行为系统，调整了其个体自我意识效应阈值（如果最高领导群体坚持执政党的信念和传统，就不可能容忍大批同僚、下属"肆无忌惮"的腐败），并形成了潜在的小群体共识，意欲发起一场组织、社会层面的深刻变革，并做出了因应变局的正确决策。显然，领导与下属信念—认知—行为系统的冲突，下属在既定（失范）环境中持续获取利益的现实诉求，加之下属在共犯结构中对多数领导服从的习惯化，容易产生"下属的荒谬抵抗"。

再假定（极）少数领导拥有足够的支配权和动员力，可以选择主要以"打压"来应对下属的抵抗。正如前文在分析共犯结构形成时所展现的，领导也可以选择"非打压"的方式来激发积极配合型下属的响应。但研究者推测，除非积极配合型下属也实现了信念—认知—行为系统和个体自我意识效应阈值的调整，否则就很难做到一种自我导向的"洗心革面"，因此其往往表现出"见风使舵，逢迎领导"的机会主义倾向。另外，领导在实施"打压"的过程中，尽管拥有强烈的个体自我意识效应，但同样会受到命运共同体错觉、惩罚—激励想象的制约。从而，在推进变革的过程中有可能出现以下偏差：①忽视积极配合型下属的"投机性"；②偏袒命运共同体错觉视野中（圈子里）的"自己人"；③过分依赖惩罚—激励想象的作用；④打压过度，缺乏必要的引导、训练和支持策略；⑤遇到较大阻力时，领导及其小群体有可能产生动摇。

当然，组织、社会面临的挑战未必尽如共犯结构那么荒谬，比如，一项新制度的改变、一种新气氛的营造，更需要系统设计和扎实推进。在这个过程中应①注重组织主要参与者信念—认知—行为系统的重建；②注重保护甚至激发组织成员必要的个体自我意识效应；③尽量克服命运共同体错觉，抑制惩罚—激励想象；④综合使用多种"支配"方式与下属互动，保护下属服从方式的多样性；⑤最为重要的是，尝试从对历史文化、社会化过程的深刻反思中，修正领导的习惯性支配和下属的习惯性服从，以激发更多组织成员的责任担当，分享群体智慧的成果。

6.4 领导—下属的常态化互动机制

我们有必要对一种常态化的也是新型的中国本土组织（社会）领导—下属互动机制稍加展望。

对于管理学者而言，理论研究的目的，在于为组织、社会现象提供某种“可信赖”的解释，按照今日之学术共同体的约定应该还包括“严谨性”甚至“预见性”。但笔者深知，即使我们一直尝试为更准确地理解中国本土领导行为提出各种猜想、各种线索（韩巍、席酉民，2012），也不过是将自己的思想强加在现象之上的一种主观建构（伯格、卢克曼，2009；Astley，1985）。**无论研究者如何定义概念、发展命题、建立框架，在本质上只能是一种带有某种修辞风格的叙事。我们真正关心的是：这个世界会不会改变、变得更好？我们的故事是否有助于一种基于组织的、人与人交往中新意义的生成？**

人类暂时还无法摆脱被组织化的命运，也暂时不会人人参与重大决策，多数人还是必须依附于某种组织，让渡大部分决策权，服从于领导，服从于制度，服从于组织文化（韩巍、席酉民，2009）。对于我们所熟悉的中国组织、长期关注的本土领导，笔者认为：**历史文化的必要转型、社会化过程的重塑是这个民族、国家最需要努力的方向**（见图5）。唯有如此，下一代及以后若干代的中国人才会大幅度修正关于人与人该如何合作的基本预设，才能领悟到领导不是只有支配，下属不是只有服从。领导和下属必须相互配合，既包括支持，也包括必要的抵抗，这是避免重复那些群体性愚蠢错误的必要前提。领导必须重新理解自己的角色，所谓“支配”更是一种责任的象征；下属也必须重新适应自己的角色，不仅服从支配，而且必须分担纠正领导错误的责任。极端地讲，下属是缺乏勇气犯错的人，领导是敢于犯错的人，而下属必须为不负责任地放纵领导犯错承担责任。请不要揣测我们的政治倾向，我们尊重人，推崇人性的光辉、人道主义的价值。当我们把人类的尊严转化为自我认同、自我意识的时候，我们很清楚唯一的答案在于——这个民族何时真正领会且能回答一个非常质朴的问题：**表面上，它关乎支配和服从；但归根结底，它关乎每一个中国人如何重新理解并处理与他人的关系，在一个所谓的关系社会，我们需要先抽离出来，尽可能地成为一个具有自我意识的个体，再回到我们熟悉的关系社会中，也就是说，我们必须反思我们的生活。**

作为领导，既要支配，又要善于从善如流；作为下属，既要服从领导以及制度，又要适时调动个体自我意识效应并尽力克制两种错误的认知，以纠正领导的失误。领导与下属互动的理想状态应该是“co-leading”，领导与下属不仅是可以分享的，也应该是可以转换的（Van Vugt et al.，2008）。领导与下属指的是一种角色、作用，而绝非一种位置。

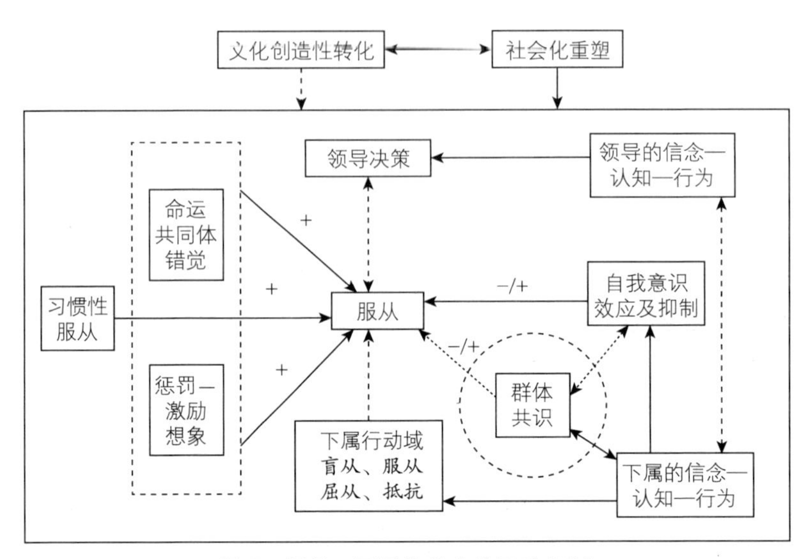

图 5　领导—下属的常态化互动机制

6.5　下属作用的重新发现

本研究聚焦"领导—下属"互动关系，然而特定成长经历、组织生活经验所塑造的敏感性更容易形成下属视角的解读。笔者悬置领导决策的复杂性是一种技术性处理。我们深知"正确""错误""荒谬"这样的语汇并非明确无误的指称。经验世界的复杂性，首先是领导的决策错误难以识别（下属受层级限制，掌握信息不足，欠缺系统、全局的思考习惯）；其次是领导的决策错误难以被确证（错误决策未必不能有好的结果，多种原因的复杂性）；最后是"正确—错误—荒谬"在不同时空条件下的可能转换，遂使声称下属准确判定领导决策的正确与错误显得过于自负。但是谁也不能否定在现实生活中错误、荒谬决策发生的必然性、显现性。笔者之所以选择"荒谬决策"将领导的决策错误极端化，是因为比照常识和经验，那些错误十分明显、容易识别。比如 HW 对于当下管理学院学术评价和绩效考核的批评就几乎只有常识性意义。因此，本研究更关注组织中的下属如何制衡和抵抗领导的错误、荒谬决策（Piven，2008）以免酿成难以挽回的灾难。

领导作为组织中的少数群体并非不能纠正自己的错误，但我们认为本土领导的觉醒往往严重滞后。因为即使是错误的领导决策在积极配合型下属的支持和动摇型下属的跟进中，也会取得阶段性甚至较长期的自我肯定。而当这一过程逐渐演变为共犯结构时，或许已是积重难返。总寄望于领导（小群体）的"英明”，而下属要么投机、要么摇摆、要么逃避的剧情在我们有限的生命经验里已经上演得太多。下属，也正是下属，才更容易发现领导决策的错误和荒谬，才更有责任以勇气和策略避免领导把组织、社会引向歧途——笔者承认这听起来有些反常甚至非常讽刺！领导—下属互动机制本土模型及其不同情境的应用已经较为详尽地展示了“下属承担给领导纠错的责任”所面临的挑战。这里有必要回顾一下我们所熟悉的现实是：①强大的历史文化资源、社会化过程所塑造的领导支配惯性与下属服从惯性是我们应对领导—下属互动机制的基本预设；②命运共同体错觉、惩罚—激励想象会抑制下属纠错的尝试；③积极配合型下属的“榜样”作用、摇摆派的跟随会抑制下属纠错的尝试；④过高的个体自我意识效应阈值会抑制下属纠错的尝试。但我们还是要强调，作为下属的个体和潜在群体，应该敢于直面现实，敢于承担责任，要发出声音，要有所行动。

我们或许无法想象乔治·凯利（George Kelley）意义上的下属，（应该是）“自我驱动的、能够独立解决问题的、忠实于群体和组织的、勇敢的、诚实的、可信赖的”（Uhl-Bien et al.，2014），也无法认同“下属（跟随）是一种关系角色，下属有能力影响领导并且贡献于组织或群体目标的改进和达成，造成一种在层级化组织中向上的影响”（Crossman and Crossman，2011）的乐观情绪。对于中国情境中的下属，如果意欲改变当下与领导互动中的诸多弊端，就应该努力尝试：①既珍视中国传统文化中的瑰宝，也要反思并尝试修正那些塑造着“支配—服从”预设的糟粕，既尊重中国家庭、学校、舆论、职场中的某些优秀传统，也要反思并尝试修正那些单方面加剧“驯化过程”的理念、制度和举措；②反思并尝试修正命运共同体错觉、惩罚—激励想象对于领导错误（荒谬）决策的抑制；③不要轻率地成为错误（荒谬）的积极配合者，成为贪恋短期私利、无知怯懦的错误（荒谬）更为广泛的助力者；④每个人无论作为下属还是领导都应该关注人生的意义，尽量在“正确的方向上”降低个体自我意识效应的阈值，成为一个有底线、有原则、有历史感的更真实的自我（real me）；⑤最后，也是最重要的，作为普遍意义的下属的我们应该有所行动——世上从来没有什么救世主，全靠我们自己。

7. 研究局限性

本研究主要取材于两个体制内“平凡人（平庸者）”有限的生活经历和社会观察，不可能覆盖到广泛的中国人。笔者所表现的“极端性”，比之那些敢于“我以我血荐轩辕"的仁人志士，不仅乏善可陈也的确欠缺"代表性"。笔者推测在"他们"的精神世界中，不仅正向的个体自我意识效应阈值很低，而且一定不会过多地受制于命运共同体错觉和惩罚—激励想象的束缚。本质上，"他们"很少接受大多数中国人所习惯的"社会化过程"及"历史文化资源"的驯化。另外，某些敌视社会的偏激型下属可能具有较低的个体自我意识效应阈值，不会受到命运共同体错觉和惩罚—激励想象的约束，也不会习惯于社会化过程及历史文化资源的驯化。因此，本研究的解释力应该局限在多数中国人的"平均水平"。而且本研究的模型在理论上无法包含明确的"道德判断"，但这并不意味着笔者没有自己的价值取向。笔者从当下的经验感受出发，主要围绕组织（社会）的"荒谬性"加以分析，因此难免对更加全貌的"现实"有所曲解。最重要的是，笔者反思"经验"、建构理论的能力非常有限，难免造成一连串的误读、误解。

8. 小结

我们被社会所塑造，同时也塑造着社会。社会是抽象的、无主的，只有"我们"才是社会现实真正的建构者。很遗憾，在我们熟悉的组织（社会）环境里，许多人无论作为领导还是下属（当然也包括我们自己），都习惯以无主的社会/环境为借口，不同程度地放弃了思想和行动的自主性，部分地放弃了我们应有的责任和担当。在极端的情况下，甚至掩埋了关乎人类尊严的"自我意识"。

无论是"共犯结构""领导正确决策的阻滞"，还是"领导荒谬决策的阻滞""领导—下属的常态化互动"，都隐含着一种非常明确的诉求。作为社会组织成员，我们必须重塑自我，重塑一种有信念、有责任、有担当的组织（社会）角色。而每一个体的自我重塑都需要一些直面"他人—社会—环境"的勇气以及切实的行动。作为一个中国人，身处21世纪的今天，在普遍荒谬的大气候中唤醒自我意识、追求自我价值已不该是什么奢侈品，而是作为文明社会人类之一员的不证自明的理由，即使"漫漫长夜"让笔者深知中国组织（社会）问题的复杂性，也深知从"积重难返"走向"人间正道"注定会异常艰辛。但就在此时，我们有幸目睹执政党的存亡意识和反腐举措，看到了某种"共犯结构"破局的可能性。长远地看，"历史"也必须如此选择。

源自个体"自我意识/认同"的唤醒，需要一种更加群体取向的基于常识、使命感、人类尊严的“普遍觉醒”，即文化的创造性转化（林毓生，1988）、社会化过程的重塑。尽管在家庭教育、学校教育、职场培育等方面，某些流行做法正在反其道而行之。但我们也欣喜地看到，周围越来越多的家长不再那么专制，不再那么功利，不再那么自以为是；作为教育工作者，总有人在努力意图引入新理念、新制度、新气氛，以传递责任、担当和尊严；我们看到了一场声势浩大、“前所未见”的反腐运动正试图改造官员既有的心智和行为习惯。我们必须一起努力，避免荒谬的泛滥，避免病入膏肓、无药可救。

最后，笔者希望借助本研究对我们探索中国本土领导的一系列理论思考来稍加梳理。我们选择了一条与主流研究截然不同的研究路径（问题意识主要来自有限的人生经历和社会观察，是归纳的；尝试用新概念、新机制重新诠释那些熟悉的组织、社会现象，是思辨的）。我们首先对中国本土领导可能存在的更为本质的特征，即支配权进行了探索；其次在系统理解领导作用的思路上提出了一个比较完整的研究框架；再次针对中国组织管理的现实，我们区分了两类非常本土特色的领导类型（机会型领导/幻觉型领导）；最后，直到今天，当我们完成这篇文章的时候，似乎终于明白了我们离经叛道的意义：我们不过一直在尝试与自己有限的人生经历对话，一直在尝试与读者分享我们或许幼稚的质疑、反思以及批判——事实上，我们一直试图通过对自己生命体验的理解向读者发出邀约。笔者的“故事”未必展现了足够的严谨性、学术性和理论性，但笔者很清楚自己的信念：**只有理解了自己，才有可能理解组织；只有理解了组织，才有可能理解社会；只有理解了当下，才有可能理解历史。从理解自身生活出发来建构本土管理知识（理论）的尝试注定会对本土领导研究、中国本土领导实践有所启发。**

回顾及反思

无论具体形式、形态如何，“君臣父子”也好，“自由人的自由联合”也罢，在人类漫长的历史进程中，只要还存在“组织化”的需求，就永远不可缺少“领导（管理者）—下属的合作”。尽管革命领袖毛泽东（1991：1031）有“人民，只有人民，才是创造世界历史的动力”的教导，但至少在管理研究中，大家更熟悉领导（管理者）“英雄主义”的叙事。笔者强烈质疑西方领导研究基于“还原论”的传统做法，意图在“文化、社会、情境”中把“领导（管理者）—下属的互动关系”放置在分析的核心地位。本文的出发点不是既有文献和一般意义的经验归纳，而是从笔者的人生经历出发，反思性地提出一种理论猜想，试图去回答一个非常普通的问题：**当领导做出错误决策的时候，下属为什么会服从？进一步地，当领导做出荒谬决策的时候，下属为什么还要服从？**

在研究方法上，笔者强调了一种"非统计推断"的"样本观"，即从离散性而非趋同性思考问题，从某种意义的"异常值"扩展到对人们行动(范围)之可能性、选择性的理解。其"经验"基础，也是从笔者的个体生活经历出发，只不过形式上缺乏所谓的"代表性"。但其实，我们绝大多数人的想法、说法、做法不就是重叠在一种"均值化"的生活图景中吗？而只有(相对)极端的想法、说法、做法才更能激发人类自我理解的广度和深度吧？

要形成一个框架式的"理论"，自然需要一些关键概念。笔者对相关领域的接触并不深入、广泛(不排除个别概念与已有概念的相似性)，但为了完善一个更加系统的"领导(管理者)—下属的互动关系"结构，并对自身经验做出解释，还是在个体认知层面"发明"了诸如"惩罚—激励想象""命运共同体幻觉""个体自我意识效应"的说法，也分别给出了定义，其经验指向性还是比较可靠的；由此提出的领导—下属互动机制本土模型，其解释力也应该是比较显著的。本研究借由一个更加全貌的框架，得以从"文化、社会化"的视角去反思我们的"遗产"，并特别在下属的意义上，反思如何自觉地应用"惩罚—激励想象""命运共同体幻觉""个体自我意识效应"去修正"领导(管理者)—下属互动"中可能存在的困扰，甚至危机。如果"领导(管理者)—下属的互动关系"中的每个成员都能唤醒某种"自我意识"并表现出一定的担当，笔者相信，将会产生非常值得期待的结果。应该说，至少我本人更愿意相信管理理论的解释力而非预见性。不知道是有幸还是不幸，它的适用性似乎还可以扩展到更大的社会范围，尤其是在当下的中国现实中。

笔者与导师席酉民有过多次合作发表的经历。本文的写作时间最长，据此演讲的次数也最多。从我个人而言，这篇文章也是关于本土领导研究中最"得意"的一篇。记得当年在西安交通大学南洋宾馆吃早餐的时候，席老师提出要写一篇更加系统地讨论中国组织领导的文章，他的出发点是"领导的荒谬行为何以通行无阻"，这也是个人经历、个人感悟的凝结。笔者也不过是对管理研究中的"对象性、情境性"多了些敏感而已。真正促成这篇文章的原始思想，可能来自我们对"领导与支配权"关系的梳理，以及"两种本土领导类型"所形成的将"文化""社会化"纳入且聚焦于"领导—下属互动关系"的一个比较粗糙的框架。当时，我们都没有形成一种机制化的认识。

回到最基本的问题，面对领导可能的荒谬决策（当然也可能是下属的误判），每个人到底有没有选择？或者说，在极端情况下，为什么少数人敢于说不，不管是言语冒犯还是拍案而起？总之，无论出于什么原因，就是个体层面还有选择空间。碰巧，我们都有这样的人生经验。也正是当这幅画面愈加清晰以后，那几个关键的概念才变得水到渠成。写作与思考，正如卡尔·维克（Karl Weick）所说，直到你写出来才知道自己是怎么想的。初稿完成时，我和席老师都比较满意，我们看文章的习惯大抵相近，只要关键的东西"涌现"了，其他并不重要。

直到今天，笔者依然比较确定这篇文章的价值所在，不仅是理论建构上的，还包括管理实践上的。记得 MBA 的学员宋嘉杰曾经在课后"表扬"过自己，大意是，老师讲的营销知识不怎么记得了，但通过"下属改变世界"那篇文章，他似乎找到了如何与领导打交道的办法。

参考文献

ALVESSON M. 1996. Leadership studies: from procedure and abstraction to reflexivity and situation [J]. The Leadership Quarterly, 7(4), 455-485.

ALVESSON M, SVENINGSSON S. 2003. The great disappearing act: difficulties in doing "leadership"[J]. The Leadership Quarterly, 14(3): 359-381.

ASTLEY W G. 1985. Administrative science as socially constructed truth [J]. Administrative Science Quarterly, 30(4): 497-513.

AUVINEN T P, LÄMSÄ A M, SINTONEN T, et al. 2013. Leadership manipulation and ethics in storytelling[J]. Journal of Business Ethics, 116(2): 415-431.

BAKER S D. 2007.Followership: the theoretical foundation of a contemporary construct[J]. Journal of Leadership & Organizational Studies, 14(1): 50-60.

BARBUTO J E. 2000. Influence triggers: a framework for understanding follower compliance[J]. The Leadership Quarterly, 11(3): 365-387.

BOJE D M, OSWICK C, FORD J D. 2004. Language and organization: the doing of discourse[J]. Academy of Management Review, 29(4): 571-577.

CARSTEN M K, UHL-BIEN M, WEST B J, et al. 2010. Exploring social constructions of followership: a qualitative study[J]. The Leadership Quarterly, 21(3): 543-562.

COLLINSON D. 2006. Rethinking followership: a post-structuralist analysis of follower identities[J]. The Leadership Quarterly, 17(2): 179-189.

COURPASSON D, DANY F. 2003. Indifference or obedience? Business firms as democratic hybrids[J]. Organization Studies, 24(8): 1231-1260.

CROSSMAN B, CROSSMAN J. 2011. Conceptualising followership-a review of the literature[J]. Leadership, 7(4): 481-497.

DERUE D S, ASHFORD S J. 2010. Who will lead and who will follow? A social process of leadership identity construction in organizations[J]. Academy of Management Review, 35(4): 627-647.

GARDNER W L, AVOLIO B J, LUTHANS F, et al. 2005. "Can you see the real me?" A self-based model of authentic leader and follower development[J]. The Leadership Quarterly, 16: 343-372.

HAWKINS M A, SALEEM F Z. 2012. The omnipresent personal narrative: story formulation and the interplay among narratives[J]. Journal of Organizational Change Management, 25(2): 204-219.

MORRISON E W, MILLIKEN F J. 2000. Organizational silence: a barrier to change and development in a pluralistic world[J]. Academy of Management Review, 25(4): 706-725.

OC B, BASHSHUR M R. 2013. Followership, leadership and social influence[J]. The Leadership Quarterly, 24(6): 919-934.

PARRY K, MUMFORD M D, BOWER I, et al. 2014. Qualitative and historiometric methods in leadership research: a review of the first 25 years of *The Leadership Quarterly*[J]. The Leadership Quarterly, 25(1): 132-151.

PIVEN F F. 2008. Can power from below change the world? [J]. American Sociological Review, 73(1): 1-14.

SPARROWE R T. 2005. Authentic leadership and the narrative self [J]. The Leadership Quarterly, 16 (3): 419-439.

TEPPER B J. 2000. Consequences of abusive supervision[J]. Academy of Management Journal, 43(2): 178-190.

THOROUGHGOOD C N, HUNTER S T, SAWYER K B. 2011. Bad apples, bad barrels, and broken followers? An empirical examination of contextual influences on follower perceptions and reactions to aversive leadership[J]. Journal of Business Ethics, 100(4): 647-672.

UHL-BIEN M, RIGGIO R E, LOWE K B, et al. 2014. Followership theory: a review and research agenda[J]. The Leadership Quarterly, 25(1): 83-104.

VAN VUGT M. 2006. Evolutionary origins of leadership and followership[J]. Personality and Social Psychology Review, 10(4): 354-371.

VAN VUGT M, HOGAN R, KAISER R B. 2008. Leadership, followership, and evolution[J]. American Psychologist, 63(3): 182-196.

WERHANE P H, HARTMAN L P, MOBERG D, et al. 2011. Social constructivism, mental models, and problems of obedience[J]. Journal of Business Ethics, 100(1): 103-118.

阿伦森.2007.社会性动物:第9版[M].邢占军,译.上海:华东师范大学出版社.

巴特勒.2009.权力的精神生活:服从的理论[M].张生,译.南京:江苏人民出版社.

伯格,卢克曼.2009.现实的社会构建[M].汪涌,译.北京:北京大学出版社.

伯基特.2012.社会性自我:自我与社会面面观[M].李康,译.北京:北京大学出版社.

福柯.2012.规训与惩罚[M].刘北成,杨远婴,译.4版.北京:生活·读书·新知三联书店.

伽达默尔.2007.诠释学Ⅰ、Ⅱ:真理与方法:修订译本[M].洪汉鼎,译.北京:商务印书馆.

韩巍.2011a.论"实证研究神塔"的倒掉[J].管理学报,8(7):980-989.

韩巍.2011b.管理学界应该接纳思辨研究[J].管理学家(学术版),7:23-36.

韩巍.2011c.珍惜学术表达的自由:对《出路与展望:直面中国管理实践》的响应与批评[J].管理学报,8(3):365-370.

韩巍.2011d.管理研究认识论的探索:基于"管理学在中国"专题论文的梳理及反思[J].管理学报,8(12):1772-1781.

韩巍.2008.从批判性和建设性的视角看"管理学在中国"[J].管理学报,5(2):161-168.

韩巍,席酉民.2009.不确定性——支配权——本土化领导理论:和谐管理理论的视角[J].西安交通大学学报(社会科学版),29(5):7-17.

韩巍,席酉民.2012.机会型领导、幻觉型领导:两个中国本土领导研究的关键构念[J].管理学报,9(12):1725-1734.

韩巍,席酉民.2009.自我呈现及反思:组织管理研究的一种补缺性方法论[J].西安交通大学学报(社会科学版),3:31-39.

韩巍.2014.学术评价的回归及业绩管理的矫正:对管理学院两种核心价值观的质疑与反思[J].西安交通大学学报(社会科学版),34(3):8-17.

韩巍.2005.学术探讨中的措辞及表达:谈《创建中国特色管理学的基本问题之管见》[J].管理学报,2(4):386-391.

李汉林.2004.中国单位社会:议论、思考与研究[M].上海:上海人民出版社.

林毓生.1988.中国传统的创造性转化[M].北京:生活·读书·新知三联书店.

毛泽东.1991.毛泽东选集:第三卷[M].2版.北京:人民出版社.

韦尔策.2007.社会记忆:历史、回忆、传承[M].季斌,王立君,白锡堃,译.北京:北京大学出版社.

席酉民,韩巍.2010.中国管理学界的困境和出路:本土化领导研究思考的启示[J].西安交通大学学报(社会科学版),2:32-40.

杨中芳.2009.如何研究中国人:心理学研究本土化论文集[M].重庆:重庆大学出版社.

本文合作者:席酉民

10 “管理学在中国”

本土化学科建构几个关键问题的探讨

1. “研究中国问题”的共识正在形成

《管理学报》创刊不久，便发起了关于“创建中国特色管理学的基本问题”的学术讨论（罗纪宁，2005；韩巍，2005），并用相当篇幅介绍了和谐管理（席酉民等，2005）、东方管理学（彭贺、苏宗伟，2006）、和合管理（黄如金，2007）等中国特色管理理论，而自“管理学在中国”学术会议筹备、召开以来的一年多时间，我们又看到了诸如合作管理（李常洪等，2008）、秩序管理（谭人中，2008）等新的中国特色管理理论。应该说，在强调“中国管理问题”的研究上，大家的看法比较一致，而且也不乏对主流管理学研究的批评（罗纪宁，2005；韩巍，2005；韩巍，2008；罗珉，2008）。罗珉（2008）认为，目前在中国管理理论研究中，正在出现一种“西方管理学亚文化群”，这个亚文化群在管理学学术研究体制中拥有越来越明显的权势和地位。在笔者看来，或许叫作“唯一合法的学术共同体”更为恰当。当然，大家对于创建中国特色管理/管理学派的看法不尽相同：韩巍（2005；2008）强调管理研究向社会学的转变应该着眼于直面中国的管理现实；罗珉（2008）认为发展中国管理学应当以现实问题优先，而非以学派构建优先，同时担心“少数管理学者没有摆正文化的客观性与历史继承性的关系，这些学者所持有的态度令人担忧，他们无限拔高中国传统文化的现实意义”；周建波（2008）提示“中国式管理既具有科学的中性意义，又具有复杂的潜规则意义；既具有科学管理的主导文化形态，也具有管理文化的潜规则形态”。凡此种种，都不乏洞见。韩巍（2008）则直接质疑了两种中国特色管理学的“社会科学理论地位”，并引发了争论(彭贺、苏勇,2009)。

李垣等(2008)从中国管理实践的情境出发,指出应当基于中国企业管理实践的实际情况,通过整合西方管理理论来发展新的管理理论,并辨析出“在目前中国这种特殊的转型时期,可能影响理论发展的因素包括:①环境中包含的特殊因素;②与西方企业面临着相同的因素,但在中国有着不同的功能顺序和作用强度;③特殊的因素间有着不同于西方的路径和/或方式”,这些都有重要的指标意义。蓝海林等(2009)将战略研究与(情境)嵌入性紧密结合,并提出进行相关研究的具体思路——“包括4种逻辑顺序清楚的研究视角,即情景嵌入—制度基础—共同演化—关注例外的研究视角”,应当说有很大的启发性。

然而,这一受到国家自然科学基金委员会管理科学部大力支持的“学术探索”,似乎并没有引起太多中国主流专家的共鸣。

2. 中国式管理研究的“福音”

《管理学报》编委会,尤其是编辑部敏锐的“问题意识”,和比较有包容性的文章录用标准,不仅大大激活了部分非主流学者的研究志趣,而且很快就被证明是走在了中国所有管理学术杂志的前面。2009年,主要由徐淑英等人创办,且迅速赢得国际学术界认可(收录进SSCI)的《组织管理研究》(*Management and Organization Review*),在其第5卷第1期发表了一组涉及“中国情境的管理理论”(Theory of Chinese Management,指西方理论在中国进行的验证、扩展、修补),以及“中国式管理理论”(Chinese Theory of Management,指反映中国情境的新颖的本土化理论建构)的反思/批判性文章。这些文章分别从西方—外部人视角(3篇)、大中华—内部人视角(3篇)、中间人(兼具中国—西方的)视角(2篇),就两种研究取向提出了各自的分析和建议,以及1篇除淑英的总结[①]。可以说,这是国际学术界对中国管理学术界,尤其是主流研究者们一次较为郑重的“提示”。在反思中国管理学术界存在问题的深度和力度上,这一组文章未必有重大的理论突破,但徐淑英等人发出的声音,应该可以引起些关注。无论从个人观察还是经验研究,他们发现,大量围绕中国管理问题的研究,都回避中国情境的复杂性,缺乏解释中国管理问题的关联性,多是在扩展、修补西方的正统理论;他们毫不留情地指出,中国的研究者长于工具的学习、论文的发表,但不能深刻了

① 徐淑英的文章集中总结了各篇文章的诸多共识,当然,部分差异性的观点还应参见各篇文章。

解研究工具的哲学基础，对西方现有理论也倾向于生吞活剥的应用（Tsui, 2009）；他们进一步提出不平衡的基金支持投向和失衡的大学发表制度，助长了这种旨在“生产文章”，而不是从事科学探索的风气（Tsui, 2009）——这会令中国主流管理学者震惊、不屑还是恼怒呢？

徐淑英（Tsui, 2009）呼吁改变学术共同体、改变学术制度安排，以促进“中国式管理理论”的研究。笔者并不寄予过多的期望，因为在当今中国管理学术界，缺乏对利益相关者的有效制衡，制度往往只是其制定者利益最大化的体现，缓慢的制度演化从来不会自动确保它走向正确的方向。但有一点很重要，徐淑英等人身上所展现出的与机会主义者（徐淑英、欧怡，2012）截然不同的反思和批评精神，值得所有中国管理学研究者学习。中国管理学研究终究要回归到科学研究的本来目的：寻找事实或揭示真相；（作为一门应用科学）还要对改善实践有所助益（Tsui, 2009；韩巍，2009）。徐淑英（Tsui, 2009）还说，一场库恩意义上的范式革命可能是需要的！

那么，除了对中国最主流/最国际/最优秀研究者们的鞭策，这是否意味着中国式管理理论大发展的福音？是否意味着中国管理学派确立的最佳时机到来了呢？

3. 关于本土化管理理论建构的几个关键问题

在笔者看来，徐淑英是管理学实证主义的大家，尽管她曾非议中国研究者毫无批判地接受自然科学的范式，从而成为范式的奴隶（Tsui, 2009），但是实证主义固有的认识论、方法论取向，似乎也妨碍了她对于“中国式管理问题”的全面认识。事实上，在这一组文章的作者当中，恰恰有一个批判现实主义（critical realist）的研究者曾荣光（Eric W. C. Tsang）提供了不同的见解（Tsang, 2009）。本文无意去深入探讨曾荣光所分析的不同哲学主张对情境的各种解释，以及迪昂-奎因论题（Duhem-Quine thesis）对否证西方理论所带来的现实困扰，但曾荣光的担心不无道理，因为针对中国特定情境去创立理论，有可能造成大量平庸、甚至错误理论的繁殖。单就《管理学报》陆续发表的各种“中国特色的管理理论”，已经在一个元理论（提供对于管理的基本认识和总体认识，而非具体的战略理论、组织理论和领导理论）层面出现了中国式管理理论的丛林状态——东方管理学、和合管理、合作管理和秩序管理，以及和谐管理理论。可以设想，假如《组织管理研究》

的这一组文章能够影响到中国学术共同体的信念，以及基金委员会、大学的学术制度安排，那么，曾经并非主流的研究者们是否已做好充足的科学精神、哲学主张和研究方法的准备，从而大力推动“管理学在中国”或“中国特色管理学”或“中国管理学派”或“中国式管理”的研究进程呢？在笔者看来，以下是我们必须审慎对待的几个关键问题。

3.1 如何认识中国管理情境？

对于中国管理的解读，不能离开情境。Johns(2006)曾对情境问题进行过系统的探索，划分了情境的构成和不同面向，剖析了情境的多重作用，强调“情境对研究结论有微妙且强大的影响”；徐淑英、欧怡(2012)也专门对情境化进行过讨论，梳理了国家层面的情境因素，并指出“情境是本土化研究的关键因素”。在笔者看来，虽然详细解剖中国管理情境的含义、构成及影响是一个庞大的学术工程，但就一般意义而言，情境就是组织实践在此时此地的约束(制约)条件，涉及文化、社会、法律、制度、习俗等因素的复杂影响。从研究方法的选择上考虑，恐怕只有介入到情境中去，才有可能产生深刻、系统的认识，了解内在、隐藏的秩序，否则就会是瞎子摸象、走马观花，最终指鹿为马。当然，解读情境不似通过问卷收集信息，或是做一个模拟实验那么简单。研究者要有足够的耐心和足够长的时间，去认真观察、反复检讨、交互验证，才能得到比较可靠的研究成果。这要求学术共同体不能再恪守实证主义定量研究的唯一正统性、合法性。那些中国最优秀的管理学院(或商学院或经管学院)，尤其不能再单纯从一篇博士、硕士论文应用数学的多少来衡量学生的学术贡献；学术期刊和各种基金评审者也应该意识到，对于情境最有效的研究方法，不可能是数学方法，而是历史分析，是定性研究中的深描(thick description)，是案例研究，是对深层结构、机理的洞察、诠释和建构。如果中国的管理学术共同体不能在学术探索的哲学观上发生变化(至少是包容非实证主义的，往往也是他们不熟悉的研究范式)，很难想象有更多真正根植于中国情境的可靠研究，能皈依科学探索的基本目标。事实上，Johns(2006)也指出缺乏情境关注(context-free)的定量研究未必能带来可靠的研究成果。当然，方法本身并不是“研究品质”的护身符，韩巍(2007)就曾指出，用偏质化方法研究中国组织文化的“国际论文”，照样会得出不能令人信服的结果。中国管理学术共同体应该向中国的社会学研究者学习，向多元范式的西方同行学习，应该感谢重庆大学出版社多年来在介绍定性研究方法上的坚持和慷慨[①]。

3.2 新理论的客观必要性

即使我们通过深描、洞察呈现了中国情境的复杂性，也不能完全确定，随之而来的就一定是中国式管理理论的创建，因为从科学研究的一般约定上讲，当我们深描自身情境的复杂性时需要回答以下几个问题：首先，这个"情境"是否具有足够/显著的独特性。比如，现在国际学术界已经非常流行的"guanxi"（关系），它当然是一个非常独特的中国元素，但越来越多的经验研究显示，不仅在日本、韩国（Alston，1989），在俄罗斯、墨西哥，甚至英国和美国（Tsang，2009）都存在类似中国"guanxi"功能的"本土性"因素。关系被当作变量来研究，尽管硕果累累，但可能离题万里，因为关系就是中国的管理情境，但它作为中国人社会建构的一般法则（陈俊杰，1998），不还是社会化途径和机理的差异吗？有必要建立一门"关系社会学"理论吗？世界上需要那么多类似中国关系的"本土化"理论吗？

其次，现象是否一定不能被现有的理论所解释，或新的理论是否一定解释得更好？我们应当意识到，中国管理学术界在研究方法和研究志趣上深受美国的影响，而实证主义以及定量研究在北美也是最正统的套路。因此，中国大多数主流学者，几乎很少有人采取定量研究以外的方法，或具有实证主义以外的认识论立场，而这恰恰是最不能反映"情境"以及"动态性"的研究方法，更不用说必要的反思！然而，缺乏新颖的理论，尤其是直面中国问题的关联性强的解释（Tsui，2009），并不必意味着西方理论和研究方法的完全失败。比如，在有着深厚"批判性"传统的欧洲、英国，甚至美国的少数非主流学者的研究当中，就存在可以解释中国管理现实的理论和方法。韩巍、席酉民（2008）试图从和谐管理的视角，借由"权力"重新认识组织理论，发现法国学者费埃德伯格（2005）在《权力与规则：组织行动的动力》所反映的立场和部分结论与他们的思考较为接近，尽管彼此的分析思路并不相同。这至少说明他们并非第一个从"权力"角度重新系统地解读组织理论的开拓者。而Tsang（2009）在研究"迷信与决策"的关系时，就努力从不确定性和理性入手去解释这一全新现象，而不是轻率地提出一个新

① 重庆大学出版社已经出版了大量定性（质化）研究的方法论书籍（邓津、林肯，2007；欧兰德森等，2007；利布里奇、图沃-玛沙奇、奇尔波，2008），大大丰富了我们研究管理现实的手段。

的理论。也许中国管理学的研究者，在现行学术制度下无法满足这种广泛涉猎的“过分”要求，但没有扎实的文献追踪、广泛的比较分析，是很难避免井底之见的。

笔者之所以“冒犯”一些学术同行（韩巍，2008），“为反对而反对”（彭贺，苏勇，2009）一些中国式管理理论探索，恰恰是从理论发展的基本要件出发，无法也无力洞察这些理论会在解释中国管理情境，更妄论预判中国实践方向上会有可期待的表现。创立一套理论说辞或许并不艰难，但要经过系统、充分的证明又谈何容易？想来这也是和谐管理理论[①]的开创者席酉民公开否认“中国特色”标签的部分原因吧（席酉民，2008）。

3.3 学术实践中的实然与应然

笔者注意到学者们（韩巍，2008；周建波，2008；彭贺、苏勇，2009）在这一问题认识上的差异，学者彼此间的分歧事小，对问题判断的质的差别才是关键。遂笔者在这里想再做简略说明：实然（is）和应然（ought to），以及两者间的关系是一个深刻的哲学问题，在哲学界还没有达成共识，自然更不会在“实用”的管理学界形成一致的认识。但笔者比较倾向于休谟的论断，我们“无法从实然推出应然”。况且，笔者并不是把应然完全理解为无论是先验性还是经验性的价值判断，而是更倾向于将它理解为经验上的因果性（韩巍，2008）。这就类似家长嘱咐孩子吃饭注意营养均衡，并不完全是监护人的道德承担，而是基于营养均衡与身体健康间的因果关系。

那么，什么是我们所观察、经历的中国管理学现实呢？由于环境的复杂性、人的复杂性、广泛的不确定性，作为一个坚持演化论的和谐管理研究者，无法轻易地接受那种唯一的、因果性的、决定性的画面。更何况，身处今日之中国，当我们自以为是地把企业（组织）的成功与那些表象的（可见的）因素联系在一起，就以为找到了提升组织绩效的规律时，到底在多大程度上触及并揭示了那个真相呢？用“蒙牛之道”去支持“东方管理学”（苏勇，2008）的“人为为人、以人为本、以德为先”不是有点儿讽刺了吗？

在这种意义上，笔者认为在中国的管理学研究中，更应该坚持实然取向，而非应然。当我们发现了足够多实然的现象，且有足够的时间反复检验我们的发

---

① 它被不少人认为是具有中国特色的管理理论，甚至被认为能够昭示中国管理学派演进方向（周建波，2008）

现后，如果规律得以确立，再提应然不迟。因为笔者很怀疑今天的中国管理学实践者们，一方面很有“人在江湖”的困扰，不容易唱出“价值判断的高调”；另一方面很有“朝不保夕”的尴尬，不容易支持“中国式管理”的合法性。被无数人总结过的“伟大”的海尔，不是还没经历过“代际传递”这个经典的中国式问题吗？

针对那些具有强烈价值取向的中国特色管理理论，笔者还想说，尽管研究者完全可以在研究现实之余“代入”正确的价值观，但那未必是管理的内生性问题，因为单纯从组织管理理论而言，既可以帮助一个有信仰、有道德操守的组织改善绩效，也可以帮助一个犯罪集团创造组织的表面繁荣及内部和谐（请注意，这仅仅是学理的探讨，丝毫不表明笔者的道德倾向！）。借用巴比（2005：12）的话，社会科学理论处理的是“是什么”（what is）而不是“应该如何”（should be）。

3.4 文化与组织管理的关系

学界已有共识，管理学在中国的变异，很大程度上是文化对人塑造的结果（民族文化——组织文化——组织参与者的想法和做法）。尽管那是一个非常复杂、动态的情形，但不少从事中国式管理学研究的学者，似乎没有仔细地思考过，文化是如何被人所调节并最终反映到组织管理的本土性上这一问题。这个问题的实质，是文化与组织管理在经验上的连接，所以想当然地从文化，尤其是传统文化的表述系统去设想、推断中国文化对组织管理的必然影响，是一种非常不符合社会科学研究规范的研究思路和方法。以下几个问题值得关注：

从对中国文化的认识上讲，是否存在这样一种假定，即中国从来就只有一种同质性的文化（那些把十几亿人标签化为“集体主义”的简化研究！）？当我们把这种文化当作一个变量去测量，一种情境去解释、重构的时候，会不会存在着中国文化内部显著的，甚至是某种程度上本质性的差异呢？比如汉族的、多民族的；黄河流域的、长江流域的、珠江三角洲的；中国台湾的、中国香港的、中国内地的；官方的、民间的；表述（理想）的、践行（现实）的；历史的、近代的、当代的；等等。

一个不争的事实是，尽管没有人能否认中国文化，尤其是传统文化存在的伟大之处，但是似乎也无法回避传统文化存在的糟粕，所以我们才从不同前辈、学人的眼里，读到了文化的不同面向。比如，单就中国传统文化的最大瑰宝——儒家思想及传统而论：有人认为“儒学从根本上就是封建统治的寄生物”“儒学统治国人灵魂两千余年，早已深入国人的血脉之中……如家族观念、皇权崇拜、官本位意识等”；有人则看到儒家传统的积极面向，如“人文精神；民本精神；反身修己、自强不息的精神；忧患意识和承担精神”等（董小川，1999：283—284）。但是，经验上呢？现实生活本身呢？这些“文化基因”如何塑造着我们每一个人，又使我们所参与的组织表现（折射）出什么样的中国文化面貌呢？

鉴于此，笔者一再强调，对于组织管理与中国文化的关系，不能仅仅是诠释的，它需要经验证据，需要社会学、人类学的研究成果，需要“差序格局”（费孝通，1998），需要儒家关系主义（黄光国，2006），需要人情、面子及权力（翟学伟，2005），而笔者也曾试图从信任、合作、创新三个维度检讨文化与管理的中国式关联（韩巍，2004）。今天回头想想，它应该存在洞见，尽管或许有点儿抽象和过于简化的类型学瑕疵。什么是我们体验到的文化差异？比如，在笔者从西安来到深圳6年以后才逐渐明白，广东这边的不少同学，并不太关心类似笔者家乡曾出现过的“汉唐文化”，他们从小就不太喜欢看中央电视台（当然会有抽样的误差），而且广东这边的婚宴是在下午举办，而笔者家乡的婚宴则不能晚于中午12点开始，从这些方面来看，即使是当代中国文化，也够丰富的吧。因此，中国式管理如果必须和中国传统（文化）结合起来，就不能只看到那些“灿烂光鲜”的东西，也要看到它极为复杂的面向。那里面是中国人实实在在的生命“片段”，那是芸芸众生“活下来”的生存法则。

从逻辑上讲，我们对待文化与经济崛起的关系，是否也存在一种明显的推理错误，即“把独一无二的历史时序和因果关系的逻辑时序混淆”（孙隆基，2004，序：3）？韩巍（2004：36）有几段文字值得引述：

“威尔金森曾指出儒家解说令人迷惑的四种基本问题，即后此推理（post hoc）、大量的因果性假设、种族主义的危险和缺乏历史性的理解。”

威尔金森“不仅质疑了从后此推理寻求答案的盲目，即因为经济成功在后，传统文化在前，就在文化中寻求经济优胜的原因。这样的做法，似乎总能找到些什么。最典型的方法就是重新‘翻译’经典的著述，而事实上所有的传统文化都一定包含关于诚实、勤劳、节俭的‘资源’，那么这种解释会有什么说服力呢？比如鲁贝克指出，伊斯兰教的文本已经被重新解释为含有资本积累的‘理性法则’”。

威尔金森还“批评了已经存在的大量的关于儒家文化和经济发展的因果解释：比如，人们提到关于‘文化根基’的内容时，谢泼德等强调层次化的人际关系；霍夫斯塔德和邦德强调的工作伦理——一组价值，共同成为儒家的动力机制，里面有坚韧、节俭、礼仪、廉耻，以及按身份划分的关系秩序；还有人则强调东亚国家的教育因素；质量控制和无缺陷也被谢泼德等解释为儒家‘坚忍不拔’的结果，所以其他没有这种文化资源的国家，就很难开展质量管理运动；克尔姆则把东亚的管理归功于佛教。总之，你读的文章越多，这个被不同作者用来指称代表儒家文化的清单，就会越长”。

威尔金森还指出其“缺乏对文化、政治、经济发展、商业组织的复杂的相互关系的分析。”

文化与经济，乃至文化与企业成果的关系，是存在的，但是否有必然的因果性？曾经的“四小龙”、曾经的日本，都出现过经济奇迹，都曾检讨过文化，但都无法解释后续的历史事实——金融风暴和日本经济的衰退。这不是人类社会生活的悲剧，这是自负的学问家的悲剧，因为他们太过自信地认为自己所构建的方程和选择的变量，是对人类极端复杂的社会演化过程的最好拟合。从本质上讲，只要有一次，而且永远都会有那么一次“黑天鹅”事件，就会把他们打垮，因为这种简单的归因太缺乏说服力了。

我们应该把注意力放在组织中可观察、可识别、可洞见的人类行为和想法上。文化有很多种，但对于组织管理更有影响的文化，一定不会是诗词歌赋，而是关乎合作的那些文化。让我们再回顾一下 Schein(1984)对组织文化的定义："(组织文化)是一个给定的组织在其应对外部适应性和内部一体化问题的过程中，创造、发现和发展的，被证明是行之有效的，并用来教育新成员正确地认识、思考和感觉上述问题的基本假定。”笔者猜想这很接近我们普通中国人的生存之道吧。

3.5 和谐管理的本质、相关术语及研究方法：一点儿启示

在一种相对宽松的学术环境中，可以“百花齐放”——只要有一套自成系统的说法，似乎就可以是理论。至于是“中国式管理学”还是“管理学在中国”，学者之间当然会有不同的意见。其实这并不重要，字面上是时态的不同，其实也是不同心态的反映，在一个和谐管理研究者的眼里还是“路漫漫，其修远兮”。

而“管理学在中国”的提法，显然是一种强调情境依赖(约束)的管理观，它未必有“中国式管理学”(理论)的意思，而且前途并不注定是“中国式管理学”——我们只配跟着西方走，所谓拾人牙慧(彭贺、苏勇，2009)；我们中国人稍稍擅长的整体思维再加上那么一点儿深刻性，或者会形成少许对管理学(不仅仅是中国式管理学)的新认识。

从根本上讲，组织管理的基本要素及其关联，已经被泰勒、法约尔、韦伯、巴纳德，以及德鲁克等西方的学术家次第地确立起来了。我们知道，管理的本质是组织在约束条件下，通过合作实现目标的动态过程，尽管多年前笔者也有一个对管理本质（“协作型生存”）的新理解（韩巍、席酉民，1998），但笔者确信，这些基本问题已经轮不到无论是哪一国的当代学者去置喙了。事实上，我们能做的就是研判约束条件的差异、合作方式的特征以及目标实现的过程，当然，还包括对管理学实践及学术本质的反思，笔者把它叫作“试错性”（韩巍，2006）。但笔者无法想象，除了合作完成目标，管理学还会是什么。当然，这些工作足以让我们把自己的工作标榜为理论。和谐管理理论也许是个在本质上离“群体合作”比较接近的理论，它的独特性是在组织合作方式、秩序的解释上（和、谐、耦合），以及在组织与约束条件关系的连接上（和谐主题）。和谐管理理论之所以敢于自称是一种新的管理理论，完全不在于它的信仰和价值观（尽管席酉民在他的博客中有过这样的人文关怀：以人为本、以德为先、以和为贵等），而是在对组织管理的解释角度及对研究和实践的启发性上，笔者承认，今天的和谐管理理论更像是一个元理论，它还没有提供基于经验的规律性内容，因此它的理论完型还远未达成（席酉民等，2009）。

尝试创建一种新理论，不仅是要素识别和结构机理的差异，有时候的确也牵扯到术语的创设。以和谐管理理论为例，笔者不觉得“优化”和“不确定性消减”是作者们的发明，但通过这两个角度重新看待组织的内部秩序和机理是和谐管理理论的“发现”；当然，意欲弥补甚至取代战略的“和谐主题”似乎算是一个发明。笔者在对和谐管理领导理论的初步探索中，就发现中国人的“领导”，可能与英语中的“leadership”存在语义学上的差异（韩巍、席酉民，2009）。倘若此推断成立，所谓“管理学在中国”（“中国式管理学”）的研究在很大程度上就要反思那些来自西方的构念和量表，到底测试的是不是那个指标的“所指”。这个问题值得学术共同体的重视。

研究本应该就是本土性的，可惜，我们习惯了模仿，尤其是在方法上。如果说中国管理学今天的确是处在“紧要关头”（Tsui，2009）、“十字路口”（Tsang，2009）的话，那么我们更缺乏的应该是直面中国管理学现实所产生的独特的问题意识。模仿方法并不是错误的，而且以笔者非常有限的阅读和思考，如果我们能客观地看待西方社会科学领域已经存在的多种范式和极为丰富的研究方法，我们大可不必去费心发明什么适合于中国情境的研究方法。尽管这并非完全不可能，但也不是我们的创造，最多只是一种改进而已。

4. 结语

本文简要回顾了围绕"中国特色管理学"于近期发表在《管理学报》的相关文章，通过引入针对《组织管理研究》的一组反思（批判性）文章，充分肯定了《管理学报》的办刊方针。这些文章重点讨论了针对本土化学术探索需要审慎对待的几个方面的问题，指出能够高度介入情境的定性研究和案例研究应该是进行中国管理学研究的主要方法，发展新理论一定要了解知识成长的脉络，以更全面地掌握国际学术动态。中国管理学术研究应该更强调"实然"而不是"应然"，对于中国文化与组织管理关系的探讨，应该立足于经验上的关联。最后，结合和谐管理本土化研究的体会，笔者感叹了几点尝试理论创建的看法。

回顾及反思

这是一篇比较典型的"自我暴露"型文章。应该说，它反映了笔者在本土管理、哲学反思方面认识的阶段性和局限性。当然，问题意识而非结论向来是自己比较看重的地方。本文涉及四个方面的问题：

其一，如何认识情境？当时的看法显得比较模糊、笼统，只是到后来才被笔者发展为一种诠释学取向的理解方式。

其二，对于新理论必要性的思考，当笔者后来逐渐形成对于理论非常宽松的理解（作为一个谱系）后，才让这个问题变得不再重要。

其三，"实然"与"应然"在管理学研究中的地位和关系。特别声明，"应然"指向因果。这是笔者思想变化最大的地方。回顾本文，笔者当时还自以为能区分"事实"与"价值"，强调管理学研究的经验取向，尽管笔者注意到"迪昂-蒯因"对"否证"理论企图的消解，但还是习惯于对"经验证明"抱有期待。随着时间推移，笔者意识到，尽管经验证明可以为理论猜想提供某种支持，但在管理学领域，证实、证伪与管理知识的关系并不密切。受希拉里·普特南（Hilary Putnam）等当代哲学家的启发，笔者不再相信会有"纯粹的事实"，一路迈向建构主义（诠释学），对意义生成/给付（sense making/giving）产生了高度认同。自然，笔者不再计较什么"实然—应然"。笔者最近的看法是：**管理学术之所以要有"经验"基础，不是为了寻找什么终极的"客观规律（真**

理）”，而是对社会实践之“可行性”的响应；同时，管理学术必须强调“意义诠释、主观建构”，它是对未来之“可能性”的召唤。换言之，当年笔者批判“东方管理学”的偏颇是以为将其指责为“意识形态”就消解了其社会科学研究的合法性，其实它的问题更是经验可行性方面的困扰。

其四，关于文化与组织管理的关系，强调“文化的经验性”而非单纯对文本说辞进行诠释应该依然中肯（尽管笔者更倾向于管理学研究的诠释学取向）。而当年埃德加·沙因（Edgar Schein）对笔者的启发，也让笔者很早就对社会学和人类学产生了好感。但不无遗憾地，笔者当时根本没有意识到后期维特根斯坦对语言的解读，让自己“重新”发现日常语言在文化演进中的作用，所以才有这种令今天的自己感到汗颜的表述：“文化有很多种，但对于组织管理更有影响的文化，一定不会是诗词歌赋，而是关乎‘合作’的那些文化。”记得在深圳大学与北京大学周长辉老师的一次学术对话中，笔者曾提及幼时父亲教给自己的两联诗“天生我材必有用，千金散尽还复来”“安能摧眉折腰事权贵，使我不得开心颜”是如何深刻影响、塑造自己心智和行为的，这让周老师感慨过后当晚就在酒店赋诗三首以共勉。

如果换作今天，笔者会重新表述“管理学在中国的几个关键问题”：其一，也是最为重要的，愿我们真诚对待管理学研究；其二，无论各自持哪家立场、何种范式，请多包容、多交流；其三，尊重经验的可行性，鼓励猜想的可能性；其四，作为广义的社会研究者（不是科学家或科学研究者）面向历史（时间）证明我们工作的价值。

参考文献

ALSTON J P. 1989. Wa, guanxi and inhwa: managerial principles in Japan, China, and Korea[J]. Business Horizons, 32(2): 26-31.

JOHNS G. 2006.The essential impact of context on organizational behavior[J]. Academy of Management Review, 31(2): 386-408.

SCHEIN E H. 1984. Coming to a new awareness of organizational culture[J]. MIT Sloan Management Review, 25(2): 3-16.

TSANG E W K. 2009. Chinese management research at a crossroads: some philosophical considerations[J]. Management and Organization Review, 5(1): 131-143.

TSUI A S. 2009. Autonomy of inquiry: shaping the future of emerging scientific communities [J]. Management and Organization Review, 5(1): 1-14.

巴比.2005.社会研究方法:第10版[M].邱泽奇,译.北京:华夏出版社.

陈俊杰.1998.关系资源与农民的非农化:浙东越村的实地研究[M].北京:中国社会科学出版社.

邓津,林肯.2007.定性研究:第1—4卷[M].风笑天,等译.重庆:重庆大学出版社.

董小川.1999.儒家文化与美国基督新教文化[M].北京:商务印书馆.

费埃德伯格.2005.权力与规则:组织行动的动力[M].张月,等译.上海:上海人民出版社.

费孝通.1998.乡土中国 生育制度[M].北京:北京大学出版社.

韩巍,席酉民.1998.关于管理及其科学性的思考[M]//1998海峡两岸管理科学学术研讨会论文集.西安:西安交通大学出版社:1-9.

韩巍.2004.基于文化的企业及企业集团管理行为研究[M].北京:机械工业出版社.

韩巍.2005.学术探讨中的措辞及表达:谈《创建中国特色管理学的基本问题之管见》[J].管理学报,2(4):386-391.

韩巍.2006.和谐管理:一个正在综合着的管理知识景观[M]//席酉民,韩巍,葛京,等.和谐管理理论研究.西安:西安交通大学出版社:1-28.

韩巍.2007.寻找"真实"的方法论[J].财经界·管理学家,11:56-57.

韩巍.2008.从批判性和建设性的视角看"管理学在中国"[J].管理学报,5(2):161-168.

韩巍.2009.管理学术圈里的三种人[J].管理学家,2:101-102.

韩巍,席酉民.2008.和谐管理组织理论:一个探索性的分析框架[J].管理学家(学术版),1:3-16.

韩巍,席酉民.2009.不确定性——支配权——本土化领导理论:和谐管理理论的视角[J].西安交通大学学报(社会科学版),29(5):7-17.

黄光国.2006.儒家关系主义:文化反思与典范重建[M].北京:北京大学出版社.

蓝海林,李铁瑛,王成.2009.中国企业战略管理行为的情景嵌入式研究[J].管理学报,6(1):78-83.

利布里奇,图沃-玛沙奇,奇尔波.2008.叙事研究:阅读、分析和诠释[M].王红艳,主译.释觉舫,审校.重庆:重庆大学出版社.

李垣,杨知评,王龙伟.2008.从中国管理实践的情境中发展理论:基于整合的观点[J].管理学报,5(4):469-472.

罗纪宁.2005.创建中国特色管理学的基本问题之管见[J].管理学报,2(1):11-17.

罗珉.2008.中国管理学反思与发展思路[J].管理学报,5(4):478-482.

彭贺,苏宗伟.2006.东方管理学的创建与发展:渊源、精髓与框架[J].管理学报,3(1):12-18.

彭贺,苏勇.2009.也从批判性和建设性的视角看"管理学在中国":兼与韩巍商榷[J].管理学报,6(2):160-164.

黄如金.2007.和合管理:探索具有中国特色的管理理论[J].管理学报,4(2):135-140.

李常洪,李铁,范建平,等.2008.合作管理研究框架[J].管理学报,5(2):169-176.

欧兰德森,哈里斯,史克晋,等.2007.做自然主义研究:方法指南[M].李涤非,译.重庆:重庆大学出版社.

苏勇.2008.东方管理案例精选(一)[M].上海:复旦大学出版社.

孙隆基.2004.中国文化的深层结构[M].桂林:广西师范大学出版社.

谭人中.2008.秩序管理概论[J].管理学报,5(3):345-357.

席酉民.2008.为了管理:需要多说的一些话[M]//席酉民.管理之道:战略对准:结香集.北京:机械工业出版社:40-47.

席酉民,葛京,韩巍,等.2005.和谐管理理论的意义与价值[J].管理学报,2(4):397-405.

席酉民,尚玉钒,井辉,等.2009.和谐管理理论及其应用思考[J].管理学报,6(1):12-18.

徐淑英,欧怡.2012.科学过程与研究设计[M]//陈晓萍,徐淑英,樊景立.组织与管理研究的实证方法.2版.北京:北京大学出版社:13-32.

翟学伟.2005.人情、面子与权力的再生产[M].北京:北京大学出版社.

周建波.2008.中国管理学建构与演化:基于哲学四分法与管理文化结构的推演[J].管理学报,5(6):781-791.

11 情境研究

另一种诠释及对本土管理研究的启示

1. 研究背景

近年来，管理学界围绕情境研究展开了热烈讨论。例如，有学者认为，随着国际化程度的不断提高，社会科学知识面临不同环境的挑战；工作场所和工作性质的变化背后可能存在不同以往的机制（Rousseau and Fried, 2001）；组织研究正从“以人为中心”转向“人与环境的互动”（Johns, 2001）；等等。情境研究挑战了既有研究范式的假定（Bamberger, 2008），可以更好地理解现实，更便于向社会传播知识（Johns, 2001；Johns, 2006），也会使理论模型更加准确，对研究结果的诠释更加坚实（Rousseau and Fried, 2001）。当然，情境研究面临着方法论、认识论、学术制度等多方面的挑战（Johns, 2001, 2006；Bamberger, 2008），研究者也会误解和忽视其应有的价值（Whettend, 2009）。

情境（context）源于拉丁语，原意为“编织在一起”或者“发生联系”（Rousseau and Fried, 2001）。在英语里，存在很多近似的说法：surroundings（周遭环境），situation（境遇、处境），setting（环境、背景），external environment（外部环境）（Rousseau and Fried, 2001；Johns, 2006）等。一如这些关键词所显示的，学者无论是用简单枚举的方法（Bamberger, 2008；Johns, 2006；Tsui, 2006），还是类型划分的方法（Leitch and Palmer, 2010），情境几乎可以囊括所有因素。有学者还提炼了情境的多重面向和作用（Johns, 2006），并提供了如何情境化的研究路径（Rousseau and Fried, 2001；任兵、楚耀，2014）。

在笔者看来，在本质上，情境是指人类生存的自然和社会条件。所谓情境与非情境的划分，不过是根据关注点的不同，人为建构的一种认知差异而已。鉴于此，本研究试图在组织（社会）研究的诠释学（Haggis, 2008）、语言学转向（linguistic turn）（Fairhurst, 2009）背景下，探索如何通过叙事（narrative/storytelling）（Jabri, 2006; Colville et al., 2009）和思辨对组织情境加以呈现、诠释并提出洞见，以响应诠释学和后现代批判研究才是形成情境理论的“定制”（tailor-made）方法的看法（Bamberger, 2008）。

2. 管理研究的情境性及面临的挑战

一个命题及其简单的“证明”：在管理世界里，没有普适研究，只有情境研究，也只有情境理论。这是因为人类的历史还在继续，所以从严格意义上来说，谁都无法宣称任何理论已经被充分地证明①，从而是“普遍适用”的。具体解释如下：①人类无法在“无限”的时间轴上，在所有活动场所验证某种理论。②研究者本身也是特定情境的产物，其认知习惯（能力）从来不是一种恒定不变的“机械装备”，它会随时间、经验、知识、技术的发展而演变（Weick, 1996），而研究方法的选择会受到组织的、历史的、政治的、伦理的、证据的和个人的等多个因素的影响（Buchanan and Bryman, 2007）。所谓研究，只能是在这种演化着的且以人为主导的研究“装备”下所进行的描述和诠释活动。所谓理论，本质上只能是在特定情境下的学术共同体愿意接受的那些对经验世界的描述和解释（Reed, 2010）。以上两点，对社会研究和自然科学同样适用。③社会研究的特殊性还在于，其所从事的研究，在绝大多数情境下是“主体—主体间性”的呈现和诠释，而非“主体—客体”间的“镜像式”表征。无论作为研究者（参见前述第二条），还是研究对象的所有人类活动，都受到时间—空间的限制，也总在演变，因此，管理研究只能是“情境化”的（Rousseau and Fried, 2001）（这一点只适于社会研究）。

鉴于此，当研究对象是情境化的、研究“工具”是情境化的，且不存在可以终结理论检验的条件时，那么，保守地讲，至少社会研究（管理研究）都是情境化的研究，其理论也只能是情境理论。正如塔姆欣·哈吉斯（Tamsin Haggis）所言，知识必然是情境化的（Haggis, 2008）；或如学者转引桑德拉·哈丁（Sandra

① 这是哲学的看法（见 Reed, 2010），也是经验意义上的中肯表达。

Harding）所说，去情境的知识，在最好的情形下，也不过是一种幻觉（Reed，2010）。

当下的管理研究存在碎片化的趋势，不是因为缺乏“情境化”研究，且相关文献也不支持这样的判断（Bamberger，2008），而是因为管理学界长期存在一种普遍的误解，以为管理研究与自然科学类似，要追求“普适性”知识。管理学界于此从未达成一致意见，所持多种看法如“管理知识根本无法成为确证的真理”（Starbuck，2004），甚至“不要试图提供普适真理”（Hay，2002）。笔者认为大量碎片化的知识也是情境研究的结果，只不过那是一种“情境化视角双重错置”的产物。也就是说，用“只见树木，不见森林”的（第一重）情境化视角，去研究人为设定的简单（第二重）情境下变量关系的结果（看起来这两种情境化也相得益彰），难以或者根本无法扩展到其他情境，从而显得几乎“与情境无涉”了。当学术界不断反思“实用性”欠缺、呼吁“实用性—严谨性”平衡、提倡情境研究的时候，如果情境化视角的双重错置依然盛行，未必会有期望的结果。

笔者认同当下“情境化浪潮”对于管理研究的现实意义。情境化浪潮的实质在于，用一种新的情境（介入）观来取代旧的情境（无涉）观，会扩大研究者的视野，把研究重点从过分简化的变量关系转向更具“嵌入性”的复杂系统（Tsui，2006），从而做出更有担当的学术研究（Tsui，2013），以凸显管理研究的价值，即所谓“经世致用”（陈明哲、吕力，2016）。当下，中外学者对于情境研究已有比较深入的思考，情境被认为是复杂、动态、多层次、多因果的（Tsui，2006；Haggis，2008；Fairhurst，2009）。在主流实证研究者，尤其是行为学（心理学）研究者眼中，情境是自变量（主效应）、调节变量、中介变量（Johns，2001；Johns，2006），由此，他们可以期待采用诸如多层线性模型分析（hierarchical linear model，HLM）、结构方程（structural equation model，SEM）的高级版本（Bamberger，2008）来处理更多跨层次的变量关系，以及更多跨层次“构念”的关系（通过直接、间接测量获得其“指称”可靠性）。笔者注意到，习惯采用案例研究的国内学者似乎也认同“情境变量观”，也追求普适性知识（苏敬勤、刘静，2014）。

问题是，当研究转向一个复杂的系统之后，对于那些难以，甚至无法测量的因素应该如何处理？换言之，对统计学上无法可靠处理的因素该怎么办？[①] 尤

① 理论上，研究者可以测量任何想测量的东西，但统计学本身无法确保测量的可靠性，这一点在当今流行的研究中表现得非常明显——热衷测量却权宜地处理“构念测量”的建构效度和外部效度。

其是，当这些**无法准确测量的因素对于研究对象的描述和诠释举足轻重的时候**，又该如何？中国的情境研究，恰恰在这里面临着巨大挑战。爱因斯坦有言：每一件可以被计量的东西并非都是有价值的，而且，并非每一件有价值的东西都是可以被计量的（Adler and Harzing，2009）。对于人类社会、组织研究者而言，应该有所惊醒吧！

3. 两种情境观及适宜的研究方法

每个人其实都生活在某种自然—社会给定的条件（情境）下，无论是河流山川，还是大街小巷。然而，这里的情境与通常所说的环境没有太大区别。还有一种情境，不完全是客观事实。比如，笔者在深圳大学工作，就既指具体的工作地点在深圳南山区某街某号（客观存在），又指"大学"这个组织。而大学到底是个什么组织，不仅内部人和外部人（如政府官员、社会舆论、学生家长等）的感受和看法不同，而且内部人（如教师、行政人员、院校领导等）本身的感受和看法（如实现抱负的场所、人生的避风港、挣钱糊口的地方等）也存在很大差异。换言之，"组织"并不仅仅是一群人在某些固定地点从事特定活动那么单一，而是不同的人对一种生存条件、生存状态多面向的主观诠释（Weick，1996）。

管理研究常常关注的并不是前一种情境，而是不同利益相关者（包括内部人与外部人）所感受的后一种情境。因此，当研究者把注意力放在某些特定的研究对象[即分析单位，必然会丢失某些事实（Weick，1996）]上时，研究对象构成一种简化情境（往往是组织中的人际互动），与研究对象直接和间接相关的自然—社会系统则构成简化情境背后的嵌入情境。一方面，拥有不同认知习惯的研究者在"简化情境—嵌入情境"的划分上存在分歧。例如，同为实证研究范式的学者呼吁"跨层次"（cross level）（Johns，2001）、"系统性"（holistic）研究（Bamberger，2008；Tsui，2006），就是试图修正以往在两种情境划分上的粗疏，把曾经属于嵌入情境的因素（变量）纳入简化情境加以研究，因此才会有"一个研究者的情境就是另一个研究者"的假定（Rousseau and Fried，2001）。在某些研究者看来可以悬而不论的议题，在其他研究者那里则认为需要认真对待以产生有价值的研究结果。所谓"情境敏感性"，即选择何种情境因素进入分析视野的判断力。另一方面，在诠释主义研究者眼中，比"简化情境—嵌入情境"划分更关键的是，组织中的人（常常是各级"领导和下属"）对组织目标、策略、结构、流程、绩效的感知和看法，这些因素构成另一种对其思想、言说、行为有重大影响的"主观情境”。正是在这种意义上，本文可以给出一个新的情境定义：**情境即特定的自然—社会系统中的当事人可感知的、可被语言（选择性地）呈现的，并塑造当事人思想、言说、行为的那些因素及其相互作用。**

“可感知”是指自然—社会系统中的相关因素及其影响，对于外部人或部分内部人是否存在“显性”或“隐性”的区别，系统中总有一些内部人（明白人）可以了解其对系统中个体和人际互动的实际作用。“可被语言呈现”是指相关因素及其影响，总会被一些内部人（明白人）在“公开”或“私下”的场合比较确切地描述出来（Leitch and Palmer, 2010）。“选择性”是指人们只能依赖有限的语言去呈现某些人所感知的那部分影响因素，没有唯一正确的呈现，只有更接近内部人感知的呈现。换言之，即使人们最终形成了一种共通的情境感知，那也不过是“主观判断”的结果。所谓“塑造”（Weick, 1996），是因循了很多类似的看法，比如“施加直接、间接的影响”（context effect）（Whettend, 2009）与“约束”（constraint）（Mowday and Sutton, 1993）。笔者所理解的“塑造”，无论是积极—消极、宏观—微观、直接—间接、强劲—微弱、长期—短期、浅表—深刻等，均存在多种来源，即当研究者选定一个（某些）组织的个体或人际互动进行探究时，必须关注历史文化、社会化、组织化等多个维度，尽管其具体影响一定存在差别。而其经验表现是，在这种或那种场合（情境）下，总会有一种中肯的声音：“你完全误解了某某的想法；你说那种话真有点儿不合时宜；你那么做事太没有分寸了……”无须过多解释，原因是，情境中的当事人大概能体会到什么叫“你懂的”！

那么，管理研究者该如何呈现或诠释研究对象所面临的这种“主观情境”呢？首先，是深度的融入（immersion）（Mowday and Sutton, 1993），即从一个外部人转为一个“内部人”，而且尽可能以频密的互动，借助内部人中的“知情人”“明白人”充分理解那些因素的影响。其次，是通过自己的思考，要么以“翔实叙事”〔近似深描（thick description）〕的方式呈现（Rousseau and Fried, 2001; Johns, 2001; Johns, 2006; Weick, 1996），要么以“机制洞见”的抽象方式呈现，或者兼而有之。最后，最重要的是，借由自己的批判性思考，鼓励当事人的反身性思考，以形成对“情境利弊”的系统认知（诠释），从而为研究对象可能向好的变化埋下伏笔。显然，这里凸显了两种不同的研究范式，即诠释主义和批判理论的影响。而在研究方法上，它排斥“测量和变量关系猜想”（难以找到可靠的操作性定义从而提供可靠的测量）偏好的实证研究。这是因为此处的“融入”“深描”一定是人类学（民族志）方式的，而“机制洞见”[①]更近于“理论研究”“思辨研究”（Johns，2001），遵循“溯因推理”（abduction）（Haig，2005）。

这种研究进路的优点在于：①尽管每个研究者都不免受到各种研究范式和既有理论的“污染”，但至少在研究起点上，它不完全是先入为主的，不是“拎着榔头找钉子”，而是以一种比较开放的心态置身于研究情境，且试图主要借助当事人的“主位视角”理解他们的生活。这一点显然符合扎根理论的设想和现象学“回到生活世界（life world）”的主张。②鉴于情境感知的主观性和多样性，以及研究者的局限性，它并不奢望为研究对象的生活提供唯一正确的表征，而是希望通过“主体—主体间性”的互动，提供一种尽可能翔实的呈现或猜想性的诠释（Fairhurst，2009）。它的叙事是开放的、非强制的，要面临当事人、读者的反复审视。这一点显然符合“诠释循环”的期待。它必然是批判的，一定要为研究对象的认知盲点或者言说禁忌提供一面便于反思的“镜子”。由此，笔者认为优秀的（情境化）管理研究必须包含促使当事人反思并修正其情境的启发性内容，而不应该仅仅是对成功典范的背书。

那么，我们或许可以尝试给出这类情境研究（未必只是管理研究）的评判标准：①无论是描述还是解释，都应该尽可能地“还原”那些情境，让当事人甚至读者有在场感，“身历其境”后，结合其生活经验而产生共鸣。②当事人和读者借助研究文本，能够对组织现象有更深入的理解，即有所触动、受到启发。③或许难以企及的是，当事人和读者在共鸣、启发后生成改变的冲动。优秀的本土管理研究，不应该轻易挪用既有的理论去给鲜活的实践仅仅贴上标签而已，更不宜用可能“异质”的标签去剪裁自己本该熟悉的生活。

4. 回到“真实”的中国情境

对于现有很多“变量化”情境研究，包括不少权威作者比较认同的少量优秀的中国情境管理研究，在笔者看来，依然是远离“中国情境”的。其中的某些研究的确在视野的扩展上体现了跨层次和系统性的特点，但那种习惯于从西方现成的理论出发（决定了测量，即认知的基本框架）、封闭在实证研究范式之变量关系（决定了意图和能够测量什么因素）的研究，首先无法回避一个非常基本的

① 如罗伯特·奇亚（Robert Chia）所说，我们从研究人类状态中要找的不是一般性知识而是独特的洞见，见（韩巍，2015）。

质疑，即无论是翻译、修正西方的量表，还是设计中国本土的量表，在多大程度上，是足够可靠、可信的(Mowday and Sutton, 1993)? 更为关键的是，那些经由这种研究方式所呈现的“结果”是大家所熟悉的组织生活吗?

无论是本土学者、海外华人学者，还是西方学者，从事中国本土管理研究，研究者如何“融入”我们的生活世界应该是一道分水岭。是长期的“To live with，to live in”，还是做过一次参观、两次访谈，更多地借助研究对象的配合，通过发放问卷收集数据? 即使没有太大的语言障碍，凭借后者这种研究方式，到底在多大程度上，研究者能成为特定情境的“‘内部人’、知情人、明白人”? 笔者认为，不仅是西方学者，还包括很多海外华人学者，他们所面临的一个挑战即“他们”并不了解“我们”的生活。Reed(2010)转引克利福德·格尔茨(Clifford Geertz)的说法，“他们常常对有待探索的现实发表看法，却没有真正接触过那些现实”。

情境就是一个“力场”(Johns, 2006)，它由大量常识和少数规则构成(Weick, 1996)。身在其中的人(组织)会被期待、被约束、被规定做出与之相宜的思考、表述和行为。它是一种整体的、复杂的、动态的、可感知的却未必可以被充分言说的系统。因此，只有当研究者“融入”其中，才能在经验上形成“可观察、可感知”的基础条件，才谈得上发挥自己独特的认知、洞见，与当事人一道达成对情境的一致理解。

目前，在对情境的诠释上，有些类似学界在“文化”研究上的分歧，尽管吉尔特·霍夫斯泰德(Geert Hofstede)做出了全球公认的关于文化的典范研究(也存在争议，见 Lynn, 2006)，笔者始终存疑：把文化当作变量进而操作化后的测量，如何体现文化极为复杂的现实面向及其丰富的意义内涵? 正如格尔茨所言，“对文化的分析不是一种探索规律的实验科学，而是一种探索意义的解释科学”(Lynn, 2006)。诸如类似“权力距离”“个人主义集体主义”的标签，又在多大程度上，与特定情境中的人的复杂互动密切关联(Rousseau and Fried, 2001)? 在这一点上，格尔茨(2008)的深描和诠释，Schein(2010)的示例和诠释，或许才是更符合情境研究的典范。鉴于此，从事中国本土管理的经验研究，需要因循“融入—理解—诠释”的研究路径。

4.1　中国本土情境之日常生活的视角

笔者希望首先从自己熟悉的生活出发，以一个当代中国男孩的成长作为线索，去呈现一种经验世界与“感知、表达、塑造”，即“情境研究”间的关联。也请那些不熟悉叙事研究的读者谅解这几段“不够学术”的表达，其目的恰恰在于唤起大家对于某种情境的体验、感受和共鸣。

从这个男孩出生伊始，就不断遭遇“要喝什么奶粉?”“在哪家医院看病?”“住在哪个城市、哪个片区?”“在哪个幼儿园、小学、中学就学?”“在国内还是国外上大学?”等一连串“重大议题”，以及“在十字路口，该怎么走?”“在老师、长辈面前，该怎么说话?”“在班级里的名次，要多么靠前?”“玩游戏，还是做作业?”“周末要上几个补习班或兴趣（围棋、小提琴等）班?”“什么时候可以结交女朋友?”等一连串“生活议题”。正是这些“重大议题”和“生活议题”构成了该男孩成长的真实情境，不知不觉间，借助父母、师长、朋友（圈），无论是被灌输、彼此分享，还是自我揣摩，他总会获得与这些情境相处的生存智慧（合乎期待的思想和行为）。

与之相伴，家长的言行似乎更能体现真实情境的作用：到医院去看病，最好找熟人；最好有一套比邻名园、名校的“学位房”；最好与班主任、“主课”的任课老师搞好关系；如果是“学霸”，就展望北大、清华；如果经济情况良好，而他又没那么“出色”，就不要让他承受高考的折磨。平日里，反复叮嘱他不要横穿马路，但有时候也要随大流、不能傻等；不要跟老师、长辈顶嘴；别老光顾着玩，要珍惜时间……不要埋怨家长们爱搞关系；不要一味谴责他们的功利心。中国有多少大城市的父母，不是如此被那些情境塑造，又身体力行地强化着这种情境的作用，而且愈演愈烈呢？当然，人类的生活不可能没有例外。

每每看到那些对于中国人生活情境的学理化（概念化）表达，看到那些熟悉又陌生的西方术语，想到大城市的儿童医院、城中村的角落，更不用说边远地区的失学与留守儿童、年末的讨薪工人、基层管理的“粗鄙”，就无法不把学者看似优越的大城市生活环境当作一种“非典型的中国情境”加以悬置。但是，事实果真如此吗？仅就笔者的经历而言，没有“学术 GDP”的宰制性诉求，怎么会“垃圾”论文遍地、学术腐败频发？作为管理研究者的我们，又把多少精力、注意力放在我们最熟悉的生活、工作情境上了呢？

作为普通的中国人，除了要适应我们的生活情境，或许我们还应该有所改变：请排队，不要闯红灯，讲究公德；作为官员，请克己奉公，适应“新常态”；作为大学教师，请恪守学术底线，关爱学生；作为企业管理者（企业家），除了“经济转型—互联网+”，请不要制售假冒伪劣、恶俗炫富；等等诸如此类，才是希望所在吧。

笔者不愿，也无力从“三反”“五反”“工业化”“改革开放”“一带一路”等宏大情境中，从几代中国人的生活实践及其叙述、诠释中去寻找答案（而是将此寄望于历史学家、经济史学家、社会学家、人类文化学家等）。作为管理研究者，笔者的分析单位就是组织、组织当中的个体和人际互动，我们的“情境意识”向来没有那么高远，无论我们研究什么问题，不论是战略、创新，还是人力资源、营销等。但是，研究者不该忽视的是这些宏大的嵌入情境对于我们选定的组织、组织中的人及组织中人际交往的持续而深刻的塑造，包括彼此的互动。

4.2 本土管理研究的三种情境

如何做出更接近中国本土现实的情境研究？除了“融入—理解—诠释”，研究者还需在意识形态上坦然面对以下挑战：首先，中国管理学者在“社会敏感性”方面的意识会构成一种学术研究上的情境约束，比如会涉及“政治是否正确”、涉及“正反面的社会影响”等。其次，以美国管理学术为参照的“主流—非主流研究范式”也会构成情境约束，比如会涉及如何拥有一个更广阔的国际视野（多元范式），如何反思美国范式的局限性（Lynn，2006），如何提升本土研究的合法性，等等。最后，当下学校—学院主导型学术评价机制还会构成另一种情境约束，比如会涉及评价机制的合理性，会涉及学者与学术情境的互动演化等。诸如此类，不一而足。

或许有必要指出：每一个管理研究者都是情境的感知者、解读者和行动者，而管理研究者们已经表演了太多雷同的剧目。如果允许笔者稍微乐观一点儿，社会毕竟要前行，只有不完全按照既定的脚本演出，情境与行动者才会共生演进。

具体到管理研究，要对中国的组织，尤其是企业的成败得失做出恰当的呈现和诠释，不深入剖析“历史、行业、地区、社情”，地不分南北（考虑发展水平差异，区域内外社会、经济、政治环境差异），人不分东西（考虑亚文化差异、社会化过程差异），就用“中国人”（Chinese）这样的抽象标签，研究“中国组织”（organization in China），探索“中国情境”（Chinese context）（Li and Tsui，2002）[①]，收集想测量、能测量的数据，无论是归纳扎根的，还是比较国际的，坦白讲，都令人怀疑。

情境研究就是要重新配置研究者的注意力，反思分析单位（简化情境）和嵌入情境的边界和关联。在当下中国从事情境研究，有三种嵌套式的情境必须受

① 即约翰·万·曼伦（John Van Maanen）所批评的“一个地方、一个人、一种文化”，见 Jabri（2006）。

到充分重视。这应该成为中国管理研究者必备的“常识”，因其“精准地传达了真实”(格尔茨,2014:90):

(1) **广义的政商关系**。必须声明，笔者对政商关系没有以单一的价值判断给出负面的裁定。事实上，企业在经营过程中，不可避免地要受到政商关系的影响。重要的是，政商关系以何种方式、如何发挥作用：间接的，还是直接的；微弱的，还是致命的；是政策调节，还是人情世故；是制度规约，还是权力庇护(这不仅牵扯到市场竞争的公平性，而且牵扯到社会系统各种角色作用的发挥，比如舆论监督的适用空间)。毫无疑问，这类信息如果不是那么正面，则在实际研究中难以获取，或者即使获取也难以发表，更多的是散落在知情人的闲谈或网络平台的某些角落(或许还会被“和谐”)，以及研究者的无视中。不要说研究者对于这类信息的解读是主观的，如果连“求证的可能性”都没有，除了“大胆猜想、谨慎修辞”还会有其他选择吗？多年来，人们好像总是从新闻记者那里了解企业背后的某些隐情，然后才恍然大悟到其中原委，有多少管理研究者发表的论文有这种可靠性担当呢？

典型的中国企业生存的社会系统不是一个由消费者(用户)、竞争者、银行、上下游企业、社会传媒形成的“简单”的社会系统，而是还包括大量由政府主管部门或相关部门，以及基层街道办事处所形成的复杂社会系统(本研究不涉及“黑恶势力”可能造成的危害，尽管它也是一种情境)。不要想当然地以为“政策、规定”在那儿，就“理应如此”。本研究强调的正是在频密、反复的组织互动(事实上是人际交往)中彼此感知并塑造、适应的那种情境。当然，“政商关系”的本质触及整个社会的权力来源、结构与机制。事实上(政府)权力不仅与企业存在紧密关联，也几乎覆盖到整个社会系统。鉴于此，广义的政商关系可以理解为政府—社会组织的关系。

(2) **行业规则**。它泛指特定行业在实际经营(运作)中“约定俗成(心知肚明)”的那些显性规则和隐性规则。每个行业既有其通过自身努力、舆论营造，让社会大众、消费者感受的一面(明规则，尽管并不总是如其预期)，也有外部人不了解、内部知情人比较清楚的另一面(近似“潜规则”)。例如，我们看到，三聚氰胺曾重创中国的奶粉业，苏丹红、地沟油对餐饮服务业也有短暂的影响，那么其他未暴露严重问题的行业呢？比如房地产行业、医疗行业、教育行业及很多无法质疑的“行业”背后的那些阴暗面是否已经让我们审丑疲劳、熟视无睹了呢？尽管这类信息在实际研究中并非难以获取，但至少在管理学者的研究中很少被诚恳地对待过吧？由此，我们只能在社会学者那里看到中国基层政府人员构成的"关系网络"(冯军旗,2010),也只能等待那些勇敢的(或者背景深厚的)记者,在某个恰当的时机,告诉我们诸多行业匪夷所思的"真相"。

(3) **组织实景**。如果只是浮光掠影地观察一个组织(企业),研究者能了解多少实际情况?在访谈中聆听领导(尽管机会难得)及其亲近下属的一面之词(有多少曾经,甚至就在不久前还激情洋溢、振聋发聩的声音,旋即被淹没在"双规"甚至拘捕的尴尬中),只收集组织内部经过精心筛选、加工的档案资料,更不用说把问卷分发给那些"受命应付"的被试者,研究者能对组织理解多少?不要说那些陌生的研究对象,即使在我们最熟悉的大学里,又有多少"明面上"的、"私下里"的对于大学发展、科研教学、领导人品和风格的众说纷纭呢?到底哪个组织才是真实的组织?笔者相信,那些对组织(作为研究对象或工作场所)介入较深且敏感的同行,一定知道其中的深奥,尽管听起来不过就是常识。

笔者无意于"放大"这三种情境的作用,但如果我们能就其"不可见"或"隐蔽性"(Rousseau and Fried, 2001; Johns, 2001)达成某种共识,就应该意识到,研究者所在的学术情境、研究对象所在的实践情境,有很多无从表征、难以呈现的"事实",即"社会情境的知识必然是不确切的"(Jabri, 2006),更不用说对于事实诠释的差异。一方面,作为负责任的中国本土管理研究者,要不断提升对于情境及与之互动演进的那些行动者实际生存状态的"观察力、解读力和领悟力";另一方面,则需要以必要的勇气、巧妙的修辞去呈现和诠释某些内部知情人(主位视角)能够意会,却未必能公开言传的情境感知。在笔者看来,它只能是以叙事为主体的"翔实呈现"和以思辨为主导的"机制洞见"。但当研究者终究无法获得"知情权"和"言说权"的时候,必须给那些"不可言说"的因素以合理的位置,那么,猜测就成为一种关键技术。管理(的情境)研究,本质上,是一种借助有限的经验素材和无法避免的猜想去"拼凑图景"的研究,意图用经验事实严丝合缝地编织理论说辞的尝试,至少在中国本土的情境研究中绝不现实。换言之,**欲理解情境,必须容忍(无充分经验事实支持的)猜想**。而对猜想最好的审判并非经验事实,而是当局者的言说,尤其是感受。笔者很清楚,这样的看法虽然十分接近建构主义(诠释主义)研究范式的立场,但一定不见容于以"科学方式"追求"普适知识"的同行。由此,笔者愿意引用 Starbuck(2004)和 Tsoukas(1998)的观点,放弃对事实的执着吧,放弃对客观表征的笃信吧。人类的社会、组织实践并不需要研究者准确地告知他们是"如何生活的",他们更需要知道"如何过更有意义的生活"。

5. 讨论及结论

本质上，情境是一个多因果、多层次、复杂且动态演进的自然—社会系统在当事人和研究者注意力配置下的产物（有很多划分这一系统的便利方法）。情境之所以成为情境，取决于研究者选择了何种研究对象，以及如何划定研究对象与周遭环境的边界（是进入已有的系统，还是给出新的划分方法）。所谓情境研究，就是研究者根据研究对象在自然—社会系统的位置，试图对其行动加以呈现和解释的学术实践，其“理论成果”只能是情境理论。所谓管理的情境研究（情境化、情境理论），就是当我们选择组织这个自然—社会子系统，并试图对其发生、成长、衰亡（演化）做出描述和解释时，要回答的一系列问题。重要的是，它的内部系统（子系统—子子系统）与其所嵌入的外部系统的关联到底在多大程度上，且以何种方式影响到研究结论的可靠性。同时，该子系统在多大程度上，且以何种方式会影响到它所嵌入的外部系统的演化。

尽管在情境研究的认识论、方法论上存在分歧，但任何情境视角和诠释方式都必须保持对一个开放—演化系统的尊重。笔者没有冒犯众多实证研究者的主观故意，但也实在无法与之轻易调和。一方面，笔者很好奇，既然已经意识到情境的复杂、动态、多层次、多因果，甚至隐秘性，为什么总企图用几个并不坚实的“构念”将其固化在某种线性因果关系的想象中？另一方面，自从笔者不再相信“准确测量（如果可能的话）”对于人类社会、组织生活的绝对必要性（包括今天如日中天的大数据），便倾向于认为只有对于生活意义及可能性的阐释（Fairhurst, 2009；Weick, 1996）才最值得被虔诚期待。对于管理学者字里行间流露着“科学、严谨”的声明和“普适知识”的诉求，笔者长期的疑惑是，关于人类自身命运的学问，非得要“科学、严谨、普适”吗？

在一定程度上，很多海外华人学者对于中国而言，也是“外人”。笔者没有离间彼此的意思，只是强调他们缺乏对现实生活的切身体验。当很多中国学者追随他们无限亲近于美国主导的管理研究时，是否已经忘记了“我们是谁？”“我们可以是谁？”这些非常情境化的命题。而经由大家共同建构的“学术情境”，则正在以一种变相的“殖民主义宰制”面貌落实着对中国人真实生活及解读的遮蔽和压制（Rosen, 1984）。笔者尊重其中以学术为志业的海外华人学者（韩巍，2015），也赞叹他们在西方主流学界所获得的地位。但笔者确实有些怀疑，其中的某些人并不是中国管理问题合格，更不用说最好的解读者。这不是什么争夺话语权，在这场“学术竞赛”中他们早已完胜，这是在中文论文在中国大学管理学院中的地位、在学术奖励的文件中容易找到的答案。这里，笔者更期待他们为“中国管理该何去何从”提出真知灼见和真正的典范。

作为一个建构主义（诠释主义）信徒，笔者想指出，管理研究之所以长期徘徊在“碎片化知识”（陈明哲、吕力，2016）的生产游戏中，实在是现实的需要。因为真正优秀的描述研究、理论研究，不需要也不可能靠规模化、批量化、便利化、职业化的学者群来完成。它终究是少数热情、好奇、耐心、有洞察力的学者持续努力的结果。至于管理学者，为了向外部世界言明学术共同体的资格/合法性，不得不采用看起来比较“严谨科学”的学术样貌，无论中外早已经硕果累累。但比之经济学家对经济政策的影响，比之法学家对政治气氛的影响，比之社会学界、人类学家对现实的揭示，诸如此类，管理学者需要思考他们的影响到底在哪儿。

笔者非常同意李鑫主张的研究姿态（李鑫，2016），尽可能谦卑地了解这个领域的伟大学说，包括争议、分歧，全面地反思管理学者的姿态和行为。用我们的诚意，像社会学家、人类学家那样呈现更加“真实”的生活，再像一切优秀的理论家们那样思考。知识终究是人类建构的产物，既然是建构，就应遵循詹姆斯·马奇（James March）的教导，遵循卡尔·韦克（Karl Weick）的启迪，用自己的辛劳和智慧把它建构得稍微优美一些。当管理学者必须给纷繁芜杂的世界一种“标签化”诠释，从而展现自身价值的时候，应先给自己贴上一个值得他人尊重的“标签”——负责任的研究者。

我们生活在这个而不是那个自然—社会系统，受其影响，也把有限的影响投入其中。我们不需要别人只在说，“你们是如何生活的（尽管这也重要，比如‘潜规则’‘关系’‘面子’），而且仍将继续……”我们需要持续反思这个熟悉的情境，也需要比较那些不同的自然—社会系统，再加上必要的想象力，做出应有的改变。换言之，我们不能只是适应那个情境，从而安之若素；我们必须做些什么，来创造出一个更美好的自然—社会系统，即使不为自己，也该为我们的孩子和脚下哺育万物的大地。

回顾及反思

笔者向来拒绝接受管理知识的普适性，不完全是学理性使然，而主要来自生活经验。我们不难理解“同在一个屋檐下”的隐喻所蕴含的

“规定性”，但无论是追忆历史，还是关注当下，总不难发现，即使“同吃一锅饭”，个体的行为还是存在差异的。即使没有马克·格兰诺维特(Mark Granovetter)，常识也会提醒我们组织行动的“嵌入性”，即所谓时空的、各种主客观条件的约束性。但组织的，当然更是少数领导者的行为还是存在差异。

直到某一天，笔者在反观自己对于学术的态度与很多同行间的区别的时候，突然意识到，尽管我们同处一个时代，在同一个圈子、同一间大学、同一个学院，在纠结同一件事情(学术研究！)，我们彼此对于那些“规定性、约束性”的看法却有可能大相径庭。因此，我们的反应方式(时间、精力的分配)也就变得迥然不同。那么，企业家、管理者难道不亦如此吗？

学术文本的形成，依照惯例，当然需要相关文献的梳理和铺排，需要逻辑、修辞，但这篇文章的道理其实非常直观。即使生活在同一个屋檐下，每个人看到的世界可能并不相同，那些所谓的“规定性、约束性”会被解读成不同的事物，从而引发不同的行为，产生不同的结果。这完全是一种意义生成/给付(sense making/giving)的行为。

实践者看到的世界不同，朝哪儿走、怎么走(方式)、如何走(努力程度)的选择不同，结果自然不同。作为管理研究者不能只是“客观地”去观测那些看起来一样的“规定性、约束性”，而更应当去聆听研究对象的“主观看法”——他们所看到的世界、他们对世界的独特解读。可以说，这种情境观在很大程度上消解了传统研究途径“主—客”两分的可靠性。

至于将政商关系、行业规则及组织实景作为理解中国本土管理实践的线索，自然也是作者所看到的“规定性、约束性”。在笔者这里，无视这些因素的管理研究则成为一种“去情境化”的、规避“你懂的”的玄妙、显得非常可疑的成果。

近期有幸受导师席酉民之邀为他的一本“自传”式书籍作序。笔者更加强化了这种印象。一个领导者之所以与他人“同在一个屋檐下，同吃一锅饭”，却可以持续创造出不一样的结果，实在是因为他总能看到一幅与别人不同的当下和未来的图景！不仅仅是在宏观上那种乐观、自信的画面，还包括一个个细节上对于常人近乎无法逾越的困难，他是如何通过意义生成/给付一一化解的。

坦白地讲，尽管主流媒体总是习惯为我们展现一幅繁荣、和谐、生机勃勃的画卷，但是其实每个具体的人、组织，天南海北、上上下下都应该清楚，中华民族的复兴、人民的幸福生活绝非唾手可得，而是要历经坎坷、如履薄冰的。政治家有政治家的抱负，政客有政客的积习，但落实到**每个具体的中国人，如何看待周遭世界，如何通过平实、扎实的努力，哪怕是十分有限地改变周遭世界，我们都还有选择的余地。**

参考文献

ADLER N J, HARZING A. 2009. When knowledge wins: transcending the sense and nonsense of academic rankings [J]. Academy of Management Learning & Education, 8(1): 72-95.

BAMBERGER P. 2008. Beyond contextualization: using context theories to narrow the micro-macro gap in management research [J]. Academy of Management Journal, 51(5): 839-846.

BARRY D, CARROLL B, HANSEN H. 2006. To text or context? Endotextual, exotextual, and multi-textual approaches to narrative and discursive organizational studies [J]. Organization Studies, 27(8): 1091-1110.

BUCHANAN D A, BRYMAN A. 2007. Contextualizing methods choice in organizational research[J]. Organizational Research Methods, 10(3): 483-501.

COLVILLE I, BROWN A D, PYE A. 2009. Human Relations special issue call for papers: sense-making, organising and storytelling[J]. Human Relations, 62(10): 1581-1583.

FAIRHURST G T. 2009. Considering context in discursive leadership research[J]. Human Relations, 62(11): 1607-1633.

HAGGIS T. 2008. 'Knowledge must be contextual': some possible implications of complexity and dynamic systems theories for educational research[J]. Educational Philosophy and Theory, 40(1): 158-176.

HAIG B D. 2005. An abductive theory of scientific method[J]. Psychological Methods, 10(4): 371-388.

HAY G K. 2002. Human resource management in context: a case study approach[J]. Employee Relations, 24(3): 355-358.

JABRI M. 2006. Narrative genre, social context, and the management of people: intimations from the PRC[J]. Asia Pacific Journal of Human Resources, 44(3): 364-373.

JOHNS G. 2001. In praise of context[J]. Journal of Organizational Behavior, 22(1): 31-42.

JOHNS G. 2006. The essential impact of context on organizational behavior[J]. Academy of Management Review, 31(2): 386-408.

LEITCH S, PALMER I. 2010. Analysing texts in context: current practices and new protocols for critical discourse analysis in organization studies[J]. Journal of Management Studies, 47(6): 1194-1212.

LI J, TSUI A S. 2002. A citation analysis of management and organization research in the Chinese context: 1984—1999[J]. Asia Pacific Journal of Management, 19(1): 87-107.

LIDEN R C, ANTONAKIS J. 2009. Considering context in psychological leadership research[J]. Human Relations, 62(11): 1587-1605.

LYNN L H. 2006. US research on Asian business: a flawed model[J]. Asian Business & Management, 5(2): 37-51.

MOWDAY R T, SUTTON R I. 1993. Organizational behavior: linking individuals and groups to organizational contexts[J]. Annual Review of Psychology, 44: 195-229.

REED I A. 2010. Epistemology contextualized: social-scientific knowledge in a postpositivist era[J]. Sociological Theory, 28(1): 20-39.

ROSEN M. 1984. Myth and reproduction: the contextualization of management theory, method and practice[J]. Journal of Management Studies, 21(3): 303-322.

ROUSSEAU D M, FRIED Y. 2001. Location, location, location: contextualizing organizational research[J]. Journal of Organizational Behavior, 22(1): 1-13.

SCHEIN E H. 2010. Organizational culture and leadership[M]. San Francisco: Jossey-Bass.

STARBUCK W H. 2004. Why I stopped trying to understand the real world[J]. Organization Studies, 25(7): 1233-1254.

TSOUKAS H. 1998. The word and the world: a critique of representationalism in management research[J]. International Journal of Public Administration, 21(5): 781-817.

TSUI A S. 2006. Contextualization in Chinese management research[J]. Management and Organization Review, 2(1): 1-13.

TSUI A S. 2013. The spirit of science and socially responsible scholarship [J]. Management and Organization Review, 9(3): 375-394.

WEICK K E. 1996. An appreciation of social context: one legacy of Gerald Salancik[J]. Administrative Science Quarterly, 41(4): 563-573.

WHETTEND D A. 2009. An examination of the interface between context and theory applied to the study of Chinese organizations[J]. Management and Organization Review, 5(1): 29-55.

陈明哲，吕力.2016.管理学研究的“精一”、“双融”和“经世致用”：对陈明哲的访谈[J].管理学报，13(1)：1-6.

冯军旗.2010.中县干部[D].北京：北京大学.

格尔茨.2008.文化的解释[M].韩莉，译.南京：译林出版社.

格尔茨.2014.地方知识：阐释人类学论文集[M].杨德睿，译.北京：商务印书馆.

韩巍.2015.管理学在中国：学术对话及意义生成[J].管理学报,12(8):1097-1108.

李鑫.2016.谦虚谨慎或者骄傲自负：中国本土管理研究的心态问题[J].管理学报,13(1):40-48.

任兵,楚耀.2014.中国管理学研究情境化的概念、内涵与路径[J].管理学报,11(3):330-336.

苏敬勤,刘静.2014.情境视角下的案例研究：基于国内外案例研究范文分析[J].管理学报,6:788-792.

叶启政.2005.社会理论的本土化建构[M].北京：北京大学出版社.

12　管理学在中国

学术对话及意义生成

1. 问题的源起

2014年2月28日，武汉大学举办了一场题为“中国本土管理研究现状与展望”的小型会议，会后产生了一个通过电子邮箱地址关联起来的邮件群。2014年3月4日，会议参加者之一——中山大学的史冰群发了一封邮件：“非常同意大家倡导的，研究要本土化，也很认同实证研究有其缺陷。不过自己目前认为，功力尚未能达到黄老师、李老师等人的高度，可以悟性为主做研究。”由此，引发了一场围绕“中国本土管理”，持续5个月之久，50多人直接、间接参与的关乎中国本土管理的大讨论，形成了近20万字的文本。

在这封群发邮件中，史冰还附带了一篇关于营销研究的工作论文，黄光国第一时间做出回应：“史冰愿意将她辛苦完成的实验跟大家分享，并请大家‘使劲批评’，这是建构华人自主学术所必要的开放态度，我要先向她致敬”，并针对论文给出了非常中肯的意见，后又在邮件中多次提及社会科学本土化的基本主张及研究策略。很快，针对黄光国的诸多看法，李平在认同其本土化取向的基础上，针对其主张和策略给出一系列“我坚决反对”的表态，甚至给反对科学主义的黄光国贴上科学主义的标签。由此，大家围绕“科学哲学（多元范式）——中国哲学（阴阳）——哲学的作用——中国管理学伪命题——变通——学术殖民”等议题，根据各自的关注点，在李平、Louise（指吕坤维，Louise Sundararajan）、吕力等不断强调的“开放、争论、冲突”的基调中，展开了一场热烈、广泛、持续的学术对话。纵观整个讨论，虽未及吕力所说的“争吵”，但由于某些参与者鲜明的立场、分歧的观点，语气、措辞上的尖刻时时出现。比如，在质疑李平的某些看法时，贾良定措辞婉转[①]："The confusing information may indicate there is some dilemma in your philosophy although I cannot point it out"[②]；Louise 就非常直白："You do this all the time，whenever there is an opportunity，regardless of whether it is relevant to the topic under discussion or not，you would pontificate on the yin and yang balance"[③]；韩巍则对李平著作中的一段重要表述逐条加以质疑。幸运的是，李平的态度为这场争论做了很好的背书："There is nothing wrong to have 不当或冒犯之处，……，scholarship is about this spirit"[④]。

也许如果有一个更加"理性"的设计，如聚焦更加明确、论证更加充分、表述更加准确、态度更加平和，将会形成更多共识，产生更大的影响。但在一个由偶然事件所引发的脑力激荡式对话中，就不会有那么多的先见之明。此外，鉴于这场对话缺乏有效组织，且伴随邮件列表的几度扩充，以群发邮件的交流方式确乎给大部分无论基于什么原因都保持沉默的学者造成了困惑。这导致在 4 个月以后，无论从学者们的参与度还是话题内容的重要程度上都显著下降。回首这场讨论，笔者作为几乎见证全程对话，也是发表文字最多的参与者之一，一直思考的问题是，对于中国本土管理研究，这场讨论/对话到底有什么意义？

2. 研究方法

本研究试图通过对这场学术对话的描述和诠释，探索管理学者在本土管理研究中的共识—意义生成（Landau and Drori，2008；Weick et al.，2005）。作为一种"机遇式"研究，本研究与预先设计无关，谈不上任何抽样策略，但有一点十分明确，笔者高度介入了这场对话，接触到每一位参与者的表述。本研究的资料均来自群发邮件，是参与者围绕特定话题自发表达（自我叙述）形成的文本。由于论坛参与者的外在压力（比如被观察）、受迫性（被访谈、被要求回答或填写问卷）程度较低，邮件内容反映其真实意思的可能性应该较高。

笔者持续"卷入"这场对话，在一种"即时"的上下文关系中进行"观察"、思

① 本文在《管理学报》发表时，应期刊要求，只提供了译文。这里恢复了资料的原始状态，有些甚至是中英夹杂。既然很多人主张从中—西视角探讨中国本土管理研究，这样的呈现方式似乎更加可取。笔者将把译文另呈现在脚注中。

② 尽管我说不清楚，那些令人困扰的表述里似乎暗示你的哲学中有一些两难问题。

③ 你老是这样，只要有机会，无论与所讨论的议题是否有关，总要高高在上地说起阴阳平衡。

④ 并无什么不当或冒犯之处……学术需要这种精神。

考及表达，具有亲历性、在场感。在讨论结束3个月后，笔者把这些文字整理成文本，先从20万字读起，不断筛选、提炼，形成6万字、2万字、6000字、3000字等不同版本。直到开始撰文，所有素材在内容与形式上被“选择性地压缩”在一篇论文里。必须说明，尽管这个过程是“透明”的，但笔者无法保证其“客观性”。选择保留哪些文字，源于笔者对参与者表述内容重要程度的感受；而如何呈现则取决于笔者习惯的表达方式和修辞策略。

笔者在描述“事实”也在阐释“意义”，而“经验历练、知识学习、思想沉淀”也已让笔者变成一种特定的研究设备且存储着一种无法与他人完全重合和彼此共享的“研究程序”。对于20万字鲜活的原始资料，研究者的“剪裁”是主观的，因为人与人之间对于事实中问题重要性的感受无法完全重合；研究者的感受是主观的，因为人与人之间对于现象的理解或诠释也无法完全重合。然而，笔者认为，这恰恰正是质性研究也是诠释性研究的应有之义。当这种主观的写作变成“他者性”的文本，对于研究者而言，很容易实现自我一致、自我重复和自我强化。所谓事实，所谓意义，只能是取决于读者、读者之间以及作者与读者的“视域融合”（伽达默尔，2007）。

反身性（reflexivity）（Alvesson and Sköldberg，2009；Cunliffe，2003）要求研究者“强迫”自己尽量审视其预设、取向、判断的局限性，笔者虽有这样的意识，但难免不会对参与者的文字有所误读。好在这些原始素材所承载的“事实和意义”，至少理论上，应该存留在前后几个邮件列表里大约30—150个学者的记忆里，遂成为本研究“可靠性”的判据。当然，笔者更为关注的是本研究能否引发更为广泛的读者群的好奇、关注、思考和共鸣。

作为一种“纯粹”的质性研究，按照笔者的理解，如果能“透明”地表现笔者思考过程的复杂性，便是可行的选择。鉴于此，本研究“学术对话及诠释”部分，先为读者提供了一个对于这场对话的“速记”（故事概览），它是笔者泛读20万字文本后头脑里自然涌现的“一幅画面”。笔者在完成这篇论文时，没有对其进行再加工，也没有为此做出任何有价值的解释。无论读者看到这一组词汇会产生什么联想、留下什么印象，笔者都想说明，本研究对于原始素材/经验事实的反映，一定会有某种直觉性的“把握”，尽管比较本研究最后选择的框架，可能并不可靠，但作为一种线索，或许能为读者理解“这场对话”到底发生了什么提供有益的帮助，也需要读者的深度介入和再诠释。

需要声明的是，笔者在行文中会根据自己的判断，在不同场合选择性地暴露或隐去观点及其表述者的名字，这并不是不尊重事实，而是唯恐一些不必要的联想。毕竟,用邮件内容,哪怕是群发邮件这类半公开的信息作为分析对象,似乎也应该有一些禁忌。

3. 学术对话及诠释

3.1 故事概览

对话基本结束的 3 个月之后,笔者第一次把所有文本堆砌在一起,尝试整理出些什么,“最终”看起来像由一长串“关键词”,参与者的“表态”“口吻”,参与者的总体“风格”以及研究者的“感受”所构成的简洁画面。

关键词:本土管理、理论、文化、科学、艺术、科学哲学、生活世界、科学微观世界、方法论、辩证法、中国传统智慧—思维方式—哲学、阴阳、易、变通、being, becoming, cosmology, philosophy, critical realism,规律、霸权、self-colonization, self-colonizer,隐喻;黑格尔、康德、胡塞尔、海德格尔、维特根斯坦、Bhaskar[①] 等。

表态:我认为,我同意,我赞同,我认同,我非常赞同,我完全同意,I agree, I totally agree, I believe;我不认为,我反对,我坚决反对,I disagree, I strongly disagree, I do not believe 等。

口吻:谦和的、求教的、傲慢的、商讨的、训诫的、调侃的、讽刺的等。

风格:自说自话、前后呼应、说哪算哪儿、焦点集中、旗帜鲜明、左顾右盼等。

感受:肺腑之言、真知灼见、经验之谈、言之有理、自圆其说等(此处省略若干反义词)。

笔者推测,这种“印象”会激发读者的丰富联想。经过初期的直觉性速记,总会倾向于一种框架性的理性思考,这是笔者长期学术训练的习惯,但笔者并不能确定哪一个“故事”更接近事实或者本质。

3.2 “发现”事实及初步诠释

经过反复阅读文本,逐步舍弃缺乏或无法响应的信息,笔者最终选择从“本土管理的必要性—反实证主义/科学主义—哲学的重要性—中国哲学的重要性—中西如何融合—多元范式—什么是理论/如何评价理论”这一路径来重新梳理原始素材。笔者推测,这些议题应该引起读者的兴趣。

---

① 指罗伊·巴斯卡(Roy Bhaskar)。——编者注

3.2.1 本土管理之必要性

在一个号称“本土管理”的论坛，本土管理的必要性似乎不证自明。事实上，贾良定、陈传明还是用委婉的方式引入“中国管理学是一个伪命题”的说法。这自然引起了李平、黄光国的“反击”，李平在邮件中甚至为国内多数学者的“自我殖民”感到遗憾，以致后来再无进一步的对话。

按照笔者的理解，章凯是唯一针对管理本土化提出实质性“质疑”的学者。其主要依据是主流组织研究文献对理论本身的界定与认识存在欠缺，在管理实践与管理理论关系理解上存在不足，以及中国人和西方人没有本质属性的差异。笔者并不认为前两条与本土管理的必要性之辩有多少关联，除非章凯持有明确的科学主义立场。至于人类本质属性的差异，基于管理分析单位的特殊性，似乎关注“社会化视角下之个体—群体异同”比人类本质属性异同的意义更大。笔者注意到章凯“赞成搞本土化研究，但在学科发展中需要合适定位”的提法。按照章凯对本土管理理论的定位，“更多的是一种较低层次的情景化理论的开发”，这种判断事实上已经严重弱化了本土管理研究的必要性。

笔者认为，管理本土化/本土管理研究应该成为该论坛大多数参与者的共识。其他人要么如章凯那样深入思考后提出不同的看法，要么就保持沉默。个人推测，反对者很难回应李平那个具有本质意义的质疑：“Please tell me which theory in management or in social sciences that is NOT indigenous”①（经济学可能例外？——笔者注）。就个人而言，笔者乐于使用“本土管理/管理本土化”的提法，并不接受“中国管理学”这样的标榜。这是因为部分地，跟章凯一样，笔者也怀疑这种提法会消解更抽象的管理学知识的可能性；另外，笔者也必须承认现有管理知识，包括社会科学知识奠基于西方的事实。这也容易解释为什么孙东川试图从基本概念上实现彻底的中国化（比如弃用 Management 改用 Guanli）却并未得到多少响应。

3.2.2 实证主义/科学主义

多数人对于实证主义/科学主义的不满，可能是这场对话的最大共识。吕力认为“实证主义以及伪实证主义的泛滥真的是目前中国管理学界最大的问题”；李平批评“主流完全套用西方实证方法检验西方现有理论，替他人作嫁衣”；黄

---

① 请告诉我在管理学或社会科学领域中哪个理论不是本土的。

光国、陈复也有明确的表态。难能可贵的是，谙熟西方哲学的 Chia（指罗伯特·奇亚，Robert Chia）以渗透着浓厚经验反思及哲学批判的精致表达，展现了极为深刻的洞见。在关于科学方法及科学主义方面，他表示：

"I agree that that is a major problem and we see that in many different guises NOT LEAST IN EVEN ASPIRING TO BE 'RATIONAL', 'OBJECTIVE', SCIENTIFIC AND THEORETICALLY RIGOROUS for these are associated with the 'best' of the West; something I find that the East are rushing to embrace even as there is increasing questioning, challenge and disillusionment with the kind of knowledge produced by such SCIENTISTIC APPROACHES."①

"So the obsession for 'scientism' in the 'social sciences' creates a problem for itself."②

关于本体论、认识论及管理知识属性发明，他表示：

"For Social Studies which deal with living systems and symbolic systems rather than inert matter, calling it a 'science' echoes the kind of 'physics envy'... that remains a residue of the 'Social Sciences'. The 'Social Sciences' unlike the Physical Sciences deal with ephemeral human phenomena; human actions, meanings, situations and circumstances, unlike inert matter which is highly durable, are ever-changing and taking on different hues all the time. They cannot be full captured and represented by static words and categories. What we get from investigating human situations is not so much generalizable knowledge but particular 'insights'."③

对于实证主义/科学主义，中国管理学界该有一些比较深刻的反思（韩巍，2011）。

3.2.3 （科学）哲学的重要性及一个辩护

在这场对话中，黄光国反复告诫"科学哲学"的重要性，笔者也不断辅助其

① 我认同那是一个主要的问题。我们看到形形色色的西方"最好"的（研究），特别热衷于追求"理性""客观性"以及科学性和理论严谨性；在西方世界，被"科学方法"制造出来的知识日益受到质疑、挑战，甚至出现幻灭，而东方世界却对其趋之若鹜。

② 社会科学对科学主义的迷恋正是问题所在。

③ 社会研究专注于生命系统和符号系统，而非无生命物质，将其叫作"科学"，不过是响应了"物理学崇拜症"……依然是"社会科学"的残留。不像物理科学，无生命物质是高度稳定、持久的，社会科学聚焦短暂的人类现象、人类行动、意义、状态和环境，而人类社会是一直在变化的，且变化得丰富多彩。（我们）借助死板的文字、类属不可能完全将其把握和表征。我们从研究人类状态中要找的不是一般性知识而是独特的"洞见"。

稍加详尽地阐释一些自己对相关概念、原则的理解。李平尽管更倾向于首先建构/重建“中国传统哲学/智慧”，但也强调“I disagree with many others who argue that indigenous research can succeed without any reference to philosophies”[①]。不过，其他学者也有担心、质疑甚至误解。例如，郭毅就认为过多“纠缠”于（科学）哲学会滋生“新学术霸权”。古志辉也怀疑“没有对研究对象和研究问题进行深入细致的分析之前，尝试建立某种‘研究范式’的合理性”。同时，一方面，章凯对于科学哲学作用局限性的质疑非常值得关注，“正像我们这些研究管理的人很难从本质上和全局上理解管理实践与管理现象一样，研究科学本身的科学哲学家也很难理解科学本身（虽然有很多理论和观点很有启发性）。不要迷信西方当前的科学哲学，更不可以把西方的科学哲学当作西方科学思想和科学发展本身”。另一方面，笔者觉得章凯对哲学的质疑有些“可疑”，以致产生了判断上的“偏差”。笔者部分同意章凯所说的“在管理学领域，西方学者有哲学修养的很少，在研究方法方面训练有素的很多，于是管理研究成为工匠活，而不是主要发展思想和理论”，但不认同他的“中国学者可能走向反面，在哲学层面思考很多，试图在哲学层面解决具体问题，这也是一条可行性不高的发展道路”。有兴趣的读者可以比较 Chia 的看法：“I would contend that very few Western Management Theorists/Scholars, let alone Eastern Management Scholars have a sufficient grasp of the metaphysical ROOTS of Western thought.There is only a cursory appreciation of the Dominant tradition and a serious lack of understanding of the various competing world-views existing in the West itself.These days, a PhD is no longer a Doctorate in Philosophy, but a doctorate in a management sub-discipline!!!”[②]读者或许不能仅从两位学者的字面上去认定谁的判断更中肯。根据个人多年阅读相关文献的印象，无论在理论思考，还是在经验研究上，中国管理学者总体上对（科学）哲学的熟识和领悟程度，实在尚须努力。至于“在哲学层面解决具体问题”又从何说起呢？

经由连贯的阅读，笔者推测章凯对（科学）哲学可能存在“成见”。由此当这场对话行将“结束”的时候，看到章凯这样一段表述：“今天阅读了《管理学报》今

① 我不认同有些人所主张的，无须哲学本土研究依然能够成功。

② 我认为不用说东方管理学者，即使在西方，也只有极少数管理学者对西方思想的哲学源头有深入的了解。对于支配性（学术）传统，（我们）有一.些粗浅的认知，但严重缺乏对西方世界多种世界观的了解。长期以来，PhD 不再是.哲学博士，而是管理学的一个分支学科的博士。

年第八期[①]的一篇文章，（该文章）介绍和运用后现代主义批判实证主义。就这篇论文写的内容而言，我个人的感觉是这些哲学思想家非常可悲（如果我没有理解错的话），在我个人看来，是一帮不懂科学为何物的人在批判科学研究，用真理的相对性否定真理的绝对性。在我看来，这样一种思潮如果泛滥开来，给管理学等社会科学研究带来的是灾难而不是繁荣。"

坦率地讲，尽管欣赏章凯的率直，但笔者看到这样的文字难免有些失望。令人惊讶的是，熟稔（科学）哲学却对后现代主义心存芥蒂的黄光国旋即表示了支持。基于笔者对后现代/后现代性/后现代主义非常有限的了解，尽管也认为巩见刚的文章大有商榷之处，尤其是其未必抓到了后现代哲学挑战/解构话语（包括科学）霸权，引发学者 reflexive thinking 的主旨（凯尔纳，贝斯特，2011；埃尔弗森，2011）。然而，章凯、黄光国对待年轻后学如此"当头棒喝"，是否显得有些"过激"？笔者当时写好了一封邮件，但碍于赵向阳已公开表达了对这场对话的批评，并未投送。此处，分享如下：

"哲学思想的呈现（A）〔请注意，作为思想载体的只能是文本，其复杂性在于'语言'，甚至是'母语'（常常是德语，关于后现代则主要是法语）在其中扮演着非常重要的角色〕——被哲学家同行诠释的哲学（B）（理解—'再现'，比如英语或中文，也充斥着纷争）——被管理学者理解的哲学（C）——被管理学者呈现的哲学（D），（这一传播链条走完之后）可能已经是一连串的误解了。"

"哲学可以受到嘲笑甚至攻击，但对于管理学者，尤其是中国管理学者，对哲学还是多一些谦卑为好。如果仅就一篇自己不满意的文章（C 或者 D），就试图去否定某种哲学思想（思潮）（A 或者 B），便显得有点儿惊悚！人们不用担心后现代思潮（A 或 B）泛滥的可能危害，《管理学报》那篇文章怎么诠释后现代主义不重要，因为后现代（主义）哲学的代表人物（如福柯、德里达、利奥塔等），在社会科学领域的影响可能比当代所有华人学者的总和都大得多得多。我们怎么看，同意或是反对，真的没那么重要。"

3.2.4 中国哲学的重要性

笔者对中国传统思想/哲学之重要性，与多人认识有异（韩巍，2014a），但非常愿意分享大家的观点。李平一贯主张中国哲学在知识创造上的"优越性"（李

① 作者为青年学者巩见刚，从邮件列表上判断，该作者也在本邮件群中。

鑫、Louise和笔者对此一直持质疑态度)，但也认同西方科学哲学的价值。黄光国尽管常常提到中国文化的基础地位，但据笔者的揣测，他在哲学取向上应该是偏向西方科学哲学。陈复的观点较之李平、黄光国鲜明而“激进”：中国思想其实本有一套自己的“微观世界”，借此观看并诠释“生命世界”，这是中国思想自成系统与脉络的学术语言，但西学东渐后，尤其是从具有实证主义色彩的科学观(其实是科学主义)席卷中国学术界后，这一套中国传统思想在清末瓦解，至今都尚未恢复真正具有主体性与创造性的中国学术。我们这个社群的讨论，其实就是在正视这个残破的局面，围绕这个主题出发，思考华人本土社会科学如何建构。只有华人本土社会科学获得建构，才有可能进而讨论“以中释西”到底会是什么内容。

吕力的看法一贯折中，新近的提法是：只有从中国哲学基础上提炼出来的本土构念才是有生命力的，所以，“我自己近来关注的‘变通’(Biantong)这一构念借助于易经的不确定性思维，它的核心观念是中国文化基于易本体的理念，与西方文化不同，在现实世界中有时候会主动追求某种程度的不确定性(而不仅仅是霍夫斯泰德所提及的对不确定的容忍)”。考虑到笔者曾经阐述过“哲学何以在场”(韩巍，2014a)，吕力提醒：“中国哲学在日常生活与管理中一定是在场的。”笔者不否认这一事实，但科学哲学与学术研究的关系与中国哲学于生活世界的在场性应该自有相异。正如刘文瑞所言：“对于传统思维，我的看法是，它确实存在，最重要的是它在无意识层次存在，因为这个传统在意识层面已经被摧毁，在无意识层面没有被解释。”他还认为，“现在说发掘中国传统，为时过早(尽管很多人从经济发展的角度认为该中国人说话了)……什么时候当代中国有了章太炎、俞樾式的学者来研究管理，中国传统的彰显就差不多了。”笔者很愿意相信他的判断。对中国传统哲学价值的认识，暂时地，或许存在很大偏颇，笔者也非常期待李平、李鑫们努力的成果，但笔者还是希望那不是一种“The East and the West should be treated as equal!!![1]”“Simply ask those in the mainstream to give this small group some room to survive”[2]“只许州官放火，不许百姓点灯”“为西方马首是瞻”“自我殖民”“洋奴”的情绪化反应。

笔者以为，众说纷纭之余，无论是我注六经，还是六经注我，中国传统(文化/哲学/思想/智慧)之必要性、优越性，必须在本土管理研究中得到更充分的

---

① 东西方应当被公平地对待！

② 仅仅希望主流学者给这个小群体一些生存空间。

证明。否则，还会是郭毅观察到的："至今为止，就具有本土立场和理论意义的组织与管理知识创造来说，数量少得可怜。"

3.2.5 中西互释之解读及具体的研究策略

假定西方（科学）哲学与中国哲学在本土管理研究中一同发挥作用，那该如何操作？众所周知，中西体用之辩，由来已久。尽管参与此特定议题讨论的多数人强调"中西互释"，但任兵的问题——"中西如何融合"——似乎依然悬而未决。黄光国的看法是："社会科学本土化是否能够成功，取决于我们是否能够'中学为体，西学为用'。"李平的看法是："中西共同为本，中西共同为用。"余佳则认为："沿着成中英老师的那种看法，'我强烈支持东西互释，但绝对反对生拉硬套'。"笔者则愿意分享李鑫的一个疑问："我们有些时候是否在把'阴阳'等一些中国本土观念强加于我们研究的问题上？……如果今天中国的当代文化和传统文化相去甚远的话，那么我们谈中西传统哲学文化对现代商务实践的指导意义，是否更多的是 prescriptive 而不是 descriptive 的分析？"

说到具体的研究策略，李平主张"在理论构建初期，应以中国悟性思维为主，西方感性思维及西方理性思维为辅；在理论构建中期，应以西方理性思维为主，中国悟性思维及西方感性思维为辅；在理论构建后期，应以西方实证方法为主，中国悟性思维及西方感性思维为辅"。黄光国认为"必须依照文化心理学者理查德·A. 施韦德（Richard A. Shweder）的基本原则'一种心智，多种心态'（one mind, many mentality），建构出'含摄文化的理论'"。而任兵的新问题则是如何建构"含摄文化的理论"。这恐怕也是史冰的问题，也是李平转引的那个年轻学者的问题："although we are interested in indigenous research, and see the true value of it, we don't know how to move to it.… don't know how to follow it, even don't know where to start. We hope your senior scholars can help us to find the way, just like Anne Tsui did 10 years ago as'missionary'…"①。

"如何做"了半天，李平承认："The yin-yang frame at this stage can only provide you with such a sensitivity. Contrary as complementary is as yin-yang as you can get, but how it is applied to any specific issue is still the most challenging task"②。

---

① 尽管我们对本土研究也有兴趣，也了解它的价值，但不知道如何推进、如何跟进，甚至不知道从哪里入手。我们希望资深学者能够指点迷津，就像"传教士"徐淑英老师十年前身体力行的那样。

② 现阶段的阴阳框架只能给研究者一种敏感性。你所能得到的（是一种思维），一如阴阳既对立又互补，但如何将其应用于特定的议题依然面临很大的挑战。

鉴于此，李平说："目前本土研究的最大瓶颈就是缺乏本土研究经典。我们有责任尽快出成果，让世界看看本土研究的可行性和优势"。

3.2.6 多元范式研究

没有"多元范式"，何来"本土管理"？这是常识，也符合逻辑。在讨论中，黄光国不厌其烦地呼吁"多重典范"之必要，又提倡"八仙过海，各显神通"。吕力也以为"支持和包容多元范式是我们这个讨论组的核心价值"。但是，离开"经验研究"的语境，是否多元及如何多元似乎总是语焉不详。黄光国有一段针对笔者看法的表述："科学理论本身也可以看作一种诠释，这是对的。但科学研究必须找出'现象'背后的'机制'或'深层结构'，它并不等于诠释学。"仔细揣摩，除了后实证主义之 critical realism（批判现实主义/批判实在论）的核心主张，我们能看到多元吗？因此才会有任兵的"我也评过一些尝试用定性研究方法建构理论的文章，包括对'悟'的研究论文，说不好那样的长篇论证和思辨以及短篇举例式的提炼手法是否恰当"。罗家德则措辞婉转但意味深长地提出："基本上我也是主张社会科学就是要实证，所以实证的方法是王道，但从不反对甚至有些喜欢谈本土研究适宜的方法。"究其原因在于实证研究方法还有待不断开发，且看起来某些新方法可能更适于中国社会、组织实践的复杂局面。在笔者看来，只有李鑫倒是具体表达了对于某些多元范式研究方法的期待："In my view, there are many legitimate routes for theory building, e. g., purely mental exercise based on literature review supplemented by illustrative case(s), building theories from case studies(be them yin-yang cases or not), grounded theory building. Unfortunately, the first route seems to be largely discriminated by the current journal publication practice. If we believe in wu(悟), we must accept that many(preliminary at least) theories are outcomes of wu during literature review"①。

多元范式只有通过"如何做"才会得以深化。仅就笔者的阅读经验，多元范式的论文其实早已汗牛充栋。只可惜中国管理学者的眼界甚高，只关注那些排位靠前的主流期刊而且是自己偏好范式的文章，才导致在如何多元上犹豫不决。为了深化讨论，鉴于对某些非主流研究方法的领悟，笔者尝试从多元范式（批

---

① 在我看来，有许多可行的理论建构途径。例如，基于文献回顾且辅以案例说明的纯思想练习，通过案例研究建构理论（无论是否阴阳案例），扎根理论的建构方式。很不幸的是，第一种途径似乎很大程度上受到当下期刊发表实践的歧视。如果我们相信"悟"，我们就必须承认许多（至少是初步的）理论是在文献回顾中"悟"的产物。

判—建构—诠释视角）对这场对话给以“片段性”的多重解读（Alvesson and Sköldberg, 2009）。尽管笔者个人长期沉迷于学术思辨，很少系统地从经验事实去分析问题，唐突写作难免贻笑大方，但只要笔者的尝试多少有助于改善读者及参与者对这场对话的“理解”，慷慨赴难也就在所不惜了。做研究就是讲好的故事（马奇, 2010），读者姑且就“听听”下面几个故事（片段）。

故事1　学术金字塔：批判理论的视角[①]

必须承认，学界也是一种高度层级化的社群。在学术交流这一特定的场域，话语权是其核心。在这场讨论中，自上而下，金字塔顶的海外知名教授、海外教授、中国知名教授、中国教授、副教授、讲师、助教、边缘人、菜鸟……，应该依降序被分配着邮件数量的多少、邮件内容的长度以及与之匹配的参与态度及被关注程度。笔者承认这个金字塔的构造显得比较扁平，例如，海外知名教授徐淑英、中国知名学者席酉民的发言甚至会遭遇某种程度的“漠视”。可一旦研究者的视角被批判理论所“遮蔽”，把分析的焦点从黄光国的和气、李平的包容、贾良定的婉转、章凯的率直、郭毅的坦白逐渐移开，只关注“分不清实证/实征研究”；“自我殖民（洋奴）”“做下蛋的母鸡，而不是打鸣的公鸡”；“中国管理学伪命题”；“集体误读”“灾难”；“新话语霸权”“死胡同”等一连串严厉的训诫，难免不会在内心的惊诧、抵触和反弹之余，郑重地转向对于“知识—权力”的凝视。

总体上，多数参与者是否只能一边彷徨于“我认同，我反对，我完全同意，我坚决反对”的表态；另一边因循着“尊敬的，向您请教，该如何去做，无论怎样，都深有启发”的姿态，或者无论何种原因都沉默以及始终沉默着。作为特例之一，笔者在群中与郭毅的冲突、对李平的公然冒犯，尽管可作为“破坏权力秩序”甚至“学术解放”的注脚，但那不过是“管理学在中国”论坛多年来的惠赐良机，与李平、郭毅私人交往形成的某种默契和作者天真的个性所致。考虑到沉默的大多数，原本应该听到更多的声音，不是吗？

故事2　学术表演：剧场理论（建构主义）的视角[②]

大家都有参与学术会议的经验，都熟悉学术会议的场景。如果将它比作一个舞台，参与者各有角色：导演、主角、配角、龙套、观众。只要按导演的安排，按公认（程序）、默认（氛围）形成的剧本行事，各司其职，就会相安无事。偶有令人失望的主角（发言人）、抢戏的配角（点评人）、出位的观众（提问者）会激起波澜。

---

① Alvesson and Sköldberg, 2009; Cunliffe, 2003；埃尔弗森，2011。

② Alvesson and Sköldberg, 2009；戈夫曼，2008。

这场发生在互联网的讨论，会场变成了邮件群，演员通过邮件“表演”。虽然似乎缺了导演，在你来我往间，该如何发问、如何表态、如何陈述、如何论证，该向谁致敬，该为谁背书，该跟谁起冲突，该给谁教训，自有其“线索”和“秩序”。只不过这个论坛的“剧本”有时候不循常规，“教主”黄光国、“布道者—挑战者”李平尽管立场鲜明、措辞坚毅，却态度宽容、语气温和，才激发起了更多“配角、龙套”的僭越，叫好的、唱衰的，单打的、群殴的，找碴的、和稀泥的，一时间热闹非凡。每个参与者，尤其是坚守在舞台中央的参与者，正是通过一封封邮件逐渐实现了那个独特而生动的“自我建构”。反思笔者自己的表现，到底是一个真诚而建设性的对话者呢，还是个“卖弄知识的小丑”（叔本华语）呢？

大戏暂时落幕，但角色背后的研究预设、知识脉络、认知取向、观点看法却可能已经“凝结”。尽管笔者从来不以为社会研究者该为“预测”负责，却愿意猜测下一场剧目开启时，大家的表演到底有多么惊艳。

故事 3　学者其人：人类学（诠释学）的视角[①]

这个论坛的大多数参与者都是笔者的“熟人”，尽管熟悉的程度不同，但其音容笑貌、举手投足在心里还是有一些粗浅的轮廓。当笔者沉浸于这场对话，且源源不断看到每个人真切的表达时，文字和画面几乎同时浮现出一种“形容词性”的人生面貌。黄光国的权威、包容和“顽固”；李平的执着（偏执）、激奋和宽容；李鑫的诚恳、严谨和“不近人情”的冷静；吕力的热情、温和和摇摆；Louise 的友善和细致；Chia 的深刻和精致；罗家德的可爱和圆融；郭毅、章凯和笔者的率直和尖刻；任兵的真诚和焦虑；赵向阳的煽情和“恶毒”；刘文瑞的锐利；欧阳桃花、富萍萍的温暖（私人邮件的鼓励）；等等。稍感诧异的是，只发过很少几次邮件的徐淑英、席酉民两位前辈，其态度之谦和，比之我想象中他们“应然”的姿态，落差实在太大。

研究者不该用那种温情的“修辞”去单向度地美化这场对话中的印象，而全然偏离学术交流的意义。更真实的感受是那一张张清晰的面孔背后，既有“心胸豁达、微言大义、茅塞顿开、醍醐灌顶”，也不免“小肚鸡肠、自作聪明、装腔作势、居高临下”。但有谁会采用这样的学术表达方式呢？

故事 4　自我呈现与反思：自我民族志（诠释学）的视角[②]

可以想见，如果行动已然成为理论的延伸，在上述理论视角中往复关照的自

---

① Alvesson and Sköldberg, 2009; Watson, 1995。

② Alvesson and Sköldberg, 2009；韩巍、席酉民，2009；McKenna, 2007。

己，选择如何参与这场对话该是多么有趣。事实上，正因为黄光国、Louise和几位陌生学者的出现，才激发起笔者积极分享的意愿，而且很少在交流中那么“真诚而理智”，以至于一位亲近哲学的师弟告诫我“不要再浪费时间”。

笔者自认为是学术边缘人，但似乎在本土管理/管理哲学上有些许发言权。当发现黄光国愿意给出一些笔者比较熟悉也较为认同的观点，却不大愿意给出略微详细的解释时，似乎就找到了一种“助教”的角色。于是笔者在略微熟悉的西方科学哲学方面，撰写了大量与邮件形式不相匹配的，或许是十分多余的“知识碎片”。

接着，笔者发现在这个群里的一些学者，并不大愿意围绕上下文进行讨论，对于某些基础而关键问题的看法也大相径庭，遂决定在某个时间点，以一种略微激烈的声音退出对话。再后来，有感于群里个别同行的真诚和私下的鼓励，又重新燃起继续参与的热情。遗憾的是，笔者缺乏清晰的“角色意识”和自我认知，接连发表的一些言论，可能刺激了甲，也伤害了乙，甚至公开地冒犯某位学者。笔者也受到了别人的训诫、警告，并在事后再考虑、反思——这种冲突到底会弥合彼此的隔阂，还是加深对话者之间的伤害？

尽管如此，笔者还是十分清楚所发生的与可能发生的故事有多么不同。在交流中，笔者虽然始终秉持对学术的尊重、于对话者的真诚，但还是揣摩过面向不同的沟通对象应如何选择更适宜的对话程序和交流方式。例如，笔者对于前辈、同辈、晚辈；对于熟人、生人；对于成见深、偏见少；对于志趣相近、话不投机者采取了不同的对话策略（口吻、姿态、修辞）。而且，突然间冲突发生了，误解产生了，感觉被冒犯了，要不要回应，如果回应该如何回应，笔者还是有自己的“权宜之计”。这里只有线索，并没有任何清晰的“主体叙事”。笔者确信，很多参与者或许都有类似的体验，而且它最终决定着这场对话的情节和走向。请设想一下，如果缺乏这一面的信息，读者对这场对话的理解会是客观、全面的吗？

故事5　客观事实：内容分析或者扎根理论的视角（本文省略）

学者之间的持续交流，可以被视作一种特殊的组织现象，从“事实”走向所谓理论描述和诠释是必然的建构，并不存在“唯一真实”的版本。上述“片断”的分析表明，选择不同范式的理论视角，或者说怀揣不同范式的理论透镜，研究者可以将一个事件、一种现象转译成多种可能的“事实（结构—机制）”，给出多重的“意义”诠释。只不过在本研究中，笔者最终选择的，是围绕一系列主题，不是“权力—角色—修辞—自我反思”来编织参与者的表达，而且自以为这是“最适宜”的选择。也就是说，笔者悬置了“学术金字塔—话语权—利益之争”的框架，悬置了“剧场—角色—表演—自我认同”的框架，悬置了“人—语言—修辞—生活意义”的框架，更悬置了“维度—测量—推论”的框架，悬置了“编码—类属—关联”的框架，只是非常主观地把“原始素材”嵌入一个来自自己对问题重要性感受的“描述—诠释”框架中。

问题是，当研究者尝试从不同视角对这场对话加以不同的描述和诠释时，请问参与者、读者是否对“这里到底发生了什么”多了些了解，甚至受到了一些启发？例如，今后的学术交流能否因此而稍有改善？如是，则是多元范式对于经验研究的价值所在。

3.2.7 理论迷思进行时

关于理论及相关问题，在大家熟悉的当今管理学界里没有取得一致。章凯、Louise、吕力、韩巍、罗家德、李平、黄光国、徐淑英先后对于何谓理论、如何评价理论、发展何种(分层)理论都提出了各自的看法，但似乎没有任何结果。例如，读者可以尝试从各位参与者对“差序格局”理论地位的判断上，推测其“理论观”。黄光国认为“‘差序格局’其实只是‘比喻’(analogy)，跟‘阴/阳’一样……必须经过精炼，才能转换成为社会科学的理论”；章凯也不认为“‘差序格局’是理论，无非是一种学术性描述，是介于现象和理论之间的一种形态，用学术语言刻画了现象”；李平也认为“‘差序格局’本身还不能构成理论。理论必须是两个以上概念之间关系的解释体系”。

尽管发言的这些重要学者似乎都倾向于认为“差序格局”尚不算理论，但在笔者看来，如果“差序格局”不算理论，什么还可以叫作理论？李平一方面批评黄光国在“文化诉求”和“研究范式”上的“名/实(真假科学主义)”之误，一方面又跌入理论发展的科学主义圈套，因循“先构建理论，其后再作实证”的实证主义常规。如果这个理解不错，笔者以为它本身就违背了中国哲学/传统智慧的某些特点，对于经验世界，难道在思想里不是恰好多了些先验的精神特质(李鑫所强调的“求善”)吗(李鑫，2013)？笔者虽然不擅用“悟”这样的措辞，但以为“悟”恰恰应该是一种对认识对象整体性的、直觉性的把握，这是否得到经验事实的确证或否证？至少在社会研究领域，还是应该少一些类似自然科学的极端诉求。

尽管李平认同韩巍从伯格那儿获得的启发：“理论”只能是一种纯粹的“social construction”(社会建构)(伯格、卢克曼，2009；Astley，1985)。但在如何评价理论的价值(value-added)方面，却设定了两条道路："One way to measure 'good' is to see how practical the theory is in real life, and the other way is to find how much it inspires other scholars(it could be a wrong theory, but it is path-breaking)"[①]。不难看出，前一条路是科学哲学中劳丹的实用主义观点(黄光国，2006)，相对主义范式的一种致用之学；后一条路，或许才是真正贯通中西方哲学的要害，即启发性。至少在这一点上，Chia、席酉民、笔者，包括"另一半"的李平持有类似的看法。笔者同意理论"not anything goes"(不是怎么都行)，但如果管理(社会科学)理论根本无法成为得到确证的真理(Starbuck, 2004)，在经验上又常常沦为学术争斗，除了李平自己所说的，甚至"可错的启发性"以外，本质上讲，还有其他出路?

关于理论层次，感谢徐淑英的坦诚(I wonder in social sciences, ..., is it possible to have general theories? [②])，感谢郭毅、吕力、罗家德在对话中的支持。与陈晓萍的看法不同(陈晓萍、徐淑英和樊景立，2008)，笔者认为中国本土管理需要更高层次的理论开发，比如元理论、宏大理论、一般理论，至少是中层理论。无论当下学术界对理论的理解多么肤浅，在多元范式映照下的"理论"应该多元，应该富有想象力(Weick, 1989; Cornelissen, 2006)。

3.2.8 对话的余音

故事即将落幕，研究者的某些困惑依旧，但似乎也看到了希望。郭毅认为，"李鑫、吕力两位试图在走黄光国教授正在走的路的方式，来讨论本土化管理理论的建构。我看，这条路是条死胡同。"虽然笔者并不认同郭毅对两位学者研究路径的归纳，但的确非常好奇黄光国这一代人的经验教训到底是什么? 从刘文瑞的看法，韩巍所"转译"且被黄光国所认同的"语言是文化的载体"，为什么没有激起任何波澜? 毕竟我们多次提到维特根斯坦，那么为什么不去深究——在更为本质的意义上，语言在表征、释义，即管理知识建构上有什么局限性呢(伽达默尔, 2007；维特根斯坦，2013; Brown et al., 2008)?

一场热络的学术探讨背后，是黄光国曾对任兵所说的"'做到教授才有自由，之前都是奴隶'让我心惊"，是"在 SCI 与 SSCI 的钳制下，台湾地区的情形也

① 一条路是通过发现理论在真实生活中的作用来评价其优劣；另一条路则是找出理论在多大程度上能够启发其他学者(它可能是一个错误的理论，但却是开创性的)。

② 我不是很确定在社会科学领域，有可能存在通用的理论吗?

是如此”，因此，“这样的评估制度必须改变”，但“其改变又有赖于学术界的自觉”。在体恤了“大陆学术现状”后的黄光国又说，“解决这个问题的唯一方法，就是大家（尤其是当了教授之后，没有生存危机的人）在科学哲学上多下功夫，把它变成大家讨论问题的‘背景视域’。”诸位同道，如果再问，我们会自觉吗？会形成讨论问题的“背景视域”吗？

好在尊敬的黄光国老师还说道：“中国社会科学本土化的工作，我们一定要‘寄希望于下一代’！”笔者知道陈明哲也有类似“乐观”的看法。以下摘自笔者与清华大学社会学系博士生张田的个人邮件交流内容。比照这场对话，笔者想说：善哉！有这样视野和见识的博士生，或许才是中国社会科学（管理学）的希望所在。

“布迪厄常说社会科学研究者要有‘反身性’，但从很多学者的讨论中我更多感受到大家对于如何定义问题、如何做研究的执着与‘信仰’。每个人自成一家，很少对话，也不见反思。”

“我也发现很多老师一再强调‘科学’，生怕自己变得‘不科学’。给人以一种‘科学霸权主义’的感觉。我不知道这种强烈的‘科学’与‘非科学’的观念分野源自何处？”

“我实在觉得默顿对于科学共同体的研究开了个坏头，虽然他赋予了科学家以清晰的职业身份与群体形象。但对于科学研究中的应然式的规范，拉起了一层美化研究工作的面纱。而拉图尔等 SSK（Sociology of Scientific Knowledge——笔者注）学派学者在实验室里的人类学观察虽然发现了科学建构的‘真相’，但是强大的科学‘利益集团’的历史之轮轻易地就遮过了这不谐之音。在此之后就没有什么反思的声音了，人们都在学术的流水线上忙碌。”

3.3 对话之再诠释

通过这场对话，笔者意识到中国学者需要努力发展更有说服力、影响力的基于中国哲学的“元理论（大理论）”，并通过与经验研究的密切结合展现其启发性。它不应该是对西方哲学的直白附会，要避免余佳提醒的“生搬硬套”。个人以为，更不要被主流实证主义研究者所蛊惑，试图测量什么“阴阳—变通—势”。中国传统智慧也未必仅仅是中国智慧的那种整体直观的能力（智慧、直觉、悟，怎么叫都行），它可以被言说（一定会错失很多重要的讯息），可以被验证（一连串的事件），但未必可以被精确“测量”。这是语言的有限性为人类认识自我（尤其是边陲性本土研究）扎下的一道坚硬的篱笆。至少在这个时代，不要只听从科学主义的召唤，期望它会给出令人信服的答案。任何试图将中国传统智慧显性化、变量化，归根结底，还原—解析的做法，无论多么符合“科学”和“学术”规范，都有可能是对这种智慧本身的背叛。简言之，不要测量，不要试图测量。或许黄光国等老一辈本土研究者的教训之一就是太相信测量。

对于哲学，我们还是应该多一些敬畏。第一，哲学比之管理学研究，毫无疑问地更接近本质，更接近智慧，我们可以讽刺拙劣的转译者、自以为是的诠释者，但不应该把矛头指向哲学本身。如果我们争辩和思考的视域还没有达到西方学界已有的宽度和高度，就不要轻易把那些走在正确方向上却显得笨拙的探索当作争夺话语权、确立学术标准的无聊游戏。黄光国有一点提醒很重要，哲学不仅仅只有方法论，它还涉及本体论、认识论，价值论，甚至意识形态预设，它博大精深、浩若烟海。第二，社会科学知识更可能是批判和反思性而非反映/表征性的，因为任何基于反映/表征的“叙事”本质上都只能是残缺的。自然科学的伟大在于其研究对象具有“相对恒定”的特质，猜想可以不断被新的猜想所反驳，而对象几乎不变（吉登斯，2003）。这也证明笔者并非一个激进的建构主义者；但人与人的相互理解，首先是间性的，更为重要的是，它是双重诠释的（double hermeneutic）（吉登斯，2003）。作为认识对象的人，会因为“认识”本身发生变化，从而，新猜想的对象可能早已不再是旧猜想的对象。本质上人类是自我实现的动物，变而非不变才是人类的特质。我们能如何确证？我们不该那么自信！

作为理论的拥趸者，Chia 的观点值得仔细聆听：“We need to distance ourselves from our favourite theories/traditions/ways of thinking in order to truly discover ourselves”[①]。管理学者或许永远无法在何谓理论以及什么才是好理论上达成共识。所谓管理理论家，无论是纯学术的、追求审美的“清高”也好，还是偏应用的、追求结果的“功利”也罢，其实都可以转向几个基本问题：①什么样的知识更接近中国管理实践的“真相”？②什么样的知识能更有助于改进中国管理实践的“品质”？历史地看，也许最不重要的是什么样的知识可以被知识世界，尤其是管理实践界“心悦诚服”地接受，顺带让中国管理学者感到自己的尊严和光荣！

① 我们需要同那些喜爱的理论、传统和思维方式保持一定的距离，从而真正地发现自己。

4. 意义生成

4.1 意义的发现

正如在“多元范式研究”一节呈现的，尽管内心始终存在被“学术权力/霸权”“主流/非主流”“剧场/表演”牵引、遮蔽的危险，笔者还是更希望通过“本土管理的必要性—反实证主义/科学主义—哲学的重要性—中国哲学的重要性—中西如何融合—多元范式—什么是理论/如何评价理论”这一框架，对这场对话的意义给予响应。

作为这场对话的参与者、观察者、体悟者和诠释者，首先，笔者发现即使在中国这样一个“权力本位盛行—主流/非主流分明—符号化学术大行其道”的学术共同体（韩巍，2014b），只要知名学者（如黄光国、李平、徐淑英、席酉民、贾良定、章凯等）率先垂范，只要参与者多一份对学术的承担、多一些学者的自我意识，无论各自曾经有多少成见、狭隘，有多么偏执、顽固，中国管理学界完全可以有真诚且有价值的交流。在这场长时间的对话中，发生在李平—黄光国（一系列坚决反对）、李鑫—李平（中国哲学优越论的持续证伪）、郭毅—韩巍—吕力（方法论霸权的质疑）、Louisc 韩巍—李平（逻辑的重要性）间的“尖锐对话”，即使没有被笔者进一步挖掘、搅拌，就其“公开呈现”本身，已对大家曾经习惯和默会的学术交流方式形成了冲击。其次，多年来借助“管理学在中国”学术大会，经由《管理学报》之“管理学在中国”专栏，相当一批管理学者，包括一些领导型学者、知名学者，对当下学界之怪现状已深有体察、深有同感，甚至深恶痛绝。那么，除了抱怨、慨叹，大家是否还有其他的选择？近期中国社会之局部“巨变”不管有多么复杂的面向，都足以启示我们，所谓积重难返、无力回天，从而无所作为的心理暗示，不过可能是中国知识分子“群体性软弱”的借口。“拨乱反正”是现象的也是知识的，是理论的也是实践的。与缺乏政治家的权力、企业家的财力、公共知识分子的影响力相比，缺乏批判、反思、改变的勇气和行动才是中国管理学界最大的痼疾。再次，正是在这场对话中，很多细节折射出中国管理学者在学术视野、知识准备、思想洞见，甚至研究姿态上的诸多困扰。大家讨论的议题可能确乎“基础而重要”，但多数人在学术脉络的梳理、核心知识的把握、论说推演的呈现以及深刻洞见的分享上，却未必有 Chia 一般的深刻和赏心悦目。也很难展现近当代社会科学、管理学研究发展之先进水平和思想能力。通过这场对话，至少笔者深刻领悟到个人知识之肤浅，以自知之明对待学术之必要。最后，千里之行，始于足下。对于克服当代中国管理学界之最大弊病，恳请那些大批量生产博士的主流学院、小批量指导博士的主流教授们，是否能够为了中国管理的未来，尤其当面对那些诚心学术的后进时，深入思考一下黄光国的问题：构念（指标）可靠吗？样本适宜吗？理论够坚实吗？

4.2 意义的生成

舒茨（2012：13）说“凡是经由反省活动被重新捕捉的体验就是有意义的”，笔者深以为然。任兵在私人邮件中曾说过一句话：“我们都在做着‘最普通的努力’”，笔者亦深以为然。陈明哲对笔者讲过“有些事需要许多代人的努力”，或者也不得不深以为然。在这场对话里，黄光国呼吁过寄希望于下一代。但假如我们这一代或者两代人最普通的努力注定无法结出硕果，其意义何在？

感谢这场对话，感恩那些知名的、不那么知名的、年长的、还算年轻的学者愿意分享他们对于管理研究诸多挑战及管理学者姿态发自内心的体悟。笔者也更加明确地意识到生活意义之核心，一定不在于那些符号化的、建制化、权力化的成果、地位和声誉，而是那种深沉的、被时间洗涤过的、充盈着自我审视与反思的动人心声。

任兵：“If this small group of email discussions is going to generate an implication, I hope it is towards the practice first; (The academic research is) becoming very uninteresting, not only the articles we write but also ourselves. I appreciate some professors mentioning the role of ART in our life.If social science scholars can't really use their work to inspire their life, to me, it is meaningless.[①]”“人类到底要不要用那么复杂的研究，范式也好、方法也好，来证明或者提出一个东西，我不知道。但总觉得现在我们的知识系统太复杂了，社会科学越来越远离 common sense 常识和创造力了。”

Chia：“I like very much your reference to AhQ who is probably to a greater or lesser extent in many of us as well!! I do not wish to be an armchair social scientist;

① 如果这个邮件群能够有一些启发，我希望它主要是为了实践，(学术已)变得非常无趣，不仅是我们所写的文章，也包括我们自己。我欣赏一些教授提到艺术在我们生活中所扮演的角色。如果社会科学研究者不能以他们的工作给生活带来启发，对于我，那就没什么意义。

from where I stand, I theorise TO HELP MANAGERS DEAL WITH THE PREDICAMENTS THEY REGULARLY FIND THEMSELVES IN, not simply to publish in journals and gain reputation. Academia to me is a VOCATION not a CAREER!! So, the real question is So What? with all these management theories we generate. Do we deliberately try to rub them against Practice and then continue to try to refine them? A major part of the criticism of what we do(from the practitioners point of view) is that it seems unhelpful or even irrelevant to them①"。

席酉民："我们试图跟在实践背后总结和验证成功的实践，为以后的实践提供理论指导，使其更有效。但管理实践总是在极力创造不同，尽管大部分可以相同（许多操作层面研究的价值），即可学习、复制、获得理论或工具的支撑，但关键还在于跳出窠臼、挣脱习惯羁绊、创造独特性、赢得竞争，而对这样的现实，我们的研究'成果'到底应以什么方式呈现？其真正价值是什么？我几乎很少在工作中直接使用甚至关注很多本应与我们实践紧密相关的研究（这个表述也暗含自己不是一个好的研究者或成功的管理实践者），我个人得到的管理理论研究支持基本上是观察各类研究、思索其研究结果，从而得到'启示'或'引发更深思考'，并逐步构建自己的 mindset（心智模式）和行为模式。我不知道不从事管理研究的管理实践者怎样看待我们'研究成果'的价值，或他们期待什么样的成果。"

赵向阳："大家最好多接触一些管理实践和生活，以实践问题为研究导向，看看实践者对你们讨论的话题到底感兴趣不；除了研究方法的严谨性以外，请更多关注研究问题的现实相关性。如果两者不可兼得，我个人宁愿舍弃严谨性而选择相关性。我越来越相信，管理是一种实践，管理学只是对管理实践的反思和总结。"

周南曾说："我自己是当年学的那些学术用语（用得）越来越少，而中国人的非学术用语（用得）越来越多"。作为晚辈，笔者想说周南的体悟多么类似自己阅读胡塞尔（2005）时的感觉，多么正逢其时。中国管理学界处在危机之中（Tsang，2009）——多数关乎中国本土管理的讨论，原本不该那么神秘。繁华落

① 我非常高兴你提到阿 Q，（事实上）或多或少我们（每个人）都难以幸免！我不想成为一名空谈的社会科学家。我选择从实际出发，从事理论研究的目的是"帮助管理者应对他们面临的困扰"，而不仅仅是满足于发表文章或获得声望。学术对于我是一份"志业"而不是"职业"！由此，真正的问题是我们已经生产了这么多理论，那又怎样呢？我们试图将其应用于实践并且持续改进了吗？对于我们研究的主要批评（从实践者的视角而言）是这些东西对他们没有多少帮助或者根本上就是无关紧要的。

去、洗尽铅华，不过是要直面一个非常质朴的道理：如果连（尽可能）理解自己的生活都做不到，我们还会有什么值得期待的言说和洞见？

5. 结束语

多年来的管理研究，受制于主流、规范、严谨的学术共同体规约，主要通过实证主义“表征型/反映型”研究进路形成了大量既对共同体内部成员缺乏新意和启发，又于共同体外部之实践者缺乏吸引力和有用性的碎片化知识。笔者以为反思/批判而不是确认/背书，系统/整合而不是分解/剖析，应该成为更重要也更富有责任的知识生产取向。特别地，当身处中国管理学界的我们面对复杂的中国管理现实时，无论是否习惯于怀揣多重的理论透镜来审视这个世界，还是这个世界有太多遮蔽视野的雾霾，考虑到自身能力的匮乏，笔者更愿意反思/批判——指向他人，也反求诸己。鉴于此，本研究尽管是一种所谓的质性经验研究，但其呈现的还是一个亲近主观、喜欢诠释、相信建构的笔者一以贯之的反思和批判。但愿经由笔者重新描述且诠释的这场“对话”，有机会融入有限的同行、更多的读者以及笔者自己未来的学术生涯，哪怕，只有自我、群体认识和行动的些微改变。

意义的生成终究是主观的，Mills et al.（2010）说它永远不会终结，笔者并不企图强加给读者任何“标准的”意义，但也期望读者听到笔者内心的声音：比较规律，笔者的确更喜欢意义。当无限向往自由意志对自我认同的价值时，笔者从信念上警惕和排斥一切可能成为某些人、某些利益集团控制他人、言之凿凿的关于人类组织、社会生活的知识。这正是笔者所理解的生命乃至学术意义之所在。

未来有无限的可能性，Louise 说：“So here we are. If not us, who? if not now, when?[①]”

回顾及反思

> “‘反对实证主义/科学主义霸权，重视（科学）哲学研究，鼓励多元范式研究’”已成为本土管理研究群体的共识。更为重要的是，中国本

① 我们在此。如果不靠我们，那该靠谁？如果不始于当下，还要等到何时？

土管理研究能否取得实质性进步，既取决于学者在具体研究中能否认真实践上述“原则”，更仰赖学者是否能够深刻反思我们的学术信念、学术姿态、研究取向并承担其社会责任。这是本文的摘要，共识之前确有所依，共识之后更多是笔者的阐发，一厢情愿而已。

笔者比较偏爱理论思考，很少从具体的“经验”出发撰写文章。本文是笔者对刚刚亲历过的一场“学术讨论”，作为一种特殊的“组织事件”的全程记录和解读。如果说管理学术中的经验研究，都难免成为历史的重构，至少在这份历史记忆里，还保有比较鲜活、真切的个人感受。这是后来我和北京大学周长辉老师经常聊起的一个话题——管理学者的在场性（presence）。并且，围绕他应邀为《管理学报》撰写的一篇文章《诗的在场、学者性与人的味道》，笔者专门写过一篇《管理以诗，管理如诗》的评论文章。其中，笔者还特地阐释了自己对“在场性”的多重理解（见“短论四篇”中的《管理以诗，管理如诗》）。可惜，一篇“诗歌散文”式的文章未能如期发表。

另外，本文还展示了对于一个事件，从“多元范式视角”下形成不同阐释的可能性，尽管是点到为止，还是希望读者了解人类（组织、社会）生活为什么会具有“多重现实”。一场学术对话如此，关于人类生活的具体“事件”哪一个又能例外呢？

当然，“意义生成”毕竟是“主体间性”的产物，笔者的一意孤行可以诉诸文字，甚至“歪曲”其他参与者的本意，所以未必能真正触及同行的内心，更不要说激发出什么具体的行动。简而言之，希望这场对话多多少少留下几点印记，比如，深入思考一下黄光国的问题：构念（指标）可靠吗？样本适宜吗？理论够坚实吗？再比如，如果连（尽可能）理解自己的生活都做不到，我们还会有什么值得期待的言说和洞见？

时过境迁，这场当时显得轰轰烈烈的学术讨论恐怕早已是“浮云数载空悠悠”了。笔者对“生存意义”的心心念念，倒不是为了管理学大家维克（sense making 的旗手），而是对康德的不那么经验性的“道德律”的认同，也是对海德格尔的“时间之流”中生存幻象的疑虑。我们都活在当下，但面向一如既往却也风云多变的未来生活，我们总需要一点儿比较坚实的信念吧。再重复一遍：比较规律，笔者的确更喜欢意义。当无限向往自由意志对自我认同的价值时，笔者从信念上警惕、排斥一切可能成为某些人、某些利益集团用于控制他人、言之凿凿的关于人类组织、社会生活的知识。这正是笔者所理解的生命乃至学术意义之所在。

参考文献

ASTLEY W G. 1985. Administrative science as socially constructed truth [J]. Administrative Science Quarterly, 30(4): 497-513.

ALVESSON M, SKÖLDBERG K. 2009. Reflexive methodology: new vistas for qualitative research[M]. 2nd ed. London: Sage Publication Inc.

BOJE D M, OSWICK C, FORD J D. 2004. Language and organization: the doing of discourse[J]. Academy of Management Review, 29(4): 571-577.

BROWN A D, STACEY P, NANDHAKUMAR J. 2008. Making sense of sensemaking narratives[J]. Human Relations, 61(8): 1035-1062.

CORNELISSEN J P. 2006. Making sense of theory construction: metaphor and disciplined imagination[J]. Organization Studies, 27(11): 1579-1597.

CUNLIFFE A L. 2003. Reflexive inquiry in organizational research: questions and possibilities[J]. Human Relations, 56(8): 983-1003.

LANDAU D, DRORI I. 2008. Narratives as sensemaking accounts: the case of an R&D laboratory [J]. Journal of Organizational Change Management, 21(6): 701-720.

MCKENNA S. 2007. Deconstructing a personal "academic"/"practitioner" narrative through self-reflexivity[J]. Qualitative Research in Organizations and Management: An International Journal, 2(2): 144-160.

MILLS J H, THURLOW A, MILLS A J. 2010. Making sense of sensemaking: the critical sensemaking approach[J]. Qualitative Research in Organizations and Management: An International Journal, 5(2): 182-195.

STARBUCK W H 2004. Why I stopped trying to understand the real world [J]. Organization Studies, 25(7): 1233-1254.

TSANG E W K. 2009. Chinese management research at a crossroads: some philosophical considerations[J]. Management and Organization Review, 5(1): 131-143.

WATSON T J. 1995. Rhetoric, discourse and argument in organizational sense making: a reflexive tale[J]. Organization Studies, 16(5): 805-821.

WEICK K E, SUTCLIFFE K M, OBSTFELD D. 2005. Organizing and the process of sensemaking[J]. Organization Science, 16(4): 409-421.

WEICK K E. 1989. Theory construction as disciplined imagination[J].Academy of Management Review, 14(4): 516-531.

埃尔弗森.2011.后现代主义与社会研究[M].甘会斌,译.上海:上海人民出版社.

埃默森,弗雷兹,肖.2012.如何做田野笔记[M].符裕,何珉,译.上海:上海译文出版社.

伯格,卢克曼.2009.现实的社会构建[M].汪涌,译.北京:北京大学出版社.

陈晓萍,徐淑英,樊景立.2008.组织与管理研究的实证方法[M].北京:北京大学出版社.

戈夫曼.2008.日常生活中的自我呈现[M].冯钢,译.北京:北京大学出版社.

巩见刚.2014.后现代主义视野下的管理学实证主义研究范式思考[J].管理学报,11(8):1126-1131.

哈耶克.2012.科学的反革命:理性滥用之研究[M].冯克利,译.南京:译林出版社.

韩巍.2011.论"实证研究神塔"的倒掉[J].管理学报,8(7):980-989.

韩巍.2014a.哲学何以在场:中国本土管理研究的视角[J].管理学报,11(6):781-787.

韩巍.2014b.学术评价的回归及业绩管理的矫正:对管理学院两种核心价值观的质疑与反思[J].西安交通大学学报(社会科学版),34(3):8-17.

韩巍,席酉民.2009.自我呈现及反思:组织管理研究的一种补缺性方法论[J].西安交通大学学报(社会科学版),3:31-39.

胡塞尔.2005.欧洲科学危机和超验现象学[M].张庆熊,译.上海:上海译文出版社.

黄光国.2006.社会科学的理路[M].北京:中国人民大学出版社.

伽达默尔.2007.诠释学Ⅰ、Ⅱ:真理与方法:修订译本[M].洪汉鼎,译.北京:商务印书馆.

吉登斯.2003.社会学方法的新规则:一种对解释社会学的建设性批判[M].田佑中,刘江涛,译.北京:社会科学文献出版社.

凯尔纳,贝斯特.2011.后现代理论:批判性的质疑[M].张志斌译.北京:中央编译出版社.

李鑫.2013.中国传统哲学与本土管理研究:讨论与反思[J].管理学报,10(10):1425-1433.

马奇.2010.马奇论管理:真理、美、正义和学问[M].丁丹,译.北京:东方出版社.

默顿.2008.社会理论和社会结构[M].康少杰,齐心,等译.南京:译林出版社.

舒茨.2012.社会世界的意义构成[M].游淙祺,译.北京:商务印书馆.

维特根斯坦.2013.哲学研究[M].韩林合,译.北京:商务印书馆.

13　本土管理的理论贡献

基于中文研究成果的诠释

1. 莫衷一是的"理论贡献"

一般意义上,理论被认为是一个学科发展的基石,也是体现学科价值、确立学科合法性的依据。管理学作为一门典型的"实用"学科(Van de Ven, 1989;陈明哲、吕力,2016),其理论表现到底如何?追踪西方管理学界的相关探讨,不难发现,一方面,学界在"何谓理论""理论构成",以及"如何评价理论(贡献)"等诸多方面依然莫衷一是(Suddaby, 2014);另一方面,理论"实用性"的欠缺同样遭到诟病(Suddaby, 2014; Corley and Gioia, 2011; Pettigrew and Starkey, 2016)。

管理知识的生产,离不开"哲学反思"(Kilduff et al., 2011)。(科学)哲学为管理研究提供了更多选择。尽管"范式争议"暂时难以消弭,但至少英语世界已经取得了实质进步。管理学者对"批判—诠释"范式的倚重正在加强(Lewism and Grimes, 1999),多元范式均有各自的成长空间,"质性研究"不再被多数学者所质疑(Thompson, 2011)。不像Sutton and Staw(1995)的否定式判断,在多元范式视角下或许可以得到一个重新认识理论的折中方案,可以认为"假定、概念、假设、命题、模型(图示)"作为一个连续统(Continuum)(明茨伯格,2016:285;维克,2016:321)均是理论的组成部分,其作用在于描述、解释,最终是为了深化对管理实践的理解,从而推动管理实践符合社会的普遍期待(Corley and Gioia, 2011)。

反观国内管理学界的"多元化"主要体现在"方法论(方法)"方面,从开始接受“非主流方法”，到涌现出大量“案例研究”“扎根理论研究”，焦点依然是“实证研究”长期驯化的“规范性”诉求，比如“程序性、信度、效度”（苏敬勤、刘静，2014）。如果意图更加全方位地与国际接轨，当务之急就是要认真补上“（科学）哲学”（黄光国，2006）。当 DiMaggio（1995）阐释理论的三种不同旨趣（理性主义、经验主义、人文主义）的分野时，当 Suddaby（2014）梳理“经验主义、理性主义、（理论的）规范价值（normative value）、理论自证合法性”等诸多可能性时，我们至少应当更加自觉地从“本体论、认识论”，而不仅仅是“方法论（方法）”去把握不同范式的差异（Kilduff et al., 2011），早该了解不同范式根本无法共享一致的理论评价标准（Lewism and Grimes, 1999；邓津、林肯，2007：191—196）。

2. 建构理论的启发性原则

西方管理学界意识到过分简化经验世界的代价，是将理论探讨引向对复杂性、模糊性、矛盾性、对立性（Lewism and Grimes, 1999；Smith and Lewis, 2011）、时间性（Zaheer et al., 1999）、多层次（Klein et al., 1999；Dansereau et al., 1999）的响应。西方管理学界提出了一系列启发性原则：对比分析（contrastive analysis）及与之匹配的八步原则作为建构理论的有用工具（Tsang and Ellsaesser, 2011）；强调“悖论”（paradox）在理论建构中的作用（Smith and Lewis, 2011；Poole and Van de Ven, 1989）；主张在“异常”（abnormality）中寻找机会，以去一致（dissonant thinking）、去相似（disanalogy）、反事实推理（anti-factual reasoning）进行“概念搅拌”（conceptual blending）从而建构新颖的理论（Oswick et al., 2011）；还将矛头指向已有知识的基本假定（Drazin et al., 1999），将“质疑”（problematization）假定作为一种“方法论”，挑战已有理论的基础（Alvesson and Sandberg, 2011）；以及建立新的“认识论脚本”（epistemic scripts），采纳更具实践导向（实用主义）的“资源拼盘”（bricolage）方法建构理论（Boxenbaum and Rouleau, 2011）；主张用“实践逻辑”取代科学逻辑（Sandberg and Tsoukas, 2011）等。

维克分别在 1989 年和 1999 年的《管理科学季刊》（*Administrative Science Quarterly*, ASQ）特刊上贡献了两个极富启发性的措辞——disciplined imagination（有约束的想象力）（Weick, 1989），以及 disciplined reflexivity（有约束的自反性）

(Weick, 1999)。可惜,管理学界在想象力、自反性方面似乎并未积极响应他的号召。而国内管理学界的问题则更令人唏嘘。碍于学术共同体中"跟风、修补型"研究的主导地位(郭重庆,2008),加之缺乏应有的反思(蔡玉麟,2016),我们还远未从这些"洞见"中获得足够的启发。

值得深入思考的是理论与"事实"的关系,"很多重要的科学发现事实上缺乏数据,或者说,并没有充分的证据。比如马奇用到很少的样本……一个场景(scenario)抵得上一千个数据"(Folger and Turillo, 1999);大量理论研究根本没有严格的证明(Hambrick, 2007);"理论可以不依靠'经验可靠性'而在思想市场(marketplace for ideas)赢得胜利"(Ferraro et al., 2005);加之理论的"自证预言"(self-fulfilling prophecy)(默顿,2008:548—567),我们不难理解为什么Tsoukas(1998)会怀疑"客观表征",而Starbuck(2004)会"放弃"执着于了解"真实"世界。同时,研究者的偏见几乎不可避免,多数人执着于用被训练、灌输的概念和理论来认识世界(Van de Ven, 1989)。而且,正是"认知和概念间的关联及其内容塑造(shape)了我们看到的内容"(Weick, 2016),管理学者可能掌握了最新的分析技术,却对如何建构理论知之甚少(Sutton and Staw, 1995)。另外,管理学者对于研究的态度令人不安,"我们告诉学生忘掉那些难以测量的东西,或者删除那些与他们的理论观点联系不够紧密却有趣的数据/证据"(Sutton and Staw, 1995)。

某种意义上,理论就是给复杂的经验世界强加(impose on)一个概念秩序(Corley and Gioia, 2011)。"我从来不确信我的书里包含了本章中展示的管理思想家们所理解的'理论'……无论怎样对现在所谓的利益相关者理论进行学术定论,至少从'管理角度'看,这仅仅是'对经理人和利益相关者有所帮助的一个好主意'。"(弗里曼,2016:335—336)

笔者分析《管理学中的伟大思想:经典理论的开发历程》一书依旧没有发现更多关于何谓理论的共识,它或许只能是一个"连续统",包括"假定、概念、假设、命题、模型、图示(意义)"等多种"半成品"(韩巍,2017a;Weick, 1995)。而建构理论更加复杂,它关乎真诚,研究者、研究对象的社会化过程(生活经验、工作经验和专业学习),涉及洞见(问题意识,构念、机制、模式和图式)、研究程序(语言)、批判性直觉(哲学反思)以及与"学术研究"相关的"营销行为(学术平台、推广技巧)"和那么一点儿"运气"(见图1)。

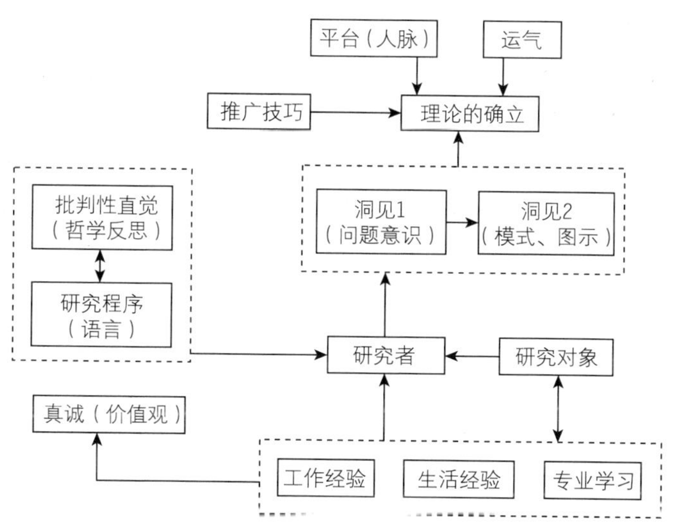

图1 理论建构的影响因素模型

资料来源：韩巍（2017a）。

3. 中文本土管理研究的范本示例

在英语世界里，中国管理的理论贡献被认为是乏善可陈的（Jia et al.，2012）。我们有理由好奇中文论文到底有没有理论贡献，是否存在任何启发性的"好主意"。与陈春花等（2014）的做法相似，笔者在中文期刊网里，用"本土管理""本土研究"等关键词进行搜索，删除了一些无关的篇章，发现大多数研究涉及"哲学反思""认知方式""研究路径"等认识论、方法论议题（陈春花等，2014；梁觉、李福荔，2010；卢芳妹等，2013；乐国林等，2016；张晓军等，2017）。与多数学者单纯强调"情境独特性"不同，吕力侧重"视角"的本土性，认为"情境独特性"无法确证，也无法否证。"视角的独特性"才是本土与非本土的真正分水岭（吕力，2011）。笔者进一步认为，真正的本土研究一定是"本土现象、情境"和"本土视角"共在的研究。现象、情境都是特定视角下的认知产物，难以割裂开来。当研究者的意识聚焦在某种本土现象的时候，其视角也一定是本土的。否则，我们最多看到的是"西方视角"下的"本土现象"，自然容易回到"主流范式"，即"非本土"的老路。

管理学者应该从先行者那里汲取营养，关注杨中芳的"本土研究路径"（杨中芳，2009：9—10）；领会杨国枢主张的"充分反映中国人的管理思想；强调社会文化脉络……应从那些独特的、能反映中国管理特色的现象和行为入手，最好能采用民俗性的名词和概念，充分反映所探讨之管理现象的原汁原味"，特别是"详细描述所研究的现象"（梁觉、李福荔，2010）。

因此，回到"生活世界"（life world），从研究者的"自身生活"出发，某种程度上，悬置或不再习惯盲目地用西方视角解读我们的日常经验。如此，笔者以为彻底的"非本土"研究其实是无法想象的，而真正的本土研究一定是关乎我们的生活，也一定是"实用"的。那些数量巨大的学术论文之所以"无用"，概因其与我们熟悉的生活近乎"无关"，或者只是提供了一种算不上漂亮的"学术修辞"。所以无论它们如何与时俱进地变换表达方式，都难以带来任何启发（韩巍，2017a）。本文为"本土管理研究"确立了以下标准，并以此挑选了一些自认为具有"理论贡献"的范本：

经验视角——常识而论，这是不是我们所熟悉的中国人的（组织）生活？这是不是我们所熟悉、理解、内化的中国人的（组织）情境？（它一定不是"概念化"形态的，而是"生活形态"的。）

理论视角——如果我们所掌握的现有知识（以西方居多）不能很好地解释这些现象，有没有可能提出新的猜想（谱系式的，囊括概念、机制、模式、意义等）？基于我们的认知能力，是否会眼前一亮（陌生化效应，defamiliarization）（DiMaggio，1995）？

实践视角——理论推向实践，并非全然由理论的品质所决定，它是一个复杂的社会学问题（韩巍，2017a）。即使在学术内部，囿于读者认知能力和社会潮流的影响，也难以保证哪种理论更受青睐。因为理论走向实践，即使是"错误"的理论被检验也是实践者的选择，否则，无论"证实、证伪"连检验的机会都没有。理论应该"有用"，但"有用"却不是"理论"的唯一判据。"错误"的理论未必不能得到"证明"。理论的"对错"离不开时间尺度的衡量，而个体的生命却非常有限。

笔者基于上述判断和对理论建构的认识（韩巍，2017a）。挑选了少数满足这一标准的"范本"。与秉持"客观判断"的学者不同，笔者认为对于管理研究，评价学术品质不宜采纳"民主制度"（或是计量方法），因为这个圈子里的"评鉴人"原本就参差不齐，彼此对于问题"重要性"的感受从来都是大相径庭。

借助理论建构的影响因素模型（见图1），省却与本文主旨关系不大的要素，以下重点探讨洞见（问题意识、情境诠释、构念和机制）与研究程序（深描作为方法论）。作为范本的论文之严谨性、规范性暂时不予讨论，因为它们都是各类学术期刊发表的论文，相信审稿人、编辑的眼光，尽管“声望、关系、圈子”等因素难以避免。简言之，判断取决于一种非常个人的标准——“洞见以下皆为修辞”（见表 1）。

表 1　本土管理研究范本及贡献

理论贡献	文章
问题意识	郭毅.2010.活在当下：极具本土特色的中国意识——一个有待开发的本土管理研究领域[J].管理学报，7(10)：1426—1432. 郭毅.2010.论本土研究中的他者和他者化：以对中国共产党成功之道的探讨为例[J].管理学报，7(11)：1675—1684. 郭毅，王兴，章迪诚，等.2010.“红头文件”何以以言行事？——中国国有企业改革文件研究(2000—2005)[J].管理世界，12：74—89.
深描(文本)	沈毅.2012.体制转型背景下的本土组织领导模式变迁：以某国有改制企业的组织“关系”实践为例[J].管理世界，12：132—154.
情境诠释(类型学)	蓝海林，皮圣雷.2011.经济全球化与市场分割性双重条件下中国企业战略选择[J].管理学报，8(8)：1107—1114. 蓝海林，宋铁波，曾萍.2012.情境理论化：基于中国企业战略实践的探讨[J].管理学报，9(1)：12—16.
本土构念(类型学)	韩巍，席酉民.2012.机会型领导、幻觉型领导：两个中国本土领导研究的关键构念[J].管理学报，9(12)：1725—1734.
本土机制	韩巍，席酉民.2015.下属改变世界：领导—下属互动机制的本土建构[J].西安交通大学学报(社会科学版)，35(2)：18—32.

3.1　问题意识

从事本土管理研究之首要，是对问题“重要性”的感受（怀特海，2010：121）。笔者之见，缺乏“历史感、社会化过程、情境意识和互动结构”的管理研究都非常可疑（韩巍、席酉民，2009）。郭毅等学者集中发表在 2010 年的三篇文章（见表 1），有非常明确的问题意识，即如何“直面现实”，且具体化为“中国共产党的资源动员机制”和“红头文件”作为国企改革“制度事实”的诠释。

中国管理研究者比西方学者面临更多的挑战，我们在重大社会转型下的学术姿态，绝不只是对于企业、组织行为（无论成功与失败）的“符合论”式重现，而是要在与“历史、社会、情境”的对话中深切反思“我是谁”“我有什么”“为什么是这样”“我可以向何处去”等基本议题(郭毅,2010a)。郭毅紧贴中国人“内化”的思维和认知习惯,提出“活在当下—生存理性”这一总体性隐喻(metaphor)。“活在当下”是因为我们始终“活在历史”,而所谓进步,就是借由当下去对话历史,深刻反思并展望未来。“生存理性”作为个体、组织生活的一种“基本策略”,勾勒了某种行动边界,也预留了进一步想象的空间,从中不难看出某种在“可行性—可能性”间徘徊的意味深长。

郭毅等学者对“语言塑造社会事实”的敏感,促成了他们对“红头文件”与“国企行为”关系这一独特的本土管理现象的关注。该文区分了“语义、语用”的显著差异,提出一个总命题——“在国企改革的进程中,‘红头文件’通过使用特殊的言语系统,影响并制约了改革进程中的各行为主体,并使国企改革进程按照一定的路径和方式展开,从而构建了国企改革的‘制度事实’”(郭毅等,2010)。基于笔者对“叙事研究”的了解,涉及人类行为的“文本”属性,并不觉得这个研究十分新奇,但至少在管理领域未见这种系统梳理“红头文件”在企业行为中发挥“建构”作用的研究。当然,稍有遗憾的是,郭毅等人过于重视“文本分析”的形式化呈现(规范性),只在单方面诠释某种“客观事实”,忽视了其特别强调的“内化(主体间性)”过程。“红头文件”不仅是“制度事实”,更是体现“政策—对策”主体间博弈的界面,如果延展开来,聚焦于被“规范者”的“权宜应对”,企业决策者如何“揣摩”“红头文件”并将其内化为具体的行动策略,将对本土管理的独特性会有更深的把握。我们从来不缺乏“政策文件”“口号标语”,但人们如何解读和解构并将其转化为实际的认知和行动才是重中之重。

3.2 深描

方法论研究通常不被认为是典型的“理论贡献”,但选择如何呈现经验素材不仅决定了理论的可能性,而且反映了人们对理论理解的差异。一向被认为是缺乏理论的人类学和民族志的“深描”(thick description)叙事,正表现出人类学家们的谦逊姿态,即从不意图强加给读者任何“权威观点”,而是“邀请”读者通过阅读文本参与到基于主体间性的理论建构(Kilduff and Mehra, 1997)。对于中国本土管理而言,这是非常薄弱的环节。管理学界有太多不告诉你究竟发生了什么,却通知你已经发现了什么的研究!

沈毅(2012)则是一篇难能可贵的"深描"范本。首先应该感谢《管理世界》(审稿人、编辑们)的宽容,允许作者用近12页的罕见篇幅叙述了在中国企业转型背景下某企业发生的、看起来饶有兴味的"关系动态"。笔者先提供一个粗略的编码,以"重现"沈毅聚焦的一幅关于体制转型背景下"领导模式"的生动画卷。按时间顺序(文本的故事线,一定是基于笔者的认知兴趣),笔者遴选了70多个关键词,例如:三种人、派系、实力派(或实权派,笔者注)、自己人、老干部、根基、"堂哥在组织部"、上层关系、民主党派、拍马屁、拉关系、养闲人、懒人、自己的天下(或独立王国——笔者注)、直接分管、生产口、党宣口、重要岗位、人事推荐权和否决权、猫腻、风言风语、闹(到上边)、忠、反水、巴结、批条子、签字、"(两边不)讨好"、告状、生活作风问题、个人作风败坏、势力范围、政绩、"大好江山直接让人了"、承包责任制、党政合一的"一把手"、改制、公开招聘、一肩挑、外来的和尚、托关系、走后门、以厂为重、干实事、架空、学历、老好人、平易近人、技术骨干、内部职工持股、民主选举、人缘(好)、董事会、"权力基础转向群众""讨好普通职工"、接班、打太极、"少得罪人"、各路诸侯、尚方宝剑、干部、群众基础、重信用、讲感情、"待遇""把老干部养起来"、打电话拜年、解决女儿的工作、感恩戴德、讲义气、"(不会)过河拆桥"、单干、赢得人心、功臣、有良心、"(儿子作为)接班人"……根据相关主题对这批关键词再度编码后形成表2。

表2 转型背景下本土管理的可能面向

理论焦点	关键词
制度情境	承包责任制、"(股份化)改制"、内部职工持股、公开招聘、民主选举、董事会、"权力基础转向群众"
权力来源(基础)	三种人、老干部、根基、上层关系、民主党派、一把手(一肩挑)、"外来的和尚"、学历、技术骨干、干部、群众基础、"(儿子作为)接班人"
权力分配	"自己的天下(独立王国)"、派系、实力派(实权派)、直接分管、生产口、党宣口、重要岗位、人事推荐权和否决权,批条子、签字、势力范围、各路诸侯
领导风格	以厂为重、干实事、人缘(好)、老好人、平易近人、"讨好普通职工"、打太极、"少得罪人"、重信用、讲感情、讲义气、"(不会)过河拆桥"、有良心
领导—下属互动	自己人、拍马屁、拉关系、养闲人、懒人、闹(到上边)、忠、反水、巴结、告状、托关系、走后门、架空、"(两边不)讨好""(给)待遇""把老干部养起来"、打电话拜年、解决女儿的工作、感恩戴德、功臣

沈毅的理论旨趣在于组织领导与下属间的“关系”形态，如何从“主从关系、人缘关系、朋友关系”渐次转型，在组织领导模式方面则相应呈现出“集权式领导、人缘式领导、人心式领导”的类型转换。也就是说，这是沈毅在“深描”中提出的理论。而按照笔者对于组织领导的理解（韩巍、席酉民，2012；韩巍、席酉民，2015；韩巍、席酉民，2009；席酉民、韩巍，2010），这篇文章无意于对领导模式的挖掘，而更侧重对“权力”的理解，借由沈毅的深描和文本的开放性，得以建立一个新的“二阶编码”，以开拓另一种理论旨趣，其基本结构为制度情境—权力来源（权力分配），而“领导—下属互动”及“领导风格”只是相对次要的问题。

质性研究一定是“诠释循环”的，沈毅、笔者都不必过分担心结论的“暂时”性。读者完全可以反复利用这份“珍贵”的文本去建构自己的理论。显而易见，除了少数为了某种理论“结构”所需的学术标签以外，几乎所有的关键词都是“原汁原味”的日常语言（梁觉、李福荔，2010）。不过，笔者缺乏沈毅在文中所表现的乐观情绪。这份蕴含着中国企业（组织）管理缩影的文本，或许依然持续散发着它的“光芒”。“进步、发展”从来都不是理所当然的线性化过程。

3.3 情境诠释

情境不是外在的“客观事实”，是主体对于外在影响因素认识的主观感知，并将其内化为自己行动的依据（韩巍，2017b）。笔者对战略的涉猎有限，但鉴于曾经的咨询经历和课堂教学之需，对中国企业“非教科书”式的战略选择（如“无关多元化”）的确存有好奇，当然也有困惑，笼统地认为是一种典型的“机会主义”行为。

蓝海林等学者发表在《管理学报》的两篇文章，颠覆了市场一致性假定，从“市场分割性”与“经济全球化的回应/行业多元化程度”两个维度去重新思考企业的战略选择，提出了四种不同的策略（角色）类型，分别为“先锋、徘徊者、坐地虎、玩家”。在笔者看来，这是一个直观、巧妙且具有极强隐喻性、解释力的“类型学”式（Cornelissen，2017）的理论贡献。

研究中国企业，而不涉及企业如何与政府系统的周旋，无论“干净”与否，都会严重削弱其结论的可靠性。这是笔者所理解的中国情境之重要面向，即复杂的“政商关系”（韩巍，2017b）。正如蓝海林等学者所看到的，“建立政企关系：学会运用自己的资源和能力去影响当地政府，从而减少市场分割性的负面影响……相当多的企业学会了与政府打交道的方法，包括利用自己的制度地位

（如中央企业）、关系资源，甚至经济手段去建立与上一级政府的关系，然后通过上级政府影响下一级地方政府的决策”。蓝海林等学者对于情境的认识还体现在“中国独特的情境不仅调节了一些关键战略要素对企业战略行为的影响程度与方向，甚至完全改变了影响企业战略行为的关键要素”“情境不同于环境，情境更多地是指企业与企业之外的各种因素的前后、内外和上下的关系以及交互作用”，而且是“动态演化”的。可以明确地说，只有充分认识情境的“交互作用”（主体间性）以及“系统性作用”（完全改变了……战略行为），才有可能弄清楚中国本土企业的战略选择空间。

当然，沿着蓝海林等学者的思路，如果继续追问中国企业战略选择背后的“权力结构”，尤其是纵向权力分布，还可以进一步识别哪些是真正顶级的“掠食者”，哪些不过是“啃骨头”“喝汤”的“谋生者”。因此，就不难理解中国市场上为什么会有那些跨国性、全国性、区域性的“赢家通吃者”、跨领域霸主和行业霸主了。

3.4 本土构念

构念（概念）向来是管理研究的基石之一。毋庸讳言，管理世界的绝大多数构念来自西方，但假若管理知识是情境依赖的（韩巍，2017b），那些西方构念又在多大程度上指向了我们的自身生活就显得可疑（杨中芳，2009；Cornelissen，2017）。因此，如何寻找本土管理构念，且在“多视角—多质疑—多争论—多反思”的路径上反复揣摩就变得非常必要。

韩巍和席酉民（2012）曾提出“机会型领导、幻觉型领导”的本土领导构念。笔者承认，这篇文章无法满足一般读者在研究方法上的设想，它直接来源于作者的生活经验和灵感（张晓军等，2017）。我们的问题意识非常明确，仅就常识而论，组织中为什么会有大量“不合格的领导”（也未必是嫉贤妒能）？不可避免地，它涉及整个社会的“领导产出机制”。虽然笔者清楚领导权力来源的西方学说和本土的主导性说辞。但在现实生活中，我们难以看到“德、能、勤、绩、廉”兼备的领导样本，反倒容易发现某些“无德、无能、无才”的领导在各类组织中主要通过“在主席台就座、讲话、签字、前呼后拥等”彰显权力的存在感。这就是我们“理论思考”的直接来源。鉴于学术表达的需要，笔者从领导的支配性出发（韩巍、席酉民，2009），基于常用的“支配策略（制度、角色、地位、仪式）”，结合一般意义上组织行为（方向—目标—秩序—一致性）的“理性假定”和组织生活的“常识假定”，建构出一种新的领导类型划分方式，从而凸显了“机会型领导、幻觉型领导”的“本土性”。并且，笔者将“是否有助于对中国组织现实的深入理解、是否对读者产生某种启发，尤其是对中国本土领导实践的改观”作为评价的依据。

记得当年在“管理学在中国”大会上报告时，齐二石（院长）在点评前，边上台边开玩笑地说，“我就是个机会型领导”，他又说，“汇报的只是结果，相信韩老师、席老师提出的概念背后一定有比较扎实的案例研究”。笔者当时没有作答，但心里清楚，其实根本没有什么“扎实的案例研究”，有的只是我们对于组织生活的感悟和一点儿灵感。好在，别人也这么做过！很多重要的科学发现事实上缺乏数据，或者说并没有充分的证据，比如马奇就只用很少的样本（Folger and Turillo，1999）。

3.5 本土机制

理论贡献有多种可能性（明茨伯格，2016；维克，2016；韩巍，2017a），对于持后实证主义观念的经验研究者，现象背后的深层次“机制”远比变量关系重要（Tsoukas，1994）[①]。鉴于对领导研究的一系列探索，笔者放弃了主流基于“领导类型”的研究路径（张晓军等，2017；韩巍、席酉民，2012；韩巍、席酉民，2015；韩巍、席酉民，2009）。我们一直试图建构出一种能体现“领导—下属的互动”关系，体现互动之“历史、社会化”情境性，尤其是能够“内化”为领导、下属认知、行为习惯的理论框架。

从笔者的“个人生活史”出发，通过定义“习惯性支配—服从”“命运共同体错觉”“惩罚（激励）想象”“个体自我意识效应”等关键概念，笔者提出了一个本土领导模型（见本书180页图1），我们确信该理论深化了人们对本土领导行为的理解，并通过几种典型的变异“互动机制”，即“共犯结构”“荒谬决策的阻滞”“正确决策阻滞的破解”，展现了本土理论可能的解释力。

4. 进一步讨论

这些范本的主要作者，除沈毅以外，皆为笔者所熟识。他们的知识养成、思想轨迹、问题意识和研究方法各不相同，但确有一些共同点：首先，他们对中国管

① 当前涌现的某些“机制”研究值得我们关注，是否仅限于用“学术概念”附会式地表征“现象”（事件关联）而并非深层机制的挖掘？

理实践都抱有一种基于现实经验而非概念化的理解；其次，他们对管理现象的看法都不仅仅局限于所谓“专长”的领域；再次，他们都足够“年长”，亲身经历过一连串“剧变”的社会化过程；最后，笔者确信，他们对学术研究都稍多一些诚意。

如果参照主流实证研究标准，这些范本都存在缺陷。除了沈毅，其他文章得以发表未必不是作者“话语权”的体现。但主流研究者对“严谨性”“规范性”的热衷，对“客观”“事实”“规律”的执着，或许只是反复凸显“科学主义”在其内心的根深蒂固。对于（本土）管理研究，所谓“客观表征”，更像是未加慎思的一厢情愿（Tsoukas，1998；Starbuck，2004；罗蒂，2009），直白地说就是自欺欺人。更广义的社会研究，无论是从研究者、研究方法，还是从研究结果而言，始终无法摆脱主观性，甚至是“虚构性（我们告诉学生忘掉那些难以测量的东西，或者删除那些与他们的理论观点联系不够紧密地有趣的数据/证据）”（Sutton and Staw，1995），研究者永远无法回避对于经验素材的“剪裁”。除非，研究者满足于把复杂的社会（管理）现象强行放置在一个过度简化的“变量关系结构”中。“规范”“严谨”意味着恪守某种研究程序（语言风格、表达套路）。具体而言，多元范式其实就是援引先例（正如艾森哈特与案例研究繁荣的关系）！比较通常对于“规范性”“严谨性”的强调，笔者更愿意首先分辨研究者的“诚意”，其是否直面现实，是否从我们熟悉的日常生活出发；更愿意看到研究过程的“透明（可见）性”，比如人类学独特的“在场”（presence）方式，就像沈毅所展现的那样。

哲学上向来有“符合论”（corresponding）、“融贯论”（coherent）的分野（Thompson，2011），尽管当下无法消解彼此的隔阂（也许永远都不会）。主流经验研究者取径“符合论”而沉醉于表征，却往往忽视了“理论与经验世界的复杂关系（作为一种强加的概念化秩序）”（Corley and Gioia，2011）、“理论与经验证明间的复杂关系（迪昂-蒯因命题）”（吕力，2009）。笔者无意于宣扬绝对的“相对主义”，只是强调管理知识生产的“相对性”。我们不可能抱持一种绝对的经验主义“符合论”，也不可能抱持一种绝对的理性主义“建构论”，我们只能游走在“理性主义—相对主义”之间，最终诉诸我们的“信念”，即对所谓“a better world”（更美好的世界）的想象。管理学术之所以要有“经验”基础，不是为了寻找什么终极的“客观规律（真理）”，而是对社会实践之“可行性”的响应；同时，管理学术必须强调“意义诠释、主观建构”，它是对未来之“可能性”的召唤。同理，较有启发的管理研究，如果只是对生活世界（成功经验）的再现、复制，那么这个启发性必然是暂时的。这个世界每一天都会发生企业成功、失败的故事，人们总是在追问“为什么成功、失败”，而这并非是一个中肯的问题。况且，管理学者给出的答案可能已经太多了。

人类的历史从来不缺乏“成功”的典范，国家、宗教、大学、少数商业组织等，都拥有漫长的“成长故事”，自然也不乏“成功”的情节片段。管理学术的研究当然有呼应组织实践“成功”的必要，但那些“成功因素”从来不可能为我们建立起通向康庄大道的“必然之路”。管理研究终究是一种关于“必要条件”的探索。我们或许应该看得更加长远，在人类历史的尺度上，对“一时一事”成功的符合论式背书尽管是很多学者血液里的“显性基因”，但勇于直面现实的不足，敢于直面历史、社会、认知和表达局限性，才更有可能把我们引向更美好的未来。相较于生活世界，学者所提供的知识（中间产品），无论是构念、命题，还是模式、框架，只能是“暂时性”的、“情境性”的、“因‘人（组织）’而异”的，不可能具有“自然科学”意义上的“可靠性”“稳定性”，也无从成为“足可复制”的有效知识，这是管理研究（理论生产）的宿命。

因此，本土管理理论的建构，也不能仅仅满足于对中国（企业）如何强大的“背书”，更应该对“我们何以可能”后提出深刻的反思、批判和建构，即“我们还应该，且能做些什么”。换言之，不要再一股脑地忙于与国际接轨（笔者承认，作为一名管理研究者的“智慧”很大程度上受惠于西方学术思想），不要再乞求西方管理学界的接纳、认同（他们也早已坠入了自娱自乐的学术市场）。中国管理学者需要“直面现实”“深描经验”“解读情境”，用本土的构念、机制诠释我们自己最熟悉的生活，尤其要在“经验发现（发明）”与“意义诉求”的对话中（诠释循环、反思批判）不断展现中国管理实践者、学者的理解力、创造力和想象力。

武断地说，社会（管理）研究，最终取决于研究者的“信念”——是否依然期待一种经过审视的生活，是否依然珍视心中的道德律。

回顾及反思

笔者发表这篇文章是为了满足自己的好奇心——管理研究者发表的“中文论文”里到底有哪些具有启发性的东西？记得多年前在华东理工大学的一个学术会议上，笔者向在座的几位前辈提出过一个建议——为什么不能由他们“圈定”一些比较出色的本土管理研究成果以慰学界、以飨读者？当然，没有下文。围绕中文论文的研究综述并不罕见，但读来总觉得浮光掠影，未必触及理论（学术）贡献的“实质”。

中国管理学界似乎向来如此，多见会议上的言语交锋，少有白纸黑字的学术争鸣，习惯了各说各话的“低头拉车”，彼此不闻不问倒和气一团。

等待，虽说不上是一种煎熬，但也谈不上是什么修炼。当年受汪丁丁老师指引，笔者得到怀特海“表达与（问题）重要性感受”的启发。尽管有身份及瓜田李下的疑虑，笔者还是决定尝试给出自己的“回答”。需要稍做解释的是，为什么笔者看到的理论（学术）贡献里没有体量最大、成果最多的“实证研究（假设—检验）”？道理很简单：其一，在有限的阅读经历中，笔者很少从这类文章中得到启发。几天前与同系贺和平老师聊天，还专门拜托他给笔者推荐营销文献里采用实证研究方法且有比较“反常”的猜想和很有启发性的论文。其二，在经验研究里，笔者倾向于接受巴斯卡批判现实主义（实在论，critical realism）的看法，去情境化的“假设”不可能有稳定的关系，很遗憾，管理研究从来不会提供不同情境下对某种“猜想”被反复验证的操作。所以，笔者也从来不会对昨天发现 X 显著正相关于 Y，今天发现不那么显著，明天又可能发现显著负相关类的结论表达“敬意”。至于昨天发现 A、今天发现 B、明天可能发现 C 分别中介 X、Y，昨天发现 E、今天发现 F、明天可能发现 G 又在调节 X、Y 这样的研究，抱歉，笔者可以接受这类研究的现实意义，但大都不太符合笔者“重要性感受”的标准。说到底，笔者是个诠释主义者，对“规律”“模式”的偏好远远小于管理实践的“意义诉求”。

作为一次多少有些任性的尝试，本文的偏颇与瑕疵在所难免。可以欣慰的是，这些文章都是从中国本土的组织管理经验出发，都体现了独特的本土“问题意识”，也都在理论（学术）的各种面向的某一个方面有所“交代”。无论是郭毅老师的“红头文件”，还是沈毅的“企业发展简史”，都是很接地气的“真问题”“真故事”，蕴含了太多本土管理研究值得挖掘的线索。蓝海林等学者和笔者与席酉民的研究，都出于各自的本土问题意识，使用的还是管理研究比较通行的学术手段——概念（定义）、分类（维度）、机制（模型），其贡献在于是否能更好地解释大家所熟悉的本土经验。

当然，立场决定行动。笔者对主流实证研究的轻慢的确会误导自己的关注焦点。总应该有一些反常的猜想足以修正、撼动从而深化大家对本土管理实践的观察和理解——它们不会仅仅在玩弄新潮的概念，也不会仅仅在试图包装常识。每个人的精力有限，笔者也更乐于从实证研究者那里听到那种振聋发聩的声音。

参考文献

ALVESSON M, SANDBERG J. 2011. Generating research questions through problematization[J]. Academy of Management Review, 36(2): 247-271.

BOXENBAUM E, ROULEAU L. 2011. New knowledge products as bricolage: metaphors and scripts in organizational theory[J]. Academy of Management Review, 36(2): 272-296.

CHIMEZIE A B, OSIGWEH Y G. 1989. Concept fallibility in organizational science[J]. Academy of Management Review, 14(4): 579-594.

CORLEY K G, GIOIA D A. 2011. Building theory about theory building: what constitutes a theoretical contribution? [J]. Academy of Management Review, 36(1): 12-32.

CORNELISSEN J. 2017. Editor's comments: developing propositions, a process model, or a typology? Addressing the challenges of writing theory without a boilerplate[J]. Academy of Management Review, 42(1): 1-9.

DANSEREAU F, YAMMARINO F J, KOHLES J C. 1999. Multiple levels of analysis from a longitudinal perspective: some implications for theory building [J]. Academy of Management Review, 24(2): 346-357.

DIMAGGIO P J. 1995. Comments on "what theory is not"[J]. Administrative Science Quarterly, 40(3): 391-397.

DRAZIN R, GLYNN M A, KAZANJIAN R K. 1999. Multilevel theorizing about creativity in organizations: a sensemaking perspective[J]. Academy of Management Review, 24(2): 286-307.

FERRARO F, PFEFFER J, SUTTON R. 2005. Economics language and assumptions: how theories can become self-fulfilling[J]. Academy of Management Review, 30(1): 8-24.

FOLGER R, TURILLO C J. 1999. Theorizing as the thickness of thin abstraction[J]. Academy of Management Review, 24(4): 742-758.

HAMBRICK D. 2007. The field of management's devotion to theory: too much of a goodthing? [J]. Academy of Management Journal, 50(6): 1346-1352.

JIA L D, YOU S Y, DU Y Z. 2012. Chinese context and theoretical contributions to management and organization research: a three-decade review[J]. Management and Organization Review, 8(1): 173-209.

KILDUFF M, MEHRA A. 1997. Postmodernism and organizational research[J]. Academy of Management Review, 22(2): 453-481.

KILDUFF M, MEHRA A, DUNN M B. 2011. From blue sky research to problem solving: a philosophy of science theory of new knowledge production[J]. Academy of Management Review, 36(2): 297-317.

KLEIN K J, TOSI H, CANNELLA A A, Jr. 1999. Multilevel theory building: benefits, barriers, and new developments[J]. Academy of Management Review, 24(2): 243-248.

LEWIS M W, GRIMES A J. 1999. Metatriangulation: building theory from multiple paradigms[J]. Academy of Management Review. 24(4): 672-690.

MEYER K E. 2006. Asian management research needs more self-confidence[J]. Asia Pacific Journal of Management, 23(2): 119-137.

OSWICK C, FLEMING P, HANLON G. 2011. From borrowing to blending: rethinking the process of organizational theory building[J]. Academy of Management Review, 36(2): 318-337.

OSWICK C, FLEMING P, HANLON G. 2011. From borrowing to blending: rethinking the processes of organizational theory building[J]. Academy of Management Review, 36(2): 318-337.

PETTIGREW A, STARKEY K. 2016. From the guest editors: the legitimacy and impact of business schools—key issues and a research agenda[J]. Academy of Management Learning & Education, 15(4): 649-664.

POOLE M S, VAN DE VEN A H. 1989. Using paradox to build management and organization theories[J]. Academy of Management Review, 14(4): 562-578.

SANDBERG J, TSOUKAS H. 2011. Grasping the logic of practice: theorizing through practical rationality[J]. Academy of Management Review, 36(2): 338-360.

SMITH W K, LEWIS M W. 2011. Toward a theory of paradox: a dynamic equilibrium model of organizing[J]. Academy of Management Review, 36(2): 381-403.

ZAHEER S, ALBERT S, ZAHEER A. 1999. Time scales and organizational theory[J]. Academy of Management Review, 24(4): 725-741.

STARBUCK W H 2004. Why I stopped trying to understand the real world[J]. Organization Studies, 25(7): 1233-1254.

SUDDABY R. 2014. Editor's comments: why theory? [J]. Academy of Management Review, 39(4): 407-411.

SUTTON R I, STAW B M. 1995. What theory is not[J]. Administrative Science Quarterly, 40(3): 371-384.

THOMPSON M. 2011. Ontological shift or ontological drift? Reality claims, epistemological frameworks, and theory generation in organization studies[J]. Academy of Management Review, 36(4): 754-773.

TSANG E W K, ELLSAESSER F. 2011. How contrastive explanation facilitates theory building [J].

Academy of Management Review, 36(2): 404-419.

TSOUKAS H. 1994. What is management? An outline of a metatheory[J]. British Journal of Management, 5(4): 289-301.

TSOUKAS H. 1998. The word and the world: a critique of representationalism in management research[J]. International Journal of Public Administration, 21(5): 781-817.

VAN DE VEN A H. 1989. Nothing is quite so practical as a good theory[J]. Academy of Management Review, 14(4): 486-489.

WEICK K E. 1989. Theory construction as disciplined imagination[J].Academy of Management Review, 14(4): 516-531.

WEICK K E. 1995. What theory is not, theorizing is[J]. Administrative Science Quarterly, 40(3): 385-390.

WEICK K E. 1999. Theory construction as disciplined reflexivity: tradeoffs in the 90's[J]. Academy of Management Review, 24(4): 797-806.

WEICK K E. 2016. 60th Anniversary Essay: constrained comprehending: the experience of organizational inquiry[J]. Administrative Science Quarterly, 61(3): 333-346.

蔡玉麟.2016.也谈中国管理研究国际化和管理理论创新:向张静、罗文豪、宋继文、黄丹英请教[J].管理学报,13(8):1135-1149.

陈春花,宋一晓,曹洲涛.2014.中国本土管理研究的回顾与展望[J].管理学报,11(3):321-329.

陈明哲,吕力.2016.管理学研究的"精一"、"双融"和"经世致用":对陈明哲的访谈[J].管理学报,13(1):1-6.

邓津,林肯.2007.定性研究:第1—4卷[M].风笑天,等译.重庆:重庆大学出版社.

弗里曼.2016.利益相关者理论的开发:一种特殊的方法[M]//史密斯,希特.管理学中的伟大思想:经典理论的开发历程.徐飞,路琳,苏依依,译.北京:北京大学出版社:331-346.

郭重庆.2008.中国管理学界的社会责任与历史使命[J].管理学报,5(3):320-322.

郭毅.2010.活在当下:极具本土特色的中国意识——一个有待开发的本土管理研究领域[J].管理学报,7(10):1426-1432.

郭毅.2010.论本土研究中的他者和他者化:以对中国共产党成功之道的探讨为例[J].管理学报,7(11):1517-1526.

郭毅,王兴,章迪诚,等.2010."红头文件"何以以言行事?——中国国有企业改革文件研究(2000—2005)[J].管理世界,12:74-89.

韩巍.2017a.洞见以下皆为修辞:《管理学中的伟大思想》对本土管理研究及理论建构的启示[J].西安交通大学学报(社会科学版),37(1):5-16.

韩巍.2017b.情境研究:另一种诠释及对本土管理研究的启示[J].管理学报,14(7):947-954.

韩巍,席酉民.2009.不确定性——支配权——本土化领导理论:和谐管理理论的视角[J].西安交通大学学报(社会科学版),29(5):7-17.

韩巍,席酉民.2012.机会型领导、幻觉型领导:两个中国本土领导研究的关键构念[J].管理学报,9(12):1725-1734.

韩巍,席酉民.2015.下属改变世界:领导—下属互动机制的本土建构[J].西安交通大学学报(社会科学版),35(2):1-15.

怀特海.2010.思维方式[M].刘放桐,译.北京:商务印书馆.

黄光国.2006.社会科学的理路[M].北京:中国人民大学出版社.

蓝海林,宋铁波,曾萍.2012.情境理论化:基于中国企业战略管理实践的探讨[J].管理学报,9(1):12-16.

蓝海林,皮圣雷.2011.经济全球化与市场分割性双重条件下中国企业战略选择研究[J].管理学报,8(8):1107-1114.

乐国林,陈春花,毛淑珍,等.2016.基于中国本土领先企业管理实践研究的4P方法论探索[J].管理学报,13(12):1766-1774.

梁觉,李福荔.2010.中国本土管理研究的进路[J].管理学报,7(5):642-648.

卢芳妹,井润田,尹守军.2013.中国管理本土研究的困境与路径[J].管理学报,10(12):1717-1724.

罗蒂.2009.哲学和自然之境[M].李幼蒸,译.北京:商务印书馆.

吕力.2011.中国本土管理学何以可能:对"独特性"的追问、确证与范式革命[J].管理学报,8(12):1755-1761.

吕力.2009.管理学研究中的证实、证伪、还原与诠释[J].管理学报,6(10):1285-1290.

明茨伯格.2016.开发关于理论开发的理论[M]//史密斯,希特.管理学中的伟大思想:经典理论的开发历程.徐飞,路琳,苏依依,译.北京:北京大学出版社:281-295.

默顿.2008.社会理论和社会结构[M].康少杰,齐心,等译.南京:译林出版社.

苏敬勤,刘静.2014.情境视角下的案例研究:基于国内外案例研究范文分析[J].管理学报,6:788-792.

沈毅.2012.体制转型背景下的本土组织领导模式变迁:以某国有改制企业的组织"关系"实践为例[J].管理世界,12:132-154.

维克.2016.理论开发之旅:以意义建构为主题和资源[M]//史密斯,希特.管理学中的伟大思想:经典理论的开发历程.徐飞,路琳,苏依依,译.北京:北京大学出版社:311-327.

杨中芳.2009.如何研究中国人:心理学研究本土化论文集[M].重庆:重庆大学出版社.

席酉民,韩巍.2010.中国管理学界的困境和出路:本土化领导研究思考的启示[J].西安交通大学学报(社会科学版),2:32-40.

张晓军,韩巍,席酉民,等.2017.本土领导研究及其路径探讨[J].管理科学学报,11:36-48.

本文合作者:曾宪聚

三　哲学反思

14　自我呈现及反思①

组织管理研究的一种补缺性方法论

1. 引言：多元而不是一元

在国际组织管理学术界乃至国际社会科学界，实证主义正受到越来越多的批判。实证主义所标榜的研究者的"中立性/客观性"(邓津、林肯，2007；格里斯利，2006；Hardy et al.，2001)，研究结果的"可复制性"(Hubbard and Vetter，1996)和"概推/普遍性"(格里斯利，2006；欧兰德森等，2007)均遭到质疑。作为实证主义最核心的定量研究方法，也一直没有能提供足够的证据，以显示其"唯一的合法性"(Mingers，2006)，而以定量研究方法为主要依凭的商学院的学术努力，似乎也没有表现出对组织绩效的切实影响(Pfeffer and Fong，2002)。

在林肯和古巴(2007：175)看来，"社会科学已经呈现出一种向更具解释性、后现代性和批判性的实践和理论转变的明显趋势""几乎可以肯定无疑地说：后现代范式的正统性已得到充分确立，至少它已经与已被接受的范式和常规范式具备了同等程度的正统性"。深刻理解这一动向旁涉诸多哲学流派，需要从本体论、认识论、方法论上全面检讨库恩所谓的"不可通约性"②的"实证主义""后实

---

① 本文以自反性/反身性(reflexivity)为参照，既有研究者对于自身经验的公开叙事，又有对经验和叙事本身的追问、反思。笔者注意到社会学家欧文·戈夫曼(Erving Goffman)的"self-presentation"被翻译成"自我呈现/表现"，而"self-reflection"又被简单地译为"反思"，所以本文选择了一个文字组合的方式——自我呈现及反思，它是一种研究策略、一种方法论，进一步地，之所以强调是方法论，而不是方法，意在凸显它明显的认识论立场。

② 林肯和古巴(2007：186)似乎抱持更乐观的看法。

证主义”“诠释学”“批判理论”“建构主义”等多元主张。而这恰恰不为中国管理学界所重视，因此少有此方面的深入探讨（罗珉，2006）。

当我们抱定管理科学的演绎推理和一般管理的统计研究且欲与国际接轨时，至少应该意识到这股“多元化”潮流的潜在影响。“在本质上，管理知识都是局部性的而非普遍性的”（格里斯利，2006：前言，1）；“定量研究方法……也无法处理复杂的、应景的和动态的问题，而这三点恰恰是社会和经营的最基本特征”（古默桑，2006：1）；实证主义研究方式把研究对象的特征从场景中抽象出来，用均值抹杀了个案的丰富性，“忽视了人类生活世界的复杂性，因而总体上使他们的知识不可能得到应用”（格林伍德、勒温，2007：104）。

乔尔·莱文（Joel Levine）曾说定量社会科学才是真正的科学，邓津和林肯则预言定性研究很快将会取代过时的定量研究（纽曼，2007：23）。本文并不想就此发表任何见解，但一个极为简略的文献回顾至少会使我们明白，面对“动态、鲜活、复杂、隐含”的组织管理现实，我们不能再坚持唯一的“科学主义”和唯一的“实证主义”，中国管理学术界需要一种“包容”和“平衡”的心态，尤其是恢复并接纳定性研究（质性研究）的合法性。某种程度上，允许学术探索者转向对“典型性/异质性”（邓津、林肯，2007：12—13）、“共鸣/意义生成”（利布里奇、图沃-玛沙奇、奇尔波，2008：141）、“主观性/诠释性”（邓津、林肯，2007：4）的积极响应，这将是催生一批逼近真实的管理知识的必然选择，管理学术的目的就应该是对“现实的观察以及研究结果的作用”（古默桑，2006：1），而不仅仅是在我们最擅长的领域发表最合于今日西方主流的国际论文。

2. 问题的提出：方法论依据

观察中国的组织管理研究，无论是定量研究还是传统的定性研究（比如案例研究），都容易发现，研究者“自己”完全被排除在研究计划之外，很少成为学术探索的“对象”。这是因为保持价值中立的研究者必须像“机器”一样行事，还是作为研究者的“个体”或“小群体”根本不存在“普遍意义上”的研究价值？我们一路成长，无论在学校、单位，作为学生、教师、研究者、咨询顾问，甚至决策者逐步形成的“亲身的组织经验”，难道没有可能成为管理知识的合法性来源吗？客观地讲，在实证主义视野中，答案自然是肯定的。但在一个全新的多元认识论、方法论主张下，这些基于个体或小群体的局部性的组织/管理经验不仅应该进入学术研究的相关领地，而且在国际上已经成为部分学者学术实践的现实

(Hardy et al., 2001; Easterby-Smith and Malina, 1999; Taylor and White, 2001; Humphreys, 2005)。

研究者"自我"价值的凸现，有其深厚的哲学依据——"反身件"，且有较为复杂的形成脉络和意涵(肖瑛，2005)。本文无意于这方面文献的梳理，但从笔者所阅读的组织/管理/社会学相关文献，可以总结说，反身性就是对研究者、研究对象、研究过程以及知识形成的一种持续性的、深入自觉的审查和评价。它强调对于研究者所处文化关联的多层次、多维度的反省，强调语言/叙事在建构现实/意义的作用，某种程度上，反身性(解构)不在于拆解原有的东西，而是在于发现那些被遗漏的东西。反身性在组织管理理论方面的探讨在国际上已初见端倪(Hardy et al., 2001)。其中比较典型的有强调研究者"本体论"和"方法论"差异对跨文化研究的全面影响(英国/中国)(Easterby-Smith and Malina, 1999)；史蒂夫·麦肯纳(Steve McKenna)对自己早期论文写作背景、成因和主观判断的"反省"(McKenna, 2007)。

事实上，带有反身性色彩的学术实践，在社会科学的其他领域已蔚为大观(艾利丝、博克纳，2007：785—786)，如果做一个简单的印象式归纳，"自我民族志"(autoethnography)[①](艾利丝、博克纳，2007：777—822)可以作为一个很好的向导。自我民族志认为"研究者的个人经历本身就足以成为研究课题"(艾利丝、博克纳，2007：777)，自我民族志是"一种自传体裁的写作和研究方法，它显示了意识的多层次性，把个体意识与文化意识联结起来……自我民族志通常用第一人称写法，其文本表现形式是多样的……这些文本就成了一个个被历史、社会结构和文化所影响的作为关系和制度的故事"(艾利丝、博克纳，2007：784)，而"故事将要展现事实的真相，揭示复杂性的本质"(艾利丝、博克纳，2007：791)。

当然，自我民族志"很难精确定义和明确它的操作步骤"(艾利丝、博克纳，2007：785)。和社会学/民族志学的研究旨意不同，笔者更看重"个体—自我"的组织经验对管理知识形成的作用和意义。所以本文提出"自我呈现及反思"，作为一种组织管理研究的补缺性方法论，因为中英文翻译的复杂性，笔者无意宣称其独创性，只是从自身的经验和洞察出发，选择并规定了：自我反思既有呈现自我(经历/经验的基本事实)又有反思自我(经历和经验)的寓意。正是借助于上述认识论和方法论的文献回顾，可以判定所谓自我呈现及反思一定是"自然主义的/情境的""个体叙事的""反思性的"，甚至是"坦诚的"。

---

① 近似地，有数十种称谓，但大多数是在社会学、传播学领域，参见艾利丝、博克纳(2007)。

3. 自我呈现及反思——方法论探讨

从任何一本权威的组织行为学教材中，我们都容易获得对组织个体、组织群体、组织系统的原则性描述和类型性划分（罗宾斯、贾奇，2008），但我们有理由好奇：什么样的方法论可以呈现组织中人与人之间的“交往”，以及其中所折射出的组织微观结构及机制，且很好地反映出“情境、动态”的必要约束？总之，哪些问题适宜于“自我呈现及反思”？该如何进行？此方法的局限性何在？

传统的定量研究方法，意在从统计分析——趋同性——匀质样本（满足随机抽样的要求）的可接受数量的反馈中，找到那些“数据”间的内在联系。通常，其验证结果往往“惊人”地服从于研究者的“判断/假设”，且有定量研究所需的信度和极少的效度要求，到此论文便可以发表了。传统的管理知识大厦也多仰赖这种方法得以合法确立。但是，那些调研工具里的多数问题，比如里克量表很难回答的这类质疑：应答者是在什么情境中、什么状态下，又以什么样的一种心理（动机/倾向），对与组织相关的关键/敏感/隐秘问题做出回答的？况且，他们都是谁？他们真的是“均匀”或是“同质”的吗？他们的意见是完全可以“等量齐观”，从而被“数字化”的吗？（叶启政，2005）他们的诚实程度不会（或很少会）受到研究目的、方法、结果，以及他们的文化、制度环境的影响（甚至扭曲）吗？我们深知这些疑问恰恰是（大数规律基础上的）统计学技术所忽略的，也无法解决的问题。只是在我们看来，从“普遍规律”还原到“具体的管理情境”未必是一个简单的物理过程。因此，我们更关注个人如何捕获他/她在特定组织环境中，于从众性以外的思想和行动，以及人与人之间微妙的互动关系，我们深信这也是真正的管理知识。

我们注意到深度访谈和长期观察可以提升我们对人与人之间互动之微观结构和机制的认识。深度访谈，有可能突破书面回应的“散漫”和“抵触”（当然，比较问卷的非直接性，也可能有完全相反的结果），有可能在相互信任的状态下，经由巧妙的沟通获得深刻的理解。而对研究对象思想和行动的长期“介入”，尤其是对某些“关键事件”的介入，更容易改善我们了解组织个体及群体行动的洞察。可以说，传统的定性方法，包括研究者和研究对象共同建构（co-producing）管理知识的方法（古默桑，2006），都体现了必须经由被研究者对研究者的信任到某种程度上的深入交流，加之足够长时间的观察、接触和领悟，才能产生较好的揭示组织微观动态的研究，才有可能“接近”科学为之奋斗的基本目标——事实。很显然，这样的研究进程，也极可能暗示了如下的图景：①研究者应该研究自己最熟悉的组织，其推论是，一个人一生也不可能写出太多“深入”研究组织经验的文章；②研究者取得被研究者的信任，“半进入”地研究组织，当然，研究的广度更大，但效度/可靠性随之降低；③研究者用问卷就可以研究，也容易大批量地生产论文，但对组织内在复杂真相的呈现，恐怕不会太高。如果学术必须通过某种体制来保障的话，我们很难说利益相关者更喜欢“效率”，还是“绩效”。

尽管作为受过自然科学基本训练（化学/物理）的我们更愿意相信“实验”的作用，但不可避免的是，很多问题会把研究者和被研究者都引向“痛苦的伦理旋涡”中，比如时间的不可逆性和情境的差异性，更残酷的是我们很难接受人可以像小白鼠那样被研究！对于我们外显的行动，始终允许被观察吗？在我们的组织生活里（已经考虑到了这种提议的道德困境），对于我们的言语是否都可以接受审视？对于我们内在的思想，我们接受测谎，接受训练有素的审讯，接受各种各样的质疑，并为之申辩/表白吗？你能够想象一个或一群被安装着全景监控器、全程测谎仪的管理者和被管理者吗？

因此，无论是定量研究还是定性研究，无论是问卷还是访谈和观察，都很难进入这样一种状态，即个体在组织中的亲身经历/感受和对这一经验本身的、深植于特定文化/制度所进行的反思。而这些经历/经验不仅明显存在本体论意义，也存在诠释性的认识论依据。研究者借由自我呈现及反思，可以为组织当中较为隐秘的动态结构和机制打开一扇大门，从而使我们有机会真正了解那个情境的特定性。我们认为，那个情境当中个人的遭遇、经历和感受将是破除实证主义迷信以后有用的管理知识。笔者经常问自己一个问题：我们固然在一只黑天鹅出现之前，不能断言所有的天鹅都是白的，但为什么解剖了一只麻雀，就掌握了一种叫作“鸟类”物种的内部特征呢？尽管个体永远不具有普遍性，“生活是特殊的，但同时也是类型化和概括性的，因为我们都生活在有限的几种文化和制度中”（艾利丝、博克纳，2007：800—801）。笔者相信人类社会数万年的演化业已在我们参与社会的经验中植入了比较稳定的基因，但当我们在识别这些基因，并试图在我们新的组织经验中寻找、解释甚至预见突变的时候，我们应该取道“逼近真实”的研究，而不是意识形态下的选择，以及仅仅考虑学术主流所接受/容忍的方法论。

假如我们自诩为一群对组织更有“感觉和洞察力”的人，我们就应当允许自身的“组织经验”“群体经验”进入被研究的视野。“科学共同体”有关于“真诚”

的约定(纽曼,2007)。我们在实验室不能修改数据、偷盗别人的成果,为什么不能在这样的场景下,表现出真诚,尤其是勇气呢?

4. 自我呈现及反思的应用：一个启发性的案例

为了部分说明自我呈现及反思方法论的“优越性”,笔者愿意给出一个很小的案例加以说明。当然,考虑到本文的主旨,这里笔者省略了“自然主义、个体叙事”所要求的对情境细节的“深描”,也没有提供所谓多层次、多维度的诠释性反思。

我[①]曾是深圳大学管理学院一个中英合作项目的负责人(2004—2008)。该项目自2004年开办以来,无论是在招生工作还是教学组织上都比较顺利。学院的老师负责学生的专业课程学习,英方负责学生的语言训练。在2006年的某一天,有一对平时学习很好的学生情侣要求在英语课上换班。因为学生的英语分班和其英语水平有关,因此一个英语很好的学生要求换到水平稍差的班级让人十分诧异。在我的询问下,他们两人给我讲了一些关于外籍任课教师某某的“传言”和“不满”。我平时在学生的印象中是个比较严肃、厉害的老师,因此我相信这些并不是学生的戏言,所以虽然没有进一步地去调查、核实(当时的预设和推断,不过是学生可能遇到了一个行为不够检点的老师,甚至还可能有文化差异造成的误解),还是帮他们发邮件请求语言项目负责人安排调班。其实调班本身并不复杂,只要另一个班的老师同意接受,课业是不会受到影响的(尽管我过去从来没有处理过这样的事情)。但接下来却发生了一连串的“地震”。某某老师完全不接受学生的转班要求,他先是非常严厉地警告了这两个学生,让他们考虑转班需要承担的风险(主要是平时成绩可能无法转换),同时又发了一封措辞强硬的邮件,对双方主管(也可能仅仅是对我)进行质疑。学生慌神了,英方主管的质疑也来了,我当然有点儿手足无措。

一方是学生的要求,甚至有可能是不合理的要求,以及一些关于某某老师生活作风方面不好的传言;另一方是某某老师的抗议,合作方主管的质疑和压力。我该怎么办?考虑到双方长期良好的合作关系,我尝试去用那些“传言”谋求英方主管的理解,让此事告一段落。但英方坚持质疑我处事方式的草率和决策的

---

① 由于此案例的亲历者是本文的第一作者,所以案例中的人称以“我”代替了“我们”,以反映故事的情境性。

武断，认为我不仅不应该支持学生的无理要求，还认为对某某老师非常不公，要坚持还外教清白，情势一下就显得剑拔弩张。

也许是出于对某某老师行为轻浮想当然的刻板印象，当然更是由于对学生的信任，我不认为那传言完全是空穴来风。英方的原则和我的坚持，我们双方很自然地达成一致，进入对相关事件的“调查”程序。作为一个主讲过营销调研课程的专业教师，我当然考虑了信息的收集方法。很快，一个简单的针对项目中所有外教教学状况“总体评价”的问卷发到了学生手里，我用一些开放性问题表达了自己的意图，希望从中找到对于某某老师教学以外的（负面）评价。有些让人意外的是，我除了收到不少同学对某某老师教学能力和态度非常正面的评价，以及对其他老师的批评和对项目总体语言训练的建议，可以说一无所获。尽管个人对问卷调查的局限性有一定的认识，但也没有想过会连一点蛛丝马迹都没有找到，内心里难免会有些失望甚至尴尬。不过，在我的坚持和推动下，一个由双方相关女教师共同参与主持的女生范围的座谈会还是召开了，我们无法筛选符合“需要”的样本，所以全体女生都受邀参与。会后的纪要也很快到了我的邮箱，我唯一的收获是学到了一个叫“frivolous”（轻浮）的英语单词。但对于在国际市场营销课上大讲特讲“自我参考标准”（self-reference criterion）的我，难道不能把某某老师所谓“轻浮”的举止仅仅理解为一种“文化隔膜”吗？难道这就是“传言”的全部真相和我帮助学生转班决策最有力的支持吗？

其实在当时，我已经意识到我对某某老师的偏见可能误导了自己的判断，而我所采用的方法对这种“历史事件”的重构已不可能。我几乎只有低头认错一条出路了。某天第三节课后，我以项目负责人的口吻发表了一点感想，向大家其实主要是向那两个要求换班的同学解释了我最早帮助他们的想法以及英方坚持原则的合理性，也承认整个安排考虑不周。当我收拾完东西准备离开教室时，三个同学（不是最初要求转班的同学）站在我面前希望我等一等。当然，这种等待很快就使我一段时间以来的郁闷烟消云散，因为他们亲口告诉我在课堂上及课后都发生了些什么。笼统地讲，学生没有受到实质性的伤害（什么是实质性呢？这当然是一种子非鱼式的表述），但某某老师的一些行为的确给他们造成了困扰。在中国这个“性骚扰”知识缺乏的国家，甚至连学生的家长在大概知情后都很难分辨到底发生了什么情况，更不用说为他们提供切实的帮助了。至于我本人，正是因为前后处理这件事和仔细分析“frivolous”的缘故，在当时已经上网搜集了不少发生在美国、英国校园里性骚扰案件的典型事例（如不恰当的肢体接触、令人不悦/困扰的色情短信、语言），所以我很确信自己当初的判断和坚持。最后，在英方出面向这三位同学调查取证（个人证言以及旁证）两个小时后，某某老师离开了我们这个项目。尽管我从来没有否认过某某老师在教学上的确是个很出色的教师，但我也坚持认为，在地球上任何可以称之为“校园”的地方，某些行为必须是被禁止的，那些始作俑者也应该付出代价。

无论从道义上、态度上，还是决策上，最终的结果是我似乎取得了全胜。但我也意识到，在研究现实的方法论上，我们是完全失败的。如果没有三位学生对于亲身经历的叙述，我们根本无法知道真相；如果无法知道真相，我作为项目负责人丢面子事小，那几位学生的遭遇对于项目及其人生都可能是长久的瑕疵。

什么是组织管理？难道仅仅是那些抽象的组织架构和文本上的各种规定吗？难道仅仅是那些“众数”之下的“工作态度”和“行为举止”吗？难道不能是一个个鲜活的、具体的个人，在经年累月、面对面的沟通和遭遇中真切感受和经历的一个个事件吗？什么才是组织的真实面貌？恰恰是通过这样一个典型（非普遍）的案例，通过自己的亲身经历，我得以重新发现了“信任”“原则”“责任”“偏见”“真诚”“纪律”等管理要素所构成的一幅“基于情境”“动态”“复杂”的真实画面，而它恰恰是由当事人的叙述——自我呈现才得以完成。而我也深信，即使经由这个非常简略的，但却是一个组织管理事件/过程亲历者的个体叙事，每一个好奇的读者应该从这个案例中看到在这一类（当然也包括其他类）组织环境中，如果发生了类似的状况应该如何去处理，这不算是有用的管理知识吗？

5. “意识之箱”[①]以及进一步的说明

为了强化“自我呈现及反思”在组织管理研究中的“方法论”意义，我们在这里引入一个分析工具——意识之箱。笔者认为，任何具体的社会化过程中的人，围绕其意识的复杂性，都可以被抽象为一个类似箱体的构造，可以分为黑箱、灰箱与白箱（透明箱）。其中，黑箱又可被分解为深黑和浅黑两部分：深黑是指潜意识（或无意识，笔者并不想进入心理学的争论中），人类自身未觉察的动机、意图完全主宰的领地；浅黑是指人类自身可以意识到，但主观上由当事人定义为

① 该构造作为一个重要的分析工具，已经被笔者在《和谐管理组织理论：一个探索性的分析框架》一文中做过比较粗略的介绍，所以此处的部分文字与其会有少量的重复。

“不可告人”的“私密”部分。黑箱对于外界的最大特点是不可见或不易识别。而灰箱中存在大量“部分”可见的意识部分，其来源是“意识/意图/动机—行动的一致性”，也就是外界可以经由对其行动的观测推断其“隐含”的意识。显然，这不可能是演绎视野下的，而是来自我们生活经验的累积——归纳。问题的复杂性在于，当人们遭遇动机与行动不一致时，客观现象的实质性含义有可能被“刻板的经验”或各种“偏见”所误读，甚至是被完全地扭曲。白箱则是指“充分”或“全部”可见的意识部分，对外界的审视是完全开放的，因此也就不会产生太多的无法预期的“不确定性”，从而不会带来太多的困扰。

由于具体的人的社会化过程充满了歧义性，所以当这个抽象的概念被还原到经验层面时，必然表现出极端的多样性，也就是不仅人与人之间的黑箱、灰箱、白箱构造存在巨大的差异，而且随着社会化进程时空维度的扩展，每个人自身的黑箱、灰箱、白箱构造也会不断地“演化”和“建构”。笔者以自己为例，首先来分析黑箱构造：“未意识到的意识”，比如，看到一个挺普通的电视节目，平素冷静的我（们）会突然满含泪水，当时乃至过后都很难对自己当时的意识状态和情绪反应给出清晰、合理的解释；“不可告人的想法”，比如，分明是自己不愿意陪夫人上街购物，却向她力陈逛街会浪费宝贵的时间。其次，灰箱中“部分可见的意识”，比如，某学生/部属感觉我对他/她很不满意，其实我对那些不思进取的学生何止是不满意，但作为老师或领导，更多的还只能是正面鼓励，讲出对他们的肯定和希望，但学生/部属的“推断”来自其实际的观察，发现其中的不一致，比如细微的眼神、嘴角、表情，当然，也许的确是他们的“误判”。最后，“充分可见的意识”，比如，我是个比较狂热的球迷，却只对巴西队情有独钟，不仅从 1982 年开始就对巴西队在世界杯上的表现抱有强烈的期待，也从不隐瞒自己对巴西球星们的赞赏，如果有人问我，下届世界杯、下下届世界杯谁是夺冠的最大热门，我的答案永远只会是巴西队。

笔者相信，不仅作为研究者的“我”存在这些意识之箱，每个具体的人都应该有。自己箱体里的内容和比重会发生变化，别人的也应该会变化。可以想象，组织中所“观测”到的行动本身，就存在于一个远较我们的经验复杂得多的“意识之箱”的驱动结构中，我们每天所见的组织行动参与者，既是“透明的”，也是“部分可见的”，最终，甚至是“无法识别”的具体而又复杂的人。

显然，笔者意欲导入的“自我呈现”的方法论，恰恰是想弥补我们对自己以及他人理解的不足，并加速这一理解的过程。当研究者的自我“意识”竟然游走到许多“不可见”的领域时，我们自然容易理解那些“不可理喻”或是“匪夷所思”

的想法和做法，这一定是我们认识并处理人与人之间“交往”的非常关键的一步。而研究者的重要特征不正是“好奇心、敏感性、科学精神、反思精神”吗？如果我们不能强迫、诱导、企求别人率先“扩大”其意识之箱的“可见”部分，或是“透明化”其箱体的不可见部分，那么作为研究者，我们至少可以转向自己的“感同身受”，也就是求助于自我呈现及反思“逼近真实”的“优越性”，以引起人们对“箱体”相对客观的认识，并寻找一幅建立在“连续性自我呈现及反思——交互性主体间的自我呈现及反思——连续/交互性自我呈现及反思”基础之上的组织微观图谱。笔者深信这一方法论对于组织内部隐秘性的、复杂性的结构和机制的揭示/解释/预见应该有非常积极的贡献，尽管这显然不是传统意义上的建立在“大数规律”之上的研究。

6. 自我呈现及反思的具体研究方法

6.1 自我呈现及反思的具体研究方法

正如前文的分析，自我呈现及反思的研究策略体现了诠释性的认识论倾向和反身性的方法论倾向，它是动态性的、自然主义（具体情境性）的、反思性的、个体叙事型的一种研究和写作方法。它类似于自我民族志的研究方法，但与其“社会、文化”取向不同。尽管自我呈现及反思不可能不反映研究者、特定组织、特定的人与人关系所折射出的社会文化意涵，但作为一种组织管理的研究方法，它更关注组织内部环境中人与人的互动关系，以及这种关系所直接反映的组织结构和机制特征，目的则在于改善组织绩效提升的进程。

应该声明，这里提出的是自我呈现及反思的一种构成性内容，并非研究写作的规范和流程，那样一方面超出了笔者的认识能力，另一方面也违背了方法本身所隐含的哲学主张。

首先，需要有自我叙述（围绕情境、事件、经过、结果、其他连带效应）。笔者虽然了解自我民族志存在着极为丰富的“文本/文体”（比如小故事、诗歌、小说、回忆录、随笔、日记、各种小品文、社会科学散文）（艾利丝、博克纳，2007：784），但还是很难想象，除了个体尽可能客观地描绘事实，还会有什么更好的办法使我们获得组织经验的真相。

其次，要有对自我叙述的反思，加入他者的观察和体会、自我的再回忆、自我修正，以尽量规避自我叙述可能出现的偏差。

再次，要进行自我呈现的模式化，即尽可能地构建出一个"特定情境"中的"人与人"之间实实在在的互动关系图谱，以折射/反映出某种"微观"的结构和机制。

最后是对自我呈现的反思，即检讨研究写作中"自我局限性"可能带来的偏误，以提醒读者对于"社会、文化"因素对我们的共同影响，检讨"叙述和呈现"过程中可能遗留的某些关键因素，也许不是完全必要，但尽可能地提供一些"反面"的观察和声音，可以在最大程度上激发读者多层次、多维度的理解。

笔者愿意强调而不像某些学者对"反身性"无限反思可能性的指责，更倾向于主张一种持续性的对组织典型/关键事件的"历史和今天"的"叙事"和"反思"，以凸显与自我民族志类似的志趣。"叙事所面临的挑战在于能否在叙事中达到一种连续性，使我们的过去、现在和未来连成一体。"（艾利丝、博克纳，2007：794）笔者深信，在某种程度上，对历史比较客观与真实的重构，恰恰需要足够长的"历史"本身，这也就意味着"自我叙述——自我反思——自我回忆——自我叙述——自我反思——自我回忆"的持续进程会大大提升借由"自我呈现及反思"方法对组织管理真实性的逼近！当然，这样的研究方法绝不可能快速地生产大批量的研究成果，更不能是胡编乱造的自说自话。

对于作为研究手段的叙述，笔者无法给出任何具体的写作建议，但在叙述中应该有以下几点值得强调，我们将它划分为强客观描述（深描）、弱客观描述，以及主观诠释：强客观描述，主要是对事件情境的刻画，尽量还原其全貌以及细节；弱客观描述，主要是对涉及自我的事件状态的刻画，显然，这里存在主观取舍的可能；主观诠释主要是对自我意识、判断、反思的刻画，作为研究者，我们只能企求他/她的描述、反思是尽可能是"真实的"。

6.2 通过文本交互提高可靠性

自我呈现及反思或许不需要去特别迎合实证主义的"效度"要求，但它同样有提高自身研究可靠性的办法。既是研究者，又是研究对象的笔者，在反观自己的组织经验时，不仅无法脱离那个具体的情境，而且也无法脱离具体的人与人的互动关系。既然我们采纳了诠释性的认识论，我们自然懂得对一个事件可以有完全不同的解读，也就是说，事实可能是唯一的，但对事实的解释不可能是唯一的。如果用严格的诠释性语言来讲，甚至不可能存在完全一样的事实。也就是说，我们会趋向于从最有利于自己"预设"和"判断"的角度去建立一个符合自身意愿的“真实性”。当然，笔者倾向于接受事实的唯一性和解读的不唯一性。那么，除了事件中的研究者本人，我们有可能“引入”其他事件当事人的“观察”和“判断”，以拼凑并逼近那个唯一的事实。

比如本文前述案例，可能是一个性质类似但程度完全不如笔者所描绘得那么严重的组织危机，假如那不是一个事件亲历者通过自我叙事反映组织管理经验的文本，而是一个特定的自我呈现及反思型学术作品的话，读者甚至有理由怀疑那完全有可能是一个惊天的骗局。学生的遭遇和感受，某某外教的经历和辩白，双方主管的观察和认识，都应该在这一文本中有一定的位置，即多重的自我呈现及反思、多重的文本间交互性写作，或者交互性文本写作。

笔者在这里愿意提供一个强有力的证据以供严肃的读者们思考，在 2007 年网上爆出邹恒甫与何志毅的新闻之前，我们大多数人怎么可能了解中国最知名大学管理学院内部的组织结构和管理机制呢？我们甚至可以设想，这个由知名教授领衔、由太多高水平教授形成的团队，一定是在非常合理的组织原则下、非常合理的组织框架内、非常合理的组织机制中，从事着中国的标杆性研究、教学与社会服务工作。但当邹教授和何教授出来发言，这似乎只能存疑。当一个个事件的亲历者以第一人称出来发言（自我呈现，遗憾的是似乎都缺乏足够的自我反思）且形成文本（交互性的：质疑——回复——再质疑——更多的质疑——对事件的深描和感受）的时候，我们非常愿意在剔除那些明显的情绪性文字以后，去揣测一个更加真实的知名大学管理学院的组织管理特征。这种发生在我们连同其他人身上的“回声”，不管是“惊讶”“反感”“共鸣”甚至“失望”，都一定提升了我们对于中国大学管理学院、中国大学、中国非营利组织乃至中国所有组织的除组织架构和规章制度表象之外更加真实的组织面貌的洞察，这就是事件当事人自我呈现及反思以及文本交互所带来的知识增进。

6.3 自我呈现及反思的适用及局限性

笔者无意将自我呈现及反思这一方法标榜为一种广泛适用的方法论，也无意加入定量研究和定性研究谁更应该拥有决定性话语权的争论。我们的忧虑来自 Taylor and White（2001）援引理查德・H. 布朗（Richard H. Brown）的话，“比较相对主义，绝对主义才是真正的威胁”。至于自我呈现及反思的优越性，主要体现在对于具体管理情境中的、在特定事件中所反映出的人与人互动关系的微妙动态，恰恰是因为人类“意识之箱”的存在，使我们沉浸甚至沉溺于对人们行动和意识的"猜疑"与"曲解"中，然而实际上这正是组织管理当中一大类必须加以认识的问题。自我呈现及反思，包括在一个相对宽泛的文本写作范围里（比如回忆录、日记、口述历史），可以在很大程度上担当解释这类组织现象的重任，这显然是实证主义传统研究方法所无法逾越的堑壕。而且，它特别适合于那些从人际微观互动显现出组织管理动态结构/机制的领域，比如领导理论、决策问题、战略设计、群体合作与冲突、政治（权力）斗争、隐私性问题等。

笔者毫不讳言自我呈现及反思无法提供实证主义所要求的那种信度。"在自我民族志研究中就不可能有传统意义上的信度可言"（艾利丝、博克纳，2007：800），自我民族志所看重的是所描绘的事件，所反映的结构/机制与现实的逼真性，以"唤起读者的一种感觉，使读者认为那些描绘的经历体验是栩栩如生的、可信的和可能的"（艾利丝、博克纳，2007：794）。自我呈现及反思也是如此，而且其"反身性""自我民族志"的血缘必然带来方方面面尤其是主流学术界的种种责难。而笔者并不愿意特别理会那些对于"主观性""信度""效度"的"范式沙文主义"论调。我们已经清楚地意识到：如果研究者可见/不可见的组织经验（笔者不愿意探讨更多属于"未曾意识"的问题）隐秘得像"犯罪行为/心理"一样，他/她会乐于"呈现自我"吗？一般的判断是：当然不会！如果他/她竟然"呈现"了，恐怕在很大程度上难以保证其可靠性（说谎），除非他/她是一个真正"坦诚"的人。因此，这种方法要求研究者要有一种"直面"自己的"道德承担"。

当然，不诚实的"自我叙事"天天都可能被发表。那么"论文发表——质疑——争论"所形成的复杂的交互性文本，加上互联网技术就会使那些不实信息得到充分的扩散。除非没有第三方当事人，至少在理论上，这种研究成果存在可靠性被"校验"的可能性。一个可以想见的例外是，自我呈现者如果拥有特殊的话语权、绝对的权威性乃至"统治"着相关学术领地，我们就必须有耐心去等待真实的历史被重建的那一天。与人类漫长的演化过程相比，这有什么值得担心的呢？

操作意义上的"局限性"在于"自我呈现"的不足，一方面，研究者的叙事可能是真实的，但其文本，比如文章的字数、类型，可能会在很大程度上阻碍这种研究成果的顺利发表，从而妨害了呈现组织"真实状况"、为我们提供管理知识的可能。也或许来源于作者的表达技巧、语境、语境背后的文化以及本质意义上的主体间性（intersubjective）的障碍，从而无法达致所谓的"视阈融合"（fusion of horizon）。我们承认这一困境的客观存在，但对于人类组织的研究而言，这有什么大惊小怪的呢？研究者不是也经常质疑那些大批量生产出的"数理模型""实验研究”“统计分析”类研究“缺乏经验基础”“控制条件/实验对象偏误”以及“数据的代表性缺失”吗？另一方面，研究者可能会始终面临“诚实”不足的质疑。因为即使一个拥有道德优越感或是没有太多行为瑕疵的人，也会在自我呈现中倾向于规避掉对自我判断可能存在的负面印象，我们的建议是把他留给“文本间交互”和“交互性文本”去解决。

根本上，自我呈现及反思只能是个体或少量个体的组织经验的“外显”和非常有限的“启发性”，因为洞见力的高低可能使此类研究存在很大的变数。一个人的经历即使再丰富，也不可能仅仅经由自己的“反思”获得足够的组织印象，因此，我们期待着越来越多的组织管理研究者、实践者，通过使用这种方法来开展组织管理研究。

需要特别提醒的是，笔者已经意识到这种研究和写作方法的“界线”或者说“底线”，即我们所从事的研究尽量不要伤害（而这种伤害不能仅仅从自己的角度去考虑）到无辜者，尽量不去触及属于自我或他人的隐私（是指社会通行的标准）。说到底，管理研究的目的是解决一群人的长期合作问题，尽管它会不可避免地包含很多特殊的组织现象，比如精神迫害、恶意惩罚、性骚扰等，但我们也没有权力要求研究者采取某种一致的论文写作标准。对于中国高校、管理学院、商学院，乃至每一个单位、部门，身在其中的我们每个人都没有隔岸观火的资本，因为在我们自己所经历和熟悉的组织里，也许天天都发生着性质类似而仅仅是程度不同的事件，而我们自己也许恰恰是那个最应该进行自我反思的一分子。

7. 小结及其他

在中国管理学术界投身于与国际主流接轨的浪潮中，我们或许应该稍稍关注一下实证主义传统以外的学术图谱，那些强调主观、诠释、建构、批判的声音，它们也是一种国际轨道。自我呈现及反思方法的实质，是要建立起对组织中个体世界的一种认识途径，从而可以为理解组织的动态性、复杂性提供一面可靠的镜子，以使管理者逼近组织的“真相”，从而找到问题的解决方案。那么谁可以做这样的研究？也许它不像定量方法那么容易上手，自我呈现及反思要求研究者有一些特殊的能力和技巧，比如足够的好奇心、对组织经验的细心体察、反思/批判的意愿、一定的洞察力（或许意味着足够的生活阅历和敏感性）和文字表达能力（它应该是有趣的、引人入胜的、严谨的、丰富的、可信的）。最后也是最重要的，研究者是否具有直面现实、追求真知的科学精神！

回顾及反思

这是笔者关于管理研究方法论的一篇探索性文章，在对“实证研究”霸权的长期质疑中，寻找其他更为可靠的研究途径，曾经是笔者一段时间工作的主要内容。无论作为一个普通人，还是经常跟问卷打交道的“营销系老师”，笔者经常会好奇：我不说，你怎么知道？我不想说，你怎么知道？我其实是在骗你，你又怎么知道？头脑里没有“实证主义”的教条，自然不会简单地以“主—客”看待组织管理，也不会特别执着于所谓的“客观性”，加之对刑事侦查中审讯和法庭辩论中质询过程的颇多关注，让笔者对“当事人（被试）”主导的自我报告怀有一份期待。

科学主义者自然不会青睐民族志研究，更不用说自我民族志。于笔者而言，先是遭遇，接着喜欢却是顺理成章的。管理研究者常常轻慢各种不具备“科学样式”的研究方法，却可能忽视一个非常重要的社会现象和人生经验，即我们绝大多数人在生活中很多非常重要的场合，都是以第一人称讲述自己的所想、所行的。比如，向父母、向朋友、向领导，以及比较无聊的向评委的各种“自证”，更不用说在终身大事上的真诚表白了。在上述情境中，我们无法排除所谓的“主观性”，更不该轻易否定各种“自证”可能存在的可靠性。人类固然有欺骗的习惯，但在生命历程中的很多节点，我们的言说就是我们真实意思的表达，如果假以时日，也可以得到某种程度的验证。而建立在“主—客”认识论基础上的研究方法，同样面临可能被欺骗的尴尬。更不幸的是，无论是高度结构化的问卷，还是低度结构化的“提纲、问题”，也不过是研究者猜想空间的一种折射，生活何其复杂，每个人又何其具体，尽管借助语言的“自我呈现”并非可靠的认识途径，却也足以成为一种提升可靠性的选项。笔者在“局限性”的检讨中已意识到该研究方法对当事人“诚实（真诚）性”的倚重，如何甄别自我呈现及反思的可靠性也需要读者的阅历和洞察力。

当然，数据科学家们更乐意从实际发生（尤其是网络世界）的购买、浏览、评论等行为的蛛丝马迹中拼接人类生活更“真实”的画面。可是，既然“人人都在说谎”（Everybody lies）（斯蒂芬斯-达维多维茨，

2018)，谁又能例外呢？

本文意图强化反身性与自我呈现的结合。可至少在发表时(或许今天依然如此)，反身性对于不少读者还是个比较陌生的概念，将其置换为更容易理解的“反思”算是一种“讨巧”，今天回头看，这反而会对反身性的深刻启发性和原本的学术价值造成某种消解。而笔者将“自我民族志+反身性”等同于“自我呈现及反思”未必准确，且其中蕴含的美好设想或许也无法达成。另外，本文多次出现“客观地”“真相”这类措辞，足见笔者当时对“语言”的微妙之处并不敏感，文中“笔者倾向于接受事实的唯一性和解读的不唯一性”的说法在今天看来就非常刺眼。好在人类就是一种可以通过反思成长、进步的物种，笔者已不再奢望什么关于组织管理的“真相”，也不再相信自己可以提供什么“客观”的表述和诠释。当然，文本已成，它就在这儿，这是客观的“事实”，是真相。

是耶非耶，其实未必！席酉民所著《和谐心智：西浦鲜为人知的故事》(2020)就是一个很好的佐证。

参考文献

EASTERBY-SMITH M, MALINA D. 1999. Cross-cultural collaborative research: toward reflectivity[J]. Academy of Management Journal, 42: 76-86.

FINLAY L. 2002. "Outing" the researcher: the provenance, process, and practice of reflexivity[J], Qualitative Health Research, 12(4): 531-545.

HARDY C, PHILLIPS N, CLEGG S. 2001. Reflexivity in organization and management theory: a study of the production of the research 'subject' [J]. Human Relations, 54(5): 531-560.

HUMPHREYS M. 2005. Getting personal: reflexivity and autoethnographic vignettes[J]. Qualitative Inquiry, 11(6): 840-860.

MCKENNA S. 2007. Deconstructing a personal "academic"/"practitioner" narrative through self-reflexivity[J]. Qualitative Research in Organizations and Management: An International Journal, 2(2): 144-160.

MINGERS J.2006. A critique of statistical modelling in management science from a critical realist perspective: its role within multimethodology[J]. Journal of the Operational Research Society, 57(2): 202-219.

PFEFFER J, FONG C T. 2002. The end of business schools? Less success than meets the eye[J].

Academy of Management Learning & Education, 1(1): 78-95.

HUBBARD R, VETTER D E. 1996. An empirical comparison of published replication research in accounting, economics, finance, management, and marketing[J]. Journal of Business Research, 35(2): 153-164.

TAYLOR C, WHITE S. 2001. Knowledge, truth and reflexivity: the problem of judgement in social work[J]. Journal of Social Work, 1(1): 37-59.

阿伦森.2007.社会性动物:第9版[M].邢占军,译.上海:华东师范大学出版社.

艾利丝,博克纳.2007.作为主体的研究者:自我的民族志、个体叙事、自反性[M]//邓津,林肯.2007.定性研究:经验资料收集与分析的方法:第3卷.风笑天,等译.重庆:重庆大学出版社:777-822.

邓津,林肯.2007.定性研究:第1—4卷[M].风笑天,等译.重庆:重庆大学出版社.

格里斯利.2006.管理学方法论批判:管理理论效用与真实性的哲学探讨[M].刘庆林,王群勇,译.北京:人民邮电出版社.

格林伍德,勒温.2007.通过行动研究重建大学和社会的关系[M]//邓津,林肯.2007.定性研究:方法论基础:第1卷.风笑天,等译.重庆:重庆大学出版社:91-112.

古默桑.2006.管理的定性研究方法[M].2版.袁国华,译.武汉:武汉大学出版社.

利布里奇,图沃-玛沙奇,奇尔波.2008.叙事研究:阅读、分析和诠释[M].王红艳,主译.释觉舫,审校.重庆:重庆大学出版社.

林肯,古巴.2007.范式间的争议、矛盾及正在出现的融合[M]//邓津,林肯.2007.定性研究:方法论基础:第1卷.风笑天,等译.重庆:重庆大学出版社:175-203.

罗宾斯,贾奇.2008.组织行为学精要:第9版[M].吴培冠,高永端,张璐斐,等译.北京:机械工业出版社.

罗珉.2006.管理学范式理论述评[J].外国经济与管理,6:1-10.

纽曼.2007.社会研究方法:定性和定量的取向:第5版[M].郝大海,译.北京:中国人民大学出版社.

欧兰德森,哈里斯,史克普,等.2007.做自然主义研究:方法指南[M].李涤非,译.重庆:重庆大学出版社.

斯蒂芬斯-达维多维茨.2018.人人都在说谎:赤裸裸的数据真相[M].北京:中信出版社.

席酉民.2020.和谐心智:西浦鲜为人知的故事[M].北京:清华大学出版社.

肖瑛.2005."反身性"研究的若干问题辨析[J].国外社会科学,2:10-17.

叶启政.2005.社会理论的本土化建构[M].北京:北京大学出版社.

本文合作者:席酉民

15 哲学何以在场

中国本土管理研究的视角

1. 研究背景

一场发生在网络世界、涉及四大洲华人学者、针对“中国传统思想/哲学与中国本土管理研究”的热烈讨论，终于借由《管理学报》特色栏目——“管理学在中国”转化成四篇正式的学术论文，分别是黄光国(2013)的《“主/客对立”与“天人合一”:管理研究中的后现代智慧》，吕力(2013)的《易学管理理论与管理学中国学派:基于管理与环境的视角》，李平(2013)的《中国本土管理研究与中国传统哲学》，李鑫(2013)的《中国传统哲学与本土管理研究:讨论与反思》。中国台湾学者黄光国致力于心理学本土化运动三十余载，对“科学哲学”也颇有研究，相信他的声音更容易引起大陆管理学者的关注。而李平、李鑫间的“观点对撞”，则又一次彰显了《管理学报》对于学术共同体的那份责任。

围绕这场讨论，笔者初步的印象是，如果大家对西方哲学与中国传统哲学的把握比较相近，讨论应该更加聚焦、深入;如果大家能直面西方管理学界、中国管理学界的困惑/反思(包括了解更多港台地区和内地已有的相关研究)，以及中国管理实践中的诸多问题，讨论的意义则应该更大。更为重要的是，激烈辩论的各方都应尽可能克制自己或许已经意识形态化的“偏见”。

十多年来，笔者一直对“科学哲学”(方法论、认识论)和“管理本土研究”保持着浓厚兴趣，也相继发表过一系列文章(如韩巍,2011a;2011b;2011c)。受上述四篇文章的启发，笔者希望就“哲学”与“本土管理研究”的关系与大家深入交流。

2. 四篇文章的简要评述

与其他三位学者相比，黄光国在《"主/客对立"与"天人合一"：管理研究中的后现代智慧》一文中展现的问题意识更加宏大，将这场讨论归于"自主社会科学传统"的根本问题，突显了华人学者对于整个"社会科学本土化"的旨趣。尽管他用一定篇幅来讨论"阴阳、悟道、沉思/冥思"等中国传统哲学概念，但其基本立场和研究取向则比较鲜明，即要"了解西方科学哲学的发展，以此为基础，建构本土社会科学微观世界"，主张采纳"多重典范（范式）"，走出"典范移植的困境"。笔者在思考中国本土管理问题上很早就受惠于黄光国的研究，其撰写的《社会科学的理路》也是华人社会科学领域一本优秀的科学哲学简明读本（黄光国，2006a）。在长达三十年的"社会心理学本土化"研究中，黄光国走过一条"典范转换—共融"的探索之路。近来他倾向以"建构实在论"为主要典范，在中国本土社会心理学研究上已有丰硕成果（黄光国，2006b）。在近期的交流中，得知黄光国对"批判实在论"（critical realism）也比较关注，这应引起管理学界的重视。

黄光国在文中以"共犯结构"的严厉措辞检讨自己在《组织与管理研究的实证方法》一书（陈晓萍、徐淑英和樊景立，2008）中对于实证研究（positivist research）、实征研究（empirical research），即经验研究辨析上的"疏失"，希望引起管理学界的关注。

李平的《中国本土管理研究与中国传统哲学》一文则将这场讨论归结为"如何有效地开展中国本土管理研究，特别是关于中国传统哲学对于中国本土管理研究的意义及内容"。他开宗明义："中国本土管理研究必须与中国传统哲学紧密结合，必须深深地扎根于中国传统哲学之中。"李平反对以西方哲学作为中国本土管理研究的唯一依据，也不认为只靠中国传统哲学就能做好中国本土管理研究。他倾向于选择以中国传统哲学（我）为主的"不对称"融合策略。

李平对本土管理研究的不足提出三点诊断：①缺乏本土理论的建构；②缺乏与本土哲学的衔接；③缺乏与西方哲学及理论的对话。李平长期求学、工作于海外，却对中国传统哲学（文化）有一份深切的眷恋，提醒本土管理研究者加强传统哲学（文化）学习之必要。通观李平的文章，笔者比较认同他对阴阳思维的整体性、动态性与对立统一性三个维度的解读。不过，缺乏阴阳平衡意识，或许也能领悟到管理研究——动态、整体、情境互动的必要，并成为我们研究中国本土领导的基本立场（席酉民、韩巍，2010）。

每个学者都有特定的表达习惯，李平既然意在分享其学术立场，则似无深究的必要。因为立场关乎信仰，留给事实和逻辑的空间有限。李平主张“阴阳平衡”认识论，在大力宣扬“中国传统哲学”的核心概念时，也应该注意到那些俯拾皆是不那么和谐的论证，比如朱亚宗（1992）的《阴阳思维模式与中国古代科学》，陈炎（2009）的《儒家与道家对中国古代科学的制约：兼答“李约瑟难题”》，都认为中国传统哲学恰恰不同程度地制约了中国古代科学技术的发展。基于此，也就不难理解后来李鑫的激烈批评。

吕力的《易学管理理论与管理学中国学派：基于管理与环境的视角》一文也以这场讨论为背景，是对“中国本土管理与中国传统文化”的响应。但其目的却不在此，而是对“易经管理学”的重新发现和阐释。他认为“周易是迄今为止将环境的‘复杂性’和‘可认识性’结合得最好的理论之一”“建立一种‘完全区别于西方管理学的理论架构’的中国本土管理学意味着一种范式的根本变化，且这种变化建立在中国文化基础之上”。笔者试图理解吕力的这一尝试，但难以识别重新诠释的这套理论与现实经验间的明显关联。

吕力在这场争辩中所持的立场以及发表的评论似乎有些含混。对于“中国文化为基础——根本变化的范式——完全有别于西方管理学的理论架构”的中国本土管理研究路径，他的看法是“虽然无法从理论上排除这种设想，但现阶段这种设想实现的概率微乎其微。况且，中国本土管理学断然否定‘不存在一种全人类可以共同使用的普适理论体系’可能也是站不住脚的”。吕力认为：“中西互释是建立、传播和发展中国管理学术的最可靠途径，从独特性与共通性而言，中西互释是建立管理学中国学派、发展中国管理学术的唯一途径。”但他忽略了在“如何互释”上李平、李鑫、黄光国间存在的显著差异。在笔者看来，这三篇文章的作者包括被黄光国、吕力先后提及的章凯的观点可谓相去甚远，可以说构成了一个从中国传统哲学“主导说”“有益说”到“无用说”的谱系（李平——黄光国——李鑫——章凯）。其中，章凯认为“中国传统思想无法适应当代管理研究，其有限的精华早已被西方成体系的理论所吸收，直接利用的价值不大”（吕力，2013）。李鑫则认为“中国传统哲学不能为中国本土管理研究提供认识论和方法论，对于当代管理学研究只具有伦理的价值”。由此，当吕力提出“总体来说，各位学者皆认为，中国传统哲学对于现实的中国本土管理研究是有助益的”的观点时，就有些“和稀泥”的味道。

李鑫《中国传统哲学与本土管理研究：讨论与反思》所写与题目的立意稍有距离，实际上是对李平中国传统哲学诠释上的“全面”批判。与李平对中国传统哲学溢于纸面的激情一样，李鑫的批评也是"泼凉水"式的：中庸——一个被神化的平衡概念；阴阳——一个朴素的辩证思想。李鑫认为，中国传统哲学并不适合解决当今西方科学研究所面临的困惑，自然也不能为中国本土管理研究提供认识论和方法论。李鑫还认为，西方哲学的志趣在于求真——探索世界的客观真理，而中国哲学的志趣在于求善——追寻天人合一的境界。鉴于此，"中国传统哲学的价值在于形而上学的'道论'，无论是道家的天道还是儒家的人道"。与黄光国的观感相近，或许也是李平行文中不留争辩空间的"强制性"，李鑫的批评令笔者较容易接受。以笔者对李平、李鑫两位学者的了解，《管理学报》发表这两篇文章的象征意义大于其实质内容。管理学者就学术问题公开、直接的交锋本来就该是学术之道。

李鑫与李平两者间的学术分歧，在某种意义上，是围绕"中国传统(古代)哲学"争论在管理领域的翻版。笔者觉得管理学者讨论哲学问题，无论是中国传统哲学，还是西方哲学，最好能为爱好者提供某种"视域背景"(黄光国，2013)。这是因为哲学研究者对此类问题经过长期争论也从未达成共识(朱亚宗，1992；陈炎，2009)。

李鑫在所撰的《中国本土管理研究的整合主义》(2015)似乎有所转向。他认为中国哲学与西方哲学是两套截然不同的思想体系，"必须创建一套与西方科学哲学相对应的本土的'本体论、认识论和方法论'"，因此提出了一个以西方哲学为参照，容纳中国传统哲学六大核心理念(道、理、阴阳、悟、中庸及和谐)的称作 X 整合主义的框架。但这种知识建构到底能有多少"本土色彩"？这是因为大家似乎正在用一个标准的西方哲学视角来重新诠释中国的传统哲学，中国传统哲学不该有"本体论—认识论—方法论"这样的奇怪表述。

在李鑫的新建构中，中国传统哲学的核心概念被分配为：本体论——阴阳道理；认识论——思悟；方法论——中庸；价值论——和谐。这与李平的看法可谓相映成趣，即本体论——道；认识论——阴阳平衡；方法论——悟(李平，2013)。李平认为，"悟"不涉及具体的研究方法。但笔者确信仅仅有"悟"是无法满足对于中国本土管理研究的深入探索的。

比较这两位学者的"三论建构"，笔者倾向于认为李平的想法更符合"三论"的约定。"道"可以作为对于客观实在性的一种指称(尽管道可道，非常道)；而"阴阳平衡"可以引申并类比于"竞争性猜想"，这暗示我们与研究对象形成关联的一种指导性原则，也包含与研究对象间关系的一种隐喻；"悟"可以被当作一种方法论(强调智慧而不是程序的首位性的方法论)，同时也被当作一种方法。

笔者设想“悟”可以发展出三种研究方法：①体悟，强调获得经验的直接性；②感悟，强调对于经验材料的诠释性；③顿悟，强调智慧对于经验的超越性。这样才有可能获得一种更加稳固、系统的构造。李鑫提出“阴阳道理”为本体论的看法，与李平“道”的主张比较相近，且他特别区分了“可道/不可道”的本体两面性。李鑫强调“和谐”并以之为价值论也容易接受。但笔者以为“思悟”更接近方法论而不是“认识论”，不涉及客体的“思悟”无从指涉认识论；至于将“中庸”作为方法论这一做法，至少让笔者感到了困惑。

成中英认为，对于中国传统哲学，一方面要看到“中国的管理哲学是以伦理为基础的。中国管理哲学在今天的中国具有一种理想的意义，中国人讲求和谐，强调德行……己所不欲，勿施于人，而且要推己及人……世界大同，这是中国管理哲学的终极目标”；另一方面，“我们的管理学研究现在变得只是一味地向西方学习，丧失自己，就等于没有进展，或者只是重读古典，不知道它的真正含义和现代意义”（成中英、吕力，2012）。

对于人类合作这样的典型事务，成中英强调：“东西方的殊途同归是彼此学习之后的殊途同归，今后的竞争是彼此学习、再学习，西方人要向中国学习和谐的重要性，我们也要学习自由的重要性，我们要共同接受的是一种正义的重要性”（成中英、吕力，2012）。举例来说，“在哲学领域当中，如何把正义和自由这两个基本的价值结合在一起，来共同实现人类的共同繁荣。这是中国管理哲学应该考虑的问题，这个问题就是最高的管理理想”（成中英、吕力，2012）。

黄光国、李平、李鑫、吕力这四位学者都对中国传统哲学（文化）进行了各自的诠释，在“中国传统哲学对中国本土管理研究有所助益”上达成共识，他们的分别则可以归纳为“李平的主导智慧说”“黄光国的辅助说”“李鑫的价值论说—X 整合主义说”“吕力的‘犹豫’说”。一场凝聚“中欧美，老中青”智慧的学术讨论借由《管理学报》成为“新知识景观”，相信会引发更多的讨论和争鸣。而笔者更期待，在那些善于从中国传统哲学挖掘宝藏的学者设法连接一条从中国传统哲学（在西方哲学的伴随下）通向自由和正义的康庄大道。

3. 哲学何以在场

3.1 始终在场的西方哲学以及启发性

哲学的目的在于质疑、反思、批判，管理研究与哲学的关系，本来就是一种常识。长期以来，中国传统哲学、西方哲学所遭遇的“政治化”处理给哲学造成了非常恶劣的影响。“哲学”在哲学以外常被当作“麻烦制造者”。中国管理学者长期远离哲学，远离质疑、反思和批判，也让管理学界深受其害。在两所管理学院二十余年的工作经历中，笔者见惯了学者间因为缺乏系统的“文化（斯诺，1994）—范式—研究方法”知识而引发的歧视。只要学校以理工科为重，人文社科就遭到排斥；只要是管理科学与工程就看不起经验研究，只要是定量经验研究，就看不起质性研究，更不用说经验研究排斥理论（思辨）研究（韩巍，2011b）。正是由于科学精神、科学素养的缺乏，才容易使“科学主义、工具理性、符号性学术”泛滥成为一种集体无意识。

“哲学在场”对于管理研究，包括中国本土管理研究的意义是通过质疑、反思、批判，检讨研究者的预设（立场）、方法、成果和责任。具体而言，是帮助研究者进入管理实践场域，对事实、现象提出尽可能逼真的“观察、表征（再现）”，尽可能深刻地“诠释、洞见”，且始终保持着对“问题意识、知识生产过程、知识可靠性、研究者动机、信念”的批判性审查。哲学在场，在于扮演成中英所说的“一个批判者、一个监理者”（成中英、吕力，2012）。

“哲学在场”与中国本土管理研究存在三种基本的关系，即只有西方哲学在场、只有中国传统哲学在场、两者共同在场。管理学者似乎很容易在中—西哲学共同在场上达成共识（黄光国，2013；李平，2013；李鑫，2013；吕力，2013；成中英、吕力，2012），却在如何共同在场上缺乏系统的思考。笔者推测在共同在场的表象下只有“主导性”更有意义。问题是，尽管中国管理学界存在实证研究为主导的范式霸权和哲学的长期缺席，但西方管理学界的相关文献、著作可谓浩若烟海（例如 Morgan，1980；纽曼，2007；邓津、林肯，2007；埃尔弗森，2011）。从未缺失“在场的哲学”，从未远离来自“认识论—方法论”的持续反思和批判。

回到这场讨论和这几篇文章的语境：如何有效地开展中国本土管理研究（问题 1），特别是关于中国传统哲学对于中国本土管理研究的意义及内容（问题 2）（李平，2013）。显然，这两个问题在逻辑上的关联并不紧密。针对问题 1，笔者不认为“必须创建一套与西方科学哲学相对应的本土的‘本体论、认识论和方法论’”（李鑫，2015），而应该首先考虑：就西方哲学的现状来说，仅以此为基础（黄光国语）即只有西方哲学在场是否已经足够？正如黄光国的研究经历（做转换范式—多元范式的尝试）所启发我们的，研究者不仅需要知道西方哲学的某些提法，更应当对其有相当程度的把握。只有认真梳理过西方管理学界的“哲学危机”和“解决之道”，才容易确立创建“中国本土管理研究哲学（范式）”的必要和信心。

因为笔者长期思考管理本土化问题，也对西方哲学关注较多，希望简略地回顾并反思自己“哲学观”的形成过程。这是一连串“本土经验与西方哲学碰撞”的结果，即笔者的“哲学观”完全是在西方语境中延展的（当然，也许有学者会从笔者的思想轨迹中洞察到中国传统哲学的显著影响）。

笔者曾经有过多年的管理咨询、营销策划工作经历，在攻读博士学位期间，对组织的相关思考有了更深层次的体悟。这种经历也让笔者注意到一个组织，包括组织的关键角色“思考问题、处理问题”的方式（组织文化）对于组织生存发展的意义，因此，决定做这方面的研究。谈及组织文化，必然要了解霍夫斯泰德的经典工作，但仔细研读过他的论文、书籍后却产生了较大疑惑。笔者曾花了几个月的时间寻找其他的组织文化研究线索，笔者接触到沙因、维杰·萨斯（Vijay Sathe）、索尼娅·A. 萨克曼（Sonja A. Sackmann）等一批学者偏“诠释性”的经验、理论研究，了解到“民族志”“现象学”等质性研究方法，不仅开阔了眼界，而且似乎有了可以努力的方向（韩巍，2004）。

此后，笔者对西方社会科学研究中的“多元范式”产生了浓厚的兴趣，受导师席酉民“问题导向”研究思想的影响，更关注如何“直面现实”，如何提升“现象—方法”的匹配性，如何在系统性认知基础上形成洞见。渐渐地，从“主客两分”转向“主体间性”（吉登斯，2003）；从“多重现实”（multi-realities）走进建构（诠释）主义（纽曼，2007）；虽然以自己的理论研究偏好，很喜欢现象学的“悬置”“本质直观”（胡塞尔，2005），但也接受强调“机制挖掘”的后实证主义取向的批判现实主义（critical realism）（Tsoukas，1994）；近来则对“反身性/自反性”（reflexivity）（Alvesson and Sköldberg，2009）有所领会。这些思考也转化成一系列与认识论、方法论有关的文章（韩巍，2011a；2011b；2011c）。

多年来笔者最深切的感受是管理知识的生产，应该有多种竞争性途径，“范式”可以是研究的起点，却未必是学术的归宿。“哲学在场”并不是要维护什么、排斥什么，而是要不断地审视研究者的动机、态度、问题、方法、程序、结论的可靠性和应用价值。针对管理学或本土管理学研究，笔者以为“哲学在场”的当下意义是“拒绝科学主义，回归科学精神”。至于针对具体的经验和理论研究，“哲学在场”的启发在于要尽量接近事实，尽可能重构真相，无论我们处理的是常规数据还是文本、影像，无论是处理变量还是寻找机制，无论是提出猜想还是建构理论，真正的挑战一定是“智慧”/“洞见”。

3.2 中国传统哲学何以在场以及中国本土管理研究

3.2.1 中国传统哲学何以在场

对于中国本土管理研究，如果要引入中国传统哲学且以之为主导，某种程度上，一定意味着在场的西方哲学无法解决研究者面临的巨大困扰，这样才能够心安理得地处理“中国传统哲学对于中国本土管理研究的意义及内容”，以及“如何有所助益”的问题。而到底有哪些困扰，需要中国传统哲学“在场”，乃至需要“根本变化的范式”？从西方哲学的视角出发，管理研究确实会受到“本体论—认识论—方法论”的影响，即“哲学必须在场”，从西方哲学的多元范式也衍生出了许多不同的研究方法和策略。但中国传统哲学除了“道—阴阳—悟”/“阴阳—思悟—中庸”拿来与三论比附，到底有哪些具体的研究方法、技术路径？即使“天人合一”在某种意义上具有鲜明的价值论“优越性”，是否也还要反思这种美好的期许为什么遭到历史的搁置？中国传统哲学在经历过无数的“诠释”后，是否该有进一步的深化？如果仅仅停留在这一系列美妙“词汇”所编织的画卷上，恐怕很容易让任何意欲进行深入经验研究的学人感到挫败。

笔者承认自己对西方哲学的了解大于对中国传统哲学的熟悉，所以笔者的质疑可能非常幼稚。但笔者从来拒绝给西方哲学笼统地贴上类似“二元分立”的标签然后将其作为靶子，因为笔者很难从“谱系”（spectrum）、“连续统”（continuum）这样的概念/隐喻/范式中看到那么分明的“非此即彼”。笔者觉得“格式塔”（gestalt）、系统性思想（systematic thinking）也一定意味着整体性（holistic）。

3.2.2 中国本土管理研究的挑战

中国内地的管理学者对“本土化”后知后觉，可以先了解港台地区及海外华人心理学者、社会学者已经走过的艰辛道路（黄光国，2006a；叶启政，2005；杨中芳，2009）。黄光国是这场运动的代表人物之一，他的加入除了指点迷津，还可分享“苦苦追寻”后的经验和教训。当黄光国提倡“多重典范”，杨中芳“一直不想把本土化的研究方法定成是反‘实证主义’的，或是非用‘现象学’或‘诠释学’不可的。我还是认为本土化是可以容纳得下各种理论及方法的”（杨中芳，2009：275）。当李平批评本土管理研究“缺乏与本土哲学的衔接，缺乏与西方哲学及理论的对话”，内地的管理学者也并非无所觉察（韩巍，2011c）。但这些反思主要都是学术层面的思考，中国本土管理研究的挑战何止于哲学是否在场，何止于多元范式、主导范式?

一个更为基本却重要的问题是:管理学者从事研究的目的到底是什么? 管理学者们是否真正形成了默顿[①]意义上的学术共同体? 如果大家都只在为课题、论文、职称、学院、学校排名埋头苦干,追求一种"符号化学术"而不是韦伯所谓的"志业",是否认真反思价值观、预设(立场)、研究态度、方法取向、成果可靠性以及对社会的贡献即哲学是否在场,又有多大的关系呢? 比较而言,徐淑英的观察应该更加贴切,也更让人灰心:我们为发表而发表,我们缺乏科学精神、社会责任(Tsui, 2013)。笔者曾经撰文批评过管理学界风行的"实证研究"(韩巍,2011a),也试图从哲学反思中讨论适合中国本土管理研究的认识论(韩巍,2011c)。但思考再三,如果学术已经被利益共同体各方异化为一种"共谋游戏",无论郭重庆如何调侃"吃别人嚼过的馍"(郭重庆,2008),徐淑英如何批评"修修补补的研究"(Tsui, 2009),但就学术游戏的内在利益而言,只有"模型、统计"这类更具"形式美感"的主流方法,才便于批量地生产学者和学术成果——(大面积)学术建制化后职业化学者社群的一种生存策略,而且当看到的论文越多,无论英文、中文,越会发现这已经成为整个管理学界的通病。

"哲学在场"会澄清范式冲突的纷扰,会让"多重典范"成为常识。对于管理学界,就意味着"科学主义(哈耶克意义上的)去蔽",意味着"科学精神(真诚、质疑、批判)"的倡导和回归。当管理学者更关注"问题意识""再现事实""内在机理"及"深刻洞见"的时候,无论他/她采取了什么样的范式或研究方法,实证主义、后实证主义、诠释学、建构主义、批判理论、女性主义、后马克思主义等,按照马奇的标准,只需要"tell(us) a good story"(讲一个好故事)。

笔者主观地以为今天中国本土管理学界暂时没有"范式稀缺"的困惑,也不在于"建立在中国文化基础上的新范式"。如果国内管理学者们真诚接受徐淑英的批评,听从学术良知的召唤,以笔者当下的理解,中国本土管理研究的可行路线应该是:①怎么接触到更真切的经验事实(人类学、民族志、社会学),更多利用容纳"历史性、社会化过程、情境复杂性,主体互动"的研究方法(如案例研究而非既定理论视角下的假设—检验);②怎么从这些经验素材中"提炼出核心的构念"——扎根、归纳的研究方法;③如何挖掘机制(运行机理、文化模式)而非满足于展现表面化的变量关系——批判现实主义的认识论;④对中国当代管理实践的伦理反思。具体到经验研究,中国管理研究者面临的挑战应该是:首

① 指罗伯特·K. 默顿(Robert K. Merton)。——编者注

先，能不能接触事实，能不能"自由"表达；其次，有了事实后有没有能力有新奇的发现（构念和机制）。而且，无论用什么方法进行研究，哪怕是更归纳的扎根理论、更情境化的案例研究，发现的要诀只能是智慧而不可能是任何程序和技术。如果这种"智慧"就是李平所推崇的"悟"，笔者的看法是很多研究者缺乏这样的"悟性"——它不是什么范式、理论视角、研究方法，而是洞见的匮乏。

黄光国（2013）希望在研究生养成教育过程中，如果能够用半年的工夫，系统地消化吸纳（科学哲学），那么将来在做研究时，便可能以之作为"背景视域"。但光有"背景视域"是不够的。近几年与西安交通大学管理学院一群勤奋聪明的博士生的合作研究经历让笔者更加明白：管理学院必须大幅改进研究生的培养方式，要让未来的研究者更多理解中国的文化、历史，中国人的社会化过程；作为研究者，除了掌握那些重要的研究方法，要有更宽阔的视野，更丰富的人生阅历、组织经验，以及对现象敏锐的洞察力——涌现性的"直觉——想象——悟性——本质直观"。中国本土管理研究需要曹锦清（2013）《黄河边的中国：一个学者对乡村社会的观察与思考》那种扎实、艰苦的研究，更需要费孝通提出"差序格局"的智慧！

4. 结语：文化认同与话语权之争

中国传统到底是什么？学者可以无限地进行诠释与建构。但只有在中国人的生活史，特别是当下生活中才能找到更加可靠的依据。不然，如果有人坚持认为中国传统文化（哲学）的核心价值是"实用主义"，而"好死不如赖活着"才是我们的最高信仰，靠"注来注去"的文本、修辞，我们能从容应对吗？杨中芳（2009：273—274）曾就如何深化本土心理学研究提出两个标准：①是否是扎根的，亦即是否是在中国"文化/社会/历史"脉络中找出中国人现代生活所表现的行为背后的深层意义（亦即心理运作）；②是否是有系统的，亦即在寻求理解中国人的行为时，是否建立了一套完整的释义体系，用之可以较全面地来描述或理解中国人的行为。其中第一条尤具洞见性，即人们固然离不开文化、历史、社会、传统哲学的多维视角，但更需从"中国人的现代生活"入手，非如此，则难有机会与中国管理实践者深层次的文化模式（社会心理）做紧密的关联，也难以建构起真正具有解释力、"预见性"和积极的社会干预力的理论贡献。

笔者赞赏李平等学者对中国传统哲学（文化）的热爱和挖掘，但如果过分推崇，难免会被自己编织的“大智大慧”所遮蔽。波尔[①]或许对“阴阳”有几分好奇和赞许，但笔者推测一个只懂“阴阳”却从未受过物理学训练的“智者”，永远也不会明白什么是微观世界的互补原理。一边是“知识验证”，所以有牛顿的三大定律、牛顿-莱布尼茨的微积分、达尔文的进化论、门捷列夫的元素周期表、爱因斯坦的质能方程、沃森和克里克双螺旋结构……另一边是“知识创造”，所以有天人合一，道法自然，不执迷，超脱，致虚极、求静笃?

尽管笔者尽量揣摩了“道”“阴阳”“悟”“格物致知”“知行合一”可能存在的精妙，但粗浅的感受是，要么先人们太过伟大，不屑留给后代一张抵达彼岸的路线图，使后辈无法掌握实践这些“伟大愿景——终极目标”的方法；要么先人们太善于修辞，尽管留下了无数华丽的思想片段，却几乎无意于打开这扇神秘之门[笔者承认李约瑟的杰出贡献在把“科学与技术、工艺”不详加区分的意义上(陈炎，2009)修正了笔者的部分偏见]。极端地讲，就是在最受推崇的“己所不欲，勿施于人”(也应该承认不同文明都有过类似的思想)的智慧普照下，恰恰在中国，从来没有从学理上，更不用说在实践上，找到从箴言建立一个文明、自由、正义、法治社会的技术路线。尊重先贤，就请把他们放在恰当的位置上，即使先人曾经领先过世界2 000年，也必须承认在近代科学、技术、文化飞速发展的几百年间中国远远地落后了。承认落后并不尴尬，没有人也没有那么容易光靠从先祖处就突然找到了荣耀，只有相信自己，只有努力前行!

回到管理世界，对于身处学术“边陲”(叶启政，2005)的中国管理学者，想在“中国本土管理研究”开展一场“起来，不愿做奴隶”的运动既值得肯定，也让人鼓舞。但对于如何开展本土管理研究，却不能只从信念出发，因为“中国文化传统资源丰富”，就一定能为本土管理研究所用。今天面临种种困扰的我们，很大程度上，不正是从那个多重面向的传统中走出来的吗? 本土管理研究者完全可以采用一种更开放、更积极的姿态，把一个广谱的，充满争议、反思和启发的西方哲学先拿来为我所用。同时，当本土管理研究者开始憧憬中国本土管理研究的繁荣时，也有必要意识到：中国本土管理研究的自信和荣耀，不是源于学者们在国际发表记录上“超英赶美”，在引用率上位列前茅。归根到底，是管理研究者的知识贡献，让千千万万的中国管理实践者——领导、管理者、下属，或者更加平等的命运共同体成员——从事于有格调、有秩序、有创造、让这个社会更加美好的组织生活。

---

① 指丹麦物理学家尼尔斯·玻尔(Niels Bohr)。——编者注

回顾及反思

中西之辨由来已久却难有定论，多种观点相互抵牾，非一家之言统领江山，这就学术而论绝不是坏事，但习惯"揣摩立场，选边站队"的做法是其中的杂音，容易混淆视听、偏离主题。

作为中国管理研究者，研究中国的管理问题原本不该欠缺中国的传统智慧（思维惯性）。但我们熟悉的管理研究，却是西学东渐后的"体制化"行为，从而"基于西方理论……"成为常态。内地以外的社会研究学者，如杨国枢、黄光国、杨中芳等在社会心理学方面的"本土化"觉醒和探索，为管理研究提供了很好的示范。组织管理活动终究是中国人（多么抽象的说法！）所思、所言、所行的产物，折射出历史文化、社会心理的本土、地方性传承。管理理论绝非与情境无涉的普遍适用的科学知识，不可能在概念、机理、框架上已然穷尽了中国管理实践的所有解读，更不用说在价值层面的取舍和坚守了。

但如何从事经验研究，而不是阐发对人生、组织、社会的感悟。有没有一套关乎"本体论—认识论—方法论"的专门知识则显得至关重要。笔者从来不怀疑中国传统智慧中所蕴含的思想启发性和时代穿透力，尤其是在塑造每一个中国人言行上的潜移默化。但也难以体会"中国哲学"如何影响每一项具体的管理研究。本文梳理了几位作者的言说，却依然无从甄别某种显而易见的线索。或许不免尴尬的是，在笔者这里，缺失了"文化自信"甚至"文化主体性"的本土研究何以自处。毕竟，泱泱华夏可是世界闻名的几大文化源流之一。

转念一想，谁家都有传统文化、传统智慧和思想（哲学），都有各自的生活。但影响最广泛、最深刻，尤其是从事体制化"科学（学术）研究"毕竟主要只有"一家"，而足以形塑当今世界基本格局、形态，以及人类生活方式的毕竟也没有那么多家，恐怕暂时也难以改变。人类历史尚短，谁在哪方面先行，谁在哪方面后进，在时间的长河中不必拘泥于一时一事。在相互学习、借鉴中，承认不足、迎头赶上，或许才是真正的自信和主体性所在。

管理研究一如广义的社会研究（赖特·米尔斯语），无本土文化自觉而不能。但作为研究者，如何看待研究对象（主体—客体；主体—主体)的“实在性”(待表征的唯一性的客观存在,待诠释的多重现实),如何看待何以了解(观测、共建,还是内省),如何落实到具体的研究方法(实证,非实证)等困惑,至少在笔者看来,西方哲学,尤其是西方的科学哲学已经提供了一整套比较完备的知识,所以才有西方哲学已经足够的判断。

不同于当下主张中国哲学价值研究者所展示的那样,笔者倒更期待看到一整套奠基于中国哲学、采用中国概念、阐释中国管理实践的本土性表述,而不是不断比附西方哲学的框架、概念去确立自身的合法性、必要性。

总之,至少对管理研究者而言,不能仅仅停留在“天人合一,道法自然”,或是“阴阳”“悟”“格物致知”“知行合一”这样的大智慧,我们必须更加具体地,也更加整体性地展现出这些洞见何以让中国的组织、社会变得更好。坦率地讲,笔者已经不满足于单一的“逻辑”(西方哲学的重要内容!)画卷,更希望中国传统文化最杰出的部分(诗歌!)能为我们、也为世界打开更富想象力的大门。

参考文献

ALVESSON M, SKÖLDBERG K. 2009. Reflexive methodology: new vistas for qualitative research[M]. 2nd ed. London: Sage Publication Inc.

DEETZ S. 1996. Crossroads—describing differences in approaches to organization science: rethinking Burrell and Morgan and their legacy[J]. Organization Science, 7(2): 103-209.

GIOIA D A, PITRE E. 1990. Multiparadigm perspectives on theory building[J]. Academy of Management Review, 15(4): 584-602.

LEWIS M W, GRIMES A I. 1999. Metatriangulation: building theory from multiple paradigms [J]. Academy of Management Review, 24(4): 584-602.

MORGAN G. 1980. Paradigms, metaphors and puzzle solving in organization theory[J]. Administrative Science Quarterly, 25(4): 605-622.

TSUI A S. 2009. Autonomy of inquiry: shaping the future of emerging scientific communities [J]. Management and Organization Review, 5(1): 1-14.

TSUI A S. 2013. The spirit of science and socially responsible scholarship [J]. Management and Organization Review, 9(3): 375-394.

TSOUKAS H. 1994. What is management? An outline of a metatheory[J]. British Journal of Management, 5(4): 289-301.

埃尔弗森.2011.后现代主义与社会研究[M].甘会斌,译.上海:上海人民出版社.

伯格,卢克曼.2009.现实的社会构建[M].汪涌,译.北京:北京大学出版社.

曹锦清.2013.黄河边的中国:一个学者对乡村社会的观察与思考:增补本[M].上海:上海文艺出版社.

曹胜斌.2003.论中国古代科学技术终结的数学原因[J].长安大学学报(社会科学版),2:3-6.

陈晓萍,徐淑英,樊景立.2008.组织与管理研究的实证方法[M].北京:北京大学出版社.

陈炎.2009.儒家与道家对中国古代科学的制约:兼答"李约瑟难题"[J].清华大学学报(哲学社会科学版),24(1):116-126.

成中英,吕力.2012.成中英教授论管理哲学的概念、体系、结构与中国管理哲学[J].管理学报,9(8):1099-1110.

邓正来.1998.研究与反思:中国社会科学自主性的思考[M].沈阳:辽宁大学出版社.

邓津,林肯.2007.定性研究:第1—4卷[M].风笑天,等译.重庆:重庆大学出版社.

郭重庆.2008.中国管理学界的社会责任与历史使命[J].管理学报,5(3):320-322.

韩巍.2004.基于文化的企业及企业集团管理行为研究[M].北京:机械工业出版社.

韩巍,席酉民.2009.自我呈现及反思:组织管理研究的一种补缺性方法论[J].西安交通大学学报(社会科学版),3:31-39.

韩巍.2011a.论"实证研究神塔"的倒掉[J].管理学报,8(7):980-989.

韩巍.2011b.管理学界应该接纳思辨研究[J].管理学家(学术版),7:23-36.

韩巍.2011c.管理研究认识论的探索:基于"管理学在中国"专题论文的梳理及反思[J].管理学报,8(12):1772-1781.

胡塞尔.2005.欧洲科学危机和超验现象学[M].张庆熊,译.上海:上海译文出版社.

黄光国.2006.社会科学的理路[M].北京:中国人民大学出版社.

黄光国.2006.儒家关系主义:文化反思与典范重建[M].北京:北京大学出版社.

黄光国.2013."主/客对立"与"天人合一":管理研究中的后现代智慧[J].管理学报,10(7):937-948.

李平.2013.中国本土管理研究与中国传统哲学[J].管理学报,10(9):1249-1261.

李鑫.2013.中国传统哲学与本土管理研究:讨论与反思[J].管理学报,10(10):1425-1433.

李鑫.2015.中国本土管理研究的整合主义[J].管理学报,12(2):157-166.

吉登斯.2003.社会学方法的新规则:一种对解释社会学的建设性批判[M].田佑中,刘江涛,译.北京:社会科学文献出版社.

罗珉.2005.管理学范式理论的发展[M].成都:西南财经大学出版社.

吕力.2013.易学管理理论与管理学中国学派:基于管理与环境视角[J].管理学报,10(8):1100-1109.

纽曼.2007.社会研究方法:定性和定量的取向:第5版[M].郝大海,译.北京:中国人民大学出版社.
曲秀全.2010.从“天人合一”透视中国古代科学技术[J].科学技术哲学研究,4:94-97.
斯诺.1994.两种文化[M].纪树立,译.北京:生活·读书·新知三联书店.
席酉民,韩巍.2010.中国管理学界的困境和出路:本土化领导研究思考的启示[J].西安交通大学学报(社会科学版),2:32-40.
杨国枢.2004.中国人的心理与行为:本土化研究[M].北京:中国人民大学出版社.
杨中芳.2009.如何研究中国人:心理学研究本土化论文集[M].重庆:重庆大学出版社.
叶启政.2005.社会理论的本土化建构[M].北京:北京大学出版社.
朱亚宗.1992.阴阳思维模式与中国古代科学[J].科学技术与辩证法,4:41-45.

16　洞见以下皆为修辞

《管理学中的伟大思想》对本土管理研究及理论建构的启示

1. 研究背景及问题的源起

无论在西方还是中国本土，科学主义者，或者“科学形式主义者”[①]对管理学界的“统治”由来已久，作为学术共同体的主导文化，在课题申请、论文发表、学位论文审核等环节，表现为乐于接受更具“科学形式”的管理研究，比如实证研究（positivist research），而排斥甚至封闭其他哲学立场和研究方法的探索。其直接效果就是催生了大量“形式规范”、但在学术贡献和现实意义上价值非常可疑的“标准产品”。在管理学科合法性奠定以后，伴随社会、组织乃至大学的日益“麦当劳化”（里茨尔，1999），应大批量生产各类“合格”学生和满足成果指标的现实需要也是情有可原。但如果有相当数量的学者，轻率而顽固地坚持管理研究的“科学性”诉求，即使从国际接轨的角度出发，也只青睐符合自身预期的（单一范式）研究，轻视自己不熟悉的观点，拒绝自己不了解的尝试，无意直面自20世纪80年代以来，管理学及人文、社会科学异常多元的知识图景，仿佛“我所不知道的东西，就不是知识”（怀特海，2010：42），那就实在可悲了。

许多学者在批判管理学界流弊的同时，强调“本土理论建构”的学术及实践意义。比如徐淑英主张做更多的“归纳性”研究（李平、曹仰锋，2012：2），贾良定等（2015）也展望了本土理论建构的自信之路。但问题是，经过十多年广泛而深入的

---

① 科学形式主义是指在以人（群）为主体的社会、组织研究中，疏于概念的严格定义、变量的准确测量、分析单位的合理选择、研究的内在逻辑及研究成果的意义，却特别强调在“形式”上接近于“科学研究”的一种主张。它是科学主义的一种衍生品。

专业“驯化”，管理学界主力军的技术路径被锁定在（lock-in）“演绎性”的实证研究上。管理研究者常常面对“基本事实”的严重匮乏，徘徊在“不可触、不可得、不能说”的复杂情境之中，归纳研究会是最合理的选择吗？一方面，近年来研究方法的多元化趋势渐成气候，越来越多的“非假设—检验型”成果在学术期刊上发表（案例研究、扎根理论研究等）；另一方面，大多数这类研究还是秉持“实证主义”（positivism）的立场，执着于过程的规范、严谨，甚至“客观性”。吸引读者的常常不是结论的“启发性”，而是程序的“合法性”，即这是一个规范的案例研究、一个规范的扎根理论研究，还是科学形式主义的魅影？

“洞见以下皆为修辞”，笔者拟定这样一个武断且不严谨的标题，当然能预见到各种压力，比如科学主义者的不屑，尤其是“科学形式主义者”的反感。笔者也深知中国管理学界潜在的纷争，存在温和的、激进的批判和反思。但在这个“江湖”，有太多被学者内化后的表达禁忌，有太多心照不宣、点到为止的人生智慧，很少有人想成为皇帝新装中的那个小孩。笔者或许愚蠢，但自认对学术有一份真诚。长期的学习和思考让笔者对管理学研究保持着一种非常基本的信念：尊重事实（但不苛求还原事实，因为人类无从获得关于自身生活的唯一事实），提出有价值的问题（保持对关涉人类组织生活之“规定性”命题的警惕），用适宜的方法[按照笔者的理解，所有的方法都是一种叙事（narrative），研究者可以根据哲学立场的不同，采纳语言文字、公式图表等去呈现和诠释]，得出富有启发性的洞见（评价研究的标准不是形式而是思想，即其结论是否足以引起读者认知能力的改变）。否则，我们终将一无所获。

本文所理解的“洞见”（insight），即主体所提供的、对接受者认知能力产生显著影响的信息，其呈现方式为叙事、图示和模式（公式）等。其核心在于接受者认知能力的改变，换言之，与任兵的看法不同，主观性并非洞见的困扰（见徐淑英、任兵和吕力，2016：23），而在于它是“传播者—接受者”共同建构的内容。知识、理论，哪怕是伟大的思想，不可能自动地改变人类的认知习惯，如果不被接受，认知能力的改变也就无从谈起。当然，主体的身份和表达（修辞）策略对这一过程影响巨大。在学术领域，其指称即启发性的思想，在管理领域，可具体化为“新奇的构念——反常的假设——深层的机制——系统的框架——意义的建构（精彩的隐喻）”。应该说这一谱系式的“洞见观”可以满足几乎所有（尤其是西方）管理学者已经尝试过的研究范式。进一步而言，洞见未必是理论，但堪称（有价值）的理论必含洞见，笔者在此给出一个更加哲学的表达——学术研究（理论建构）有价值，当且仅当有洞见。

所谓修辞(rhetoric),是指主体所采纳的特定表达方式,以强化接受者对信息的印象。汉语里似乎找不到对修辞的负面解释(详见《现代汉语词典》),但在英文里"rhetoric"的确有"花言巧语"的负面意涵(详见《牛津高阶英汉双解词典》)。本文对修辞的使用是中性的,强调其表达形式的本体意义。当然,修辞也涉及内容,因为印象本身也是内容,但其中只有影响认知能力的那部分可称作洞见。至于对修辞在当代社会科学、人文学科研究中更为深广的作用,可参见麦克洛斯基等(2000)的讨论。

我们有必要回顾一下各种科学形式主义者的常见症候。对于真诚的科学主义者,很显然至少在今天,距离给管理学建立统一范式、统一理论的理想还相去甚远(如果有这种可能的话)。相较于科学形式主义者所提出的各种典型的问题,如"怎么都是文字""没有数据吗""太主观,要用客观、科学的方法(是指问卷调查、实验法吗?)""少谈自己的看法",当下确实有些进步了,比如"做质性研究也可以,但一定要规范、严谨""尽量不要人工编码,最好用软件……",归根到底还是"有数学模型、统计分析看起来才像科学研究"。或者更要命的问题是"研究的理论贡献呢""结论是普适性的吗"。显然,提问者忽视了管理学者在何谓理论上的分歧,忘记了西方管理世界异常芜杂的理论丛林,却同时在感叹本土管理理论建构上的匮乏(Jia et al., 2012)。当然,也很少有学生、答辩者敢于发问:请举出管理学里哪怕只是一条可称作普适性的"真理"。

在进入本文的主体之前,笔者先发布一部分"广告信息",并且声明,本文是一个诠释学研究,其中的很多看法与那些伟大思想家的观点有密切关联。只不过大家在此看到的是其中较辛辣的内容。"我总是惊讶于我们领域中为何会有如此多的人纠结于假设检验。""有比一群学者争论统计检验更无聊的事情吗?""接到'正确主义者'对我们新投出的期刊论文的反馈意见——创造力就这样被终结了。""在阅读'严密的'文献时,你可能会得出相反的结论:这种严密——方法上的严谨——妨碍了理论的相关性。那些太过注重研究方法的正确性的人,往往无法富有洞察力地进行研究。""为什么就不能把那些没有能力提出精彩思想的人从在读博士生的队伍中剔除出去呢?"(明茨伯格,2016)。笔者承认后两句不够厚道。

2.《管理学中的伟大思想:经典理论的开发历程》的诠释及"证明"

以学者的自传性文本作为剖析理论建构(管理研究)的经验素材,应该是可行的选择(韩巍、席酉民,2009),甚至可以说是"难得的机遇"。为了展示研究的透明性,笔者将阅读、思考过程汇报如下:《管理学中的伟大思想:经典理论的开发历程》(典藏版)(简称《管理学中的伟大思想》)是由北京大学出版社据牛津大学出版社于2005年出版的*Great Minds in Management: The process of Theory Development*的中译本,2010年已有译本。当笔者近期注意到这本论文集,先选看了几篇论文,初步肯定译文的质量后,就着手逐篇阅读。不排除在笔者的潜意识里有一条"如何建构理论"的线索,笔者先标记了感兴趣的段落、语句(初始编码),转录了大约17 000字的文本。基于已有的思考,笔者曾尝试用"学者的经历(社会化过程)——时空性——重大事件——平台资源"去建立"码本",但反复比对下来,还是选择主要从"对于理论的认识——研究的问题意识——理论开发的过程——研究方法(哲学主张)——理论的评价——理论建构的社会学"入手重新回顾文本,最终形成了文章的主体。作为一个诠释主义者,自然不会奢望与其他人在码本或编码上的重合度。因为笔者的"前见"(preunderstanding)决定了笔者在寻找自己想要的东西,并只能给出"主观"的解读,好在"这并无不妥,我参与的是解释性研究,而不是实证性研究"(哈夫,2016:268),而"主观观点被社会检验从而获得客观性"(野中郁次郎,2016:305)。因此,笔者审视并评价该研究的判据,重在它是否会对人们理解如何建构理论有所助益。

有必要先做出三个假定:①这些伟大的思想是公认的理论建构者的重要见解;②这些文本是他们意思的真实表达;③译文的翻译质量上乘,没有曲解原作者的本意。

2.1 走进《管理学中的伟大思想》

尽管管理学界长期关注理论建构[①],《管理学中的伟大思想》的编者却认为"有了这些文献资料,我们对理论开发的过程仍然不甚了解"(史密斯、希特,2016:2)。笔者对两位编者在"前言"和"结语"中引用的"警句"比较敏感:"不要沿着已有的道路行进,要到没有路的地方另辟蹊径。""生活要靠想象,不能靠历史。""没有创造性的思维来支撑独立的思考和判断,社会的向前发展将是不可想象的。""你的信仰是你所相信的,而不仅仅是你所知晓的。"(史密斯、希特,2016)不能靠历史,不能重复老路,"要另辟蹊径=要靠想象=(要有)创造性思

① 《美国管理学会评论》(*Academy of Management Review, AMR*)在1989年、1999年、2011年三度围绕"理论建构"进行了集中讨论,有兴趣的读者可以系统阅读相关文章。

维”,最终取决于我们的“信仰”。如果理论建构不该是一场为稻粱谋的游戏,那么,所有收入这本文集的“已有的道路”又如何激发了读者的想象力和创造性思维呢?

更妙的是,在文集的结语中依然能够发现:用“最好方法”向大师们学习,所以理论开发过程不再是“模糊不清”,不“包括隐性知识和难以观察到的过程”(史密斯、希特,2016:452)?“对于管理、组织和世界本质的认识存在着冲突和争论”(史密斯、希特,2016:453),且依然无法消解?“同意明茨伯格的说法,开发理论是一种创造的艺术”(史密斯、希特,2016:455)。同时,“理论开发过程是一个要求很高、很严谨的过程,决不能掉以轻心,马虎对待”(史密斯、希特,2016:463)。祖克和达比认为理论开发是“把不同的马赛克和拼图碎片放在一起时一闪念的灵感,你会看到以前未发现的这些概念和方法之间的联系”(史密斯、希特,2016:456)。奥尔德姆和哈克曼则提到“我们认为所有的理论,当然也包括我们的,都不是一个瞬间的灵感”(史密斯、希特,2016:457)。理论需要通过演绎—假设来检验,但是“巴尼谈论了资源基础理论的抽象本质,他强调,他的框架结构从不是为了加入实证检验,而是设计‘要引导学者思考资源的属性’”(史密斯、希特,2016:458),而“普费弗认为,对于资源依赖理论而言,‘尽管有一股利用实证检验直接开发理论核心概念的风气,资源依赖理论后续的发展,应是将它的观念作为隐喻或者一般理论的导向,这比检验精确可证伪的预测和估计理论模型的参数更为重要’”(史密斯、希特,2016:458)。我们有限期发表论文的评价机制,但是“理论的开发不可能完全由我们的学术性期刊实现,或者短时间内完成”(史密斯、希特,2016:463)。读者愿意仔细揣摩两位编者在结语中的感受吗?

2.2 《管理学中的伟大思想》没有关于理论的共识

一个常识性的疑问是:如果连何谓理论都缺乏共识,又何谈理论建构?罗伯特·萨顿(Robert Sutton)等试图告诉大家“什么不是理论”(Sutton and Staw, 1995),维克则回应“理论不重要,理论化才重要”(Weick, 1995)。借助这本论文集,在这个问题上形成共识了吗?可惜,没有。管理学的“宿命”或许就是要在缺乏统一理论观的情况下建构理论。理论是“重要、独特的见解,深化了……的理解”“理论关注的焦点是人类的思想……满足了人类对现实进行归类、理解的需求”(史密斯、希特,2016:1)。“科学进步由两种形式的理论推动:第一种形式寻找直接可观察的事件之间的关系……第二种形式的重点是解释可观察事件功能关系的机制。”（班杜拉，2016：20）“理论只是为了描述特定的现实而记录下的文字和符号，而非现实本身。”（明茨伯格，2016：281）

“我也没有考虑过什么是理论，我所感兴趣的是解释，并不太在乎称之为理论或者其他。”“当我思考这个问题的时候，我发现解释是一个连续统一体（continuum），从清单（分类）到类型划分（详细目录），到各种因素（并不一定是‘变量’：这一名称对于我所研究的因素而言太过于具体化了）之间关系的印象，再到这些关系彼此间的因果关系和模式，最后，到可以充分解释的模型（这一模型整合了需要研究的所有因素）。”（明茨伯格，2016：285）“理论是事件条理清楚的介绍、整套的抽象、一致确认了的解释和格言式思考的体现。”（维克，2016：321）当然，从最终目标而言，“理论的发展，实际上就是发现模式……理论就是联系，越多，越有趣，越好”（明茨伯格，2016：293）。关于变量的一个补充是，“尽管在理论发展中都有关于‘变量’的讨论，但是宇宙被抽象为刻意根据行动者的意愿进行操纵的变量是不可靠的。变量并不是传达解释的唯一媒介，相关的媒介还包括‘准则’、互联的观点、图像、样式、隐喻甚至寓言”（维克，2016：320）。“理论属于一个包括猜测、推测、假定、猜想、命题、假设、概念、解释、模型的词汇的家族”；还有备选的“近似理论”，例如默顿的分类（维克，2016：321）。作为一个诠释主义者，笔者最认同的理论指称是“理论是‘授予’几乎任何诚实的解释企图的标签。这里，我们得到了理论是一个连续体和近似体的暗示”（维克，2016：321）。

关于理论层次问题，“一个宏大理论并不能总是给出正确的问题，当然也并不能总是提供正确的答案（这些应该出现在中层理论的领域）；然而，宏大理论给出了起点，并且构造了通向理论化的途径”（弗里斯，2016：85）。维克的观点是：“通过旨在对实践产生影响的方式，与意义建构相联系的理论开发，是解释和整合前人工作的中间层次理论。”（维克，2016：322）

我们最终将采纳一种不那么严格的理论定义，理论是连续统，一个大家族的标签，它包括假定、概念、假设、命题、模型，其最高形态应该是模型（图示，这是诠释学意义上的理论）。当然，“伟大思想”之所以伟大，在于它们根本不会拘泥于这些“琐碎”的命名问题。“我从来不确信我的书里包含了本章中展示的管理思想家们所理解的‘理论’。最近，我在管理学会听到一个小组在辩论利益相关者理论究竟是一个理论、框架还是一个范式。作为一个实用主义者，这些问题对我来说并不十分有趣。我逐渐相信，无论怎样对现在所谓的利益相关者理论进行学术定论。至少从‘管理角度’看,这仅仅是‘对经理人和利益相关者有所帮助的一个好主意’。”(弗里曼,2016:335—336)请不要再轻易质疑别人的理论贡献,除非我们对于理论有相近的理解。

2.3 关于理论开发(问题意识)的源起

理论开发很大程度上源于“问题意识”(本文把问题意识理解为洞见的一部分,见后文)。在《管理学中的伟大思想》里,容易发现理论开发的源头非常多元,它旁涉“生活、工作、学习经历”,既可能是对“个人体验”的响应,也可能是对“社会大时代、大背景”的感悟:“偶然性”的爱情、婚姻和意外(班杜拉,2016;明茨伯格,2016);田野调查的研究(比奇、米切尔,2016);大学的实验心理学课程、妻子的经历(福尔杰,2016);早期研究的机遇(洛克、莱瑟姆,2016);咨询公司的经历(奥尔德姆、哈克曼,2016);父亲的困惑(卢梭,2016);美国社会的两幅画面(波特等,2016);咨询的影响(巴尼,2016);反垄断工作的经历(威廉姆森,2016);乃至于“我会将世界上的事件(来自商业、政府以及政治)作为与任何学术文献同样丰富的概念源泉。个人自身以及家庭的经验,同样可以作为有趣的研究宝藏”(斯托,2016:187)。

总之,应该是“对现有的理论解释的不满意,驱动人们去寻找能更好地说明和解释学习现象的概念体系”(班杜拉,2016:10);“好的研究问题经常源于好奇和意外”(弗里斯,2016:84),而且,“寻找到正确的问题是最难的部分,一个好的问题能够带来新发现,因为即使答案证明是错误的,你仍然前进了一步”(卢梭,2016:168);“提出问题本身似乎就是有价值的,毕竟,如果一个人只问很小的问题,他只能够得出微不足道的答案;如果有人问大问题,至少可能出现一些意义重大的答案”(巴尼,2016:225—226);“研究始于一个有趣的问题,而并非花哨的假设”(明茨伯格,2016:286)。具体而言,什么是“大”或者“有趣”的问题?“为什么一些公司会超越其他公司?……更加广泛的问题就是:社会中不平等现象的前因后果到底是什么”(巴尼,2016:224);比如,阿吉里斯(2016:209)所展现的:“第一个问题是,人们制定了一些抑制组织有效性的政策和做法,但为什么人们会制定并实施这些可能会降低生产率的政策和做法呢?第二个问题是,人们对于改变这些政策和行为会有一种无助感,其原因是人们受制于组织压力,而难以改变它们。那么,人们是如何创造出这些组织压力,以至于他们不能去改变阻碍生产力的现象?是否可能帮助个体和组织,将其从这些明显的自我

束缚中解放出来呢?”(阿吉里斯,2016:209)

笔者不清楚这种对理论开发源头(问题意识)的罗列会有何种启发,更不能肯定读者是否会从“每一种理论都是个人经历中精心准备的一部分”(卢梭,2016:153)的精彩论述中有所领悟。至于什么才是好的问题意识,书中没有更多的素材,恐怕也不会有。或许我们可以从怀特海将“重要性”与“个人感受公开表达”联系起来的看法有所启发(怀特海,2010:5—40),但那种“个人感受”又是怎样的感受呢?它是可言传的吗?可移情的吗?抑或仅仅是一种需要内省的、顿悟的默会知识。总之,这是一个黑箱,一个充满个人、主观色彩的神秘领域。请注意,这只是理论建构的第一步。当然,笔者还是尽量搜集了与问题意识可能存在关联的线索,比如“直觉”和“信念”:“对自己研究结果的坚信不疑,以及对自己所从事工作的价值的坚定信念;”(班杜拉,2016:25)“越来越相信自己的预测——关于过低报酬的作用效果是不确定的;”(福尔杰,2016:47)“我从一开始就认为,行为主义者是错误的。”(洛克、莱瑟姆,2016:107)对于意图建构中国本土管理理论的学者,至少应该敢于培养自己的直觉性判断:管理学的很多理论值得存疑,很多成功的管理实践需要存疑,我们所熟悉的组织和社会,包括它的历史和文化,都不能想当然地欣然接受。笔者在此提出两个并不严格的推论:①形成问题意识,当且仅当你的生活足够丰富及有足够的敏感;更准确一点儿,②形成问题意识,当且仅当你对生活有足够的敏感并怀揣强烈的批判意识。

2.4 关于理论开发过程

理论开发,是否有“规律”可依,有“程式”可循?如果允许笔者做出一个哲学判断的话,套用明茨伯格“创造性艺术”的说法,答案或许更加模糊。笔者觉得两位编者自始至终都是“悲观”的,无论从“我们知之甚少”(史密斯、希特,2016:1),“仍然不甚了解”(史密斯、希特,2016:2),还是他们最终的总结(四部曲)或是贾良定等的文章(三部曲)(贾良定等,2015),似乎都非常“写实”地描述了理论开发的可能过程,但这算是供理论建构者按图索骥的“指南”吗?即使作为一个实证研究者,也不该满足于把“相关准备——牢固的工作关系——外在推动力——支持背景——无尽的重复”(奥尔德姆、哈克曼,2016),把“开始——寻找答案——发展替代选择——把碎片组织起来”(卢梭,2016)当作可用的套路吧?

洛克、莱瑟姆(2016)提供的版本倒是更具“行动导向”而且非常具体(越抽象,越不可能有行动力)的范本:“我们是怎样建立目标设定理论的呢?从根本上说,借由大量的长期实验,证明我们的实验行之有效,从而激发其他研究人员对目标设定研究的兴趣;从不同的视角研究目标设定主题;从失败中寻找原因;解决矛盾和似是而非的问题;整合来自其他发展中理论的有效思想;回应那些似乎有价值的批评;驳斥那些没有价值的批评;问自己一些关键问题;区分理论中的各项因素;最后,当我们认为有足够的证据时,把它们捆绑在一起形成一个整体。”

很奇怪为什么维克(2016)(的14条)和明茨伯格(2016)(的20条)会尝试提出这些“教条”。当然,维克做了很好的辩护:“这些指导方针并不很像烹饪书中常见的步骤。对于那些头脑中被无数论文计划包围的博士生、焦急地追寻影响力的非终身制学者、根深蒂固地寻找确定性的实证主义者,或者在学术论文修改和重新提交之间反复徘徊的失望作者,这些指导方针是否真的对他们有所帮助,有待于他们来决定。”(维克,2016:323)显然,这不是程序,而是需要悟性方能“把握”。因为维克的建议必须放在他的“诠释性的意义生成(建构)”语境中才容易理解,“理论开发之旅,在很大程度上与意义建构的旅程相似;两者包含的行动都是解释性的、启发性的、减少多义性的、注释的、短暂的、叙述的、根植于某种范式且有意义的。”“意义建构是……持续解释活动的集合。”“意义建构的基本意思是‘为那些已经在组织过程中发生的事物引入一个新的含义(解释)。”“在组织意义建构中……把理论开发形容为‘训练有素的想象’。”“词汇量和遣词造句在我对意义建构的观点中,以及我作为理论家的工作中,占据着非常重要的地位”,因为“说着组织语言的人们,从字面上讲把组织说成了现实”。(维克,2016)坦率地讲,笔者觉得对维克话语的翻译有值得商榷的地方,但如果沿着“诠释——叙事——语言”,在哲学上一路追踪下来,不难看出管理学界的维克是走向维特根斯坦——语言游戏的。

2.5 关于理论开发的关键

尽管程序从来不会成为艺术的重点,但创造性艺术本身却可能存在关键的触发点。可惜,于此,远谈不上收获颇丰。我们看到了“想象力和创造力……观察力……几种方法结合起来同时使用……有些过程的确只可意会,不可言传……有些理论的开发纯属偶然”(史密斯、希特,2016:3);“最重要的能力(除了清晰的思路和方法论的把握）是在具体和抽象之间来回往复，从具体现象到抽象概念，然后再不断地反复”（弗里斯，2016：84）；“事实上，构建理论的过程包括了一系列变量的反反复复的筛选，直到一个合理、简单且内部一致的模型，逐渐从一堆繁杂的变量和复杂的关系中展现出来”（奥尔德姆、哈克曼，2016：132）；“一切取决于创造性的飞跃”（明茨伯格，2016：291）。

再清楚不过的是，一到关键节点，我们就不会发现太多有价值的东西。理论开发的程序不重要，正如该书的多数作者所展现的，无法言传的“关键环节”造就了平庸程序下不平庸的结果。但我们能“看”到吗？如果类似“想象力、创造力”这种词汇能激发出我们全然不同的生命体验从而有所顿悟，当然好，但事实上，即使我们看了“想象力”一百遍，我们也不会获得想象力，我们看了“飞跃”一千遍，我们还在这儿、飞不起来。

关于分析单位：也许我们应该感到气馁了，因为没有任何“魔法”，但比照当下盛行的研究惯性，“启发”已呼啸而来。以笔者的研究体会，总觉得“分析单位”的选择，应该成为学术成果品质，包括理论建构的关键判据。比如，当研究本土领导的时候，至少我们认为，如果不把领导与下属的互动放在特定的情境中去考察，研究的可靠性会大打折扣（韩巍、席酉民，2015），也正因为如此，笔者才敢在为陈明哲老师的文章所写的评论中质疑，如果“互动”才是研究战略的合理途径，那么多“半条腿”走路的探索怎么会值得期待呢（韩巍，2016）？于此，书中有很多佐证。

关于嵌入性，比如：“人类机能已经深深扎根于社会系统之中”（班杜拉，2016：9）；“行业演化的观点告诉我们经济政策的极端重要性，其中，产业结构必须被放在历史背景中去理解的观点尤其重要”（温特，2016：425）。关于动态、交互（互动性）：“人类机能被看作是个体、行为和环境影响动态交互作用的产物”（班杜拉，2016：20）；“社会建构不仅建设新的社会结构，它还改变着我们对社会和经济生活方方面面的认知观念和认知结构”（祖克、达比，2016：433）。关于系统性：“理论家必须做到无所不知，对人类行为做一个完整的解说”（班杜拉，2016：23）；“最好依靠统一的理论框架来推动，里面包含更健全和更高层次的理论因素，而不是依靠东拼西凑、参差不齐的和理论脱节的复合模型来推动”（班杜拉，2016：25）；“我希望人们能够……获得一些领悟，从相对狭隘的假设检验，转向对组织现象更为广泛的审视”（斯托，2016：174）；“随着20世纪80年代大量潜在调节变量的快速增加，我向管理学会提交了一篇论文，强烈批评这种快速增加的寻求第三变量的研究。为了防止原始的升级结果被弄得支离破碎，我甚至给出了一张可能出现的‘假调节变量’的清单……虽然如此,我还是遗漏了升级在组织情境中产生的社会和政治方面的决定因素”(斯托,2016:178)。关于抽象性:“我丢弃了偶像爱米尔·涂尔干(Emile Durkhcim)和他的社会事实的概念。我开始相信,归根结底,做出决定的人、人的行动和人本身是社会科学的最终分析单位”(巴尼,2016:226)。关于分析单位在战略研究中的应用:“将战略当作一个‘框架’,帮助人们进行意义构建以及做出后续的决策……将战略框架描述为一个竞技场”(哈夫,2016:264)。

当然,笔者很喜欢的一句话(可以被认为是对“心理学”广泛渗透,甚至主宰组织管理研究的尴尬局面的忠告,请记住)是,“管理领域研究者所关注的一系列问题总体上超出了基本的心理学研究范围”(哈夫,2016:269)。如果你试图通过“组织器官”来回答“组织系统”的问题(何况组织常常需要回答的是“生态学”问题),请三思而行(罗思曼,2006)!

2.6 理论(建构的)评价标准

既然这些伟大的头脑对何谓“理论”都没有共识,那么我们这些平凡的头脑怎么能够很清楚什么是理论研究、什么不是,并且在日常研究中扮演着导师、裁判,甚至真理终结者的角色?! Chia 曾经说,西方管理学界的学者也对哲学知之甚少(韩巍,2015)。从这本自传性文集中,这个观点也容易得到验证。在这些学者中,除少数具有明确的哲学立场以外,多数人并未涉及此类问题。几个公开声明的学者显现出了强烈的实用主义倾向(毕竟近 97%的博士都是美国出产的,20 世纪美国最强大的哲学也就是实用主义)。尽管大家似乎在“解释”(班杜拉,2016:26;斯托,2016:188;弗里曼,2016:343),甚至“预测”(这是争议很大的地方)(班杜拉,2016:26;斯托,2016:188)、“操作性”(班杜拉,2016:26)上存在共识,但多数人提出了明显的实用主义主张。比如,“判断一个心理学理论的价值,不仅要看其解释能力和预测能力,而且最终还要看它在提高人类机能的变化中的可操作能力”(班杜拉,2016:11),“归根到底,评价一门社会科学的价值如何,很大程度上还要看其社会效用”(班杜拉,2016:26)。

类似地,“我们根据其有用性而不是根据其真实性来选择理论”(明茨伯格,2016:281),可以对照默里·S. 戴维斯(Murray S. Davis)有趣的而非正确的标准(徐淑英、任兵和吕力,2016:163—204)来思考。当这些理论建构的大家在声称“有用性”“有趣”比“真实性”更重要,理论要让人“感到愉悦”(斯托,2016:188)

时，难道不值得我们这些平庸的头脑对自己所笃定的“真实”信念稍有迟疑吗？当然，我们也能找到“反对”的声音，比如“我认为理论构建的第一个公理必须是：事实第一”（洛克、莱瑟姆，2016：108）。但笔者肯定，关于什么是“事实”，大师也未必有过深入的思考。

至于什么是“社会效用”“有用性”，从谁的立场如何判断，《管理学中的伟大思想》或许只字未提。笔者并不认为“管理学理论”具有立竿见影的造福社会、组织的功效，理论往往远离现实，它的“启发性”（弗鲁姆，2016：202）应该远远大于“规定性—操作性”。同时，管理学理论也不可能脱离关于人类社会、组织、个体的那些既有知识网络，正如“最好的理论源于解决由理论衍生而来的问题，而不是解决实践中的问题，学者们解决理论问题，而不是经理们所关注的实践问题”（巴尼，2016：238）。

或者，我们选择一个较为折中的观点，理论是暂时的，因为“理论很少能经受时间的考验，充其量它们能够比较符合现有的证据”（弗鲁姆，2016：203—204）；但好理论的寿命要长一些，“所谓好的理论，就是在你找到更好的理论之前，一直能够站得住脚的理论”（明茨伯格，2016：282）；“只要知识对使用者来说是实用的，它就可以暂时地被称为‘真理’”（野中郁次郎，2016：308）。而笔者更认同如下的角色意识：“作为学者的任务是……最终我们能够从根本上改进我们为彼此创造价值的方式和我们的生活方式，我相信这是实用主义者的信条。”（弗里曼，2016：343）笔者承认，在这一点上，笔者也是个彻头彻尾的实用主义者。

2.7 关于研究的社会学议题

作为自反性文本，没有比呈现“理论建构”的艰难历程更能引起平庸如我者的共鸣了。因为我们很多人都有申请被驳回、论文被枪毙等类似的经历，我们惶恐、愤怒，甚至不屑。这种故事最能激发我们的移情性，更能坚定我们一意孤行的决心。当然，我们或许忘记了，并不是所有受过胯下之辱的人都能成为韩信。

无论是一个平庸的头脑，还是一个伟大的头脑，或许都曾闪现过一些堪称伟大的想法，但即使它的确是伟大的“洞见”，也未必就有“自然而然”理论建构的结果。这让我想起陈明哲所总结的“差异化—资源动员—合法性建构”（陈明哲，2016）。他们（我们）必须从众多竞争性议题和无数自以为充满“洞见”的思想中胜出，必须得到广泛的承认，而首要的是——发表。

成功的理论建构,之所以能跨过“奥卡姆剃刀”的利刃,一定存在某些独特的东西,比如陈明哲强调的“边缘心态”(陈明哲,2016)。但另辟蹊径的代价也一目了然,“这种行为主义思潮形成一种威胁,不同意行为主义的许多学者只能保持缄默”(洛克、莱瑟姆,2016:107)。再比如,“主流就是一股强大的水流,令陷在其中的人无法思考”(明茨伯格,2016:293);甚至要承受“在所有这一切艰苦的工作之后,所有这些论文和1986年出版的专著的结果就是——无声无息”(巴尼,2016:233);“这些优良的思想在随后的35年的时间里并不活跃”(威廉姆森,2016:387)。很难想象,在当今盛行的“大干快上”的学术氛围下,“自我边缘”,乃至“默默无闻”,如何成为学者心智的优先选择?我们又该如何期望“奇迹”在自己身上发生?

作者要面临“杀气腾腾的评审意见”(班杜拉,2016:24);“创新的道路,铺满了退稿的荆棘”(班杜拉,2016:25);“第一个评阅人认为,它并没有什么新的内容,应予以拒绝;第二个评阅人认为,论文过于抽象,应予以拒绝;第三个评阅人认为,论文是他/她曾经阅读过的关于战略的最重要的论文之一……经过多次修订——我认为论文发表的版本是第四次修改稿——所有三位评阅人保持其原有的评价……当然,这篇文章最后被天使般的主编拯救了”(巴尼,2016:233);“我早期投寄的关于心理契约理论的论文审稿意见(其中大多数论文被退稿)”(卢梭,2016:153);“在《美国管理学会评论》经过几轮评审之后,这篇文章被拒绝了……最终,修改稿被一本那时刚刚创刊的叫作《雇员权利和责任》的期刊发表了”(卢梭,2016:161);当然,最妙的是一个“权力腐败”的案例是“1983年,我在日本东京的地铁上写出了我的第一篇资源基础观论文的第一稿大纲。该论文最终于1991年发表,那时我已经是《管理学报》(*Journal of Management*)的一个副主编,我录用了我自己的论文”(巴尼,2016:232)。

或许伟大头脑的命运比我们还要坎坷,因为在当今中国的管理学界,绝大多数研究的命运(主要指中文)无非两种:被人(常常是各类学生)关注(引用或是批评),或者被人忽视。但在一个更具“集体反思”的学术共同体中还有另外的脚本,因此理查德·哈克曼(Richard Hackman)提醒格雷格·奥尔德姆(Greg Oldam),“让我告诉你将会发生什么”,他说,“我们将会受到一段时间的赞扬。但是接着就会受到攻击。我们模型中的每个地方都会被质疑,并且我们还会受到严重的打击”。以至于赫茨伯格这样一位学界巨擘给同行写下了这样的忠告:“在这个领域中,我无法相信,你竟然公开发布这种低劣、自圆其说的文章……我同意,这些东西在四流层面上总有市场……我不希望看到你的证书中罗列着你和那些低俗的人合作的这类论文……”（奥尔德姆、哈克曼，2016：135）那么，作为“低俗的人”的理查德和格雷格还能承受吧。至少在这里，笔者发现了中国管理学术共同体的一个优点：我们习惯于忽视，最多是“商榷”，而少有贬损。

陈明哲的经验告诉我们，理论建构的成功不是个人之事（陈明哲，2016），对此该书也有响应：“学术思想领域就像其他领域一样，推广是它的一部分”（比奇、米切尔，2016：42），而“理论的成功或者占据统治地位，特别是在社会科学领域，无疑需要大批的助手，他们不但推动该理论在实证和理论上的开发，而且同样重要的是继续理论的传播和辩护”（普费弗，2016：358）。一个教训来自“对资源依赖理论开发和延续的讽刺是极其有趣的……其开发者是两个做了众多关于权力的实证研究，并教授组织权力的学者。但该理论却在与其他关于组织和环境理论的竞争中落败，因为它的提出者没有拥有足够意愿和技能，并愿意花费大量时间获得同盟者的支持”（普费弗，2016：360）。

虽然后现代范式及思想几乎没有出现在这本文集里（或者也是我的疏忽没能发现），但某些说法恰恰印证了福柯对于学术政治（权力）的洞见：“关于资源依赖理论和交易成本理论的相对地位更能说明社会科学中的政治性”（普费弗，2016：359），“社会科学理论反映了时代的政治环境”，因此，“最好莫过于理论在其基础假设上与时代和流行的政治观点合拍”“并不是人们所期待的真理的胜利，而更像是想法的流行”（普费弗，2016：360）。但这有什么稀奇的呢？苏联还出现过“李森科遗传学”的胜利呢。我们对于理论建构的成功固然可以保持“解释力、预测力、操作性、有用性、启发性、有趣性、愉悦”的期待，但也必须承认，人类是一个复杂的物种，他不可能完全理性，也不可能服从于单一的因果逻辑。

如果再次回到前文的“假定”，这些伟大的思想经得起时间的检验（其实笔者并不确定），那么，比照我们当下的遭遇，又该做何感想呢？“我们不应该为了发表文章而发表文章（至少在我们得到职称之后不要这样）[①]，”“我努力工作发表文章的动因是，我想把我发现的一些重要的东西拿出来交流一下，我们都应该有志于塑造和影响科学和知识的发展，而不是仅做科学机器上一颗循规蹈矩的小螺丝钉”（弗里斯，2016：85—86）。“我开始担心对评估的过度关注会阻碍而不是推进管理学的学术研究。有了这种想法之后，我开始更多地考虑对实践的贡献”（哈夫，2016：277）。“当时我的想法是，不应该再试图发表单篇论文，而是

① 这种说法从国内学者那儿听到得更多。这样的说法听起来很奇怪，是等到发达之后再“从良”吗？

应该编写一本书，将宏大的社会科学中的一系列有意义的工作呈现出来，这一想法让我为之振奋”（哈夫，2016：265）——这也意味着在中国管理学界要被边缘化吧。“‘关注现象’这一建议主要是希望大家不要为名利分心——内在动力比身外之物更能让人振奋。对于A类杂志发表文章的强烈要求，可能会造成一个功利性的目标”（哈夫，2016：274）。“我相信自己无法将《战略管理：利益相关者方法》一书中的成果作为一组A类期刊的论文发表……我相信，在当今商学院的世界里，这将更加困难”（弗里曼，2016：344）。

笔者很好奇，如果存在时间隧道，这些理论建构家们该如何挨过一个过度评估的时代？当然，个人改变世界的可能性还是有的，“戈登审读了我快完成的《工作与激励》手稿，随后延长了我的合同”（弗鲁姆，2016：201）。

2.8 关于研究范式及逻辑推理

范式或者多元范式的议题，在笔者的认知和思想脉络里形成已久（韩巍，2014），已开始厌倦这种讨论。它早该成为管理学界的常识，但确有很多人并不认可，或者不愿相信——他们还做着某种单一范式的“科学家”美梦呢。

对照陈晓萍等（2008）的《组织管理研究的实证方法》，可能会有一些感悟：一本教你如何做研究的手册；一本充斥着不按手册建构理论的“成功典范”，因为这本书里的许多作者持有完全不同于实证研究的哲学观点和方法偏好。事实上，笔者很好奇实证研究者对这本文集中许多文章的看法。因为这本书相当的篇幅中，展示了与主流研究完全不同的知识图景，而且某些篇章里对实证研究的鄙视非常露骨。希望年轻的学者仔细体会，且加以批判性地分辨。

关于哲学立场：“存在一个主要的分歧：一些人认为研究者可以成为一个独立的观察者；而另一些人则感到，行为者和环境之间界限模糊，并且受到观察者自身认知行为的影响”（哈夫，2016：264）；“研究工作始于来自不同的本体论和认识论的假设”（哈夫，2016：272）；“偏离了许多关于理论发展和科学做法的预期”（哈夫，2016：273）；“基于认识论和本体论，该理论试图融合价值、背景和权力，反映所创造的知识适应环境，并且反过来改变环境的动态过程”（野中郁次郎，2016：297）；“对现象学哲学家来说，知识是主观的、具体的、有形的、相对的，并且是可解释的……在个人和环境间的辩证互动中积累的隐性知识，是非常难以表达的”“实际上，基于实证论的社会科学，试图将动态的、活生生的社会世界僵化地固定在现有的静态结构中”（野中郁次郎，2016：298）。

关于方法论及研究方法："这种方法……要求采用纯粹描述性的用语……是为了得到具有更广泛适用性的机制"（福尔杰，2016：48）；"最终产生出高度个性化的"被诠释的现实"（construed reality）。高层管理人员会……进行诠释，或赋予意义"（汉布里克，2016：92）；"一个典型的假设就是，更深刻的理解需要对现象更详细的知识"（斯托，2016：185）；"我们主张尽可能完整、准确地描述我们自己建造的这个世界"（阿吉里斯，2016：217）。"需要用丰富的描述来激发我的思维……最好是确凿的数据——这就是格尔茨提到的'深度描述'——而不是整齐而系统化地罗列数据""轶事趣闻类的数据，对理论发展来说并不是无关紧要，而是不可或缺""高度结构化的描述……其有用性却差得很远"（明茨伯格，2016：287）。

"我怀疑……方法是否典型：在工作环境中观察和倾听人们的行为和谈话，阅读大量文献，并同其他同事进行交谈，确定接下来的步骤。"（卢梭，2016：159）"我期待未来主要的进展将来自更多的案例研究和定量的田野研究。"（斯托，2016：184）"我的经验是，让自己沉浸在实际组织现象中是非常重要的。"（巴尼，2016：238）"如果你要进行测量，那么，尽可能地贴近真实——接近实际发生的事情去测量。……我总为我自己方法上的不优雅甚至直截了当而感到自豪——我称之为'结构性观察'。……在我们的领域和一般的社会科学上，我们都太执着于高深的方法，它们通常会导致仅具有统计意义上的平庸结果。"（明茨伯格，2016：289—90）经验研究还是实证研究？"在双环学习里，干预是实证研究最有效的方法。干预是社会实验，在这种实验中理解和解释是为其有效实施而服务的。"（阿吉里斯，2016：218）"在我的职业生涯中，我很少做传统的实证研究，相反，咨询就是我的实证研究。"（巴尼，2016：238）"这一方法的'证据'是过去七年中我与上千名高管的交谈，再加上商业报道上无数关于好的和坏的利益相关者管理的故事，以及我自己与许多客户的诊断经验。"（弗里曼，2016：336）

关于推理方法（逻辑基础）："过多地依赖现存的理论进行演绎推导，会产生是非颠倒的风险，这会使得研究者离现实越来越远，讨论抽象内容的理论总有点脱离现实。"（福尔杰，2016：49）"他们被教导要客观、科学（狭隘的角度），这意味着，请不要发明，只能演绎，这才是学术上所谓正确的做法。"（明茨伯格，2016：283）有人主张"在理论开发方面，我们鼓励编辑人员减少对假说演绎方法的激励，而接纳更多的归纳式理论构建方法"（洛克、莱瑟姆，2016：120）。"最令我痴迷的是归纳研究，即发明关于事物的解释，而非发现解释——这是真理——发明解释。我们无法发现理论,我们创造理论。这是非常有趣的。若有更多的博士生去尝试一下,碰碰运气多好!”(明茨伯格,2016:283)请特别关注,“‘嗯?啊哈!’的研究路径有其内在逻辑(哲学家们常称之为假说推理或溯因推理)”(福尔杰,2016:48);“不超越数据进行概括,就没有理论;没有理论,就没有见解;而没有见解,还做研究干什么”(明茨伯格,2016:286)。当然这种看法,也让笔者很怀疑明茨伯格所认同的是溯因推理才对。

针对(主流)实证研究,有表达较为温和的:“采用实验研究来理解升级的动力——多种变量如何随着时间交互作用——是非常困难的。”(斯托,2016:186)有带着埋怨的:“令我不满的是,我们的领域几乎就等于理论公式变量的图表清单,因此,我们需要一直牢记理论的目标是回答‘为什么’的问题。强大的理论深入探究现象背后的联系,这是一个关于行动和事件为何发生的故事。”(斯托,2016:188)有比较武断的:“看看战略研究中开创性的理论论文和书籍,如比尔·乌奇常说的那样,‘这些开创性的贡献中,唯一的数字就是页码’[①]。向理论的传统实证检验过快地转移,可以毁灭创造性努力。”(巴尼,2016:237)有讽刺的:“事实上,不太夸张地说,大多数实证研究论文几乎没有新的理论。”“如果我觉得我写的每一篇理论论文,都应包括一个实证检验,就没有多少理论可以发展。”(巴尼,2016:237—238)最恶毒的当然是前文的“广告”内容。

对“科学主义(科学形式偏好)”的批评:“对社会系统的理解不能完全建立在自然科学的事实上。”(野中郁次郎,2016:308)“随着科学在我生活中作用的变化,我已经越来越不愿意深陷在正规的科学陷阱之中,我青年时的原理、假设、推导以及数学模型,似乎是对模仿物理科学的一次过早尝试,无助于发展我们的知识,特别是可操作的知识。此外,我不再寻求某种视角或理论来解释或统一这一切。多元化和各种矛盾的思维模式的相互影响,已经取代了我对秩序和传统的需要——也许爵士音乐家和心理学家终于合二为一了!”(弗鲁姆,2016:204)“我们对于科学与研究中的客观性,过于小题大做了……”(明茨伯格,2016:282)“那时,我们沉迷于这样的允诺——将管理科学技术应用到利益相关者中间,以进行更准确的资源分配。而现在,我相信这种看法是完全错误的。”(弗里曼,2016:333)或者,“当我们暂时把科学上的正确性放在一边时,我们就能得到有趣的理论。”(明茨伯格,2016:283)

多少有些讽刺的是,一个真正受过哲学训练的伟大头脑发现:“我没有经历

① 实物期权是一个例外。

过对'方法''实证'和'经验主义'的狂热关注，而这些正是大多数商学院研究人员的特点。"结果是，"它们将我带回到20世纪20年代的实证主义。""不幸的（或许是幸运的）是，我不知道利用定性研究、基础理论或者其他一些方式，为敏锐的观察包装上科学外衣。""我，还是要做本色的哲学家，而不是社会科学家的实证版。""对我来说，最重要的是论证的总体逻辑。我发现有些同事对实证方法的坚持和对方法论的痴迷是非常可笑的，充满了逻辑错误。"（弗里曼，2016：333—336）

"公平"起见，请参看这一条，"我的建议是，所有理论都应该在考虑之列，应该从中推得预测并由数据检验"（威廉姆森，2016：398），这是笔者所喜欢的威廉姆森的话，但笔者怀疑，它对于数据检验的作用估计过高了。

让我们简要汇总一下上述议题：①伟大的思想没有达成关于何谓理论的共识，关于理论的谱系观（连续统），可暂时作为"最好"的答案；②问题意识（理论开发的源起）与研究者对待生活的态度密切相关，其关键在于敏感性和批判性；本质意义上，③理论开发几乎不可能按图索骥，可显性化的程序不重要，重要的部分难以言传，需要个人的深刻领悟；④分析单位的选择对于理论建构至关重要，要关注"嵌入性—动态性—交互（互动性）—系统性"；⑤比较"实证主义"信条，"实用主义"在理论建构者那里似乎更加流行；⑥理论建构充满艰辛，审稿人、批评者、推广者、强大而坚韧的自己以及时机、运气都缺一不可；⑦理论建构不会只仰赖实证研究（如果不是排斥的话），应该警惕科学主义的危害，在理论建构中，采纳多元范式、多种方法（质性、定量）才是正途；⑧除了归纳、演绎，应该关注"溯因推理"。总之，"当我们暂时把科学上的正确性放在一边时，我们就能得到有趣的理论"（明茨伯格，2016：283），这句话非常能代表笔者的看法。

笔者在此恳请课题评审人、论文审稿人关注这一组"洞见"，当您好奇别人的理论旨趣（贡献）时，一定要关注大家对于理论的理解是否一致、接近。要开放且真诚地对待别人的问题意识，这是前见（偏见）容易作祟的地方。不要太在意程序的规范性，您要相信，一个声称采取了某种范式、研究方法的同行，一定有类似的样本或范例可循，尤其当我们未必知道的时候。要挑剔地对待研究者所选择的"分析单位"，管理问题很少会简单到只靠几个变量就能澄清问题，尤其在您特别在意其"实用性"的时候。作为"裁判"，您最好不要成为一个潜在理论贡献的"杀手"。无论您的立场为何，应尽可能地公平对待多种范式、多种方法的研究，任何人都有自己的专长和偏好，但请不要犯"我不知道的就不是知识"

的错误。最后请关注溯因推理,也就是在有限的经验素材基础上提出“猜想”的逻辑。

3. 理论建构的影响因素模型及简略探讨

建构本土管理理论是时代的需要,也是中国学者自我意识的觉醒。但在这条“羊肠小道”上困难重重,欲速则不达。笔者没有沿袭史密斯、希特(2016)或贾良定等(2015)的思路梳理理论建构的经验过程,笔者脑海里浮现的是另一幅画面——理论建构的影响因素模型(见图1)。其焦点在于研究者与洞见的关联,更重要的在于哪些因素影响一个管理研究者建构理论。当然,笔者绝不会认为这是一个蕴涵因果关系的模型,最多保证它所暗示的相关性。事实上,笔者很难接受实验室以外的关于人类组织、社会生活的因果判断。

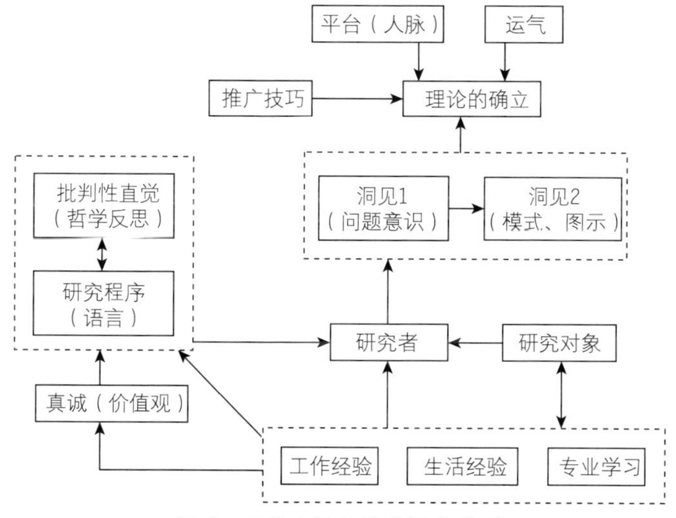

图1　理论建构的影响因素模型

关于理论建构的社会学问题,尤其是如何借助“平台资源”“人脉关系”推广理论,在《管理学中的伟大思想》里已经讨论得比较充分了,也可参见陈明哲(2016)的文章。联系当下的中国管理学界,绝大多数学者,甚至包括领军学者,暂时地,志不在此。我们尚不存在管理学的“理论市场”,或者没有进入到需要“各显神通”的理论竞争阶段。当然,我们从不会缺乏这方面的“智慧”。

关于生活、工作、学习:如果从论文集里“问题意识”形成的多面向线索分析,如果理论建构(管理研究)必须与研究者的生活、工作密切相关,那么就笔者有限接触的中青年学者、年轻的博士和硕士生来看，不少人的问题意识是较为贫乏的。如果某种程度上，研究者必定是时代的产物，笔者也难以确定中国管理学界最大的研究群体到底从自身的社会化过程中汲取了怎样的养分，尤其是在批判性意识方面。就笔者更熟悉的管理学"专业学习、训练"而言，必须承认，很多学生，甚至包括许多老师，并不知道企业领导（管理者）的行为轨迹和工作内容，不了解公司/组织的实际运作，没有去过车间、仓库，没见过流水线，没接触过、更不用说仔细观察过那些研究对象，等等。同时，在研究技能训练环节，硕士生、博士生之第一要务常常是尽快"掌握"主流（流行）的研究方法（实证研究最为便利吧），接着就开始"帮导师写本子，帮导师写论文"——"生产学术产品"。Chia 所讲的"狭隘"的专业博士（韩巍，2015），对于管理研究或许已是不争的事实。基于中国情境的特殊性以及管理固有的复杂性，研究者显然应该对于历史、文化、政治、社会、经济有高度的敏感，需要更为系统、深入、自觉的理论学习，即使对于管理学内部而言，也应该从不同范式了解更多的理论视角——管理学界正在做这样的努力吗？

关于批判性直觉：笔者并不主张管理研究者系统地学习科学哲学，但如果管理研究者完全不了解，甚至否定哲学的意义，却令人担忧（黄光国，2013）。经验上，一个善于质疑的头脑，自然会受到社会化过程的影响（尤其反映在研究者的个性特质上），但如果多一些哲学的熏陶，一定有助于研究者警惕自己的"偏见"，尤其是对于单一范式的盲目乐观。对于管理研究，或许我们不用假扮成科学工作者，我们从来都不该是穿着"白大褂"的组织研究者。如果研究者有丰富的生活、工作经验（或者敏感度），加之以批判性思考为主的专业学习，就会在批判性直觉上得到展现——管理学界正在做这样的努力吗？

关于研究程序和语言：语言并非就是指文字，数学模型、统计学当然也是一种语言。研究程序当然是指研究者（发现、求证）的习惯。我们应该清楚，实证研究统治管理研究的局面必须被打破。本文试图表达的是，管理研究的特殊性决定了，作为任何研究的前提，当你试图呈现"事实"的时候，叙述（storytelling）、深描（thick description）（而不是图表、公式）一定是更适宜的；当你试图呈现可靠的变量关系的时候，统计分析一定是更适宜的；当你试图挖掘深层机制的时候，猜想、洞察力一定是更适宜的；当你试图建构意义的时候，思想和修辞一定是更适宜的。管理研究包括所有这些面向，也必须接受某些方式的直观性，可见性；接受另一些东西的模糊性、默会性（tacit）。管理乃至人类组织、社会的复杂性怎么可能只有变量关系这么简单的问题呢？——管理学界正在做这样的努力吗？

关于研究对象：它不是传统上的那种客体，它是主体，也包括我们自身，尤其包括我们所熟悉的社会、组织生活。不要指望一个从来没有乡村生活的研究者真正理解“黄河边上的中国”。反之，如果我们的研究从来不涉及自己最熟悉的组织，比如学院、大学，管理研究的可靠性也令人怀疑。理论家常常把自己置于以自我为中心的困境中。这些理论家总是用自己的理论来解释他人的行为，而自己却置身事外（班杜拉，2016：14）。再强调一遍，管理研究不是二元对立的“主—客”关系，它是主体间性的，管理知识（理论建构）是靠主体间的共建才能够完成的。

关于研究者：上述要素共同塑造、影响着一个管理研究者成为何种特殊的“研究装备”，我们都有特定的经历、知识结构、视野（视角）、研究技术、语言习惯、价值观及审美标准。一个建模的高手、统计学专家、叙事的好手都有可能成为管理研究的修辞家。

关于洞见：笔者将洞见划分为两个部分，洞见 1 指问题意识，洞见 2 为“真正”的研究成果（理论）。两者的表现方式显著不同，似乎很容易识别，比如洞见 2 主要以模式、图示呈现。模式关乎机制，强调事实；图示关乎意义，关注可能性。当然，洞见 2 几乎不应该具备任何规定性的企图，而只应该是启发性的。另外，按照本文的理论观，新奇的概念和命题，以及激发联想、类比的“隐喻”都应该被看作“洞见”。正是因为笔者的诠释学倾向，笔者也不认为能给出两种洞见任何“客观”且具“操作性”的标准。笔者也怀疑逻辑和证据在其中能扮演多么重要的角色，如果理论是对自我生活的回应，波折绝不会自我欺骗，笔者对于人类社会、组织知识的认可或笃信，是当且仅当其是客观、正确的。笔者更愿意相信移情性，相信通感。因此，笔者愿意尝试为洞见做一番描述：它是一个在黑屋子里打转的人，突然从一条缝隙、一扇窗户，甚至一面倒下的围墙看到光亮时所感受到的那种讶异和惊奇。作为研究者，即使我们心怀妒忌，也必须承认，那是一种从未想到，甚至无法想象的关于可能性的指引，最为重要的，那将是一瞬间的获得感。

关于价值观：这是最后但却可能是最重要的议题。如果研究者能像 Chia 那样把“学术”当作“志业”（韩巍，2015），如果我们有一份对待管理研究的真诚态度，如果我们不会轻易屈服于“权威、潮流、社会（组织）压力”，作为一名中国的管理研究者，如果我们能保持成长经历中的良好品质，同时反思社会化过程可能带给我们的诸多困扰，在批判性直觉上更加犀利、坚定，在研究范式、方法上更加包容、务实，我们的努力才值得期待吧？问题是，中国管理学界正在发生这样的变化吗？

4. 结束语

我是谁？什么是我的立场？（哈夫，2016：276）其实我们不必非得是理论的建构者或是优秀的研究者，能做一名称职的大学教师足矣！私下交流的时候，笔者曾向陈明哲老师讲过一个“偏激”的观点，对于中国大学里绝大多数管理学同行，或许“To be a qualified teacher is enough”。他不假思索地回答：“More than enough！”也许这两三代中国管理学者不必急着去建构什么理论，先端正我们对待学术的态度，再尽可能翔实地记录那些已经和正在发生的管理实践，留下一些经得起时间检验的经验素材，我们总会等到“未来无疑将取决于那些比我更有能力洞察事件和过程的学者”（斯托，2016：188）。笔者并不是个对伟大头脑言听计从的人，但在这一点上，笔者举双手赞成。对于本土管理理论建构这个热门话题，笔者绝不乐观。笔者很愿意给出一个清单作为本文真正的结束语，当然也可以自负地说，这就是笔者问题意识和洞见的折射：

你有足够丰富的生活经历、惯有的敏感、好奇心和一贯的质疑精神吗？你确定你对研究对象，在经验上，有足够的了解吗？你有这样的机会吗？你确定你善于且敢于对权威、现实提出一系列质疑吗？你确定你对现实的抽象，以及对各种抽象构念关系的猜想是经过“竞争性筛选”，从而足够强劲的吗？除了实证研究（假设—检验），你还了解其他研究范式或其他研究方法吗？你身处一个优良的学术平台吗？你有足够多的人脉、资源以确保你的猜想得到推广吗？你能等到被授予“终身教职”吗？你更愿意写一本书而不是发 N 篇文章吗？如果你能对上述问题给出比较肯定的答复，那么，如果再碰巧，你还是命运的宠儿，1/1 000、1/10 000 的那个 1，就尝试去构建一个新的管理理论吧！

回顾及反思

不记得是哪年哪月了，一日，同事曾宪聚老师问起案例研究的事情。笔者并不做案例研究，对案例研究的了解与大家相仿，也是主要来自殷的两本小册子和艾森哈特的期刊文章。曾老师的专长是战略研究,对案例研究方法倚重更多,理当更加熟悉。不过作为他的师兄,又比他年长几岁,就常摆出一副好为人师的样子,平日里他倒乐于配合。不过那日我手头的确有事要做。印象中他比较纠结在程序、步骤的细节。不禁脱口而出:“**洞见以下皆为修辞**!”话说得随意,但并非纯粹的无心之语。长期以来,个人的兴趣偏重“现象—理论—哲学”,尤其关注管理研究中的多元范式问题,自然对各种研究方法都略有了解。当然,我向来对程序、过程的细节并不十分在意,无论是定量研究,还是质性研究,主要侧重它们如何与问题相匹配,如何呈现各自的学术“面貌”、现象及解释的“反常性”,特别是有无“启发性”。李平、曹仰锋翻译的艾森哈特的那套文集收录了她的多篇经典之作,尤其是1989年为案例研究开疆拓土的基础文献,但我最喜欢的反而是最后一篇,因为她提出了一个很有趣的命题:关于战略的新解。

唐纳德·N. 麦克洛斯基(Donald N. McCloskey)的社会科学修辞对笔者产生过影响,后来也关注过叙事研究。表达是“双重诠释”的体验,那一刻曾老师恍然大悟的样子,让笔者意识到这句话可能的启发性。想想看许多年来,自己看了多少文献,见识了何其多样的方法,但真正眼前一亮的概念、假设、命题、框架又有多少?因缘际会,当我终于有机会细读《管理学中的伟大思想》时,突然意识到这个口号式命题的归宿,遂有此文。坦白讲,把“伟大思想”与“管理学”联系在一起,内心是颇有些抵触的。认真阅读后依然是“大不敬”的感受,这篇文章发表的时间不长,时至今日,我依然“初心不改”,却愈发觉得管理研究寡淡无趣了。

一篇诠释性文章本不该有过于“结构化”的内容。文末的那个理论建构的影响因素模型算是意外收获。比照这些“伟大思想”者的学术经历,回望自2000年以来追随导师席酉民在本土管理研究上的感受,自然而然地,脑海里就生成了这么一幅“图画”。管理研究为万千普通的你我创造了饭碗,能在理论上有所建树实属不易。个人努力有之,人脉关系有之,机缘巧合有之。好在管理学者建构理论的成败,从来都无伤大雅。

关于“洞见以下皆为修辞”,后话更值得玩味。北京大学光华管理学院的周长辉老师因此还与笔者有过短信互动,以他的“洞见即修辞”,到我们不约而同的“一切皆为修辞”〔其实西方哲人早有此说法,见威廉斯(2013):2〕,最后以周老师的《可以不说》、我的《不得不说》,以及周老师的《说是梧桐》等一组小诗(当然非周老师所长之格律诗,乃自由体耳)作结,算是暂时休兵。这组小诗顺便录于文后,博读者一笑。

可以不说

老海①

括号内的
是修辞

但括号外的
未见得就是洞见

括号外的
是修辞

但括号内的
未见得就是洞见

括号本身
也是修辞

不用括号
还是修辞

一切皆为修辞
包括你说的
所谓洞见

不修辞
你说啥

洞见
可以不说

(作于2018年11月26日,27日20:44收到)

不得不说

笔者

花了不少时间
想弄清楚
多元范式
多种方法

读了些文章
高大上的那类

少量有启发
多数如云烟

师弟总纠缠
案例研究的套路
有点儿烦了
突然抖了回机灵

① 周长辉老师笔名。——编者注

管什么 paradigm
管什么 methodology
问题才 make sense
洞见以下,皆为修辞

语境是理解的前提
不然,误会丛生
语意并非那么确定
但愿,灵犀相通

说是修辞就修辞
喜欢实证就实证
说是洞见就洞见
喜欢诠释就诠释

我们都很无知
又都自以为是
不争了,不必争了
我瞥见天边的星星了
周兄,你那边也是晴空吧

(完成于 2018 年 11 月 27 日 21:21,即刻发送给周老师)

说是梧桐

老海

说是梧桐
就是梧桐
说不争了
就不争了
说看见星星了
就看见星星了

(作于 2018 年 11 月 27 日,21:25 收到)

参考文献

JIA L D, YOU S Y, DU Y Z. 2012. Chinese context and theoretical contributions to management and organization research: a three-decade review[J]. Management and Organization Review, 8(1): 173-209.

SUTTON R I, STAW B M. 1995. What theory is not[J]. Administrative Science Quarterly, 40(3): 371-384.

WEICK K E. 1995. What theory is not, theorizing is[J]. Administrative Science Quarterly, 40(3): 385-390.

阿吉里斯.2016.组织中的双环学习:一个行动视角的理论[M]//史密斯,希特.管理学中的伟大思想:经典理论的开发历程.徐飞,路琳,苏依依,译.北京:北京大学出版社:209-222.

奥尔德姆,哈克曼.2016.工作特性理论是如何形成的[M]//史密斯,希特.管理学中的伟大思想:经典理论的开发历程.徐飞,路琳,苏依依,译.北京:北京大学出版社:124-138.

巴尼.2016.不平等从何而来?——资源基础理论的个人和智力根源[M]//史密斯,希特.管理学中的伟大思想:经典理论的开发历程.徐飞,路琳,苏依依,译.北京:北京大学出版社:223-241.

班杜拉.2016.社会认知理论的形成与发展[M]//史密斯,希特.管理学中的伟大思想:经典理论的开发历程.徐飞,路琳,苏依依,译.北京:北京大学出版社:9-30.

波特,斯蒂尔斯,莫迪.2016.员工对组织的态度有用吗?——有关员工组织承诺的研究[M]//史密斯,希特.管理学中的伟大思想:经典理论的开发历程.徐飞,路琳,苏依依,译.北京:北京大学出版社:139-152.

陈明哲.2016.学术创业:动态竞争理论从无到有的历程[J].中大管理研究,3:1-16.

陈晓萍,徐淑英,樊景立.2008.组织与管理研究的实证方法[M].北京:北京大学出版社.

弗鲁姆.2016.期望理论的起源[M]//史密斯,希特.管理学中的伟大思想:经典理论的开发历程.徐飞,路琳,苏依依,译.北京:北京大学出版社:191-206.

福尔杰.2016.走向"公平"之路[M]//史密斯,希特.管理学中的伟大思想:经典理论的开发历程.徐飞,路琳,苏依依,译.北京:北京大学出版社:46-69.

弗里曼.2016.利益相关者理论的开发:一种特殊的方法[M]//史密斯,希特.管理学中的伟大思想:经典理论的开发历程.徐飞,路琳,苏依依,译.北京:北京大学出版社:331-346.

弗里斯.2016.宏大理论与中层理论:文化因素如何影响理论构建和对工作主动性的理解[M]//史密斯,希特.管理学中的伟大思想:经典理论的开发历程.徐飞,路琳,苏依依,译.北京:北京大学出版社:70-89.

哈夫.2016.管理与组织认知学:连贯性群岛[M]//史密斯,希特.管理学中的伟大思想:经典理论的开发历程.徐飞,路琳,苏依依,译.北京:北京大学出版社:262-280.

汉布里克.2016.高阶理论的起源、迂回与教训[M]//史密斯,希特.管理学中的伟大思想:经典理论的开发历程.徐飞,路琳,苏依依,译.北京:北京大学出版社:90-104.

韩巍.2014.哲学何以在场:中国本土管理研究的视角[J].管理学报,11(6):781-787.

韩巍.2015.管理学在中国:学术对话及意义生成[J].管理学报,12(8):1097-1108.

韩巍.2016.边缘姿态、本元追问、为学为人:评《学术创业:动态竞争理论从无到有的历程》[J].中大管理研究,3:28-31.

韩巍,席酉民.2009.自我呈现及反思:组织管理研究的一种补缺性方法论[J].西安交通大学学报(社会科学版),3:31-39.

韩巍,席酉民.2015.下属改变世界:领导-下属互动机制的本土建构[J].西安交通大学学报(社会科学版),35(2):1-15.

怀特海.2010.思维方式[M].刘放桐,译.北京:商务印书馆.

黄光国.2013.社会科学的理路[M].3版.台北:心理出版社.

贾良定,尤树洋,刘德鹏,等.2015.构建中国管理学理论自信之路:从个体、团队到学术社区的跨层次对话过程理论[J].管理世界,1:99-117.

里茨尔.1999.社会的麦当劳化:对变化中的当代社会生活特征的研究[M].顾建光,译.上海:

上海译文出版社.
李平，曹仰锋.2012.案例研究方法：理论与范例——凯瑟琳·艾森哈特论文集[M].北京：北京大学出版社.
卢梭.2016.心理契约理论的开发[M]//史密斯，希特.管理学中的伟大思想：经典理论的开发历程.徐飞，路琳，苏依依，译.北京：北京大学出版社：153-173.
洛克，莱瑟姆.2016.目标设定理论：借助归纳法的理论开发[M]//史密斯，希特.管理学中的伟大思想：经典理论的开发历程.徐飞，路琳，苏依依，译.北京：北京大学出版社：105-123.
罗思曼.2006.还原论的局限：来自活细胞的训诫[M].李创同，王策，译.上海：上海译文出版社.
麦克洛斯基，等.2000.社会科学的措辞[M].许宝强，等译.北京：生活·读书·新知三联书店.
比奇，米切尔.2016.镜像理论[M]//史密斯，希特.管理学中的伟大思想：经典理论的开发历程.徐飞，路琳，苏依依，译.北京：北京大学出版社：31-45.
明茨伯格.2016.开发关于理论开发的理论[M]//史密斯，希特.管理学中的伟大思想：经典理论的开发历程.徐飞，路琳，苏依依，译.北京：北京大学出版社：281-295.
普费弗.2016.开发资源依赖理论：理论如何受环境影响[M]//史密斯，希特.管理学中的伟大思想：经典理论的开发历程.徐飞，路琳，苏依依，译.北京：北京大学出版社：347-364.
斯托.2016.承诺升级：一个组织理论的构建步骤[M]//史密斯，希特.管理学中的伟大思想：经典理论的开发历程.徐飞，路琳，苏依依，译.北京：北京大学出版社：174-190.
史密斯，希特.2016a.前言：管理理论的诞生过程[M]//史密斯，希特.管理学中的伟大思想：经典理论的开发历程.徐飞，路琳，苏依依，译.北京：北京大学出版社：1-5.
史密斯，希特.2016b.结语：向大师们学习如何开发理论[M]//史密斯，希特.管理学中的伟大思想：经典理论的开发历程.徐飞，路琳，苏依依，译.北京：北京大学出版社：452-464.
维克.2016.理论开发之旅：以意义建构为主题和资源[M]//史密斯，希特.管理学中的伟大思想：经典理论的开发历程.徐飞，路琳，苏依依，译.北京：北京大学出版社：311-327.
威廉姆森.2016.交易成本经济学：理论开发的过程[M]//史密斯，希特.管理学中的伟大思想：经典理论的开发历程.徐飞，路琳，苏依依，译.北京：北京大学出版社：384-402.
威廉斯.2013.真理与真诚：谱系论[M].徐向东，译.上海：上海译文出版社.
温特.2016.构建经济学和管理学的演化理论[M]//史密斯，希特.管理学中的伟大思想：经典理论的开发历程.徐飞，路琳，苏依依，译.北京：北京大学出版社：403-432.
徐淑英，任兵，吕力.2016.管理理论构建论文集[M].北京：北京大学出版社.
野中郁次郎.2016.管理组织知识：理论与研究方法的基础[M]//史密斯，希特.管理学中的伟大思想：经典理论的开发历程.徐飞，路琳，苏依依，译.北京：北京大学出版社：296-310.
祖克，达比.2016.制度理论和社会建构理论的演化：过程和结构[M]//史密斯，希特.管理学中的伟大思想：经典理论的开发历程.徐飞，路琳，苏依依，译.北京：北京大学出版社：433-451.

17 “非科学性”让管理研究变得更好

“蔡玉麟质疑”继续中

“非科学”(non-scientific)并非“不科学”(un-scientific)①,它也是理解生活的可能方式(Deplazes-Zemp and Biller-Andorno, 2012)。本研究借用“non-scientific”特指在管理研究中,那些不能满足实证研究基于测量、重在演绎—假设检验之形式要求的眼疾取向(如诠释主义范式,叙事、思辨方法等)留给人们的印象。当然,学界对于何谓“科学”及如何为科学分类,依然存在分歧。近期,邓晓芒(2016)就试图通过解析德语中的“科学”(wissenschaft)以纠正英文“science”给中文世界在“科学”认知上造成的困扰。

《管理学报》在2016年第8期的编者按中表示,以对中国管理研究发展状况的肯定和对中国管理研究国际学会(IACMR)“功莫大焉”的评价为背景,为了深化“中国管理研究国际化”和推进“管理理论创新”,于2016年7月发表了《中国研究国际化的演进与展望:中国研究国际学会(IACMR)的发展范例与社群构建》(张静等,2016)(以下简称《张文》),8月又刊登了《也谈中国管理研究国家化和管理理论创新:向张静、罗文豪、宋继文、黄丹英请教》(以下简称《蔡文》)的质疑文章(蔡玉麟,2016)。将《蔡文》的看法提炼为管理研究(的属性),是理论研究还是实践研究?除了“IACMR之路”,是否应该还有“德鲁克之路”?是否有必要形成本土领袖级组织奔向德鲁克之路?

笔者撰写此文的目的,并不是对《蔡文》的声援。然而,第一次实名发表文章的《管理学报》前主编蔡玉麟,观察管理学界十二载,其“呐喊”用意何在?表面上,《蔡文》因《张文》总结IACMR成立以来的工作业绩而起。深层次讲,不得

---

① 普特南(2006)用以指称那些无法还原为物理学话语的概念。

不钦佩《蔡文》作者的真诚，理解前辈的心结，即无论对于IACMR，还是什么其他管理学会（学院），面对管理学界表面繁荣背后的重重危机（郭重庆，2008；Tsui，2009）（按照席酉民的说法，学者们再不反省，就有被抛弃的危险[①]！），都不该急于“树碑立传”。或许在《蔡文》看来，IACMR就是管理学界诸多困扰的“始作俑者”，因此，才希望在管理学界举足轻重的IACMR能有更深刻的反思和更大的担当。

1. 对《蔡文》的简要回顾

（1）关于管理知识情境化及普适性的讨论。笔者认为，本质上，管理世界没有普适性知识，只可能产生情境化知识（Haggis，2008）〔（“去情境化知识，最多是一种幻觉”（Reed，2010）〕。《蔡文》所认定的那些“普适知识”，因循“实践成功（国力、文化影响力）—本土（情境化）知识生成—（跨地域）传播、渗透、扩散—被（落后地区）接受—（可能）被检验”的技术路径，既是学术运作的结果，也是典型的“社会建构”（Astley，1985；Gergen and Thatchenkery，1996；伯格、卢克曼，2009）。

进一步地，《蔡文》由“情境化”衍生出“文化特殊性”议题。作为佐证，《蔡文》引用了陈春花、郭重庆、徐淑英、任正非等提出的一系列问题（意识），据此认为这些问题都与“文化的特殊性”无关。但在笔者看来，“人为什么活着”这一问题，表面上“没有文化特殊性”的困扰，但如果进一步追问“中国人为什么活着”，则未必只有“普适性”。与之比较，“组织为什么以及如何在中国情境下生存”才切中题意，才是“情境、文化特殊性”的影响所在。《蔡文》直接引用了几位学者、企业家的重大关切：郭重庆的“国家创新体系”本身就可能是“中国情境下”的问题；徐淑英提到“贪婪、贫富分化、政商勾结、企业社会责任”，就其现象和背后的机理，体现出了“文化特殊性”的影响；至于任正非提出“智能社会对管理的新挑战”，也未必是当务之急。中国企业家真正面对的问题或许难以进入公共论域。例如，同样是著名企业家的柳传志的那句声明：“坚决不当谭嗣同”（柳传志，2014）才是“文化特殊性”之所在。

① 互联网时代，管理学者们在引证方面也面临新的考验，本文的促成与学者在邮件（微信）群的互动交流密切相关，作为学者的自述文本，也有很高的“文献”价值。本文有几处类似的引用。考虑到邮件和微信平台“语境”的特殊性，的确存在曲解“作者”真实想法的风险。

《蔡文》提到德鲁克的“经典五问”，尤其是前三问：我是谁？我在哪里工作？我应该做什么？却也是反驳《蔡文》“情境化—文化特殊性偏见”的证据。因为这三个问题正在困扰着中国大学的广大教师。大家知道自己是谁吗（大学老师、研究者、论文制造者）？大家到底在哪儿工作（身在大学工作，但“大学”在哪里）？大家应该做什么（申请课题、发表论文、开展教学、服务社会且如何平衡）？

（2）关于管理理论创建及相关论述。笔者与蔡玉麟一样，对德鲁克心怀仰慕，但其在管理理论创建上的贡献却无须夸大，管理中大量复杂、具体的问题绝非德鲁克的思想、洞见所能覆盖。同时，《蔡文》中关于管理“知识属性和知识形态”的讨论虽不无启发，却不宜看作文章的重点。关于“理论创建”，更宜参看《管理学中的伟大思想：经典理论的开发历程》（史密斯、希特，2016）及《管理理论构建论文集》（该书与徐淑英和 IACMR 有密切的关联）（徐淑英、任兵和吕力，2016）。《蔡文》中“管理研究就是实践研究”的论断值得商榷。管理研究的对象是管理实践，但这不意味着只有“实践研究”。多元范式视角下的“实践”意味着“命题、规律、过程、意义、方案等”多重面向，自然不会只有“德鲁克道路”。“综合运用各类知识”未必不需要“分解、解析”，管理的某些具体问题恰恰可类比为“工程技术”问题，套用某些“科学原理”加以优化。当然，蔡玉麟认为这不是管理研究（蔡玉麟，2016）。

（3）《蔡文》看似正确却未经深思的建议。比如关于学术评价不是单纯比文章，“只比谁在中国情境中发现问题的能力更强，谁解决问题的效果更好，谁对中国政府、企业和非营利组织的发展贡献最大”。这种说法虽掷地有声，但实际上难以操作。发现问题的能力强，未必有提出问题的勇气（因为情境不允许）；解决问题的效果好，还要看依据什么标准、谁来判断（文化特殊性）。例如，IACMR 提升管理学院发表英文论文的能力就很强。至于对中国政府、企业和非营利组织发展贡献大，更需要界定何谓“发展”，且站在哪个情境下，由谁（权力拥有者）来做判断（情境及文化特殊性）。

本文最关注《蔡文》中的两个重要质疑，并希望学术争鸣的参与者既要客观公允，也要辨明道理。不然，一场严肃的学术争鸣就有可能蜕变为学术政治的噱头。具体如下：

一是《蔡文》依据 IACMR“反常”的演化轨迹，质疑中国管理学界“为何不少走弯路”，以及“IACMR 创会会长徐淑英为什么还要到中国来极力维护实证研究方法的主流地位呢？原本后发优势恰恰在于可以避免走不必要的弯路”（蔡玉麟，2016）。望文生义，容易产生不好的联想。徐淑英（而非 IACMR）从推崇“实证研究”，到强调“情境化”，再到呼吁“科学精神、社会责任”（Tsui, 2009；陈晓萍、徐淑英和樊景立，2008；Tsui, 2013）。在蔡玉麟看来，这一“反常”的思想进路似乎就是证明。但如同徐淑英与陈晓萍等合著的《组织与管理研究的实证方法》所显现的那样，把“Empirical Methods”翻译成“实证方法”；在书中又收录了黄光国老师那章“不和谐”的批判“素朴实证主义”（Naïve Positivism）的内容①，再参考徐淑英“不具备科学哲学家资格”的声明（Tsui, 2013）。这种认识上的“自我矛盾”，更有可能是徐淑英及其周边的核心学者，疏于了解管理学界的“范式冲突及哲学反思”所致。当徐淑英以一己之力进行反思、批判管理研究的弊端时（Gergen and Thatchenkery, 1996；Tsui, 2013；徐淑英，2016），以其目前在学界的地位却“后知后觉”就略显尴尬。但这不恰好说明徐淑英对于学术研究的真诚吗？现实生活中任何人都难免“后知后觉”，学术领袖（领导）有其感召力，追随者常会表现得“从善如流”，何况还有许多现实利益。即使领袖（领导）们指错了方向，也先不必“犯上作乱”。等到世易时移，大家自有一套合乎情理的生存逻辑（又是中国的文化特殊性！）为自己开脱。相信《蔡文》的指责也是针对IACMR而非徐淑英个人，这一点应该澄清。

二是“科学化未必是管理研究的正途”。《蔡文》中有作者的质问，“原来管理学者们的尊严是以牺牲管理理论创新和实践相关性为代价的”，并呼吁“管理科学化运动背离了管理学的根本属性，理应及早中止”（蔡玉麟，2016）。这支投枪几乎扎向每一个管理学者，也是《蔡文》提出的最重要的质疑。一方面，动摇管理研究的“科学性”会让研究者感到“不可理喻”，相信徐淑英（或IACMR）不会认同。哪怕是部分地失去“科学性”的管理研究如何持续接受国家自然科学基金的资助？另一方面，学界也有共识，至少颇具“科学样式”的实证研究有足够的资格捍卫管理研究的“科学形象”。由此，《蔡文》才会向以实证研究为主导范式，且维系着管理学术“科学地位”的IACMR发出“呐喊”。在此，本文提出一个适于管理领域学术争鸣的专有词汇——“蔡玉麟质疑”（并不对应本文的“质疑”）：由管理学界利益相关者（圈外人、边缘人）针对学术共同体主流成员在研究目的、研究态度及研究范式、方法，及研究成果评价等基础问题上的批判性反思。

---

① 《组织与管理研究的实证方法》一书的英文名称是“*Empirical Methods in Organization and Management Research*”。将“Empirical Methods”翻译为“经验研究方法”更为恰当。而“实证（的）”最对应的英文应该是“实证主义”（Positivism）的形容词“Positivistic”，鉴于西方管理学界对多元范式争论的敏感，多采用宽泛的“Empirical Research”而不是狭义的“Positivistic Research”。而该书收录的黄光国的《建构中国管理学理论的机会与挑战》一章，恰恰在批判素朴实证主义（Naïve Positivism）。

2. IACMR 的主导范式、成功之道及挑战

2.1　IACMR 为国际化而生，适合以实证研究为主导范式

与《蔡文》的视角不同，本文以为，《张文》还是较为客观地概括了 IACMR 的快速发展和已有成就，而且其对中国管理学界存在的问题也进行了反思（张静等，2016）。例如，管理学界在研究态度上具有“功利主义、机会主义、信仰缺失、群体迷失”；不仅承认实证研究在 IACMR 的主导性，也坦诚其在理论建构的不足且存在割裂现实的嫌疑（稍有遗憾的是，该文作者没有意识到把诠释学、现象学归为“后实证主义”的错误）。《张文》以学术社群的视角对中国管理研究的国际化，从“商学院（管理学院）的角色，学者的自觉反思与行动建议，学术期刊（选稿多元化）、学术会议、官方学术机构”多方面提出了一系列设想。对应三个阶段“待解决问题”，即“研究范式的反思，研究道路的选择，科学研究主体应该如何行动与落实”，主张多元范式、现象驱动、情境研究，并具体化为“严谨与实用”的两手抓、“情境与普适”的平衡，这不是当下管理学界应有的共识吗？

当然，《张文》也存在一些缺失。例如，既然《管理世界》《管理学报》发表了一些反映本土情境、规范严谨的案例研究论文，除了“严谨性”，是否做到了“情境与普适”“学术严谨性与实用相关性”的平衡却只字不提。前文归纳起来显示“贡献有限”，后面又说“催生了一大批优秀的学者和研究成果”（张静等，2016），其判据又是什么？其实这种自我矛盾并不难理解：第一，IACMR 的最大诉求是“国际化”，是“国际（顶尖期刊）发表日益增加，中国管理研究占有一定地位，获得一定认可”。应该欣赏该文作者们的诚恳，他们也注意到郭重庆的警告，追求在国际顶级管理杂志上发表论文，可能面临“背离中国管理实践、隔靴搔痒的问题”（张静等，2016）。第二，IACMR 最习惯的措辞是“严谨性”“普适性”，而严谨性更是根本，所谓兼顾“实用相关性”更像是应景的修辞；“先做本土”只是手段，“最终普适”才能达到目的，而且最终还是要“走向国际化”，其内在逻辑清晰可见。

在学者邮件（微信）群的讨论中，赵向阳对《蔡文》的归纳理解是：比照中国管理学界 15 年和北美主流管理学界 60 年的经验，IACMR 的学术主张，即“把管理当作一种科学来研究”“实证主义的经验研究”和“国际化”，看起来是“此路不

通”的。笔者的理解是：当且仅当“把管理只当作科学来研究=实证主义的经验研究=国际化”时，此路不通。有理由确信，这不是对IACMR的妄加揣测。但考虑到IACMR“追求卓越、灵感之源、学术责任和奉献精神”的核心价值，以“为国内外从事中国管理研究、教学以及实践的人士提供交流与合作的平台”为目标的理想，“以科学为诉求的实证研究主导的国际化”足堪重任吗？

因为要国际化（主要是在美国杂志发表英文文章），自然要取径国际主流的风向标。一方面，IACMR创立者的范式偏好对该组织的影响巨大；另一方面，对于绝大多数海内、海外的华人管理学者，要发表英文论文，最擅长的只能是“实证研究”而不会是“理论建构”“哲学思辨”和“描述、叙事”。由此，IACMR十多年的发展历程，充分佐证了IACMR推进国际化的坚实脚步，以及对实证研究范式的倚重。

实证研究范式作为一种广受关注且被普遍接纳的研究立场和技术路径，其背后的“实证主义”（Positivism）尽管在哲学世界早已备受责难（胡塞尔，2005；伽达默尔，2007；吉登斯，2003），但在大学（学院）合法化过程中，却具有天然的优势。因为①基本诉求和样式非常符合大众（客观、普适、规律；理论—假设—测量—数据—统计分析）的预期；②秉持实证研究范式的学术共同体成熟较早，有清晰的研究路线和优选的研究方法，使其在生产研究成果，尤其是批量培养学术接班人方面表现突出；③实证研究范式在学术竞赛中的成功（仅以心理学、经济学、社会学三大管理学上游学科为例），建立并维系了管理学科的合法性地位。可以设想，如果在中国，没有“管理科学和实证范式主导下的经验研究”，而是以“诠释主义和批判理论”或其他范式为哲学基础，“管理研究”怎么可能被国家自然科学基金所接纳？本文无意诋毁实证研究，从而指责IACMR的所谓原罪。况且，至少从《张文》的发表经过几任主席审定这件事上也能窥见IACMR对多元范式的响应。

事实上，范式之争尽管旷日持久、难见分晓，但多元范式早应该是国际管理学界的常识（Morgan，1980；Lewis and Grimes，1999）。面对中国典型的多层次嵌套（尤其是纵向权力结构）情境下的组织管理研究，该如何处理“外生—内生因素”的影响（情境及分析单位）？如何判断（控制）那些“难以测量、不可测量”因素的影响（数据的可靠性）？尽管自然科学同样会遭遇这种“尴尬”，但其理论猜想“精准”的预测能力远非管理研究可比，这是因为管理研究有太多相反的证据以及令人失望的成果复制率。[①]

鉴于此，管理学界有必要反思实证研究的“霸权”地位。例如，管理类学术期刊曾经发出的“只发实证研究文章”的声明，历史地看，这是多么掷地有声的“笑话”（韩巍，2011）！“学术霸权”并非一种草率的政治化标签，它意味着实证研究者会用自己专属的“技术（严谨性）规范”去苛求其他范式的研究者遵循一致的标准（忽视范式之间的不可通约性，很多实证研究者严重缺乏这方面的认识）（Scherer and Steinmann，1999）。大家经常听到如下的忠告：要“客观、严谨，数据在哪里，是否普适”等。总之，实证研究者所不知道的，只剩下错误和荒谬（韩巍，2017b）。坦率地讲，以西方管理学界多元范式的“标准”衡量中国管理学界的国际化程度，实在差强人意。仅就这一现象而言，IACMR 就需要反思其巨大影响的偏颇。

人类在逻辑和事实（这是学术共同体多数成员的共识，也不过是社会建构的产物）以外，还有其他的面向和诉求（比如“科学”信念），而在“科学主义”盛行的管理学界，必须学会倾听不同的声音，寻求某种“最大公约数”式的和解。试想，在今天这个信念、取向复杂多变的时代，如果不能彼此包容，不求助权力，社会何以前行？永远依靠权力，社会如何进步？

人类是需要信念的物种。作为一名管理研究者，可以抱持作为“科学家（科学工作者）”的自我认同，相信自己在从事“科学研究”，但也应该意识到我们对于“科学、科学研究”的过度信赖（尤其在人类生活中）并不可靠。管理的复杂性需要大家放弃对“社会工程”的妄想而转向对“多重可能性”的想象。关于那些显然建构于自身社会化过程的“信念”，需要不断反省且应该接受别人（实践者、同行及哲学家）的质疑。比如，IACMR 成立之初，中国香港及台湾地区的社会心理学本土化研究已声名远播，假如黄光国的“多重典范”（黄光国，2013）从一开始就成为 IACMR 社群中的一种强势声音，那么，至少今天对于多元范式的呼吁和讨论就会深入细致得多。

2.2 IACMR 成功的“秘密”

学者喜欢心怀天下，但总应该先把自家的事情做好。难以理解为什么“定位”于国际化之补缺（niche）市场的 IACMR 会在中国管理学界产生如此巨大的

---

① 参见 Tsang and Kwan（1999）中提到的雷蒙德・哈伯德（Raymond Hubbard）等人的系列研究，当然，Tsang and Kwan（1999）对“低复制率”也做了辩护。

影响。难道有那么多学者、有那么强烈的意愿要把自己关于中国组织管理的研究成果（暂且勿论对于中国组织管理实践者的价值）首先（主要）推介给西方管理学界吗？[①] 是为了“学术自信”（至少暂时地，不过是修修补补）（郭重庆，2008；Tsui，2009），是为了中国组织管理实践（有多少中国管理实践者会读英文文章），还是为了“拯救”世界（期望成为全球管理实践者的向导）以发扬伟大的国际主义精神？为此，大家千辛万苦、绞尽脑汁、各显神通，耗费了多少精力、资源，甚至丧失掉了学者（学术）的尊严。

《张文》有一句语焉不详却得以窥测端倪的表述，IACMR 的成功“正好对应了中国管理研究快速实现国际化的进程”（张静等，2016）。这正是《蔡文》忽视中国情境（所谓“时势造英雄”），由此过分苛责 IACMR 的偏颇所在。当然，有必要修正《张文》的判断，不是“中国管理研究快速实现国际化的进程”，而是整个中国社会都在“发展是硬道理”的感召下，不遗余力、不计代价地热衷于创造以 GDP 为导向的经济（社会、大学）繁荣。一方面是大学数量和容量的迅速扩张；另一方面是大学在官方主导下进入普遍依赖发表论文、国家课题、研究基地、名牌工程、“江河湖海”学者等体制化、指标化的校际排名竞赛。而最关键的就是论文发表，是“SSCI（SCI）论文发表”及按期刊排名的“高水平 SSCI（SCI）论文发表”。整个大学系统以标杆学院行之有效的制度安排为参照，围绕中英文期刊排名你追我赶，逐步实现了借由论文发表，尤其是 SSCI（SCI）论文发表与个体（群体）职称、获奖、荣誉及经济利益的紧密捆绑。试想，发展历史短暂、研究规范性欠缺却急需提升“产量、质量”的中国管理学界，面对秉持“追求真理、造福世界”宏伟愿景，携主流研究范式的技术专长，加之其核心成员优异的英文发表记录的 IACMR，怎么可能不“从善如流”？况且经验证据表明，单纯从英文论文发表的“数量”和从事国际主流范式研究人才的培养上，IACMR 的确功勋卓著（张静等，2016）。

必须承认，在这场管理学界风起云涌的学术竞赛中，“实证研究”对比其他范式的研究方法优势明显。它以研究方法训练（掌握研究工具）为主，允许保持与经验世界的隔离（常采用问卷调查法、“简易”的实验法收集资料），从既有理论视角（常以文献为问题意识的源头）出发，遵循“（演绎）假设—检验”的研究进路，容易形成“短平快”的研究成果。尤其是因应高等教育快速发展背景下大批

---

① 管理学界有一种非常形象的说法，学术研究是一场奥林匹克竞赛。如果学术研究果真可以这么比喻的话，常识而言，也不该是一场“全民运动会”吧。

量生产研究生及提升论文发表数量的需求压力，IACMR 的出现既是“雪中送炭”（对普通学院），又是“锦上添花”（对重点学院）。时至今日，管理学界终于普遍认为，做一名“国际主义”管理研究者（发表 SSCI/SCI 论文）的贡献显著大于一名“民族主义”研究者（发表中文论文）。

当然，管理学界也存在另一种声音。例如，陈明哲明确表达过对“学术评价指标化”、科研“排挤”教学以及美国管理学界现状的不满。笔者在与其的交流中曾达成过一个口号式的共识，对于中国商学院（管理学院）的大多数老师（不是参加学术奥林匹克竞赛的合格选手），“To be a qualified teacher is more than enough”（做一名合格的教师就足够了）。他认为，“发表国际论文”绝非中国管理学界的当务之急，而是应该强调管理研究的“经世致用”（陈明哲、吕力，2016）。

显而易见，在中国当下的情境中从事研究，无论陈明哲的主张还是黄光国的反思，都不大可能是彼时“最可行”的选择。因为前者不够“与时俱进”，后者涉嫌“清谈误国”。徐淑英从 2009 年以来的真诚反思，先勿论其方向感的对错，又有多少管理研究者受其感召转向具有“社会责任”的研究？又有几所管理学院值得被冀望秉持“做负责任科学”的核心价值呢？当现实利益被迅速制度化而广泛扩散的时候，个人何以对抗学院，学院如何对抗大学，又怎能期望一所大学对抗教育部及整个社会大局？于此，“同情之理解”或许比“平庸之恶”更符合集体意志。可悲的是，类似的戏码反复上演。

2.3　IACMR 的“资产与负债”

如果 IACMR 只是意在中国管理研究“国际化”的学术组织，笔者不仅完全认同《张文》的概括，也会对《蔡文》的苛责表示遗憾。必须承认，IACMR 在实证研究研究方法规范性和 SSCI（SCI）论文发表方面卓有成效的努力，已成为中国管理学者走向世界学术舞台最宝贵的资产。

然而，尽管《张文》、徐淑英对实证研究范式有所反思，但其思维惯性却并不易消除。笔者以为，实证研究远不如其所承诺的那么“客观”，其拥护者对待现实的“主观性”随处可见（韩巍，2011），常常把复杂的组织管理现象用特定的理论视角加以剪裁，意图用很少的几个“既有构念（变量）”间的关联昭示某种稳固、可靠、深层的经验规律。很多实证研究者怀揣成为“pure scientist”的梦想，致力于提供“去情境(去时间、去空间)”的普适性知识。即使意识到情境的重要性，他们却依然期望通过“实证研究方法”以消解情境化对于普适性的羁绊(韩巍，2017a)。但现实的复杂性，尤其是管理实践中的“时间性、空间性、系统性、特殊性，以及人的不确定性”，使得实践者很难对管理学者所生产的琐碎知识有切实的感悟和友善的对待。他们习惯于使用“严谨”“科学”“实验”“统计分析”这样的词汇建构一幅自我防卫的“学术画卷”，但常常对科学研究中最为基础的“测量”问题态度轻慢，也很少为大量“常识性的假设”感到犹疑。

作为一个着力培养青年研究者的学术组织，应该意识到，实证研究的“比较优势”尽管容易催生当下学术情境中的精英学者，但长期接受这种单一范式的训练并得以自我实现的研究者，会逐渐远离现实，难以从管理实践的困扰中形成问题意识；会习惯于忽视现实的复杂性，把管理研究等同于抽象概念关系的摆弄，从而造成长期危害管理研究的两种“负外部性”：①在管理实践(者)面前，缺乏经验常识及学术洞见的幼稚化倾向；②在学术共同体内部，坚持对复杂现实过分简化的研究习惯(单一范式的主导地位)，加之评价机制的裹挟，呈现出“求知—发表”的分裂。如果管理研究只等同于这种“游戏”而且代代相传，IACMR受人诟病也就显得“名至实归”。作为多元范式的提倡者，笔者从内心尊重那些真诚的实证研究者的抱负和雄心，但在预祝他们描绘出人类组织生活的那张终极画卷之前，请认真对待“测量”的可靠性，请提出一些“反常的假设”，请穿透现象的迷雾揭示深藏其中的机制，否则，越坚实的“科学主义”信念就会成为越远离“科学精神”的负债。总有一天，有人会为管理学界所取得的成就重新建立一张“资产负债表”，因为有必要更客观地评价(审计)当下那些给研究者带来可观利益的SSCI(SCI)论文，到底为这个世界贡献了什么(尚虎平、惠春华和叶杰，2012；韩巍，2014)。

3. 再谈多元范式

争议，至少表明彼此的诚意；反思，至少证明管理研究者还有关乎意义的诉求。徐淑英自2009年以来的呐喊足以展现其作为学术领袖的担当，却未必没有碰到“两边不讨好”的尴尬。同道人不理解她的批评、反思和呼吁；而“外人”则可能怀疑她始终走不出自己最习惯的实证研究范式禁地。笔者在此提供一个问题驱动及实例剖析基础上的解读。

3.1 不要空洞的多元范式，让问题决定方法

尽管在广泛的社会研究领域，实证研究范式依然占据主流，尤其在学院体制化的学术中“比较优势”明显，但面对复杂的人类组织生活，多元范式应该已是学界共识。问题是虽然很多人开始习惯使用“多元范式”的说法，但从认识上还是存在很大分歧。笔者希望用另一种叙事（诠释）方法，再提供一些“多元范式”何以必要且何以可能的线索，以突显一个最为重要的多元范式立场，即问题决定方法！

问题1　你想知道企业到底发生了什么。　你可以选择多种范式，但可能更适宜采用人类学、民族志、现象学描述等方法，以及长期跟踪后的案例研究。尽管我们不认为可以重现那个“事实”，但这些方法相比主流的实证研究方法而言，应该更接近所谓的“真相”。

问题2　你想知道企业实践背后蕴含了什么（机制）。　你可以选择多种范式，但可能更适宜采用批判现实主义方法。不过，这种研究需要跨越足够数量的“具体情境”且需要深刻的洞察力。千万不要习惯于从既定理论视角提出一个自我满足的机制性猜想。

问题3　你想知道某种条件下（这种控制尽量与实践者的期待相符，不然就会犯无关且碎片化的偏误），**某些因素（构念及变量）的关系或作用机制。**这种情况下，请采用实证研究方法，或者先扎根再实证，或者先案例〔比如求助于李平、曹仰锋（2012）〕再实证的方法。其关键是可靠的测量以及“有趣、反常，有实践启发性的假设”。

问题4　如果你不相信管理实践背后会有什么本质规律，或者认为不需要什么规律，这时肯定不会选择实证研究范式，那么请采用诠释学的、叙事的方法，甚至诗歌的方法（布莱迪，2010），去展现实践的意义，提供更多可能性的猜想。

问题5　如果你认为明天应该更好，历史和今天已然问题丛生，那么就多读一点批判理论。例如，你一直是下属吗？你不觉得这个世界上有太多领导不够明智却非常顽固吗？等等，不一而足。可以保证，比如以“anthropologic”“ethnographic”“phenomenal”“longitudinal（case study）”“critical realistic”“interpretive”“hermeneutic”“narrative”“storytelling”等为关键词去检索一下相关数据库，你一定可以找到海量的文献以及研究范例，尽管那些文章未必发表在*ASQ*、*AMJ*、

AMR，或者 *SMJ* 等顶级期刊上，且那些文章几乎都不是中国（包括华裔）学者的作品。

为了迎接一个真正的多元范式时代，有必要谈到管理研究的学术训练。无论是博士还是硕士，无论什么学术背景、是不是中国人，在中国从事管理研究需要完善如下知识结构：①知识 1，情境知识，即学习一些必要的历史和社会学知识，多少弥补一下自己不知道“从何而来”的尴尬。②知识 2，范式—方法论知识，可以阅读黄光国（2005；2013）的《社会科学的理路》，或者纽曼（2007）的《社会研究方法：定性和定量的取向》〔甚至邓津、林肯（2007）的《定性研究（第 1—4 卷）》〕，而不是先看或只看《组织与管理研究的实证方法》及更多实证研究的示范文章（知识 2-1）。③知识 3，理论知识，因为（知识 2-{X}里的）选项远不止实证研究一种。因此，需要稍微宽阔一点儿的理论视角（涉及“个体—群体—组织”），这是一个艰苦而耗费时间的过程。④知识 4，经验知识，即多了解些当下组织管理中的（实际）问题（请注意，研究者所理解的问题未必是实践者所表达的那些表象层面的问题，尽管这里面蕴含着某种违背现象学教义的讽刺性。而且，如果我们不是那种见微知著型的天才，最好从人类学、民族志研究，找找接近现实的感觉）。最后，无论靠自己还是导师，要解决一个十分关键且涉及“规范性—严谨性之技术标准”的问题（实证研究者最该反思的问题），即被研究者所“发现”的“问题”需要何种研究方法与之匹配？请注意，不同范式对于“技术标准”“学术品质”有不同的理解（Scherer and Steinmann，1999）。

至于如何走向多元，或许不该表现得那么自负，谁有资格给别人指点迷津？因为这类似一场考试。

3.2 一份多元范式论者的“答卷”

在学者邮件（微信）群中，南开大学张玉利发问：“拿一个具体问题，大家各自依据自己的理论思想（范式——笔者注）谈怎么研究，是否更好？”并抛出两个问题：①人为什么工作？除了社会交往、经济利益，还有什么原因？②一个人如何向别人证明自己是清白的？[①]

关于问题①，首先假定大家对“工作”有一致的理解。实证研究者的思维习惯是作为“结果”的工作，必有诸如“社会交往”“经济利益”之类的“前因”，其挑

① 感谢张玉利的两个具体问题，激发了展现多元范式影响力的思考。

战在于“时间序列上的因果互动链”。作为特例，有些人其实并不需要工作。但如果以个人经历而言（不工作就是等死），更相关的问题是：为什么最终决定当一名大学教师？笔者的“想法”是：（尽量）拒绝过一种自欺欺人的生活。当然，这里有一个操作性构念，即“自我认同”可以与“社会交往、经济利益”相类比，但将“职业选择”解读为一段“becoming”“sense making”的生命历程更符合诠释主义者对生活的想象。进一步的问题是：今日之学术生活为什么让人感到难堪？笔者的“做法”是撰文批评实证研究范式的霸权（韩巍，2011），批评学院的学术评价办法（韩巍，2014）。事实上，作为一个本土管理研究者，还必须反复思考“工作”“大学教师”“学术研究”等概念的情境化解读及与“自我认同”的关系，这必然会涉及不同范式（经典或者建构）的扎根理论、现象学叙事及反身性（Cunliffe，2003；Alvesson and Sköldberg，2009）。

关于问题②，即针对张玉利提出的“如何向别人证明清白”，以下是一个多元范式及本土管理研究者心智地图的投射。鉴于情境的作用，先建构一个谱系式的认知框架（假定），一种极端的情况（端点 1）是每一个社会成员都很诚实，自然无须自证清白；另一种极端的情况是每一个社会成员都讲假话，几乎无法自证清白，除非由权力拥有者裁定“我的清白”且无论我是否清白（端点 2）。人们会自认为生活在这两个端点间的某个位置，有时候会倾向端点 1，有时候会接近端点 2。

如何向别人证明自己的清白？哲学家会说：“我清白，当且仅当我是清白的。”这很深刻却也“荒谬”，因为生活世界里很难满足这种“真值条件”。设想一个具体的情境：场景 1，在一个狭窄的巷子，我骑着车子，对面走来了一位 70 岁的老人；场景 2，老人倒在地上，我扶着车子站在一旁。

情形 1，我不用自证清白。因为摄像头拍下了事件的完整过程（而且录影不能无故消失），因此“铁证如山”——这是实证主义的胜利，其实我向来推崇（自然）科学。

情形 2，我也不用自证清白。因为有证人在旁，并向警方（假定他们明察秋毫）详细描述了事件的经过，听起来与录影有一样的效力——这几乎还算是实证主义的胜利。然而，我不会那么乐观，因为其间必须引入太多“不可控制的条件”。比如，证人不能有性别、年龄歧视，其视力、心智、表达必须正常，并为人正派和正直等。但只要其中任何一个条件不成立，就可能无法证明我的清白。证人的确提供了一种描述，但那只是他/她所“看到”的“事实”——这是社会建构论的胜利。曾经确定性的世界已经终结，警察毕竟不是上帝。

情形3,我必须自证清白。在警方看来,老人、我、证人都描述了事件的经过。让情况变得稍微简单些,尽管表面上有三个“故事”,但某两个故事的重合度较高,警方会“看到”那个“事实”——这依然是社会建构论的胜利,而且需要诠释学中的“视域融合”(伽达默尔,2007)。作为特例,①警方有时也会犯错,我知道我撞了人,但我的修辞能力强,我被“证明”为清白,只有上帝知道另一个“事实”(情形3-1);②上帝偶尔也会犯错,我猜不出上帝会“看到”怎样的“事实”,更不用说警方(情形3-2)。

情形4,我无法自证清白。警方果然不是上帝,我不得不承担所有责任,尽管我是清白的。天理何在?(我比窦娥还冤)——我因为愤怒而产生了某种冲动(以下省略),这几乎就是批判理论(到底谁有权力以什么方式决定一个人的清白)要发挥作用的前兆了。

情形5,我拒绝自证清白。尽管我知道自己是清白的,我承担了所有责任,我准备做一回上帝!毫无疑问,这是信仰的胜利,与范式无关。

当且仅当上述表述没有带给大家在理解“自证清白”上哪怕一丁点儿启发,兜售“多元范式”就是拙劣的。若碰巧有所触动,那么引入多元范式的意义也就体现于此。当然,多元范式只是管理研究“自我救赎”的第一步,“问题决定方法”也不会有更多的承诺。笔者从《管理学中伟大思想:经典理论的开发历程》一书中获得的启发是,特定的生活经历、知识结构、视野(视角)、研究技术、语言习惯、价值观及审美标准共同决定了研究者成为“洞见者”的可能(韩巍,2017b)。

4. 冀望IACMR及“徐淑英难题”的消解

4.1 冀望IACMR:行动决定结果

参照前文,如果IACMR只承认“问题3”类研究的合法性,因而坚持采信“知识2-1”(见前文)类知识及匹配的研究方法继续“国际化”,则其他无意于国际化且持非主流研究范式的研究者,选择远离IACMR即可。但如果IACMR及其多数成员,确如徐淑英一样,抱持着“科学精神”和“社会责任”以及对那些优秀成果“修修补补性”的不满(Tsui, 2009; Tsui, 2013;徐淑英,2016; Jia et al., 2012),那么一次真正面向“实践、问题”的多元范式的转变就非常值得期待——管理研究需要直面中国组织管理的各类实际问题,以问题为驱动,选择适宜的分析单位,采纳多元研究范式及与之相匹配的研究方法,其呈现方式可以是数学模型、统计分析、现象表述、理论思辨等。而且，应该尊重不同范式在哲学立场、表达方式和研究品质判断上的差异。总之，它应该尽可能被研究者、实践者所接受，且能够启发研究者及实践者为一个更加美好的中国持续努力。

行胜于言，既然作为 IACMR 杰出代表的徐淑英在持续反思、批判"数豆子"的学术评价（Tsui, 2013），那么，IACMR 为什么不公开抵制当下盛行的学术评价方法？至少不该为"中国大学的学术 GDP 运动"继续背书。而姿态转换为行动的重要标志是 IACMR 需要仔细甄别其"优秀成果—经典论文"。通过出版、宣传、会议、工作坊让研究者，尤其是年轻学者，有更明确的努力方向；同时，大家对 IACMR 扩大中国管理研究国际影响力（发表英文文章）的作用深信不疑，也乐见高水平选手在国际学术"竞赛"中高歌猛进。

既然拥抱"科学精神"，就应该勇于质疑和反思，尤其是 IACMR 的内部反思。如何筛选出典范论文，IACMR 应有共识，不是从期刊档次的角度，不是从作者声望的角度，而是从"问题意识"的角度，从多元范式的"规范—严谨性（作为学术品质鉴别的比喻）"及"结论的启发性"上作出综合判断（韩巍，2014）。此外，IACMR 也可以调整自己对于"international"的理解，把向来被认为不够规范、严谨的"中文论文"包括进来（符合"国际化"的宗旨，试想，那么多中国管理研究者都需要一边吃着发展中国家的粮，一边为发达国家乃至整个世界操心吗?）。大家都深知这些研究在平均意义上的欠缺，但其中可能蕴含着某种重要的"问题意识"、新颖的理论视角、启发性的反常猜想、具有解释力的机制（模型）、原创性的认知框架，哪怕只不过是一个更加真实的"中国企业管理故事"。

既然强调"社会责任"，IACMR 就应该勇于接受批评和挑战，吸收相关学科的研究者和其他范式的研究者、管理实践者，组织不同学科/范式研究者间、研究者与实践者间的频繁互动。学术活动（年会、工作坊）不要只满足于设置那些"主流、严谨、发表"类议题，也不宜随着领导意志、社会热点、流行方法不断更新、变换焦点。借用美国管理学会使命的说法，为了使管理研究真正服务于"A better China"，IACMR 需要有更加明确的发展方向、更加专注的问题意识。本文以为，当代中国管理研究者需要积极回应以下问题：这里到底发生了什么？置身人类文明的历史长河，应该建构并维系什么样的组织？它们应是有效的、有操守的、有格调的。应该意识到，组织不仅塑造着新的成员个体，创造着新的群体生活经验，最终还会显著地影响到这个社会，乃至中国前进的方向和进程。最为重要的是，每一个人并不只是"客观现实"无助的接受者，我们都参与其中且责无旁贷。

4.2 徐淑英难题及“非科学性”研究进路的启示

为了表达对IACMR和徐淑英的期待，本文提出“徐淑英难题”，即管理学者为了追求“真知”①，而无法消弭其哲学立场（范式）与具体的学术实践的内在矛盾，以及偏好的研究方法与实际问题不相匹配的困扰。希望梳理以她为代表的一批真诚的主流范式研究者在朝向“本土情境”及“多元范式”之心路历程中所面临的挑战和困扰，能够从诠释主义立场给出另一种“竞争性”的研究进路。

徐淑英是华人管理学界公开撰文反思管理研究最多且影响力最大的一位学者（Tsui，2009；2013；徐淑英，2016）。从管理研究的现实困扰出发，徐淑英真诚但也是直觉性地从“主流实证研究范式”走向强调“情境化研究”，关注研究者的“社会责任”“科学精神”且为商学院引入“（认知与社会）两种价值观”视角下的更加“负责任的科学”。然而，朝向心灵的发现之旅却面临着多重挑战。在经验上，因为徐淑英对中国（学术研究）生态复杂性并不敏感，其倡议不免“曲高和寡”。现实中近乎完全反向的学术运作机制让她的美好愿望看起来近乎“海市蜃楼”。在学理上，第一，在坚定的实证研究者看来，情境化、社会责任、认知—社会价值的引入，事实上严重背离了实证主义的基本立场，是对“科学之客观性、普适性、价值中立”的公然消解，因而无法做到逻辑自洽。第二，认知和社会价值（近似的，事实与价值）的两分法，在哲学界只是一种“幻象”。抛开极端的相对主义观点不谈（世上没有不包含价值的事实，或者“没有事实，只有解释”——尼采）（Alvesson and Sköldberg，2009），至少在组织研究中，“事实与价值”始终是缠绕在一起的（威廉斯，2013）。实证研究者所“看到”（认知价值）的由“变量关系”编织的世界，隐含着其对普适规律（某种程度上近似于社会价值）的渴望；而诠释主义研究者所“看到”（认知价值）的由“意义之网”（格尔茨，2008）编织的世界，隐含着其对“可能性”（某种程度上近似于社会价值）的期待。而且，管理学界长期以来在“严谨性”与“实践相关性”的纷争，未必没有“科学主义”和“实用主义”价值观的嫌疑，而试图“平衡两者冲突”的折中看法是否又显示了另一种“实用主义的调和性”呢？

---

① 徐淑英习惯使用“真理”（truth）一词，也很清楚“绝对真理”并不适用于管理学语境（Tsui，2013）。何况，中文的“真理”确实有浓厚的意识形态色彩。笔者非常认同哲学家把“追求真理”当作一种内在的善，一种对美好生活的希望（威廉斯，2013），因此建议用“真知”取代“真理”，以突显研究者对待学术的那份“真诚”。

由此，本研究认为，面对异常复杂且多面向的管理实践，尽管徐淑英也接受“多元范式”，但她对管理研究“科学性”的坚定信仰和对“科学研究（测量—数据方法）”的强烈偏好，使她无法彻底了解“实证研究”在管理研究中的局限性，从而真正地接纳多元范式。徐淑英的确强调“情境化”，却依然坚持“变量化”情境观，从而难以揭示情境中那些“不易”测量、“不可”测量之重要因素的作用（更不用说特定情境造成的表达禁忌）（韩巍，2017a）。这会严重削弱经验研究中“表征”现实的准确性、可靠性。同时，实证研究者忽视管理知识的“社会建构性”（伯格、卢克曼，2009），难以分辨管理知识“情境性、普适性”的本质，该如何把握“普适—情境—普适”的转化？至于她提倡“社会责任”，引入“认知—社会价值观”，又如何与“客观性、中立性、普适性”达成和解？本质上，“责任”不仅是价值观的，更是政治的，最终只能诉诸权力（包括学术权力）。因此，无论如何孜孜以求，希望以“做负责任的科学”这种自我矛盾的价值观重回“追求真理”显然无法自圆其说。此即“徐淑英难题”。

在此，笔者尝试提出一条诠释主义的研究进路。而且相信，于“徐淑英难题”的消解，这幅“非科学”的管理研究图景具有显著的启发性：①管理研究是一种诠释（伽达默尔，2007；格尔茨，2008；利科，2012）（没有唯一的客观实在性），其目的在于对管理（社会）世界意义的理解（舒茨，2012），坦然承认价值观的在场性。②管理知识必然是情境化、本土化的（格尔茨，2014；韩巍，2017a）。经验上，承认本土知识有被广泛（普遍）接受的可能，但本质上这不是“客观真理”的胜利，而是成功的“社会建构”（伯格、卢克曼，2009），“普适性”不过是一种科学主义价值观带来的幻觉。③实证研究是“意义诠释”之特殊解，已成为维护体制化知识生产最有效且最具“科学样式”的研究范式，但绝不是“诠释组织之生活意义”（还原“事实”、发现规律作为意义诠释之特殊解）、更不用说改造世界唯一可靠的方式，因此，管理研究需要走向真正的多元范式。最后，也是最重要的，诠释主义者从来没有垄断“意义诠释”的冲动，希望通过不断地质疑、反思（反身性）、对话，以增进理解，共同携手致力于人类组织生活“向好”的转变。

作为“对理解的理解”的诠释学，在格尔茨（2014：6）眼里不需要被定型为一种超科学。在中文语境里，作者暂且称之为“非科学”。比照格尔茨（2014：7）的乐观判断，从“试图通过将社会现象编织到巨大的因果网络之中来寻求解释”，转变为“尝试透过将社会现象安置于当地人的认知架构之中以寻求解释”。尽管当下没有什么市场，但这是笔者可以看到的关于中国本土管理研究及理论建构的可能途径。

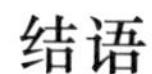

结语

全新解读《蔡文》的核心:不要以科学家自居,不要为了所谓"科学性"牺牲管理研究本质上"经世致用"的社会责任;不要为了"维护主流研究范式,夸大国际化的意义"而偏离科学精神。笔者深知,这种有点儿自我矛盾的格局,不单是某一种方法、范式,某一个学术组织或某一位学术领袖的过错,它是人类几百年来,摆脱宗教束缚,形而上学,凭借科学技术成功改造世界后形成的集体记忆。然而,"科学"本身一旦成为信仰,就可能"意识形态化"且逐渐远离其最初的经验事实,不仅变得日益封闭(利科,2012)且会走向它的反面,沦为"规训"的工具(凯尔纳、贝斯特,2011)。感谢科学哲学家、感谢后现代主义研究者(Alvesson and Sköldberg, 2009;威廉斯,2013;埃尔弗森,2011),让我们有勇气重新审视"客观、理性、科学"这些曾经比肩上帝的"真理性说辞"。我们至少可以好奇:人类的组织生活是否只有"客观、理性、科学"的面向(马尔库塞,2008),从而只需要且只能够从单一的"科学维度"去全面地理解和揭示(发现),进而奢望凭借这种狭隘的认知对管理实践指点迷津。

管理研究今天在全世界所遭遇的尴尬,不仅在于大家所争论的严谨性和实用相关性,或是情境化和普适性,更为根本的是因为集体性地为人类组织生活(个体生活)预设了一种太过单调的前景并加以信仰化。大家从历史、文化、社会获得了关于人类组织生活的"科学主义(实证主义)想象",就习惯于规划形形色色的"社会工程",包括大学及学术研究本身。由此,管理研究有必要转向一种全新的关乎"更多可能性"的意义生成过程,从而为"非科学性"留出空间。何况大家心向往之的"国际彼岸"不是早就这么做了吗?芭芭拉·查尔尼娅维斯卡(Barbara Czarniawska)描述过6类不同的组织理论:科学(主义)性的、革命性的、哲学性的、教育性的、民族志的以及诗意性(Weick, 2004)。

人类的组织生活不仅涉及效率、效益,还关乎责任、尊严、意义和审美(Ghosha, 2005; Adler, 2015)。大家都是茫茫宇宙中十分偶然的过客,但作为管理研究者,值得向往且追求一种经过审视的学术生活,无论是否自以为或被认为是一名真正的"scientist"。最后,请参看Van Maanen(2015)转引的"洞见":对于学术研究,只有两件确定的事情,一是我们终将被证明为错;二是我们都会逝去,成功的学术生涯不过是在我们临终之前,依然正确而已。

回顾及反思

这篇文章发表的时间不长，不完全因为篇幅，在《管理学报》编辑文稿时还是删掉了一个小节。作者与期刊的关系应该是良性互动的，必要的妥协也很正常。不过，让这部分内容得以公开还是值得的。因为它涉及一些比较基本且重要的管理哲学问题。另外，既然本文是有的放矢的学术对话，所谓争鸣的现实与理想面还有许多地方值得检讨、反省，乃至期待某种共识的达成。至于"非科学性"让管理研究变得更好的主张也说不上新奇，因为至少在英语世界里，管理研究早不是"科学主义"铁板一块的局面。所谓"科学"不过更像是"学术"的近似说法，意指一个缺乏内在统一且正在高度分化的学术共同体的"乡愿"。

"学术争鸣"的双重面向

笔者相信，很多管理研究者并不认同"All researches is interpretive"（所有研究都是诠释）（Gummesson，2003）的断言。本文主要以"诠释"的方式参与学术争鸣，虽然自以为意在澄清"偏见"，却可能又加深了"分歧"。笔者期待《张文》作者的回应、IACMR其他成员的回应，也期待徐淑英的回应。同时，笔者深知，学术争鸣既可以有清晰的学术交锋，也存在非学术的解读空间。以笔者的哲学立场，本质上，不可能有"纯粹"的学术争鸣，一如前文分析，"自证清白"就显得徒劳。

关于学术争鸣的学术面向：鉴于互联网时代"交流时空性"的变化，尤其是针对《蔡文》已经散布在微信（邮件）群的众说纷纭（其关注者可能超过学术期刊的读者），对于这场争鸣，笔者意识到需要对参与者和潜在的受众"有所期待"。如果对学术缺乏起码的诚意，彼此"漠视"大概是最好的选择；如果对学术尚怀有敬畏，或许还需要黄光国常说的"背景视域"，即对于管理世界的终极图景或某些基本问题有过思考、猜想和展望。笔者不再乐于进行专门的"哲学"讨论。管理研究者热衷于探讨哲学却仓促上阵，难免会显得尴尬。笔者深知，本文涉及的任何一个"哲学"概念在哲学界都少有共识且存在无休止的争论，包括使用频率最高的"实证（主义）研究"。为厘清大家可能存在的立场分歧，对管理学语境（专注于人类具体的组织生活，而非自然科学的习惯视域)再稍做说明。显然,绝大多数管理学者都是广义的“经验主义者”,却未必是严格的“实在论者”,倾向于认为管理知识主要来源于经验世界(极少数人也相信“虚构事实”可以作为知识基础),不过在看待经验世界的本质属性上的确存在明显的差异。第一,承认有一个外在于研究者的经验世界,有终极的、唯一的“客观实在”(objective reality)。管理研究就是准确的“表征(测量)实在”,就是要揭示(发现)深藏其中的“规律”,并持有一种难以辩驳的信念——只要不断改进测量方法,提升认知能力,就会逐步逼近“真理”,或者接受一个概率性的“真理”。第二,承认经验世界的存在,但不认为它是客观实在的,而是人类经由历史、文化、社会实践及学术活动等建构的“主观实在”(subjective reality)。因此,没有唯一的实在(reality),只有多重的实在(realities)。管理研究主要是呈现(描述)建构的方式,重在诠释(理解)其对人类实践的意义。如果将这两种观点极端化,以本体论谱系的视角来看,大多数管理研究者游走在其间的某个位置,而且并不稳定。例如,“管理学术的评价制度”作为一个经验事实,既可以被看作一个服从于某种“规律”的必然产物、一种给定的客观实在,从而难以靠行动者的努力来改变(其实一直在改变);也可以将其看作一种历史的偶然、社会建构的产物(当下的学术生态难道不正是一种人为建构吗),从而“责任在我”,可以努力让其发生符合预期的变革。再例如,没有谁会蠢到否认富士康员工“连跳”的事实,但也别幼稚地以为在“自杀—他杀”和“连跳”成因上会形成共识。还有,相信没有人会怀疑笔者撰写的这篇论文(文本)的客观实在性,但是否确定它存在唯一的“事实(意义解读)”且可以被读者所“发现”,就构成一种明显的哲学立场的分野。笔者推测在上述语境中,大多数学者会偏向“建构论”而不是“实在论”。因此,笔者不会承诺说本文是对《蔡文》“最(接近)准确”的诠释(表征),只保证说——这是一种可能的关于“意义而非事实”的解读。信念难以调和,但相互倾听总好过彼此排斥。

关于知识生产的范式选择,表面上“多元范式”已成为一种共识,但大家共享的可能只是“多元范式”的空洞表述。笔者的建议是,无论你习惯于加雷思·摩根版本,还是邓津、林肯版本,或者黄光国版本,至少要接受一个“客观事实”,因应管理问题的不同,不同范式在本体论、认识论、方法论上存在明显的区别。在具体的经验研究中，其秉持者的“问题意识”有异，也遵循着不同的技术和评价标准。（比如，实证研究者不要总好奇一个诠释性研究的“信度”问题！）尽管在形式上它们离通常意义上的“科学”远近不同，但在每种范式的旗帜下都汇集了数量不等的学者且自认为从事着真诚的学术研究。比如，今天绝大多数IACMR的学者愿意接受实证研究的引领，但总不至于说格尔茨的“巴厘岛斗鸡”是一派胡言。

我们推测“坚定”的实证研究者，至少在当下未必是本文“适宜的沟通对象”。笔者决不会以“多元范式、非实证主义者”自居，且深知“客观、理性、普适、规律”，乃至“科学、科学家、科学研究、科学方法”于接受过系统教育的管理学者所打下的烙印是多么深刻。（尽管哲学家从来没有在这些概念上达成共识，尤其在近当代社会研究的语言转向和实践转向之后，而不少管理学者却对此信仰坚定、是非分明。）在某种程度上，笔者也是实证研究（客观实在论）的信徒。比如对于很多自然科学的理论学说，尽管从未亲身经见，对“电子”“质子”“希格斯粒子”的存在及其作用机制依然深信不疑。但当被这种浓郁的“科学文化”所熏陶、训练、教化，习惯于摆弄“概念、变量、测量和分析方法”且被其塑造为某种专业的认知工具（设备）时，却有可能发现，从基本的管理学“概念（术语）”开始，大家就丧失了对于人类社会、组织生活的真切体验，而那些繁复的、自说自话的、偶尔“故作惊讶”的碎片化的管理知识，非但没有让研究者变得更加聪明，反而普遍地缺乏洞见，甚至远离常识。前辈们不再相信自己拥有客观表征人类生活的能力，也不再企图揭示一副真实的人类组织生活图景。不幸的是，中国管理学界或许需要很长的时间才能追赶上他们的步伐。

关于学术争鸣的非学术面向：作为诠释主义者，笔者知道对文本的解读不会只取决于笔者的意愿和表述，也了解学术江湖背后必然隐藏的“政治图谱”。例如，赵向阳曾受陈明哲之约，点评其发表在《管理学季刊》的《学术创业：动态竞争理论从无到有的历程》，就因涉及对IACMR的“批评”，被审稿人认为过于“敏感”，会给陈明哲与IACMR的关系带来不便，被建议删除相关内容。最终，固执的赵向阳选择撤稿了事。结果虽让人失望，但在中国也是“人之常情”（情境性—文化性)。多年来,管理学界未必没有对IACMR的质疑和反思,相信很多管理学者,包括某些重要的本土学者早已用"行动"做出了选择。但就笔者有限的阅读,没有看到任何诉诸文字的批评(徐淑英、《张文》算是例外),而需要蔡玉麟这个圈外人的"越俎代庖",扮演那个"不识趣的小男孩"。也正是因为《蔡文》的这份难能可贵,应该防范聚焦于"学术政治(权力之争)"的解读。即使从最朴素的人类经验和生活常识出发,也难以启齿一位退休老者、重症病患、圈外人,会从管理学界无法预期的纷争中去获得什么现实利益。作者之见,实在不必多此一举。

最后,笔者想借机表达自己对蔡玉麟老师的敬意。他以一个"局外人"所表现出的对"管理研究(学术)"的那份真诚,当是对我辈最大的警示和激励。

参考文献

ADLER N J. 2015. Finding beauty in a fractured world: art inspires leaders-leaders change the world[J]. Academy of Management Review, 40(3): 480-494.

ALVESSON M, SKÖLDBERG K. 2009. Reflexive methodology: new vistas for qualitative research[M]. 2nd ed. London: Sage Publication Inc.

DEPLAZES-ZEMP A, BILLER-ANDORNO N. 2012. Explaining life: synthetic biology and non-scientific understandings of life[J]. EMBO Reports, 13:959-963

ASTLEY W G. 1985. Administrative science as socially constructed truth [J]. Administrative Science Quarterly, 30(4): 497-513.

CUNLIFFE A L. 2003. Reflexive inquiry in organizational research: questions and possibilities[J]. Human Relations, 56(8): 983-1003.

DEETZ S. 1996. Crossroads—describing differences in approaches to organization science: rethinking Burrell and Morgan and their legacy[J]. Organization Science, 7(2): 103-209.

GERGEN K J, THATCHENKERY T J. 1996. Organization science as social construction: postmodern potentials[J]. Journal of Applied Behavioral Science, 32(4): 356-377.

GHOSHAL S. 2005. Bad management theories are destroying good management practices[J]. Academy of Management Learning & Education, 4(1): 75-91.

GIOIA D A, PITRE E. 1990. Multiparadigm perspectives on theory building[J]. Academy of Management Review, 15(4): 584-602.

GUMMESSON E. 2003. All research is interpretive! [J]. Journal of Business & Industrial Marketing, 18(6/7): 482-492.

HAGGIS T. 2008. 'Knowledge must be contextual': some possible implications of complexity and dynamic systems theories for educational research[J]. Educational Philosophy and Theory, 40(1): 158-176.

JIA L D, YOU S Y, DU Y Z. 2012. Chinese context and theoretical contributions to management and organization research: a three-decade review[J]. Management and Organization Review, 8(1): 173-209.

LEWIS M W, GRIMES A I. 1999. Metatriangulation: building theory from multiple paradigms [J]. Academy of Management Review, 24(4): 584-602.

REED I A. 2010. Epistemology contextualized: social-scientific knowledge in a postpositivist era[J]. Sociological Theory, 28(1): 20-39.

VAN MAANEN J. 2015. The present of things past: ethnography and career studies[J]. Human Relations, 68(1): 35-53.

MORGAN G. 1980. Paradigms, metaphors and puzzle solving in organization theory[J]. Administrative Science Quarterly, 25(4): 605-622.

SCHERER A G, STEINMANN H. 1999. Some Remarks on the Problem of Incommensurability in Organization Studies[J]. Organization Studies, 20(3): 519-544.

STARBUCK W H 2004. Why I stopped trying to understand the real world[J]. Organization Studies, 25(7): 1233-1254.

TSANG E W K, KWAN K-M. 1999. Replication and theory development in organizational science: a critical realist perspective[J]. Academy of Management Review, 24(4): 759-780.

TSOUKAS H. 1998. The word and the world: a critique of representationalism in management research[J]. International Journal of Public Administration, 21(5): 781-817.

TSUI A S. 2009. Autonomy of inquiry: shaping the future of emerging scientific communities [J]. Management and Organization Review, 5(1): 1-14.

TSUI A S. 2013. The spirit of science and socially responsible scholarship [J]. Management and Organization Review, 9(3): 375-394.

WEICK K E. 2004.Vita contemplativa: mundane poetics: searching for wisdom in organization studies[J]. Organization Studies, 25(4): 653-668.

埃尔弗森.2011.后现代主义与社会研究[M].甘会斌，译.上海：上海人民出版社.

李平，曹仰锋.2012.案例研究方法：理论与范例——凯瑟琳·艾森哈特论文集[M].北京：北京大学出版社.

蔡玉麟.2016.也谈中国管理研究国际化和管理理论创新：向张静、罗文豪、宋继文、黄丹英请教[J].管理学报，13(8)：1135-1149.

伯格，卢克曼.2009.现实的社会构建[M].汪涌，译.北京：北京大学出版社.

布莱迪.2010.人类学诗学[M].徐鲁亚,等译.北京:中国人民大学出版社.
陈明哲.2016.学术创业:动态竞争理论从无到有的历程[J].中大管理研究,3:1-16.
陈明哲,吕力.2016.管理学研究的“精一”、“双融”和“经世致用”:对陈明哲的访谈[J].管理学报,13(1):1-6.
陈晓萍,徐淑英,樊景立.2008.组织与管理研究的实证方法[M].北京:北京大学出版社.
邓津,林肯.2007.定性研究:第1—4卷[M].风笑天,等译.重庆:重庆大学出版社.
邓晓芒.2016.作为“大科学”的人文科学:一种“正位论”的思考[J].哲学分析,2:111-119.
格尔茨.2008.文化的解释[M].韩莉,译.南京:译林出版社.
格尔茨.2014.地方知识:阐释人类学论文集[M].杨德睿,译.北京:商务印书馆.
郭重庆.2008.中国管理学界的社会责任与历史使命[J].管理学报,5(3):320-322.
韩巍.2011.论“实证研究神塔”的倒掉[J].管理学报,8(7):980-989.
韩巍.2013.管理学者何为?[J].管理学报,10(7):967-968.
韩巍.2014.学术评价的回归及业绩管理的矫正:对管理学院两种核心价值观的质疑与反思[J].西安交通大学学报(社会科学版),34(3):8-17.
韩巍.2015.管理学在中国:学术对话及意义生成[J].管理学报,12(8):1097-1108.
韩巍.2017a.情境研究:另一种诠释及对本土管理研究的启示[J].管理学报,14(7):947-954.
韩巍.2017b.洞见以下皆为修辞:《管理学中的伟大思想》对本土管理研究及理论建构的启示[J].西安交通大学学报(社会科学版),37(1):5-16.
韩巍,席酉民.2015.下属改变世界:领导—下属互动机制的本土建构[J].西安交通大学学报(社会科学版),35(2):1-15.
胡塞尔.2005.欧洲科学危机和超验现象学[M].张庆熊,译.上海:上海译文出版社.
黄光国.2006.社会科学的理路[M].北京:中国人民大学出版社.
黄光国.2013.社会科学的理路[M].3版.台北:心理出版社.
吉登斯.2003.社会学方法的新规则:一种对解释社会学的建设性批判[M].田佑中,刘江涛,译.北京:社会科学文献出版社.
伽达默尔.2007.诠释学Ⅰ、Ⅱ:真理与方法:修订译本[M].洪汉鼎,译.北京:商务印书馆.
凯尔纳,贝斯特.2011.后现代理论:批判性的质疑[M].张志斌译.北京:中央编译出版社.
利科.2012.诠释学与人文科学:语言、行为、解释文集[M].汤普森,编译.孔明安,张剑,李西祥,译.北京:中国人民大学出版社.
柳传志.2014.柳传志谈政商关系:坚决不当谭嗣同[EB/OL].(2014-03-31)[2021-12-03].http://finance.sina.com.cn/hy/20140331/151018667633.shtml.
罗珉.2005.管理学范式理论的发展[M].成都:西南财经大学出版社.
马尔库塞.2008.单向度的人:发达工业社会意识形态研究[M].刘继,译.上海:上海译文出版社.
麦克洛斯基,等.2000.社会科学的措辞[M].许宝强,等译.北京:生活·读书·新知三联书店.

纽曼.2007.社会研究方法:定性和定量的取向:第5版[M].郝大海,译.北京:中国人民大学出版社.

普费弗.2016.开发资源依赖理论:理论如何受环境影响[M]//史密斯,希特.管理学中的伟大思想:经典理论的开发历程.徐飞,路琳,苏依依,译.北京:北京大学出版社:347-364.

普特南.2006.事实与价值二分法的崩溃[M].应奇,译.北京:东方出版社.

尚虎平,惠春华,叶杰.2012.从绩效至上到科研消费主义:我国公共财政资助科研基金中科技观的异化与矫治[J].自然辩证法研究,6:82-86.

史密斯,希特.管理学中的伟大思想:经典理论的开发历程[M].徐飞,路琳,苏依依,译.北京:北京大学出版社.

舒茨.2012.社会世界的意义构成[M].游淙祺,译.北京:商务印书馆.

斯诺.1994.两种文化[M].纪树立,译.北京:生活·读书·新知三联书店.

威廉斯.2013.真理与真诚:谱系论[M].徐向东,译.上海:上海译文出版社.

徐淑英,任兵,吕力.2016.管理理论构建论文集[M].北京:北京大学出版社.

徐淑英.2016.商学院的价值观和伦理:做负责任的科学[J].中大管理研究,Z1:1-23.

张静,罗文豪,宋继文,等.2016.中国管理研究国际化的演进与展望:中国管理研究国际学会(IACMR)的发展范例与社群构建[J].管理学报,13(7):947-957.

本文合作者:赵向阳

18 共在性的图像式理论

打开本土管理研究的一把钥匙

1. 理论与实践之“脱节”要求回溯理论何以生成

理论,通常被认为是系统性、基础性、抽象性知识,主要是学术研究的产物。在自然科学中,理论形成主要依赖于“科学方法”“经验证据”,以“规律”解释现象、给出预测。但是在社会研究中,因为信念有别、多元范式之故,“方法(实证—非实证)”“证据(数据—非数据)”与理论的关联远不如自然科学密切。以管理理论为例,实证派强调因果机制、预测等,诠释派追求理解、意义,批判理论(后现代)派则属意解构、干预。甚至,理论本身是一种“风格”(style),乃“语言之事”(Van Maanen, 1995);或者说,理论就是给复杂的经验世界强加的一个“概念秩序”(conceptual order)(Suddaby, 2014)。

西方管理研究成果的可复制性并不令人满意(Hubbard and Daniel, 1996),在实用性上也受到质疑(Pettigrew and Starkey, 2016)。中国管理研究的理论贡献也被认为乏善可陈(郭重庆,2008;Jia et al., 2012)。反观中国不少企业的管理实践,至少从效率、效益上,似乎没受到太多影响。我们不禁反问:管理理论与管理实践的关系到底有多密切?进一步地,社会理论与日常生活的关系到底有多密切?普通人、管理实践者是否具有看待世界的一整套“系统性、基础性、抽象性”知识?或者说,是否具有一种自我“强加的概念秩序”,从而为其生活提供思想、行为的一致性保障(Schiller, 2016)?笔者以为,更合理的解释是,每个人都掌握某些理论,只不过未必是学者提供的那些。“理论”不是学者的专利,理论只有被人使用才谈得上“好与不好”(Ferraro et al., 2005)。普通人、管理实践者天天在检验其“使用”(in use)的理论,因为生活就是一种“实验”,这种理论从未缺席。在此意义上也可以说,“管理实践者就是理论家”(Islam, 2015),“普通行动者(lay actors)也是社会理论家”(吉登斯,1998:54)。

人是自然、社会的产物,回顾理论习得的过程,我们所掌握、使用的“理论”其实源自成长过程中个人与外界的交流,取决于内化(internalization)、内省(introspection)。这一理论形成过程可以被简单描述为“接触——评价——选择——保留(舍弃)——认知——信仰”的往复循环。在人生早期,接触是比较被动的,评价、选择多受他者影响,保留的多是外界“给定”的东西。逐渐地,我们有可能主动接触外部世界,自主评价、选择并保留(舍弃)以形成自己独特的认知(确立行事方式及基本原则),而认知中的部分内容会转变为信念(诉诸意义)。除非人生遭遇比较重大的事件(变故),信念、原则将成为生活理论中最稳定的部分。

如果单纯考虑个体与学校教育的关联,假定可以把学校教授的知识粗略划分为“人文社会”和“科学技术”。不难发现,我们所获得的大量自然科学、工程技术知识,几乎都是“被强加”且诉诸“权威”的。我们接受“科学家”的承诺(包括尚未证实的猜想、科学家的利益和偏见),难以通过“亲身体验”去决定是否保留或舍弃那些“原理及其应用”,它远远超出了人类的经验范围。因此,在绝大多数情况下,我们不得不(最多是稍有存疑地)接受一个被“规律覆盖”的确定性世界的图景。当然,也并非没有例外,比如“转基因”在公共舆论中的巨大分歧,比如直到今天仅有39%的美国人相信“达尔文进化论”(Caprar et al., 2016)。人文社会知识也试图如法炮制。但由学者建构的关于人类生活的“理论”,尽管因为术语、修辞的复杂性,部分内容会有“懂与不懂”的问题,但多数情况下还是“信与不信”“用与不用”的问题。对生活世界的理解,远不是镜像式的表征,“必须放弃作为准确再现结果的知识观”(罗蒂,2009)。人类所依赖的“概念”也是一种缺乏精确指称的语言建构物(Tsoukas, 1998)。人们很早就懂得我们的“言—行”,即话语与实践之间存在一条鸿沟。人们习得“概念(指称)”“分类(命名)”“关联(断言、猜想)”“事件(机制)”,逐渐理解到生活的复杂性、具体性。吉登斯(1998:54)有言:“社会科学中现在没有、将来也不会有什么普遍法则。”因为社会知识容易被检验,即使“违背”也未必会有必然的惩罚。因此,如何选择、保留“人文社会知识”远比“科学技术”存在更多分歧。

更为有趣的是,人类是一种非常“经济”(偷懒、轻信)的物种。虽然名义上推崇“理性”,愿意相信“事实和逻辑”,与此同时却未必习惯用“事实”“逻辑”来评价、选择外界信息，而是简单地诉诸“权威”“常识”“习得知识”。我们草草建构的认知与信仰，同时也决定了我们继续看待世界、应对生活的“前见”（pre-understanding），成为一种“先验知识”。如果缺乏必要的反思，加上理论的“自证预言”（self-fulfilling prophecy）（Ferraro et al., 2005），仿佛世界就是“确定”的和应对自如的。可惜，这很可能只是一种幻觉，即使我们准备显得比较“理性”，愿意更加主动地接触、选择、评价、保留（舍弃）所获信息，以建构更加可靠的认知和信仰。至少在“社会研究”层面，会有太多声称是基于“事实”“逻辑”却彼此对立的声音。本土管理领域也有同样的困扰（Caprar et al., 2016），因为其存在大量未被证明的理论和难以重复的成果。不“经济”又能怎样呢？我们还是一路“跳跃”地走向自己独特的认知习惯和信仰体系——形成理论。

2. 一种理想类型：原型式图像式理论

普通人日常生活“在使用”的理论，一定是“内化”的，而且一定具有方式、原则、意义、反思等多重面向的“共在性”（simultaneous existence）。一般意义上，可以认为任何可见的人类行为都有意义、原则，讲究方式，期待想要的结果且会反思。人们通常会按照自己特定的“意义诉求——基本原则——行动方式”去安排生活。只不过我们未必如此理解，未必是“内省”的。

社会理论不具有神圣性，有大量无用的理论，少量等待被选择的理论，极少数已经“在使用”的理论。如吉登斯（1998：56）所言：“社会科学里的理论不得不多少以理论所探讨的行动者业已抱持的观念（尽管他们不一定在话语层次上阐释它们）为基础。一旦这些社会科学理论重新融入行动，它的原创性或许就荡然无存，或许成了老生常谈。”

人人都是理论家，但每个人都有独特的成长史，有不同的生活环境、家庭教育、专业训练及职业取向。因此，我们对世界的看法和安排生活的方式不会一致，甚至大相径庭。普通的中国人难免“阿Q”且活得“拧巴”，在“一诺千金—背信弃义”“高屋建瓴—鼠目寸光”“公而忘私—损人利己”“兢兢业业—投机钻营”间游走。如何选择生活的意义、原则、方式，如何看待人生“成果”，是否反思、如何反思自己的所思、所言、所行与世界的关联，以及对“我是谁?”的追问，构成了每个人具体的人生格局。试想，那个因误机而在机场打滚的大妈，是否也在实践其原本可能屡试不爽的人生“见解”，即在特殊（极端）情况下，“闹”就会有自己想要的结果？当然，她未能如愿，因为人类社会没有那种“铁律”，她忽略了社会理论的“情境约束”。而那个为了等待老公而“勇拦”高铁的女教师，通过实践自己的理论近乎达到了目的，只不过后续的“非预料后果”却是其认知盲点，这是她需要深刻反思的地方。我们该如何看待普通人“在使用”的理论？它仅仅是“行为方式”（闹！），还是“行为规则”（闹中取利）？只看重“行动结果”（比如老公上车），还是也有“意义诉求”（个人满足）？还是如钱理群所谓的“精致的利己主义者”，有一套处理生活的整体性看法？

假定一般意义上，人类有追求方式、原则、意义内在一致性且具反思性的倾向，我们就不难获得（强加）一种对于自身行为的“整体性”认识——用“意义—原则—方式”共在性框架重新理解生活。人类数万年演化至今，于“意义”上有宗教、科学、哲学等多种来源，彼此之间的对立可能远大于调和。人类分享着“不同”的世界观、价值观、人生观，为其生活提供合法性、合理性、正当性。正因为“意义系统”的差异，人们会选择遵循不同的生活“原则”。可以认为，“原则”既有漫长演化中适者生存的自然选择（历史部分），也应该符合或者接近某种共通的“意义”（己所不欲，勿施于人）。进而，尽管需要符合或者尽量接近已有的“原则”，最终指向“意义”，但应付具体生活的“方式”一定是情境化的、灵活的（条条道路通罗马）。不仅如此，人类还会根据结果修正行为、原则和意义。今天的人类联系日益紧密，经验范围不断扩展，不同“意义—原则—方式”的对撞和相互借鉴更趋常态。生活的复杂性正在于人类用“语言”建构世界所“表述的意义和原则”，与实际“信奉的意义和原则”未必一致且难以分辨，只有通过行为去“追溯”和“检验”。

维特根斯坦（2013：3—4）将命题与图像关联起来，不仅“名称”会将被命名的东西的图像召唤到我们心灵的前面，而且当“理解”产生时，就会浮现出一幅图像（维特根斯坦，2013）。这是绝妙的洞见也是笔者的体验，第一次阅读戈夫曼（2008）的《日常生活的自我呈现》时脑海里就形成了一幅图像。戈氏的理论贡献尽管受到诟病，于笔者却可以忽略其表述的“不科学”而深有启发。从其“闲谈”式叙事中，剧场（drama）就变成一幅真切的画面，将生活中早已熟悉的脚本、场景、情节、前台、后台、角色等拼接在一起，近乎一瞬间让自己意识到如何重新看待这个世界（使其陌生化，defamiliarization）（DiMaggio，1995），从而对生活有深刻的理解。推而广之，在“人生剧场”中，如何做一个“有意义”的人，在无法控制的脚本里（给定原则），尽量演好自己期望的角色且不要轻易妥协（方式）？在“大学剧场”，如何做一个“有意义”的研究者，遵循自己信奉的“哲学范式（原则）”，选择适宜的表达“方式”？

至此，笔者提出“原型图像式理论”（prototype of picture-style theory）作为一种“理想类型”（ideal type），即个人通过加工生活经验、思想素材所形成的，涵盖生活意义、生活原则、行为方式和反思，借以理解和安排生活的一种轮廓性、演化性认识。它在“意义”上引导“方位”，在“方位”上确立“原则”，在“原则”上框定方式的“可行范围”。它是演化生成的，也是稳定的；对于处置具体事物可能是“清晰”的，也可能是“模糊、无知”的（有“留白”），需要诉诸意义、原则的启发（索引）。总之，它应该是“直观的、图像式”且具个人风格的。

原型图像式理论是一种“强加”的重新看待世界、安排生活的认知框架。因为人类实际使用的图像式理论无法确保意义、原则的稳定性，可能维持着“矛盾”的意义与原则，无法保证“意义—原则—方式”的内在一致性。更重要的是，图像式理论常常是“内化”却非“内省”从而被充分意识到的，其浮现也可以由“他者”来完成。而且，无论是意义、原则还是方式都是一个集合，每个人都有选择的空间。个人可以选择与原则、意义冲突的方式去应对世界，安排生活。当然，一个正常社会是指，大多数人选择符合“公共利益”的意义，遵循与之匹配的原则，选择可以接受的生活方式。

图像式理论靠个体主观建构，也需要接受“检验”。考虑到它的轮廓性、演化性，笔者只指出两种极端情况：一是符合意义、原则，只检验不同行为方式的效率、效果；二是没有选择行为方式的“自由”，基于一致性修正自己的原则直至意义。显然，我们一定生活在两种极端状态所包裹的谱系中。就日常生活中的图像式理论而言，它的焦点是“管用还是不管用”。作为理解的工具，当人类有原则、意义上的纷争，它则是中性的。图像式理论主要是启发性而非工具性、“菜单式”的，解决日常生活的具体问题依然需要其他的理论和技术的共同参与。

图像式理论并不是价值观或意识形态，不是单纯的意义之辨；也不是任何意义上的宏观理论，并不提供关于人类生活高度抽象的因果解释；当然，它也不是中层理论，无关机制。笔者更愿意将之看作“生活的元理论”，一种关于“理解”的形式类比。换言之，生活在哪里，哪里就有图像式理论，它允许我们在意义上摇摆，原则上徘徊，方式上有所选择。它可以简单，也可以复杂；可以肤浅，也可以深刻；可以是自我的，也可以指向他者；可以立足当下，也可以对话历史。

与应付日常生活不同，社会理论家除了有一套与普通人类似的“意义—原则—方式”来安顿生活，还有一套被称作“志业（学术）”的“意义—原则—方式”，后者旨在为其他人、为世界提供深刻见解。作为一个共同体，他们应该比普通人更具自我反思的精神。因此，管理学者也不应该仅仅是从专业教育（社会化）学习“概念”看待管理实践的“理论家”（Van de Ven，1989）。

作为中国管理研究者，如果我们的理论成果远离管理现实，不能就重要现象提出有说服力的解释，缺乏启发管理实践的洞见，又怎能期望管理的“形式理论”取代实践者行之有效的“实质理论”呢？我们长期躲在象牙塔中自说自话，何谈职业尊严？何谈自我认同（self-identity）？管理研究者尽管在科学性（学科发展）、实用性（影响实践）间的侧重不同，但对于“实用性、致用之学是研究的目的（使命）”应该具有基本共识。管理研究固然存在多元范式之争，在解释、理解管理实践的“原则”上有分歧，在具体的“研究方式”上亦有差异，但还是应“不忘初心”。管理学者该不断反思：为什么研究（意义）？研究是否可靠（范式作为原则）？如何研究以及持续反思研究成果的价值（方式、反思）？尽管现实世界很多学者已给出答案，有人也愿意将“真诚”纳入“研究原则”，笔者只希望图像式理论成为部分人选择的“语法”，从而建构出另一种经过审视的生活方式。对于从事中国本土管理研究的学者，希望他们能够借助于图像式理论希望认识到，“理论（洞见）”并非当务之急。我们先要尽可能“在场”（presence），即进入中国管理实践中去，了解世界到底是怎样的。在此意义上，我们特别需要向人类学家学习如何研究中国本土问题。

3.《黄河边的中国：一个学者对乡村社会的观察与思考》所传递的图像式理论

理解社会离不开“教条”，但更需要“经验”，尤其当经验感受匮乏的时候。研究者不必急于用概念、命题、模式、规律来充填别人的头脑。人人都有自己的图像式理论，而且随时随地反复检验。作为管理研究者，当我们不得不接受“缺席”的尴尬却又不得不言说（发表）的时候，“经验文本”就变成救命稻草。在多种经验文本中，笔者更认同人类学著作。因为它力图详尽地呈现（尽管难免诠释）研究者所看到的一切，希望更接近社会事实（尽管也有“剪裁”，有可能“伪造”，有虚构的成分）（Schiller，2016）。它不是“强迫”的，而是允许读者参与“建构理论”。当然，我们不排除理性主义者或持“科学主义”观的经验主义者会鄙视“主位”（emic）或“共建”（co-producing）视角的研究，以为“理论”（多是西方理论）才是统治智力乃至人类生活的最好工具，这也是《黄河边的中国：一个学者对乡村社会的观察与思考》（以下简称《黄河边》）作者曹锦清教授在该书前言中提到的自己观念上的转变。

笔者将以对《黄河边》的解读为例[①]，论述曹锦清是如何在黄河边的实地研究中，加深对中国（农村生活）、中国国情的理解，从而建构出一幅理解中国的人类学"图像式理论"的。

笔者长期生活在黄河最大支流——渭河——之滨的古城西安，父母与农村只有非常松散的联系。在五十多年的人生中，只有两三天在农村的亲身经历（印象最深的是冬天光膀子睡在暖和的热炕上）。几个曾经的学友来自"关中农村"，也仅在闲时偶有交流。出于好奇，也接触过一些农村题材的文本，如关于小岗村、南街村、华西村，也关心过"三农"问题，看过作家写的报告文学作品，但关于农村的印象是零散的。总之，按曹锦清的说法就是对"黄河边的中国农村"近乎"无知"。如同在管理研究中所感受到的，我们一直渴望近距离更清晰地看到那里到底发生了什么，至少，这是"好理论"最重要的来源（Kilduff, 2006）。

笔者阅读时习惯画线（编码），再结合原文中的着重符号，从而快速建立图像。限于篇幅，这里只提供一幅"速写"，由关键词和洞见性关键句构成。既然理论可能变成一个口号（DiMaggio, 1995），基于笔者的武断看法——洞见以下皆为修辞，不像曹锦清所认为的"（《黄河边》）没有找到能够有效地解释农村社会并指明现代化出路的理论"。相反，它有很多理论贡献，不仅在经验上展现了中国农村生活的细节，更启发读者形成某种"轮廓"性认知，为深入理解中国社会的复杂现实提供了重要的启发和指南。借由《黄河边》的原始素材，基于原型式图像理论，笔者试图从学术角度理解曹锦清是如何构建一幅理解中国北方农村的图像及理论的。

第一，学者为什么从事社会、组织研究？在意义（学术研究的价值及学者的自我认同）层面，曹锦清提出："从社会科学的角度来说，思维着的头脑之最高任务，不就在于理解我们自身所处的时代吗?!""一个对社会'长时段变化'感兴趣的学者，跑到中原大地上看问题，是否有其特殊意义呢?""思考的积习，观察的兴趣，只是我的一种生存方式而已。"

第二，学者该如何进行社会、组织研究？在原则（本体论、认识论）层面，曹锦清提出："许多重要的社会事实，会在随意的闲谈中显露出来。""民谣大多是

① 本文多处引用了《黄河边》一书，在此不一一标注。

‘事出有因，查无实据’，并非没有实据，而是很难找到实据。”“处于社会急速转型时期，人们对周围环境变化的最直接、最真切的反应是‘感受’与‘牢骚’，而不是什么‘思想’与‘理论’。”“社会情绪是最重要的社会事实，因为推动人们积极行动起来的，与其说是理智，远不如说是普遍的社会情绪。”“所谓社会理论，与其说是社会事实的抽象与概括，远不如说是社会情绪的一种理性辩护。”

第三，在方式（方法论）层面，曹锦清提出：“沿着私人的亲情朋友关系网络……”“在乡村作社会调查，关键是要找到这样的明白人。”“以‘村落’为分析单位理解中国传统文化与中国现代化进程。”尽管《黄河边》是“所看、所听、所谈、所思、所虑”，但是“在一个依然充满忌讳的文化中，我不能一一实录其地与其名”。

第四，在意义、原则、方式之上，曹锦清提出整体性的学术反思：“把‘形式制度’与‘现代术语’视为生活本身，结果既误别人，也复自误。”“从西方借用的各种理论与概念无法组织并解释我们观察到的现实经验。”“中国的有些知识分子不断从西方输入新的观念、理论与方法，但民众实际使用的还是老办法。”“现代化的社会学含义是否必然意味着社会关系的原则与基础从亲情关系向以个人为中心的契约关系的转移呢?”“普遍性的法律何以能在以差别为原则的伦理文化之上有效运行?”

第五，曹锦清对于一些重要概念还提出本土学术反思，比如关于权力，对于统治方：“凡做村支书、村长的人，都是兄弟众多的大户人家，‘他们兄弟多，势力大，村里没有人敢惹他’。”“计生、公安有‘罚款权’，财政有‘征收权’，这是两个重要且极具弹性的权力。”“中国的政治关键在于用人。一人用好，安定一方，富裕一方；一人用坏，乱了一方，甚至坑了一方。”“官吏之病在于唯上而不唯下。”“法律没有政策大，政策没有‘红头’大，‘红头’没有嘴巴大。”对于被统治方：“普遍的屈从与忍耐是一种极其可怕的社会心态，因为它会进一步‘误导’地方官吏肆无忌惮地滥用权力。”关于转型困局：“中国人讲的是私情，行的是‘关节’……在人们的习惯行为方式与人们的政治要求之间存在着深刻的矛盾。”“一个社会的意识形态，核心是确定善恶标准。”“中国凝重的传统是一种现实力量。当我们匆忙地用新观念与新制度来改造现实时，活着的传统也在顽强地改造着引入的观念与制度。”

第六，曹锦清在最后展现了其理论旨趣：从“土地承包制（以产权改革为参照）”“官民关系（以民主政治为参照）”且以“从下往上”“从里到外”的视角否定了“照搬西方”的可能性。这个找到了自我意义的学者还是显得乐观，“相信一个精神尚未衰老的民族一定会面对挑战而找到有效的应战方法”。

《黄河边》有其独特的风格，所呈现的“社会事实”是非常中国的，所编织的意义之网也具有“理解中国问题”极强的融贯性（coherence）。曹锦清一路的“思考”就是用叙事（narrative）书写理论（Chun，2005；Cornelissen，2017），它展现了他对这片土地的深切情怀、诚实记录，包括理论洞见；而略显“冗长”“琐碎”的文学叙事，又让挣扎在“历史传统（行为方式和社会心理、社会情绪）”与“现代化进程”之间、缺乏表达空间的众多“少数人”的实际生活历历在目。作为读者、局外人（outsider）、“无知”的管理研究者，由此才有可能形成自己关于“黄河边的农村、农民，乃至中国问题”较为深刻的理解。

需要强调，笔者借助《黄河边》所建立的“图像式理论”未必与曹锦清教授的初衷完全契合。笔者尤其关注那些发生在“官民”之间的互动，因为唯有“权力”而不是其他原则是中国社会诸问题的核心。《黄河边》中一些当时的“断言”在当下也显然难以成立。例如，“精准扶贫”是曹锦清所冀望的“观念—制度—行为”转型的产物，还是被传统权力强行置于“正确的轨道”，就值得深思。另外，鉴于笔者对“语言”的敏感，也不认为《黄河边》为读者提供了足够丰富的细节。理解人类社会需要特别关注两个基本面向——“权力”和“语言”，最终是两者结合的“话语权”决定了社会的可能性。但笔者与曹锦清共享着相近的研究中国本土现象的“图像式”理解。把“理解、改进这个时代的组织管理实践”当作管理研究的意义所在，在“真诚、多元哲学范式（原则）”的基础上，不是从西方理论视角出发去裁剪本土现实，而是尽可能呈现组织局内人的“真切感受”，尽管也有表达的禁忌，也需要不断反思。

4. 走向田野：本土管理研究的希望之路

实证研究作为管理研究的主流范式早已确立了统治性的“话语权”。可惜，很多主流学者似乎从不试图呈现组织生活的复杂性、具体性，无论有无意识，都先预设存在某种“规律”，再不断提出各种“猜想”，将生活简化为特定理论视角下的“变量关系”，满足于“相关性”研究，从事“中介—调节”效应的游戏（LePine and King，2010）。因此，其既无法展现“科学研究”令人满意的“可复制性”，又无视经验研究彼此对立的结论，甚至拒绝提供必要的证据。西方管理学界面临困扰，我们或许更甚。如此，又何以产生影响中国管理实践的深刻思想呢？

中国的发展和进步确无现成的前例可循。笔者以为“照搬、复制”的设想只是具有“想象力”之虚而无“可行性”之实。要理解中国“千年未有之大变局”须有另外的抱负。既不能妄自菲薄，也不应盲目自大。中国管理实践的进步，尽管已取得令人目眩的成绩，但在“意义、方位”的探索上还需警惕社会达尔文主义的迷惑，需要更具前瞻性的展望、更具可持续性的探索，要看到更大的图像。它未必一定是宏大理论，但绝不可能是琐碎的变量关系的反复咀嚼。我们必须先尽可能接近“事实”，再尝试提出经得起推敲的解释。笔者并不期望人人共享本文所“定义”的管理研究者图像式理论，但至少在“意义维度”上，学术共同体应该初具共识，即明确中国管理研究的目的到底是什么？或许可以比《黄河边》稍微激进一些，我们不仅要深入理解中国管理实践，还应当助力其变得更好。

至于在研究范式（原则）的选择上，所谓主流学者更不该以其“偏好”抵制、排斥“多元化”尝试。范式之争本身就关涉彼此的“意义诉求”，如果难以和解，就请尽量恪守如曹锦清般的“真诚原则”，回归管理研究的初衷——“从社会科学的角度来说，思维着的头脑之最高任务，不就在于理解我们自身所处的时代吗?!”

主流管理学者如果依然只信奉实证研究，再感叹发表与贡献间的落差，再强调“扎根”“归纳”也可能无济于事。本土管理只有先实现“人类学转向”——走向中国管理实践的田野，才有脱胎换骨的可能。让我们先获得如人类学家那种有足够“质感”的对于管理实践的切身体认，再借助文化、历史、政治、社会、哲学、技术等相关学科的深刻思想，去建立更多适于中国管理具体问题的经验性图像式理论。

由此，我们会看到更多符合中国语境“语义、指称”的本土概念，更多“互动”而非“单向”的组织活动，更加复杂而非“线性”的事件关联，更多“情境依赖”而非“情境无涉”，更多“社会过程”而非“截面”印象，更多与历史的“对话”而非只有“当下”的喃喃自语。由此，某些“无聊”得一眼就能看到结果的“假设—检验”会得到遏制。总之，要做有意义的研究（不只是为了个人名利、学校排名），做更真诚的研究（不只是为了数量、档次所指向的绩效），做能解决中国管理问题的研究（不只是主流、前沿的研究）。

社会研究、管理研究，就是关于人类日常生活的，原本没有那么神秘。我们所热衷的“理论研究”不仅有可能正在遮蔽鲜活的日常生活，还有可能继续扮演着知识伪装者的角色。人人都有其独特的图像式理论，有其意义、原则和方式。作为管理研究者，一旦我们选定了本土研究之路，就不要再迷恋文献缝隙，而是从生活中寻找问题。把组织管理现象（知识生产）放在历史、社会和“日常生活”的背景下，放在“黄河边”上，谦卑而真切地感受这边土地上曾经发生、正在发生的事情，使用独具风格的叙事——描述、诠释、想象。如果我们足够踏实、聪慧和幸运的话，也许会做出重要的理论贡献。

回顾及反思

管理研究常常纠结于“理论贡献”，可管理学界无法就何谓理论达成共识。一方面，学术探索的“精致性（严谨性）”越来越强；另一方面，研究成果的“实用性（适用性）”却备受质疑。所谓“双 R”（Rigorous-Relevance）的鸿沟由来已久，各方主张见仁见智，却问题依旧，难见曙光。笔者置身其中，也有过一些思考，自觉不应过多拘泥于理论的“具体形态”，而应从“洞见、启发”着手，具体化一种谱系式的理论观，也是对明茨伯格、维克主张的附会。但隐约间，依然觉得没有抓住问题的要害。

媒体报道某中年妇女因为误机而在机场撒泼打滚被拘，又报道某青年女老师因为丈夫迟到而“勇拦”高铁发车，让笔者联想到做过领导的父亲以及导师常常提及的“闹文化”（包括已成为社会问题的“医闹”现象），不禁自问：为什么人与人之间处理突发问题的方式、方法会有如此巨大的差异？这种极端行为背后到底是一种什么想法？这种想法会不会也是经过反复“验证”且被内化的一种“系统化”知识呢？它难道不够简洁、明确，且对行为的发生有足够的影响力，甚至可预见性吗？为什么这些知识不能称作“理论”？现代管理学不过百多年的历史，人类如此漫长的发展过程，没有我们所熟悉的管理理论，又何曾难以为继！碰巧，笔者在文献里也看到了“在被使用的理论”（theory in use）的说法，按老朋友刘辉的说法，管理是管理者的生活，如果人人都被视为管理者，每个人的生活自然都有称手、适用的理论。进一步地，笔者意识到这些理论在绝大多数情况下，只有极其少量的部分得到了非常有限的检验，绝大多数理论只不过更符合我们成长经历中的诸多偏见，通过共鸣被内化而已。由此推断，组织实践中，每个具体的管理者，即使接受过系统的管理理论熏陶，也未见得轻易转换习惯。更不用说，太多的管理者是在工作中学习管理的(learning by doing)。

再次回到前述的两个报道，揣摩一下两个当事人的想法。一般人会觉得匪夷所思的事情，除了“习惯”还会有什么力量支撑她们犯下这种“千夫所指”的错误？环伺周遭，我们不是经常会发现，有些人不以为意的东西，反被另一些人趋之若鹜？我们容易从人的多种行为去推断其背后的“精炼原则”，比如时时处处斤斤计较可能源自“吃亏即傻”的想法，但似乎还缺少一种更为关键的因素，关于生活意义的追问，所谓“熙熙攘攘皆为利来利往”的信念。出于笔者对维特根斯坦箴言的感悟，戈尔曼剧场理论激发出一种画面感，就在那一瞬间，让笔者看到了一种可能性，即“意义—原则—行为(方式)”共在的图像以解释人们的日常行为。自然而然地，笔者以为管理学界的“双R”问题，有另一种解决的可能性。尤其在本土管理研究的过程中，研究者最为关切的不是什么原则(范式)、方法(实证、非实证)，而首先应该叩问从事研究的意图(意义)。

管理研究者天天在生产“学术成果”，不幸的是，我们见识了太多的理论视角，太多的无聊猜想(假设、检验)，太多被精致打扮的常识以及看起来“反常”却无趣、无知的结论。比较起来，中国某些社会学家(人类学家)扎扎实实的田野调查、慎之又慎的理论言说，才足以让管理研究者借鉴。所以，笔者特地选择了曹锦清老师的《黄河边》作为范本，一定程度上佐证了共在性图像理论的确实性、启发性。

当然，笔者最初完成的文本与最终发表的文本有较大的差别，剔除了一些原本必要的文献，压缩后的文本也有些语焉不详的感觉。但主要的思想得以完整保全，这是让笔者比较欣慰的地方。共在性图像式理论能否确立并非笔者的本心，读者完全可以把它当作一种无聊的学术修辞，但本文的核心观点还是值得分享的：①理论并不神秘，它是我们日常生活不可或缺的内容，人人都是理论家；②我们一定要意识到处事原则、行为方式背后的意义诉求；③对于管理研究者，我们最为欠缺的恰恰是曹锦清老师那份“理解我们时代”的初衷。

参考文献

CAPRAR D V, DO B, RYNES S L, et al. 2016. It's personal: an exploration of students'(non) acceptance of management research[J]. Academy of Management Learning & Education, 15(2): 207-231.

CORNELISSEN J. 2017. Editor's comments: developing propositions, a process model, or a typology? Addressing the challenges of writing theory without a boilerplate[J]. Academy of Management Review, 42(1): 1-9.

CHUN A. 2005. Writing theory: Steps toward an ecology of practice[J]. Anthropological Theory, 5(4): 517-543.

DIMAGGIO P J. 1995. Comments on "what theory is not"[J]. Administrative Science Quarterly, 40(3): 391-397.

FERRARO F, PFEFFER J, SUTTON R. 2005. Economics language and assumptions: how theories can become self-fulfilling[J]. Academy of Management Review, 30(1): 8-24.

HAMBRICK D. 2007. The field of management's devotion to theory: too much of a good thing? [J]. Academy of Management Journal, 50(6): 1346-1352.

HUBBARD R, VETTER D E. 1996. An empirical comparison of published replication research in accounting, economics, finance, management, and marketing[J]. Journal of Business Research, 35(2): 153-164.

ISLAM G. 2015. Practitioners as theorists: para-ethnography and the collaborative study of contemporary organizations[J]. Organizational Research Methods, 18(2): 231-251.

JIA L D, YOU S Y, DU Y Z. 2012. Chinese context and theoretical contributions to management and organization research: a three-decade review[J]. Management and Organization Review, 8(1): 173-209.

KILDUFF M. 2006. Editor's comments: publishing theory[J]. Academy of ManagementReview, 31(2): 252-255.

LEPINE J A, KING A W. 2010. Editors' comments: developing novel theoretical insight from reviews of existing theory and research[J]. Academy of Management Review, 35(4): 506-509.

PETTIGREW A, STARKEY K. 2016. From the guest editors: the legitimacy and impact of business schools—key issues and a research agenda[J]. Academy of Management Learning & Education, 15(4): 649-664.

SCHILLER N G. 2016. Positioning theory: an introduction[J]. Anthropological Theory, 16(2-3): 133-145.

SUDDABY R. 2014. Editor's comments: why theory? [J]. Academy of Management Review, 39(4): 407-411.

TSOUKAS H. 1998. The word and the world: a critique of representationalism in management research[J]. International Journal of Public Administration, 21(5): 781-817.

VAN DE VEN A H. 1989. Nothing is quite so practical as a good theory[J]. Academy of Management Review, 14(4): 486-489.

VAN MAANEN J. 1995. Style as theory[J]. Organization Science, 6(1): 133-143.

曹锦清.2013.黄河边的中国:一个学者对乡村社会的观察与思考:增补本[M].上海:上海文艺出版社.

戈夫曼.2008.日常生活中的自我呈现[M].冯钢,译.北京:北京大学出版社.

郭重庆.2008.中国管理学界的社会责任与历史使命[J].管理学报,5(3):320-322.

吉登斯.1998.社会的构成:结构化理论大纲[M].李康,李猛,译.北京:生活·读书·新知三联书店.

罗蒂.2009.哲学和自然之境[M].李幼蒸,译.北京:商务印书馆.

维特根斯坦.2013.哲学研究[M].韩林合,译.北京:商务印书馆.

四　短论四篇

19 管理学者的使命

在《管理学家(学术版)》发表的文章,应该是学术性的!所谓学术,就是我们习以为常的那些样式。很遗憾,笔者似乎找不到就这一问题更加"学术"的表达方式。因此,笔者非常感谢杂志编辑对我的宽容和鼓励。

人类千百年来的进化,几乎已经在每一个为我们所知的领域留下了诸多巨匠和大家的身影,曾经的《财经界·管理学家》、今天的《管理学家(实践版)》从2006年创刊直到今天[①],依然在乐此不疲地描绘着那幅图画,它不仅帮助我们了解管理世界的变迁流转,也让我们懂得了自身的渺小,尤其是,当我们仰望那些真正的管理学大师的时候。

每一个管理学人在怎么看待大师的问题上都会有自己独特的视角(谭劲松,2007)。有些人可能很看重那些拥有炫目学术贡献和理论标签的大师,笔者也曾经如此,但随着年龄的增长、阅历的丰富,对管理"实践"特性的执拗坚持,使得笔者越来越欣赏那些用自己的探索切实改变了这个世界的大师,那些用自己的洞见提升了人类智慧的大师,那些用自己的姿态为研究进程做出垂范的大师。

无论是泰勒、法约尔、巴纳德、梅奥、明茨伯格,还是韦伯、德鲁克,我不能肯定这其中有几位的成果,"配"得上今日中国管理学院那些主要在摆弄实证研究的教授头衔。我很清楚,梅奥的实验受到质疑了(Tsang and Kwan, 1999),明茨伯格太另类了,而伟大的德鲁克几乎没有写过一篇"真正"的学术论文。但我最看重的是他们对管理实践的"亲力亲为",对组织经验的"明察秋毫",对现实而

① 已停刊。——编者注

不是技巧的“执迷不悟”，当然，还有他们卓尔不群的直觉和洞察力。很不幸，随着管理学科、管理科学的迅猛发展，管理学者和管理学术的特质似乎与管理实践的本质属性越来越远了。无论是中国本土，还是国际主流，当管理学教授忙于在他们所认定的学术杂志发表研究成果，从而晋身为学界翘楚的时候，似乎没有多少人关心，为什么管理学术/商学院与管理实践的隔阂越来越深（Kelemen and Bansal, 2002；杨栋、魏大鹏，2009），为什么最好的学术性杂志上的文章，不能被实践者们所青睐。这一切是因为管理学术过于深奥的内容被那些主导组织的“低智力”群体所忽略了，还是因为管理学者不太愿意、不太善于推销自己的学术成果了（Kelemen and Bansal, 2002）？或者，是那些徒具神秘形式的论文根本无法帮助实践者解决自身的困扰？所以，德鲁克“浅显”的文字可以一版再版，而一代代学术家们的研究只能堆砌在期刊的庙堂之上。

作为一个多年讲授 MBA 营销管理课程的教师，笔者曾经多次试探性地询问，有没有人读过中国管理学术界最“科学”的《管理科学学报》，很遗憾，笔者常常从那些学员的眼神和言语中，感受到管理对于“科学”的讽刺。当管理实践者对中国的商学院、管理学教授抛出“我发现中国现在最大的落后不是企业管理的落后，而是学术总结和商学院教育的落后”（郭凡生语），“中国大多数商学院的教育都是失败的”（严介和语），“中国 90% 的管理学教授不懂管理”（严介和语）这样的批评时（韩巍，2008）；当中国本土管理学者的导师徐淑英教授发现大量“围绕中国管理问题的研究，回避中国情境的复杂性，缺乏解释中国问题的关联性，多是在扩展、修补西方的正统理论”，发出“中国的研究者，长于工具的学习，论文的发表，但不能深刻了解研究工具的哲学基础，对西方现有理论也倾向于生吞活剥地应用”这样的警告时（Tsui, 2009），中国的管理学者，尤其是那些最优秀的主流学者，是不是应该认真思考一下，到底什么是管理学者的“神圣”使命？

就在徐淑英教授面向中国学者呼吁一场库恩意义上的范式革命（Tsui, 2009）时，国际学术界的“范式之争”早已是沸沸扬扬。对于管理，笔者虽然有自己的哲学立场，但并无意在这里展开详尽的讨论。就笔者自己有限的阅读和思考，提供一个简单的素描或许是必要的：①尽管实证研究与实证主义哲学并不能等量齐观，但如果我们要反思“方法论”背后的哲学基础，即实证主义所持的认识论、本体论，我们有必要了解，实证主义在西方哲学内部，早已是被冷落的弃儿（Hunt, 2004）。②管理学术除了“目前”最主流的“实证研究”和“美国模式”，还有很多“非实证研究”，比如“欧陆模式”，即使在主流学术领域，也越来越呈现出一种“多元范式共存”的状态。③实证研究以数学(统计分析)为主宰的方法论霸权已经饱受批评,质化研究的比重正在显著增加(作者并不认为这是一场单纯的话语权争斗,而是“情境”“人”这样的关键要素/构念/变量,不能被主流的定量方法所解释,这是对于管理学术研究本质意义上的挑战)。④人们越来越关心研究的实用性,越来越重视组织经验在学术中的角色,参与式研究、合作式研究日益受到重视。⑤当然,也许还应当提到在后现代主义影响下的对传统管理学术的“彻底解构”,或者叫“颠覆”。作者无法揣度徐淑英教授所说的“范式革命”到底是实证研究大伞下的局部革新,还是不同范式间彼此的包容乃至共存。但有一点似乎很清楚,那些意在追求真知而不仅仅是个人名利的管理学者,应该意识到,管理实践的复杂性需要人们倾听来自不同管道的声音,需要有一个宽松的环境,以激发人们更全面地探寻管理的奥秘。这里不是东风压倒西风或者西风压倒东风的文人相轻,而是对不同方法论的局限性,或者说我们所信赖的方法论的可能边界的真正反思。

因此,被普遍认为是一门实践性学科的管理学,其职业的合法性,也就是管理学者的使命,就不能像数学家、哲学家、艺术家那样,仅仅专注于自然构造的数学表达,意识、思想、理性,以及音乐、雕塑和绘画,而更应该像工程师那样能帮助人铺路架桥,像医生那样治病救人。管理学者不能仅仅躲在叫作商学院、管理学院、经管学院的组织里,用自己熟悉且擅长的所谓“主流”“科学”的方法,赚取那一份令人羡慕的薪水(大笔的研究经费、MBA/EMBA 项目的丰厚补贴)。作者承认,任何职业都会受到历史、地理、文化、政治、经济等因素的影响,使命自然也会有所调整。但今日之中国,正需要管理学者贡献他们的才学和智慧,太需要他们为从国家、社会所获取的资源和地位做出回馈和证明。那些只想着为学术共同体贡献“知识”的优秀学者们,即使被与他们同样优秀的学者同行认同接纳(peer-review)以后,也许还是不能很好地维系自身职业的尊严和声誉,无论那种仪式或加冕礼是“与国际成功接轨”,还是“A+的学术论文”。因为学术共同体无法确保那些“贡献”到底仅仅属于他们独立的“知识王国”,还是的确可以为实践所用!

很遗憾,只有极少数成功的科学共同体成员,试图在真正提醒并告诫人们注意那个除了严谨性(rigour)以外的关联性/应用性(relevance)问题。但更不幸的是,中国的管理学界无论是从自身的摸索、导师的引领(尤其是那些从美国回来的主流华人学者),以至论文发表、课题申请、成果评价,似乎一直在选择性地接收、驻留甚至扭曲着那个原本非常丰富的学术万花筒(陈晓萍等,2008)。

我所接触的中国大学管理学院的教师，特别是大多数接受过博士训练的中青年教师，经过长期的耳濡目染、潜移默化，似乎已经不假思索地归宗于"实证研究"，习惯性地排斥"理论研究""案例研究"（甚至是所有没有假设—检验、没有数据分析的"非实证研究"）。他们的口头禅往往是："得做实证研究！"我们都理解这句话的含义：首先是好毕业，其次是文章好发表，再次是好拿课题，最终当然是好晋升。如果你采用了主流认可的研究方法，在今天的中国就是多元回归分析，尤其是SEM（结构方程模型），你就好像获得了一个参与学术探索的通行证（还是一轮游戏的入场券？）。这与Gummesson（2006）的观察何其相似："我想做案例研究，但教授要求我用问卷调查、统计分析。""我必须给文章添加一些统计数据，否则编辑不会接受。""我很惊骇，这种病毒已经在侵害即将占世界半数人口的中国、印度商学院的研究！"

很少有人真正关注"实证研究"为什么是主流广泛认同的"方法论"，而实证研究又反映了怎样的认识论主张，怎样的本体论立场。很少有人怀疑，或者有兴致去追问：管理学术研究就只能是"实证研究"一家吗？有没有实证研究无法解释的问题呢？案例研究就不能建立、验证理论吗？案例研究必须有代表性吗？仅靠量表就能测定人类复杂的组织/个体经验吗？诠释学、批判理论就完全违背管理学术的宗旨吗？即使是那些在国内学术界享有"领导"地位，在国际化过程中成为表率的名家、大家们，也很少在他们的著述中，看到非实证研究以外的话题，甚至可以说根本没有这样的问题意识。单单从这一点而言，很难看出这是一个正常、够格的学术圈。

进一步地，在实证研究的"统治下"，越来越多热衷统计分析的青年学者、青年学生，从博士生、硕士生直到本科生，看数量不等的文献，然后就可以提出一组待验证的假设，依靠成熟的量表所预设衡量的测项，再散发合乎经验数量的问卷，再输入SPSS、LISREL、AMOS，就可以大功告成。（我们应该注意到，大多数统计研究除了在信度方面的自信心，常常在效度，特别是在外部效度方面语焉不详。SEM是今天中国管理实证研究最流行的方法，但如果没有坚实的理论推演，单单用截面数据怎么能建立如此之多的"因果关系"，探讨那么多机制问题呢？）评阅人只要看看文章的架势或格调，就基本可以盖棺定论，那是一篇"合格"的博士、硕士论文！我们找到了"值得研究的问题吗"？那是一个对实践有意义的问题吗？那是一个显而易见的常识性问题吗（叶启政，2005）？而问题的严重性在于，这些学生中的相当一批人，甚至包括一批相当"优秀"的教师，没有造访过多少企业的经历(3个、5个,还是30个、50个?),没有和几个经理人、企业家深度探讨管理问题的经历,没有仔细观察企业管理过程的经历(3天、5天,还是3个月、5个月?),没有把自己十分有限的组织经验当作反思现实问题参考框架的经历。那么,管理学术中至关重要的"问题意识"都是从何而来?实证研究中举足轻重的"观察"又处在什么地位呢?如果我们躲在实验室、办公室,或者靠发问卷,浮光掠影地参观几个企业,就能做出汗牛充栋的研究成果的话,管理学术的责任和道义何在?怎么对得起那些大师所开创的事业?

多年向企业提供培训、咨询、策划的经历,让笔者很早就觉察到学术研究和管理实践两个世界的间隙。这种间隙曾经是语言和行动上的双重隔膜,得益于MBA的发展,今天也许已经完成了语言上的互通性。这种分属不同世界的体验,让笔者对管理学的科学性产生了强烈的怀疑,而西方科学哲学家所提供的视角,更加深了笔者的偏见。稍感安慰的是,只要我们愿意拓宽自己的眼界,就容易听到越来越多同样或类似的声音,尽管在今天,它们依然是"非主流"的。我承认,即使强调管理研究旨在改善管理实践,比较纯粹的学术研究依然有其独特的价值和地位,同时,我们也应该不断汲取来自其他学术领域的真知灼见,因为人太复杂(认识层面),人类的合作太复杂(操作层面),我们所处的世界太复杂(可控性层面)。因此,我们需要总结更多成功的组织经验,不断反思更多组织失败的教训,我们还需要积极地尝试、纠错,从而得以发展。

笔者坚持以为,作为一门实践学科的管理学,最终必须回到现实,接受实践的考验。一个理论体系,一个经验研究,如果不能解释现实中组织管理实实在在的运作机理和结构,怎么可能体现它的价值?如果仅仅是把"显而易见"的常识装裱起来,又会对世界有什么样的贡献?离开了"现实",离开了对现实的"解读",离开了改变现实的"作用",那些数以千计的著作,那些数以万计、十万计的论文,除了在学术期刊、学术会议产生影响,还会有多少自我标榜的学术贡献以外的意义?

即使在充满着国际化/与国际接轨气氛的今天,"本土中国"依然是管理学者必须保留的边界,乃至问题意识。我们是有很炫目的经济总量,我们是有很多庞大的经济组织,但那些表象的"魅力型领导""多元化战略""学习型组织""数字化绩效"并不能掩盖我们在经营理念、核心能力,特别是技术研发、服务方面的落后,以及"专断""权钱交易""关系网""潜规则"等沉疴。我们看到太多没有国家背书的企业,走向风口浪尖,甚至被写进教科书成为典范,却又突然间在传媒的聚光灯下轰然倒闭。揭开这些组织，包括那些典范企业/组织的面纱，深入、踏踏实实地进入这些组织，获得这些组织的真情实况，点点滴滴地归纳并积累作为学者对这些现象的分析与洞见，在作者看来，才是中国管理学术界最应该实践的神圣使命——没有中国组织管理的明天，怎么会有中国管理学者的尊严！

或许，在这里可以提供一组衡量管理学术贡献的简单判据：管理学者的研究首先有助于管理学院的管理了吗？其次有助于中国大学的管理了吗？再次有助于各种组织的管理了吗？最终，有助于国家、社会的管理了吗？

后记

“科学研究”是管理学者最喜欢挂在嘴边的关于其使命的修辞，笔者一直在自不量力地寻找一根压垮那头骆驼的稻草！很显然，作者既不费耶阿本德，也不后现代，管理学作为旨在改善人类组织合作的一门学问，至少在见识浅陋的笔者看来，无论其形式多么“数学化”，多么具有“物理学色彩”，也不可能是“科学”，除非我们完全修正了对于伟大的物理科学的“信仰”，管理学研究以“寻找社会活动的规律/真理”为宗旨。那么，什么是管理学者所理解的规律呢？管理学者以“科学研究”为使命，但管理学者又是如何满足科学（我承认，它更是自然科学的那种理解）的基本要求的呢？可复制性？确定性？普适性？那么，为什么管理学者自身对可复制性的探讨，那些关乎重复验证的低得离谱的可怜记录（Tsang and Kwan, 1999），并没有引起多少要献身科学研究的管理学者的注意呢？为什么管理学术研究里经常存在就同一事实完全相反的“发现”（Street and Street, 2007）而未见深刻的反思呢？为什么普适性在经验和理论上都受到日益广泛的质疑，大家还都在强调管理的“情境依赖”呢（Johns, 2006）？很显然，自然科学，至少是笔者所理解的真正的科学不会有这么多的困扰。

我没有结论，但有一个坚定的直觉和假定：人，因为拥有自由意志，就不可能接受一个或一组方程的规约，由此推论，在解释自然现象上表现出无限魅力的科学，永远不可能成为人类社会乃至组织活动的最终主宰者。自然科学或许还有一个叫作“确定性终结”的命题，但对于人类而言，我们可能永远无法企及的就是“确定性的图景”！

参考文献

GUMMESSON E. 2006. Qualitative research in management: addressing complexity, context and persona[J]. Management Decision, 44(2): 167-179.

HUNT S D. 2004. For truth and realism in management research[J]. Journal of Management Inquiry, XX(X): 1-12.

JOHNS G. 2006. The essential impact of context on organizational behavior[J]. Academy of Management Review, 31(2): 386-408.

KELEMEN M, BANSAL P. 2002. The conventions of management research and their relevance to management practice[J]. British Journal of Management, 13(2): 97-108.

STREET M D, STREET V L. 2007. Taking sides: clashing views in management[M]. 2nd ed. Dubuque, IA: McGraw-Hill Company.

TSANG E W K, KWAN K-M. 1999. Replication and theory development in organizational science: a critical realist perspective[J]. Academy of Management Review, 24(4): 759-780.

TSUI A S. 2009. Autonomy of inquiry: shaping the future of emerging scientific communities [J]. Management and Organization Review, 5(1): 1-14.

陈晓萍,徐淑英,樊景立.2008.组织与管理研究的实证方法[M].北京:北京大学出版社.

韩巍.2008.直面企业思想者的质疑[J].财经界·管理学家,3:100-101.

谭劲松.2007.关于中国管理学科发展的讨论[J].管理世界,1:81-91.

杨栋,魏大鹏.2009.科学观之演进与管理学科学属性之争[J].管理世界,6:124-134.

叶启政.2005.社会理论的本土化建构[M].北京:北京大学出版社.

20 边缘姿态、本元追问、为学为人

评《学术创业：动态竞争理论从无到有的历程》

后辈曾经的冒犯，前辈一向的宽容，是促成这篇评论（对话）文字的主因。希望读者从行文、观点中逐渐平复心中的诧异，而不是感叹“国际大牛”与“本土草根”间的世道人心。

陈明哲教授的《学术创业：动态竞争理论从无到有的历程》（简称《学术创业》）一文，与其说是一幅生动展现华人学者在西方管理学界“开疆拓土”的精彩画卷，毋宁说是陈老师在中华传统智慧、个人生命体验、战略理论建构间跋涉、盘桓的心路历程。作为一个对“文本”心怀热诚与期待，又不免妄自阐发的诠释主义信徒，笔者不能保证自己的解读符合陈老师的“本意”，但诠释学也不接受文本制造者“垄断”文本释义权的设定。加之，陈老师了解笔者的个性，且乐于鼓励笔者对学术抱持一分“偏执”。所以这篇评论（对话）就不仅仅是出于礼貌性的“点赞”之作。

对于陈老师的《学术创业》一文，笔者倾向于从三个层次去理解：

一是叙事的部分，有理有据，极富启发。陈老师首先定义了“学术创业”这个略显陌生的概念（其中对“独特性”的辨析可能会引发争议）。其次，陈老师提出了建构理论的三原则——差异化、资源调动和合法性确立。感谢陈老师的坦诚，让读者明白管理学界的理论建构并非“踽踽独行”的探索，还需要“一个好汉三个帮”，甚至是中国人常说的“贵人相助”，这在经济学家张五常教授的经历中也有印证。最后，陈老师讲述了一个新颖的想法（“互动、相对”的动态竞争观）、一粒理论的种子，如何被发展成一系列密切关联的研究主题，随着枝干的丰茂，长成一棵大树——“竞争互动——战略性竞争行为及其组合——多重市场和多重业务竞争——整合性竞争对手分析——竞争知觉”。陈老师并没有说明动态竞争理论后续研究思路的来由，到底是规划性的，还是涌现性的，但从个别的竞争互动，到竞争行为的组合，再到情境扩展后的竞争行为，到整合性竞争对手分析，直至竞争互动行为朝向竞争之“认知基础”的回归，的确有十分清晰的内在逻辑，颇具赏心悦目的美感。

一点存疑在于，陈老师“曲径通幽”，用“平衡”而非“偏执”“融合”而非“对抗”所取得的成就，虽然看起来合情合理，但学术之争，如果牵扯到范式冲突，未必单靠“回避竞争”就可以消弭。笔者尽管对战略算不上了解，没下过实在的功夫，但如果“互动”才是竞争更准确的分析视角，那么，“非互动”的研究最多就是“一条腿走路”，成果的可靠性如何保证？或者，战略研究者至少需要澄清，在何种情况下，单边的研究可行；而在何种情况下，唯有互动的研究才算是切中要害。换言之，如果范式变迁（革命）意义上的“学术创业（创新）”已经发生，就不宜再“含混”地共融，从而永远是各说各话、自娱自乐了。或许下一步，陈老师有必要澄清学术创业与范式革命的异同。

二是诠释的部分。在《学术创业》一文，陈老师建构了一个“知—行”观的解释框架。学术创业三原则被看作“知”（认知）的思维基础，同时将“精一”“边缘人的思维”“过程导向”及“兴趣与个性”看作“行”的动力，并对“行”之动力部分做了翔实的解释。

学术探索，尤其是从事社会、组织研究，大概要义不在于主流、非主流，而在于是孤军奋战，还是人多势众。按照笔者对陈老师“行”之动力的理解，更在于如何看待学术，如何在与学术的“互动”中找到一个真性情的自我。在行动上，要精一、执着；并非总是“与时俱进”，更不用说“随波逐流”；要享受探索的过程，而非醉心“成果”的算计，这实在是对当下大学盛行做法的一种警示。最重要的是，意图在既有的学术领地中“开疆拓土”，更需要怀揣“边缘人的心态”且保持“边缘人的姿态”，因为“边缘人通常与主流有不一样的想法与做法，比较不受常规的束缚、不会在既定的框框中打转浮沉、不安于现状，也比较有想象力、容易‘做梦’，冀望能突破现况、改变既有模式，自然也比较容易‘和而不流’”。

当然，陈老师或许有“知行合一”的观念在先，“知—行”之“事实构成”的确认在后，这一解释框架的内在关联不乏可商榷之处。因为“精一”也好，“边缘人”“过程观”也罢，都难以只被归于“行（之动力）”一端，而忽视其“思维（认知）”，甚至“精神、信念”的意涵。同理，差异化、资源调动、合法性确立除了作为认知的思维基础，原本是一种行动。其实，如若真的“知行合一”，又怎会不是你中有我、我中有你呢？

三是文化投射的部分。陈老师对中国传统（智慧）文化的赤子之心，未必不会遮蔽、忽略了其中的糟粕之处。尤其是，在国人近当代之社会、组织实践中，到底是表述系统的那些传统更加坚实，还是洒扫应对中的"生存智慧"更加显著，当然需要理论思考与经验"事实"的充分互动才会多一分了然。因此，多少有些一厢情愿的殷殷期望，虽以陈老师个人绚烂的学术成就加以佐证，还是遗留下不少逻辑和事实上的缺口（gaps）。比如，中国经济体量（质量）的增长，是否就意味着中国管理学话语权的增长？乃至"中国学者如何透过学术创业引领管理领域的未来发展，已经成为一个重要课题"。中国管理学者队伍的壮大，是否就意味着应该（能够）掌握话语权？回到本（元）的那个"本（元）"究竟是什么？回归"中华智慧"吗？进一步地，就是"文化双融"吗？且其可作为"中国暨全球华人管理学者从事学术创业的基石"？

陈老师说："我从西方象牙塔式的学术殿堂中'跨越与回归'，真正认识到中国学问乃是'实学'的奥质。"这应该是他的深刻感悟。但在笔者看来，其中难免夹杂了过多文化认同的先验成分，以致有过度诠释的嫌疑。笔者诚恳地希望《学术创业》不要成为又一种"风潮"的响亮号角。

个人的看法，建构本土管理理论当然是中国管理学者的重要议题，但并非那么迫切。如果理论建构不该成为一种政治姿态和权宜性的选择，中国管理学界当下之要务，恐怕是两个更为紧迫的问题：我们对待学术的态度，以及如何直面中国的现实。韦伯对于学术的"志业"说，虽然在现实的关照下，越来越显得曲高和寡，但如果没有一份热爱，尤其是虔敬之心，诚恳之态度，除了多为稻粱谋，怎么值得有更多的期待？另外，至少阶段性地，中国管理学界要先向社会学（人类学）研究者学习，要多做"实地研究"，尽可能"接近"现实；而且，要结合研究对象和问题的特点，掌握尽可能多样化的研究手段，放弃主流范式的偏见。

陈老师说："对于有志从事学术创业的中国管理学者来说，动态竞争理论的发展过程是一个有参考意义的标杆。"他更强调："不管学术生涯或人生，都牵涉到一连串的战略选择，都是知与行长期互动的结果。"笔者对这一连串"战略选择，知行互动"虽然也懵懵懂懂，但结合《学术创业》的启发和自己的理解，还是总结出以下三条结论：

首先，边缘人姿态。这应该是适于中国本土管理学者的整体性隐喻。我们承认西方管理学术的强大，但不应该一味地因循攀附（所谓国际化），而应该强调"独立思想"，要敢于"另辟蹊径"，做到所谓"和而不流"。落实到研究层面，以个人的理解，就是如何"陌生化"（defamiliarization）研究者独特的生命体验，尤其是把我们“被社会化、被组织化的真切经验”转化成与如何让我们熟悉的组织、社会更加向好之使命密切相关的“研究议题”。

其次，本元追问。抱歉，笔者所理解的“本元”可能与陈老师的想法不同。笔者借用“本元”指称管理学科那些最基本的问题，一如陈老师对“竞争”的追问。不应忘记，语言是经验的载体（叙事），也是概念、理论的载体（理论化）。当经验被抽象化，抽象的概念被命题化、框架化的时候，不同语言间或许存在着与相异经验世界巨大的隔膜。因此，中国的管理研究者，有必要仔细梳理和甄别那些来自西方的管理术语，在中国的语境中到底意味着什么（具体的所指）。

最后，为学为人。学术是学者选择的人生，做什么样的学术，以及如何做学术，怕也多多少少折射了学者的为人之道。笔者特别喜欢陈老师的这一段话：“尽力而为、认真投入，不论事情做到几分，不论顺境逆境，不论外界如何看待你，都夺不走你对自己的信任。”热爱了，努力了，即使没有那么多的机缘巧合，即使没有那么显赫的“成就”，难道就不是有意义的人生吗?! Be myself, live strong!

笔者确信，无论有多少分歧，这一定是我与陈老师想法最契合的地方！

21 期待管理研究(者)的想象力

评《试论本土性研究的正当性与可行性》

多年以前,因对"本土化"的好奇,笔者读过翟学伟所著的《人情、面子与权力的再生产》。多年以后,笔者在华东理工大学一个小范围的"人类学工作坊"上得以见到翟学伟本人,当时笔者的汇报超时却被他破例默许,遂留下很深的印象。近期,笔者在北京师范大学聆听了他语言犀利而又趣味横生的演讲,则又多了几分了解。今天应约对其《试论本土性研究的正当性与可行性》(以下简称翟文)(翟学伟,2017)一文略做评论,也算得偿所愿。

社会学作为管理研究的三大支撑学科(Agarwal and Hoetker, 2007),向来与管理学关系密切。虽然经济学、心理学两个领域的"科学化"程度远高于社会学,但在笔者看来,经济学过于"抽象"(尽管也有与心理学合流的变种,如行为经济学),心理学又难免"还原论"的陷阱,考虑到组织管理实践的"多层次嵌入性""整体(复杂)性",尤其是"情境具体性"等因素的影响,若论对现实的"解释力",社会学(人类学)更应该成为管理学研究倚重的基础。说一句难免得罪人的话,今天中国的管理学院或商学院,至少就组织(企业)管理的相关领域,经济学家、心理学家太多了,而社会学家或人类学家则少得可怜。管理学者"发现"翟学伟,愿意倾听他的声音,原因未必是他所感受的"开放、包容"。翟学伟感叹其他(社会学)领域的墨守成规甚至剑拔弩张,而恐怕也只有管理学界的圈内人才深知自己领域的封闭性,"范式霸权"其实远胜社会学界。毕竟"多元范式"在社会学从来就不是问题,"实证研究"也从来没有厉害到"非实证研究而不发"(谭劲松,2008)的程度。

回归正题,翟文这篇针对管理学界的"寄语"到底说了些什么,对管理本土研究有何启发? 翟文的写作风格非常平实,没有太多"学术性矫饰",当拜社会学(文化人类学)一贯的“多元、宽容”所赐。其言说诚恳,也不免辛辣之味。比如,他对黄光国“一个心智,多种心态”的看法是:“很多学者都表示赞同,我却不以为然”,乃至“什么重要见解也没有……属于一个所有不同立场的学者都同意的正确的废话”。再比如他对大行其道的“实证研究”的看法是,至少对文化取向的研究来说,“这样的套路是行不通的”。更妙的是,“这些理论上或建模上头头是道的学者为何自己不用其所叫好的管理模式来实行管理?”(所谓知行合一、言行一致——笔者注)便没有太多他所熟稔的“面子”功夫。不过,翟文的行文也有不够周延的地方。例如,翟文认为“社会还无法实验”,姑且不论“行为(实验)研究”可能存在的价值,就我们的生活体验和历史反思而言,频繁的“社会实验”还少吗?中国的大学不正在进行着一场场“学术工程实验”吗?

作为社会学家,翟文作者不大会关注《管理学报》的文章,但作为长期参与并关注《管理学报》“管理学在中国”相关讨论的作者、读者们,如果仔细阅读此文,可能会在“立场”甄别上有热烈的响应或激烈的排斥,于大家“认知”上的启发或许不宜冀望太高。当然,社会学家的教诲,至少于笔者心有戚戚焉。简言之,如果要给翟学伟贴上范式标签,应该算是典型的“非实证主义者”,即“非科学主义者”,因为他似乎并不认同那种关于人类生活“科学规律”的想象。于此,笔者也深以为然,而从科学哲学之本体论、认识论、方法论揣摩其学说的内在逻辑也就水到渠成。

具体到翟文的基本观点,文中把“本土性(本土化)”当作一种“社会科学”的学术取向,而非“文化情结(民族自尊心的或者情绪化的使然)”的投射。鉴于“事实与价值”的纠缠(威廉斯,2013),其实很难想象“社会科学”背后没有“人文学科”的影子。由此,笔者更愿意将其看作一种立场的宣示。

按照笔者的理解,翟文对中国(人)社会交往的诠释中有两个核心议题:一个是情境(中心),一个是“中国概念及其内在关联”。问题在于,翟文作者强调“自己(中国人)的视角、理论与方法,而不是套用或照搬外来的视角、理论和方法”,可能忽略了“遵循社会科学的逻辑与规范”的约定恰恰是“外来的视角、理论与方法”。所谓学术研究无法避免的前见,正如其所举例的“遵循科学哲学”也只能是“外来”的,而“对于地方知识的社会假定,我们需要不带任何成见地深入该文化中去体会、阅读、理解”事实上也难以实现。而且,翟文对科学哲学的看法“尽管其中也有争议,但总有其基础与共识”也显得太过“乐观”,因为科学哲学中不同范式的隔阂已经很难弥合了,学术争论最终只能求助于彼此“立场”的妥协,甚至诉诸“政治(权力)”的调节。鉴于此,笔者很怀疑最终落实的只有中国概念。准确地说，是中国概念在中国情境中的重新建构，以及中国概念在中国情境意义之网中的重新诠释。

管理学者很喜欢讲“研究规范”又偏爱“实证研究”，于是，翟文作者研究方法的“独特性”就显得十分突兀。仅从翟文一文不容易窥其全貌（建议有兴趣的读者参考翟学伟其他著述），但相信管理学者不会轻易尝试用“实例和语言”去建构理论。即使在广义的叙事研究上，翟文作者的做法也并非没有争议。但按照笔者的理解，既然“洞见以下皆为修辞”（韩巍，2017），反倒乐见其用平实、生动的叙述，“借助实例、历史、文学与影视等一些故事性的作品”以加深人们对中国社会的理解，从中体会其发展理论，提出洞见。不像翟文中以为的“语言，作为思想和情感的载体，可以深入细致地反映出一个社会和民族的文化深层结构”。其实高度抽象的“统计分析、数学模型”何尝不是一种人类建构的精致语言？作为研究人类生活的高效工具，又何尝不会成为一种修辞策略？

翟文所设想的研究成果，无论是“中国人的游戏规则”还是“特定社会的运行法则”，抑或“从文化入手来优先建立一种对地方人的解释框架”。比照黄光国提出的理论，皆有浓厚的“结构主义”色彩。要言之，它们都不是“去情境化之变量关系”的假设与验证，而是对于社会运行深层机制（概念关联）的猜想。在这一理论进路上，翟学伟或许比黄光国更接近“critical realism”①。

基于“寻求一个社会的预设、机制与规则，以此相应地可以实现对一个社会及其成员心理与行为的了解”，翟文简略提及了“关系向度理论”，发现“血缘、地缘、家人、熟人等表述看起来是在说一种文化，其实是一种时空性概念，由此我们可以回到时空上的分类上去为其定位。其基本做法是，大凡人间的社会交往可以在时间和空间两个维度上发生与拓展的”。而且，“如果我们从这一向度再回过头来认识儒家思想，或许会惊讶地发现儒家最看重的五伦，即父子、夫妇、兄弟、君臣、朋友这五种关系，同长时效性与低选择性完全一致”。将人类生活放置在时间—空间维度去解读原本谈不上新奇，巧妙的是翟文对时间、空间的解读，尤其是空间上的高、低选择性，给人眼前一亮的感觉。因此，“固定—约定—松散—友爱关系”之理想类型及由“固定—松散”分别向“约定—友爱”的演变，就很有动态机制的味道。

管理研究固然很难回馈社会学研究，但彼此的交流或许会擦出些火花。在

① 译为批判现实主义或批判实在论，黄光国认为翻译为后者更为恰当，但如果强调其认识论意义，比照实证主义、诠释主义，以及 critical realism 之后实证主义归属，对应地译为“主义”也未尝不可。

笔者看来,翟学伟将时间与空间做了"时间长短—选择高低"的解读,并将"松散关系"与"固定关系"作为其"前见"的一种投射,似乎正映照出"当下西方"与"传统中国"的某种"想象式"比附。如果拉长考察人类生活的时间跨度,人类生活的"同源性"看法不是更普遍吗(可参见《人类简史》一书)? 那个复杂的演化过程呢? 而且,仅就当下的生活实践,"长程—短程,高—低选择"足以解读、理解中国社会和成员的心理和行为吗? 足以涵盖那些重要的"预设、机制和规则"吗?

由于参与"本土领导"及"本土管理理论建构"课题研究之故,以及长期将管理研究作为与个体生命对话的一种尝试(韩巍、席酉民,2009;2015),至少在笔者看来,研究中国社会、组织及个体的生活,"权力"是不可或缺的要素。笔者也注意到翟文作者对"权力"的关注(翟学伟,2005)并在翟文中对"权力"与"power"做了切割。在有关中国本土领导的研究中,笔者倾向将"领导"定义为"人际间的支配—被支配关系"(在中国这个非常"成熟"的社会中每一个社会成员生存的必要条件)。由此,笔者以为在时—空平面上,可以甚至必须引入"支配"的维度以形成一个更加立体的"认识框架"(见表1)。简单命名如下:强支配(支配 s),弱支配(支配 w),时间的长程(时间 lt),时间的短程(时间 st),空间的高选择性(空间 hs),以及空间的低选择性(空间 ls)[①]。至于这个认识框架本身,如果翟学伟允许笔者越俎代庖,不妨命名为"三维关系理论"。那么,其"理想类型"是否与中国人的生活更接近,从而更"情境"、更"具体"、更"本土性"呢?

表1 三维关系理论

	空间 hs		空间 ls	
	支配 s	支配 w	支配 s	支配 w
时间 lt	**当代中国**	西化中国	**传统中国**	乡土中国
时间 st		现代中国		

研究人类的社会、组织生活却不讨论"权力(支配)",恐怕无从反映人类这个高级物种与生俱来的"生存智慧和成果"。或可争议的是,中华民族未必是地球上最古老的民族,也未必是文化传承最完整的民族。但我们对于权力的"痴

① s 表示 strong,w 表示 weak;hs 表示 high selective,ls 表示 low selective;lt 表示 long-term,st 表示 short-term。

迷”，对于支配的“眷恋”绵绵不绝，这是身为中国人最难以割舍的文化脐带？直言之，无论是社会学还是管理学研究，只要从每个个体的生命经验出发，无论是“本土性”还是“本地性”，无论是社会还是组织乃至家庭，须臾不可缺乏的研究视角，即“权力（支配）”在社会、组织运行中牢不可破的基础地位。

管理研究者志不在回答社会运行机制问题，但笔者以为，在这张“三维图像”中，借助于“支配—被支配”，似乎容易看到一幅更“生动”的画面。既然是“理想类型”，在此稍加描述。加粗字的“传统中国”“当代中国”呼应翟文中提出的哪怕显得粗犷的“（整体性）见解”，但百年来的中国，未必没有“西化中国”的既成事实，而游走在中国的广袤大地，内陆与沿海，北方与南方，尤其是十多年生活在深圳这种新兴城市的切身感受，似乎让笔者多少能体验到某种“现代中国”的影子。至于“乡土中国”的命名的确有些勉强，但请允许笔者这个没有乡村生活经验的人想象一幅日益空心化的，哪怕是边远、封闭，但却温情的关于中国的“田园画卷”。

当然，笔者还想对翟文再做一些诠释。如果“洞见”的识别取决于“主体间性”，那么，笔者从翟文中到底获得了什么“认知上的启发或响应”？

洞见 1，“本土性不是从‘一般规律’出发来寻求有关人与社会的知识，而是启动另一种可能性……此时，理解性的、解释性的、比较性的、非实证的做法亦将得以浮现。”“其实许多人在实证结果出来后所给的解释也是文化的，只是他们自己意识不到而已。”所以，管理研究者应该认真思考与“一般规律”所不同的“另一种可能性”，不是唯我独尊、抱残守缺，而应该更加多元、包容——可惜，这是多么正确的废话！另外，在笔者看来，翟学伟的认识也接近“所有的研究都是诠释”（Gummesson，2003）！

洞见 2，“我们在很大程度上迷失了对自己的活生生的人与社会的总体性或方向性把握，却对很多细节了如指掌。”所以，“碎片化”的学术游戏应该受到严肃的审视。至于管理研究，笔者的观察可能更加悲观，不仅缺乏对组织实践的总体性、方向性把握，对真正的细节也知之甚少，更像是一片被“西方术语”所哺育成长起来的“假设（命题）”丛林。不难理解，今天“统治”中国管理研究的主流意识，正是在西方管理学术金字塔建成以后，借由大量“拾遗补阙型研究”的浓郁文化熏陶出来的。

洞见 3，“它意味着中国文化没有对城市、市场、组织、流动等方面进行过系统的认识和理论上的反思，而后者的发育与成熟则是建立在松散关系基础之上的。可见，个人主义的行为方式，首先要打破的就是社会交往上的长时效性与低选择性,而中国人想部分守住的,就是以自己的关系运作方式来进行城市、市场、组织及社会流动的运转,自然也就会有自己的规则出现,有自己对现代化的理解,有自己社会科学知识的产生。"所以,人类社会发展的路径不应该、也不可能只有一条。至少在"本土性(化)"的同时,我们都应该深刻反思"中国之现代化(对于管理研究者,尤其从组织这一分析单位入手)"的可能面貌以及重重障碍。对于笔者,这就是在组织层面"人际支配"上如何发生"向好"的转化。坦率地讲,这才是"总体性""方向性"的本土问题意识。

感谢翟文及其作者,其或可激励更多管理学者在"本土化(性)研究"上扬帆起航。不过,笔者始终无从想象那种"独特的视角、理论与方法"的可能性,或者说到底,它是什么新奇的东西? 人类对世界的看法,既源于个体有限的生命经验,又受到一些"理论偏见"的影响,两者的纠缠塑造了自己常常难以觉察的"认知习惯(前见)"。然而,笔者从不担心"我是中国人"这个基本事实。家有出生于20世纪30年代的高堂需要赡养,笔者只能在大学稍有格调地过着一个普通教师的生活,这正是自己理解组织管理的起点。笔者承认,作为研究者,个人的"前见"受到了太多西方学术思想的影响,启发笔者习惯从"权力"去审视周遭世界的是一位"外来"的社会学家、思想家,那个备受争议的米歇尔·福柯(Michel Foucault);本文标题所借用的"想象力"隐喻也来自一位"外来"的社会学家、思想家——赖特·米尔斯(Wright Mills)。翟文作者会是例外吗? 他从事的不是质性(叙事)研究吗? 他的"套路"难道不是"溯因推理"(abduction)吗? 他拒绝了科学主义、实证主义,也可以与"结构主义"划清界限吗? 至少,一些后现代或后结构主义者是不会试图为"关系—面子"去提供某种简化图式的,对吧?

或许,翟文及其作者给管理研究者最大的启发是,无论生活还是学术,要追求可能性,要有想象力。毫无疑问,更有想象力进而更美好的生活,一定是关乎可能性的,至少是有选择的。

参考文献

AGARWAL R, HOETKER G. 2007. A faustian bargain? The growth of management and its relationship with related disciplines[J]. Academy of Management Journal, 50(6): 1304-1322.

GUMMESSON E. 2003. All research is interpretive! [J]. Journal of Business & Industrial Marketing, 18(6/7): 482-492.

韩巍.2017.洞见以下皆为修辞:《管理学中的伟大思想》对本土管理研究及理论建构的启

示[J].西安交通大学学报(社会科学版),37(1):5-16.
韩巍,席酉民.2009.不确定性——支配权——本土化领导理论:和谐管理理论的视角[J].西安交通大学学报(社会科学版),29(5):7-17.
韩巍,席酉民.2015.下属改变世界:领导—下属互动机制的本土建构[J].西安交通大学学报(社会科学版),35(2):1-15.
谭劲松.2008.关于管理研究及其理论和方法的讨论[J].管理科学学报,11(2):145-152.
威廉斯.2013.真理与真诚:谱系论[M].徐向东,译.上海:上海译文出版社.
翟学伟.2005.人情、面子与权力的再生产[M].北京:北京大学出版社.
翟学伟.2017.试论本土性研究的正当性与可行性[J].管理学报,14(5):663-674.

22　管理以诗，管理如诗

难以想象“意义之网”中的人类可以在组织、社会生活中完全丢掉诗意的表达(talk of poetic)，但“管理诗人”更有抱负，暗示无法用诗歌谈论管理的学者不是欠缺修辞能力，而是贫于思想和情怀。问题是，“诗歌”何以在管理研究拥有一席之地?

周长辉的《诗的在场、学者性与人的味道》(以下简称周文)是一篇十分特殊的文章[1]，对绝大多数管理学者来说会显得突兀，也近乎一种冒犯。这是一篇在形式上充盈“散文+诗歌”型措辞的文字，内容上则多见跳跃性的“断言”和应景的“诗歌例证”。它挑战了管理学术的“表达极限”，注定会成为“历史”，作为“传奇”或者“笑柄”。笔者欣喜于周文的“横空出世”并将其视作管理研究转向的标志性事件。中国管理学者需要猛烈的“刺激”，我们对自己原本有限的认知格局太过“宽容”了，尤其是一些主流范式的“看门人”，常常表现出“我所不相信的东西，就不是知识”，更是“我所不知道的东西，就不是知识”[2]。问题是，我们到底知道多少呢?

关于周文，坦率地讲，尚不算一篇展现“诗歌在场”的理想作品：一方面，“散文”部分可以更加精致；另一方面，思想性也有寻常之嫌。“编码”是诠释研究阅读文本的必然，但一篇评论文章不必呈现程序化解读的细节(5 轮编码)，此处先给出一个概括。周文是关于“管理学术”的，更是关于“做人”的。核心概念是“在场”“学术性”“学者性”“人性”“诗心”。周文没有对“学术性”做出必要的

---

① 周长辉的《诗的在场、学者性与人的味道》原计划与三篇评论文章(本文即其中一篇)一起发表在《管理学报》的“煮茶论道”栏目。其文风接近后质性探索(post qualitative inquiry)，所以笔者在行文中才会颇为兴奋。但遗憾的是该文最终未能公开发表。

② 引自怀特海(2010:42)，但不是怀特海所说。

“立场性”宣示，所以它接受、容忍“不在场”的学术，行文的基本逻辑（非必要，但可以满足读者的需求）是强调有“学者性”的研究，而“学者性”即“人性”（人之味道），学者性（人性）的要旨则是“诗心”，是“发心”，是“悯怀与大我情怀”。洞见何在？“让自己‘诗心’启程。那将是一段以看到天地和看到真实自我为指向的修行之路。”它是诗意的，也是深刻的。（对“去情境”的抛弃，对“主—客”二分的抛弃，对“价值无涉”的抛弃，“程、路”是时间、过程的隐喻，可谓“欲求真知，先有真我”；抑或“唯有真我，方见真知”。）

1. 管理以诗

“管理以诗”不是强调诗歌在组织生活中的应用，这不言自明。每个人几乎都是被组织化的，千百年来“书中自有颜如玉，书中自有黄金屋”，或者“我自横刀向天笑，去留肝胆两昆仑”一直“在场”（presence）。“诗歌”从来就是滋养、教化从而影响、塑造中国人“精神、认知、行动”的源泉。本文试图简要阐明的是“诗歌”进入管理研究的可能性。

其一，基于文献的。在叙事研究（narrative/storytelling）中，管理研究即对文本（text）的诠释。“诗歌”是特殊的文本（如果研究对象是诗歌的作者，可类比于访谈记录、自我民族志文本、自传等），作为研究“对象”自无可非议。比如 Boje et al.（2004）在 *AMR* 上发文阐释“语言与话语”（language, discourse）于管理研究的意义，其中就包括“小说、诗歌、戏剧”。作为研究“方法”，有西方学者认为，社会学意义上的诗学（social poetics）（Cunliffe, 2002）“为想象力插上翅膀”，通过“表达自我”展现“思想性”“即兴性”（improvisation），促进“关系维度上多重意义的涌现”，并将其视作管理研究的可行选择（social poetics as management inquiry）。作为研究“成果”，如果读者对非常典型的约翰·万·曼伦（John Van Maanen）、托尼·丁.沃森（Tony J. Watson）的作品不算陌生，接受人类学（民族志）在管理研究中的“合法性”，那么，或许也可以对“人类学（民族志）诗学”（anthropological/ethnographic poetics）（布莱迪，2010）网开一面。设想一下，为什么会有“1982 年 12 月，斯坦利·戴蒙德（Stanley Diamond）在美国人类学协会（American Anthropological Association, AAA）的年会上组织了第一次全体人类学诗人的朗诵会”，以及“戴蒙德发表在《美国人类学家》（*American Anthropologist*）上的诗作”（布莱迪，2010:3）。

其二，基于观念的。“多元范式”是近年来管理研究的一个热词，但究竟大家如何理解“多元”，在何种程度、哪个层次上（本体论—认识论—方法论）就“多元”达成共识却远未清晰（韩巍，2015）。旷日持久的“范式之争”可能是严肃的，也确乎无聊。因为 旦诉诸“信念”，比如认定管理研究（社会科学）与自然科学虽有差别，但一样是“科学方法的”“客观表征的”“发现规律的”，甚至“追求真理的”，就很难包容诠释学（建构主义）所推崇的“语言、话语”“主体间性（双重诠释）”“意义生成”“知识作为主观建构”等核心主张。一方面是国内管理学者在国际化过程中的“选择偏颇”，不愿为“叙事（诠释学）研究”开放学术空间，造成严重的认知障碍；另一方面是人们一旦把某种主导范式内化为信念，就会变得异常坚定而保守（应该彼此共勉）。试想中国管理学界会涌现大卫·M. 波杰（David M. Boje）、安·L. 坎利夫（Ann L. Cunliffe）、曼伦、沃森，甚至包括维克这样的学者吗？

其三，基于反思的。无论我们信奉哪种研究范式，是“科学主义（实证主义）”还是“建构主义”的，是擅长建模、统计还是思辨、叙事，也无论我们喜欢还是讨厌传统文化、科学哲学，作为一个诚恳的管理（社会）研究者，在职业生涯的某个阶段，都应该审慎地思考（过）以下问题：何谓真理、事实、价值、规律、模式（图示）、命题、构念（指称）？人类的社会、组织生活如何“与情境相处”？我们所依凭的语言是否存在固有的“边界”？无论主流管理学者当下有多么笃定，至少部分学者一直质疑这些基本概念的“可靠性”，英语世界尤甚（Starbuck，2004；Tsoukas，1998）。笔者并不是要展望一个“解构一切”的相对主义图景，但如果上述概念的意指（指称）是存疑的，它至少提醒中国的管理学者，应该秉持一种开放性、包容性、试错性而非封闭性、排他性、决定性的学术心态。

显而易见，诗歌并不符合当下中国管理学术共同体对于“学术”的约定俗成。但希望大家能留意以下命题：诗歌（小说、戏剧）不该成为进行管理研究的可选路径，当且仅当那些“科学、严谨”的管理研究已经足够优秀，否则就让彼此“相对主义”一些，至少在认知上多一点儿“争辩—商谈—对话”的空间。笔者深知在中文的语境里，“科学”意味着“正确”，但“科学精神”而非“科学方法”“科学成果”才是研究人类社会、组织实践最该珍视的信念。

诗歌不是关于概念、命题、模式、规律、事实（请读者思考，管理是否仅止步于此）的可靠文本，诗歌是关于“意义”的、“想象”的，甚至是“虚构”的（比如“飞流直下三千尺”！），但相信没有人否认诗歌（语言、话语）对于人类日常生活、心智和行为的影响。它们作为“前见”，中国研究者几乎不可避免地浸润于“唐诗宋词”中。有时候，诗歌就是我们所思、所行最直接的理由。正如周文所言（尽管难免偏颇)："要知道，一两千年来，中国的知识分子基本上是靠着诗意来获得前行的砥砺和激发，靠着诗意的慰藉度过那些本来度日如年的日子。"因此，至少从叙事、诠释的视角出发，借由"诗歌"(作为文本，作为研究实践、成果)既可以拓宽、加深我们对于管理实践的理解(形成管理新知)，也能影响、干预管理实践——这才是"诗歌在场"。笔者愿意分享一个更具争议的观点，诗歌(诗意的表达)是一种非常特殊的语言，一种研究实践，其实也可以是一种理论。一个优秀的诗歌作品，既有经验世界的缩影(借用隐喻、类比等)，又有想象力和对生活的反思，只不过这是一种"图像式"理论(人类学研究中的很多"理论"就具有这种面貌，比如《黄河边的中国：一个学者对乡村社会的观察与思考》)。它鼓励且需要读者(诠释者)有一种"Aha!"的(Klag and Langley，2013)、格式塔的、"知之濠上"的领悟能力。这显然是"主—客分离""还原解析"盛行之下的管理研究所缺乏的智慧。具体到管理学者(实践者)的诗歌创作(反映并塑造其认知和行为)，固然没有"文献综述"，却有"典故"；没有"研究方法"，却有"修辞(格律)"；没有"猜想(假设、命题)"，却可能有"洞见(思想)"。诗歌的"理论价值"取决于"主体间性"的"知识共建"。

2. 管理如诗

"管理如诗"在这里意指管理学者的洞见和情怀(理解为对管理实践的期许亦无不可)。初读周文，先是满眼"讶异"，再有"相和"声起。反复玩味后，也有遗憾，诗人的"情怀"还是遮蔽了周文本该蕴含的"洞见"。

管理是什么？管理知识是什么？正如周文所说："管理学与诗，没有什么根本的分别。它们都是一种生活。"当然，"管理是生活"是"本体论"意义上的判断，并不意味着"一切生活皆为管理"。至少在通常意义上，管理是人类的组织(社会)化生活。曾经的《管理学家》执行主编慕云五也有过一句妙语——"管理就是管理者的生活"，而"生活"不可能只有"科学"一个面向，何妨多一些"诗意(的表达)"。

周文以为"人唯有回归到人，才是唯一的出路。如果管理学者的学术性已经……具有了机器性的品质，那么人则已经死亡"。试想当下主流管理研究的套路(基本模型加调节、中介变量)，AI 的学习效率不会太低吧，何况人家还有"(偏重归纳的)大数据"支持。笔者是自然科学的"科学主义者"，但对于人类生活，的确更相信"意志""意义"而非"模式""规律"。虽然也乐见"(偏重演绎的)

行为科学”的突飞猛进，但还是无法消受人类精神生活的化学、物理解释。那种还原论视角下新奇却不无荒谬的尝试[①]。因此，对于“这不是一篇管理学论文。但我写这首诗所倾注的情感和心力，比写一篇管理写论文，只多不少”，笔者深以为然。诗歌创作当然也有套路，但至少 AI 暂时难以表达诗人对于人类生活的深层感悟，更为重要的是，它不会践行诗人的抱负和情怀。

尤为可贵的是，“这几年，对‘管理的中国情境’的呼吁此起彼伏，呐喊声亦如雷贯耳。但是，在管理学者的笔下，我还没有看到一丁点有关脱贫——这个时代之场——的文字”。这是“诗人情怀”也是“问题意识”。诗人是有先见之明的，*AMJ* 早在 2016 年就呼吁管理学者应对诸如“消除贫困”（No Poverty）等“重大挑战”（grand challenges）（George et al.，2016）。碰巧，笔者也经常在课堂上给学生提起，无论社会如何发展（方向、规模、速度），都不该容忍“朱门酒肉臭，路有冻死骨”，所谓“君不见胡天十二月，有人无计不欲生”。

3. 还有更多的“在场性”

“管理诗人”对于诗歌的亲近，或许更是“直觉性”的。对管理学术、实践，尤其是自身“庸碌无为”的审视催生了蔚为壮观的“诗歌实践”以激发生命的新意义，不仅彰显一种反叛、探索，更冀望为管理学术、实践开辟出一条新路。诚如周文所讲：“对于管理实践者而言，鼓励、启迪、鞭策和点亮，更为重要。在鼓励、启迪、鞭策和点亮方面，在培养慷慨之气和浩然正气方面，在纵横万里上下千年的遐思阐发方面，诗虽短，却有管理学论文所不能及之处。所以，才有诗之在场的价值。”但就管理研究而论，“诗歌在场”还有更丰富的意涵。

“在场性”是“诗意”的，更是“哲学”的。讨论在场性不是本文的主旨，仅以周文强调“学术性”“学者性”之在场性为背景，做一个简要的说明。按照生活化、哲学化的理解，“在场”即“亲近、直面、显现”，不完全是“时空上的是否疏离”，更是“问题意识，对（事物）重要性的感受”。事实上，一个在时空上“在场”的学者，也完全可以“不在场/缺席”。试想有多少管理学者在巨大的社会矛盾、冲突、危机，尤其是在大学、学院遭遇的种种难堪面前选择性地“失明”“失声”，从而让在场性缺席？周文强调在场性，进而衍生出“当场性”（笔者将之诠释为

① 参见保罗·扎克的《道德博弈》（扎克，2016），所谓的“道德分子”将人性善恶与“催产素”（oxytocin）密切关联。

不是基于算计的，而是“见心性的真诚表达”）、“立场性”（不可规避的认知前见/偏见和人文情怀）都可理解为“诗歌在场”的应有之意（也即“在场性”的内在要求）。但与周文不同，鉴于笔者对“在场”“当场”“立场”的重新解读，表象上，是因为缺乏“问题意识（在场）”，没有表达的“诚意（当场）”，自然也难以昭示其“前见和情怀（立场）”；深层的原因，或许应该是“立场决定（是否、能否）在场”“立场、在场”有可能促成“当场”，更是一种“外在—内在”的循环往复。

进一步地，周文乃至诗人们因为对管理研究中的“叙事（诠释）”并不熟悉，尽管通过身体力行的创作直接彰显了“诗歌在场”，却有遮蔽“在场性复杂面向”的嫌疑。简言之，尤其在格律诗中，“诗歌实践（作为认知，作为实践）”就蕴含着“多重在场性”。意图把诗歌与管理关联，而不是单纯作为具有“管理学者（实践者）”身份的诗人的创作，就必须有理论的自觉性，以及经验阐释、反思的想象力。首先是“历史在场”，就是让“历史（用典）”在对现实的关照中得到“显现”，这是当下盛行的管理研究非常欠缺的一环，中国从事本土管理研究的学者如若从不试图“与历史对话”就显得不可原谅，这意味着我们放弃了“我（们）从哪儿来”这个组织、社会研究的基本议题。其次是“未来（留白、想象力、可能性）在场”。这是执着于规范、严格的实证主义经验研究，无论采信归纳还是演绎逻辑均难以应对的重大挑战。要言之，在“经验事实”与“抽象概念”间是否存在“确定的、无缝（seamless）的”内在关联？而诗人们，作为天然的“建构主义者”乐意直接给出答案，“我（们）要往那里去！”所谓“安得春风化雨绿洛京，三千尺重画一卷上河清”。与之相关的是“审美（恒久性）在场”，一如南希·阿德勒（Nancy Adler）作为组织研究专家和画家的双重身份发表于 *AMR* 的《在破碎的世界中寻找美》一文所昭示的，管理研究需要美学修养，需要心中的道德律，即“我（们）该往那里去！”（Adler，2015）最后，关于诗歌的“唱和”，更有“我—你—他者〔多重声音，复调（polyphony）〕在场”。一如周文所言：“安丰虽然身不在现场，但他的心却在场。”所谓“不在场（缺席）的在场”，自然也有“在场的不在场（缺席）”。管理研究尤其如此，即使有时空的“在场”，倘若并无问题意识，无重要性感受，无真诚的表达，无价值观、无情怀，不还是“缺席”吗？“我—你—他者在场”正是一个最好的隐喻，“让我（们）共同发声，让我们一起努力，朝向该去的地方！”

“诗歌在场”于管理学术的启发，不仅限于用典、修辞和意象，更在于它建构了一种意涵丰富的简洁文本，可以邀请读者（对话者）进入“古—今”“虚—实”“情—理”“美—丑”“你—我—他者”的语境中，得以反复揣摩而有所领悟。除了吟诵时的短暂亢奋、记忆中的长久驻留，更会内化为管理者的认知和行动，让组织实践、管理研究"诗意盎然"。直言之，诗歌是主体间性的情感共鸣、认知增进，更是生活践行。比之那些没有历史、没有洞见、没有想象、没有温度的所谓"规范研究"，我们当然有理由对管理研究的"诗歌实践"多一些期待。

当然，笔者也愿意指出，如果缺乏必要的反思、反身性，诗人们也可能在琴瑟相和之余，只顾着惺惺相惜、顾盼流连了。因此，"自我遮蔽"(缺席)也许会成为诗人、诗歌(诗意表达)"在场于管理"的最大障碍。

4. 小结

对于管理学术，"诗歌"当然可以在场，如果将其泛化为"诗意的表达"，其实它始终在场(很多企业的宣传口号、价值、使命、愿景都在追求诗意性)。在大量学术论文中经常出现的那些"美丽的洞见"，以笔者之见也是诗歌。或许，"管理诗人"还需要更多努力，让诗歌真正进入管理情境(语境)且"具体化"为人类组织(社会)化生活之日常。

尽管颇多微词，还是要给周文点赞，向"拏云社"及所有以诗为伴的管理学者和实践者致敬。这种"反传统"的姿态能见天日，就像划亮一根火柴，预示管理学术新的可能性。最重要的是，如周文所示，让"诗心"启程，回归"自我"。希望有一天周长辉教授指导的研究生能用一篇类似"小说(+诗作)"的"人类学诗学"论文获得管理学博士学位。在我们的有生之年，写出一部"管理学诗歌(+诠释)"，可以吗?

唯愿——管理以诗，管理如诗。

参考文献

ADLER N J. 2015. Finding beauty in a fractured world: art inspires leaders-leaders change the world[J]. Academy of Management Review, 40(3): 480-494.

BOJE D M, OSWICK C, FORD J D. 2004. Language and organization: the doing of discourse[J]. Academy of Management Review, 29(4): 571-577.

CUNLIFFE A L. 2002. Social poetics as management inquiry: a dialogical approach[J]. Journal of Management Inquiry, 11(2): 128-146.

GEORGE G, HOWARD-GRENVILLE J, JOSHI A, et al. 2016. Understanding and tackling societal grand challenges through management research management research[J]. Academy of

Management Journal, 59(6): 1880-1895.

KLAG M, LANGLEY A. 2013. Approaching the conceptual leap in qualitative research[J]. International Journal of Management Review, 15(2). 149-166.

STARBUCK W H. 2004. Why I stopped trying to understand the real world[J]. Organization Studies, 25(7): 1233-1254.

TSOUKAS H. 1998. The word and the world: a critique of representationalism in management research[J]. International Journal of Public Administration, 21(5): 781-817.

布莱迪.2010.人类学诗学[M].徐鲁亚,等译.北京:中国人民大学出版社.

韩巍.2015.管理学在中国:学术对话及意义生成[J].管理学报,12(8):1097-1108.

怀特海.2010.思维方式[M].刘放桐,译.北京:商务印书馆.

扎克.2016.道德博弈[M].黄延峰,译.北京:中信出版社.

代后记　学术：朝向自我的旅程

自我认同在日常生活、职业生涯中意义重大，一定程度上，它也是情境的产物。笔者以叙事方法简述了自己近二十年在不同组织情境中扮演的三种角色——实践者、教师和（非主流）研究者，通过梳理、反思个人的“发表记录（文本）”，呈现如何以学术探索建构一个诠释主义者的职业自我认同。希望在当下管理主义盛行的学院（大学）背景下，能够展现出一种自我选择的职业态度以及自主行动的可能性。

1. 自我认同

“我是谁?”即自我认同（或同一性，self-identity）不能不证自明、不言自明。笛卡尔说“我思，故我在”，而“思”只有通过个体“言”“行”的可见性才有可能与“自我”相契合。哲学家对自我认同本质的理解存在分歧（布朗、布朗，2015：60—65），心理学家威廉·詹姆斯（William James）的观点比较可取——自我认同既不依赖于非物质的灵魂，也并非是一种纯粹的假象，而是将知觉、思维和相关影响因素联系起来的持续记忆（布朗、布朗，2015：67）。在经验上，詹姆斯区分了三个面向的自我认同——物质自我、社会自我、精神自我（布朗、布朗，2015：38—44），后来者又增加了关系自我、集体自我（布朗、布朗，2015：46）；基于人类感受的假定，还可分为可达自我、理想自我、应为自我、不欲自我（布朗、布朗，2015：57—58）。总之，自我认同是多面向的综合体。

多个领域的研究表明自我认同是人类为了应对复杂的外部环境，在人际互动过程中逐步形成且演变的（Collinson，2003）。当自我认同趋向更大的群体时，需要个体参考他人恪守的规则以符合集体归属的需要（Brewer and Gardner,

1996）。既要看到自己是“谁”，也要考虑他人的期待和评价，以便做出必要的响应，保持或修正自我概念（Ibarra，1999）。除了早期社会化过程，进入职场，人们从事的工作、工作方式和工作成果一样会塑造其自我认同（Gini，1998）。在组织中建立自我认同有很多选择，比如观察型学习、体验型学习、可能的自我（Ibarra，1999）；可以借用多种隐喻的启发，自我怀疑者（self-doubter）、争斗者（struggler）、冲浪者（surfer）、讲故事的人（storyteller）、战略家（strategist）、复制者（stencil）、守护者（soldier）（Alvesson，2010）；也可以遵循不同的脚本（scripts）扮演：组织流浪者（organizational nomad）、创业者（entrepreneurial）、组织拓展者（organizational extension）、隐士（cloister）、逃避者（escape）、反转者（conversion）等（Valette and Culié，2015）。人们还会使用“临时性自我”（provisional selves）作为应急方案，由此使能力和自我概念相匹配，表征其在新角色上被期望的态度和行为（Ibarra，1999）。因为“不同社会情境下人们倾向于展现不同的自我”，未必“存在一个稳定的核心自我”（布朗、布朗，2015：42）。个体完全可以在不同情境下，面对不同对象时，单独或混合使用不同的策略（Alvesson，2010）。

在传统社会，自我认同会受到家庭出身、社会阶层、性别等因素影响。在现代西方社会，身份认同可以通过获取稀缺的物质和符号资源来建立的信念被广泛接受，以激励我们为官僚型组织的成功而工作（Knights and Clarke，2014）。其进步意义在于“有选择”，而非家庭、阶级（层）、性别的自然延续。布朗认为，东方文化更重视关系自我、集体自我，而非“个体性”（布朗、布朗，2015：71）。笔者也倾向认为，一般意义上，中国人的自我更像是社会自我（伯基特，2012）、关系中的自我，“自由选择”的空间有限（韩巍、席酉民，2015）。尽管如此，笔者依然好奇，除了既定的“脚本”，“大学教师”到底有没有建构其他更具个人意义的自我认同的可能性？

2. 叙事（文本）与自我认同

“叙事”（讲故事，narrative/storytelling）作为一种“研究方法”，已惠及多个社会研究领域（克兰迪宁，2012；利布里奇、图沃-玛沙奇、奇尔波，2008），在管理领域也形成了一小股潮流（Alvesson，2010；Boje，1991；Pentland，1999；Hendry，2010）。叙事研究帮助人们理解组织的复杂性（Tsoukas and Hatch，2001），强调多种现实、多重声音（Boje，1995；Magala and Flory，2012），拒绝关于组织的“霸权叙事”（Boje，Luhman and Baack，1999；Oswick et al.，2000；Coopman and

Meidlinger, 2000)。在认识论层次,组织被当作一种语言现象(Boje, 1991; Boje et al., 2004)。笔者向来怀疑实证范式研究基于(单一或强加的)理论视角、封闭的逻辑关系(强调一致性,而非开放性、复杂性、模糊性)、剪裁证据(缺乏深描所呈现的细节)却执着于形式规范的研究方式,非常认同"叙事看起来好像远离了科学的事业。然而却有一个奇怪的事实:叙事好像可以给我们带来对于人的更深的理解,而更加'客观的'方法论则做不到"(克兰迪宁, 2012)。笔者承认,"叙事研究的优势同时也导致了它面临困境……来自于研究工作的诠释性本质"(利布里奇、图沃-玛沙奇、奇尔波, 2008:8),但诠释性研究"最重要的目标不是复制现实,而是实现它,阐释它,使存在富有意义"(克兰迪宁, 2012:72)。如利科(2012:68)所言,"解释是一个任何单一视域都无法终结的开放过程。"

本文意在探讨"(自我)叙事"与"职业自我"的关系(McKenna, 2007; Kowalewski and Waukau-Villagomez, 2011; Herrmann, 2011; Hawkins and Saleem, 2012; Hoyer and Steyaert, 2015),这是对"话语转向"(linguistic turn)的响应,"自传体声音,宣告了自从话语转向以来学术中的主要运动"(格根, 2011:82)。笔者深知自我叙事文本存在"自吹自擂"的嫌疑,为了"自我保护"(self protection)(Capraa et al., 2016)甚至不免(也难以避免)"虚构"(Watson, 2011),但相信也有另外一种可能:"更加内在化的自传……不是为了记录,不是为后人留下整洁的、自我夸张的神话,而是要探索自己的内心世界。"(克兰迪宁, 2012:66)"作为体验的二次阅读,自传式理解被认为比第一次更真实……个体生命被再次发现,并凝聚在一起,超越时间",即使人们未必认同乔治·格斯多夫(Georges Gusdorf)的看法,或许可以审慎接受"自传的'最深意向'乃是对个体存在的正义证明"(克兰迪宁, 2012:67—68)。

借由自我叙事所建构的文本与自我认同关系密切:一方面,文本是"一组用作符号的实体,它们被作者选择、排列并赋予意向,从而向一定语境中的特定读者传达特定的意义"(格雷西亚, 2015:4);另一方面,"要了解人的内在世界,最直接的渠道便是听他说说关于自己的生活和亲身经历的故事。换句话说,叙事给我们提供了获悉自我认同和个人性格的机会"(利布里奇、图沃-玛沙奇、奇尔波, 2008:6)。故事成为个人身份建构的重要材料,需要建立叙事的一致性(coherence),也要保持叙事的模糊性(ambiguous)、开放性和未阐明性(undefined)(Hoyer and Steyaert, 2015)。叙事者建构故事,也建构自我认同(McKenna, 2007),从而"自传恰当的言说担当着重建时间之流中生命统一的重任"(克兰迪宁，2012:66)。作为一个研究者，个人的“言说”正是通过“发表记录(文本)”与“自我认同”建立起关联(Alvesson，2010)。因此“我是谁”则指向“我所发表的文章”。利科说“自我的建构与意义的建构是同步的”(利科，2012:120)，而“我们对于事情的理解经常姗姗来迟”(克兰迪宁，2012:67)。因此，本文的“回顾”就更突显了在反思中“重构”生命意义的价值之所在。

3. 建构自我认同

叙事研究，在某种程度上，就是个人生活史的重构和诠释(Herrmann，2011)。以下采用第一人称，从中不难看到时间(时局)、情境(遭遇)、他者(the others，不算严格意义上的“众人”)、自我间的微妙互动。当然，这段话恰恰是为学术表达而前置的“后验性”注脚。

3.1　职业生涯速写

作为大学教师，我的职业生涯是从1994年入职西安交通大学管理学院(简称交大管院)开始的。当年从陕西财经学院(现已并入西安交通大学)硕士毕业后就进入交大管院，成为企业管理系的一名教师。对于今天的名校博士而言，这近乎不可思议。我进入交大管院的过程有些离奇，原本硕士毕业后准备在留在本校任教，后来出了点状况，就决定自寻出路。我先去拜访了西北工业大学的白暴力老师，他答应接收我。出于个人的“贪念”，又想去离家更近的交大碰碰运气。在交大管院的办公室，我看到一张似曾相识的面孔——“东方之子”席酉民(后来是我的博士生导师)，他当时不仅爽快地答应接收我，还当场手写了一封“接收函”。在一次例行性的试讲以后，我“轻而易举”地成为交大管院的教师。

作为一个营销(当时叫市场学)方向的研究生，早在硕士研究生二年级(1992年)，我就开始了社会实践，在一个广告公司兼职策划。因为表现良好，我从兼职转成专职，且很快就成为策划部经理，后来又在另一家公司近似以“合伙人”身份继续营销(广告)策划工作。20世纪90年代末，我跳槽到一家企业担任副总经理。坦白地讲，“实践(解决问题)”带来的成就感直接而实在(比如我在公司的收入比担任大学教师时的工资高出很多倍)，所以即使在交大管院任教多年，我也没有放弃这份“专职”工作(据我所知，当时多数老师并没有类似的经历)。之所以最终没有乘着20世纪90年代的“东风”彻底下海，既有传统观念的影响（体制内工作的保障），也有对商业实践“阴暗面”的排斥（今天依然如此）。很幸运，那段经历让我对中国企业管理、商业活动的模糊性、复杂性、具体性有了真切、直观的体验。

在教学上，由于自己的表达能力较强，头脑还算清晰，加上实践经验的滋养，我很快就成为一名比较合格（受部分学生欢迎）的教师，1998 年开始给 MBA 上课，学生的反响比较正面。直到今天，我很自豪的是二十多年来，除了 2003 年“非典”期间规定必须点名，我不是那种需要通过点名把学生钉在课堂上的教师。总之，在“实践者”和“教师”间的摇摆、平衡是那时的写照。

今天的年轻教师很难想象，从 1994 年到 1998 年（已读在职博士一年）我没有发表过一篇论文。不想发表论文（那时博士生毕业的条件中已有发表论文的要求），一方面是因为自己当时对实践的兴趣更加浓厚，另一方面则源于偶尔翻看学术杂志，发现很多研究与我所熟悉的企业实践相去甚远。而且，按照当时交大管院的惯例，我任教两年后自动从助教转为了讲师（27 岁），并没有多少升职的压力。1997 年进入博士学习阶段。1998 年因为一场小型的海峡两岸学术交流会议，我写下平生第一篇“学术论文”（被收录于会议论文集中）。导师席酉民安排我在会上发言，报告的题目大概是从“科学哲学”否定管理的“科学性”。回顾我 30 岁以前的职业生涯，可以说，我对管理研究近乎毫无兴趣。

交大管院与加拿大阿尔伯塔大学合作密切，很多教师有机会去加拿大做短期访学（5—6 个月）。我是 1999 年 2—6 月那一批赴加拿大的三位教师之一。也正是那次访学，“彻底”修正了我的人生轨迹。访学结束，我带回了一张“Post-doctoral Certificate”，我如实地写进简历里，后来还被人在网上质疑“骗人”都那么拙劣（因为我是 2001 年才博士毕业的），但事实就是如此。

除了非常少量的业余生活和访学将尽时的短暂旅行，在加拿大的那几个月我几乎天天泡在阿尔伯塔大学宽敞明亮、藏书丰富、服务优良的图书馆，尽情阅读、复印、拷贝各种感兴趣的书籍与文献。麻省理工学院的组织文化研究大家沙因的研究方法（临床诊断、人类学）为我打开了一扇理解组织的窗户，而组织文化研究领域的“多元范式”也给我留下了深刻印象。可以说，这是我职业生涯中在学术方向上的一次真正启蒙。

在 20 世纪 90 年代的交大管院，基于我片面的观察，周围的多数教师是比较“悠闲”的，绝没有今天申请课题、发表国际论文的焦虑。当时已有个别人在论文发表、课题申请上表现突出，但多数人似乎都有一种按部就班的从容。作为普通教师，除了认真上课，没有强制的科研任务，自己“不务正业”的社会实践也能提升课堂教学的效果，得到学生认可。那时我不到30岁，职称的前路还远，内心充实而平静。

在“软约束”环境下，每个教师可以有多种选择，可以把精力分配在社会服务、教学、科研等不同方向。席酉民任管理学院院长时曾在全院大会上展望过个人在这三方面发展的可能性。职称尽管是大学教师职业生涯中的大事，但在某种程度上，“论资排辈”也不会让人火急火燎。90年代后期，情况开始发生变化。院里有个别教师，因为在科研上的努力获得了较大的回报，比如在个人收入、职称方面。对于科研的各种激励政策也应运而生。有趣的是，在当时的交大管院，几位较“受学生欢迎”的教师在科研上表现都不算突出。至于今天，该如何定义管理学院的教师是否“优秀”恐怕与教学效果已没有多大关系（韩巍，2014）。

时代已经发生变化（“指标化”），各种基金项目、各种等级期刊等逐渐成为大家追逐的热点，基金课题、论文数量、论文档次成为评价一个大学教师最重要的标志。一所大学，尤其是“研究性大学”，必须确立科研的首要性，缺乏科研投入、产出的管院教师，当然会受到质疑。对此，我曾深信不疑。但任职两所管理学院二十多年后，我却彻底放弃了这种想法。管理学者到底做了些什么研究？到底给社会贡献了多少有价值的成果？我已深表怀疑（韩巍，2014）。

2002年，因为家庭缘故，我调到深圳大学管理学院（简称深大管院），其过程远不如今天各类博士进深大那么辛苦。经由刘莉副院长的引荐，只见了当时主管人事工作的陈智民书记一面，虽然调动过程稍显漫长，但还是又一次“轻而易举”地成为深大管院的教师。因为在交大有一些科研积累，于2003年顺利评为副教授（34岁）。那时深大管院的组织气氛让我仿佛回到了20世纪90年代中期的交大管院。没有人规定、要求你在科研上必须做什么，教师的价值更多体现在教学效果的好坏。总之，或许是“天高皇帝远”，没有在其他大学渐成气候的压力。我无法准确判断当时大多数同事的工作状态，但总体上一定更接近于“三个方面”各得其所的发展。当然，时至今日，那分悠闲早已乘黄鹤去，深大管院也终于进入发展的“正轨”。课题与发表成为核心议题，各种称号的学者不断涌现，课题、论文的指标不断被刷新。那些佼佼者无疑都在科研方面展现了各自的能量和努力。伴随更多以国际发表见长的博士尤其是海归博士的引进，一切变得势不可挡（韩巍，2017a）。

自从来到深大，我就放弃了社会服务（实践）。随着近几年形势的变化，在学院设定“科研”“科研—教学”“教学”岗位以后，我暂时选择做一名科研—教学型教师，那又该如何平衡教学与科研的关系？结合自己在教学上并没有太多困扰的实际情况，更具体的问题便是：作为一个研究者，我到底做了些什么研究？当然，有必要先分享自己对于“组织情境”的最新感受。

3.2 管理学院：既定脚本及个体选择

个体融入组织，当然会接受必要的“规训”（discipline）（福柯，2012）。而且，（个体）作为规训的产物，又通过自己的努力强化了这种规训（Alvesson，2010）。社会、组织情境塑造自我认同，情境就是我们所感知且内化为言行指南的约束力（韩巍，2017b）。换言之，个人只能在那个既定的脚本扮演“应然”的角色（戈夫曼，2008）。于我，职业生涯最重要的情境就是对管理学院的“感知”。不幸的是，二十多年来，我对管理学院了解得越多，在内心里对这个为自己提供饭碗的组织的质疑越强烈（韩巍，2014；韩巍，2017a）。学校，尤其大学（学院）是我盘桓最久，曾留下过美好记忆的人生“居所”。在大学任教二十多年后的今天，除了已经惯例化的教学、自我选择的研究方向以外，它似乎已变成自己最熟悉的“陌生地”。我曾自问“我们在大学，可大学在哪儿？”（韩巍、赵向阳，2017）。或许完全是个人偏见，我觉得今天的学院（大学）已成为“控制式管理”的理想场所，越来越像一家纯粹的工厂、生产车间——普遍采用“指标化管理”理念及“胡萝卜+大棒”的政策、制度，通过持续的号召、动员，以项目、奖项申请（包括运作）、论文“流水线生产（包括运作）”的技术路径，努力跻身各种“高水平、一流”榜单。总之，学院（大学）已经建构起一种牢不可破的霸权叙事（Boje et al.，1999；Oswick et al.，2000）。占据统治地位的“管理主义”（managerialism）将学者的精力引向能被“测量”的行为（韩巍，2014；韩巍，2017a；Clarke and Knights，2015），“（学术）劳动力”成为可购买、处置的商品（Clarke and Knights，2003），渗透着浓郁的“审计、会计文化”（Collinson，2003），仿佛高等教育的所有内容都是可见的、可以被计量的。

学院、大学蜕变为管理主义盛行的组织。除了大量被成功规训的参与者，一批“疏离者”不得不承受巨大的心理焦虑（尽管“休闲、安逸”不应该是现代社会之应然状态）。不安全感成为日常经验的永恒特征，身份需要通过在生活中所有方面的竞争来获取（Collinson，2003）。而且，鉴于中国国情的复杂性（比如对安定团结的强调），学院（大学）大都会变通地采用“老人老办法、新人新办法”以及教学与科研岗区别对待的做法，让一些“落伍者”稍能喘息而非直接被“转岗”“下岗”。但在笔者看来，焦虑并非完全来自“指标”“审计”的压力，或是对某种

“不思进取”生活的眷恋，而是当下学院（大学）的组织气氛（格调）与至少部分教师对大学的想象实在相去甚远（韩巍，2017a）。学术精英（以体制内的标准为依据）主导的学院（大学），几乎将“利益、荣誉、话语权”完美地结合在一起（Collinson, 2003），少数“离经叛道”者的挣扎、抵抗更像是对其生存意义的无力挽救（韩巍，2017a）。

至少在管理学界，作为一种全球性现象，多数人对不绝于耳的反思近乎充耳不闻（Hambric, 1994; Pfeffer and Fong, 2002; Ghoshal, 2005; 郭重庆，2008; Tsui, 2009; Tsui, 2013）。商学院与日常实践越来越不相干（Clarke and Knights, 2015），衬托的可能是“学术纯粹性”的自信？“实践者不读我们的论文”（Starkey, 2015），激发的或许是“学术优越性”的自豪？然而，可悲的是，大多数无人理睬的学术杂志可能不过是掩盖着学者自以为取得了什么值得广泛传播的研究成果的幻觉（Clarke and Knights, 2015）。

作为群体动物的人类，建构自我认同，虽然必须面向公共性、群体性，却未必不能有归属感的反面，即疏离感（作为一种主动采取的策略）（Brewer and Gardner, 1996）。只有归属（客体）与疏离（主体）的共在（coexistence），才会走向一种更加稳定的自我认同。否则，“自我的意义”究竟何在？无论是借由隐喻还是脚本（Alvesson, 2010; Valette and Culié, 2015），我们都有个人选择的空间。比如除了职业自我，尝试建构另一种自我（Collinson, 2003）；或者在职业选择中，甘当“边缘人”“资源节约型”教师（韩巍，2017a），重要的是，拒绝蜕变为一个自己不想成为的那种人（Ibarra, 1999）。在管理学院，基于博耶“四种学术”的理念，除了发现型学术，大多数管理学院的教师完全可以分别扮演应用型学术、整合型学术、教学型学术等多种角色（韩巍，2014），不像某些人想当然认为的“不发论文的老师就不算好老师”，也不应出现当下学院（大学）为教学型教师营造的那种“怜悯”气氛。笔者反而非常尊重那些拒绝生产“学术垃圾”而“进步缓慢”的“资源节约型”教师。中国这个尚不富裕的国家为大量毫无用处的“科研工作”支付的代价已经高得有些离谱了。

尽管中国管理研究的贡献不如预期，但更有洞察力的文学家（文学理论家）似乎已经为理解我们的生活贡献了几个非常重要的社会学概念，如“阿Q”“拧巴”“精致的利己主义者”，席酉民常讲的“荒谬对荒谬”或许都可以作为在组织中建构自我的“根本性”隐喻、脚本。总之，我以为每个人都可以有自己的选择。

3.3　作为研究者，做了哪些科研工作？

个人对管理基础问题的思考，该从2001年博士毕业开始。因为一次偶然的机会，需要导师签字，我被席酉民要求参加了一场深化"和谐理论"研究的讨论会。无论是曾经的实践经验积累、个人对科学哲学的兴趣，还是完成一篇非主流博士论文的惯性，那次会议过后不久，我和导师完成了两篇论文《管理研究的系统性再剖析》（席酉民、韩巍，2002）和《面向复杂性：和谐管理的概念、原则及框架》（席酉民、韩巍和尚玉钒，2003）（截至2021年12月，一篇被引71次，另一篇被引309次），后一篇文章在和谐管理理论上有奠基意义。我因此两次获得"和谐管理理论研究贡献奖"。我曾根据博士论文（已出版）的部分内容，发表过一篇关于组织文化研究多元方法的论文，也有50次以上的引用。

笔者真正进入到"学术发表"的常态，则始自深大管院还是那种近乎毫无科研压力的氛围之时。今天已经完全蜕变的组织文化与自己已经形成的表达习惯没有太大的关系。近十五年来，在笔者发表的文章中，有些是质疑性、批判性的，"冒犯"了不少学术同行。即便受邀为陈明哲、翟学伟撰写点评文章，也会清晰地表达自己的"保留意见"。[①] 因为对主流实证研究范式的怀疑，我选择与很多同行"为敌"，写过《论实证研究神塔的倒掉》；结合自己的兴趣，还写过几篇哲学反思类的文章。因为参与自然科学基金重点项目，不满各种"X/Y-型领导"研究过度简化现实的大行其道，在与导师合作的文章中把"领导"放回中国人的"生活世界"从而建构了在"不确定性—支配权"框架下重新理解"领导"的本土化思路（韩巍、席酉民，2009），提出"机会型""幻觉型"两类本土领导构念（韩巍、席酉民，2012），发表了自认为很有本土解释力的《下属改变世界：领导—下属互动机制的本土建构》（韩巍、席酉民，2015）。出于对单调、乏味的"理性""逻辑"要全面接管管理研究的感受，我与赵向阳发表了《"非科学性"让管理研究变得更好："蔡玉麟质疑"继续中》（韩巍、赵向阳，2017）。我还撰写过批评管理学院学术评价的文章（韩巍，2014；韩巍，2017a）。另外很庆幸的是，我写过一篇颇具"标题党"嫌疑的《洞见以下皆为修辞：〈管理学中的伟大思想〉对本土管理研究及理论建构的启示》（简称《洞见》）（韩巍，2017c），且自认为长期研究的最大收获在于"学术鉴别力"的提高，在于"研究是为了免于欺骗的人生"（韩巍，2016）。

---

① 除非特别标注，笔者在本文中没有直接引用自己发表的文章，有兴趣的读者可在中文期刊网查询。

我这一时期的文章几乎都发表在两份杂志上——《管理学报》和《西安交通大学学报(社会科学版)》。学院评价学术成果已习惯于"以刊定文"，我希望可以用时间证明"文章"而不是"期刊"才是学术贡献的依据。国际期刊受到格外推崇(指标贡献、个人回报)以来，我也从未尝试过撰写"英文文章"。坦白地讲，除了能力(并非缺乏资源)，我的确不理解旨在服务于中国管理实践的研究为什么非要首先得到国际学界的认可。总体上，作为一个孤独的研究者(个人从没有与自己的研究生合作发表的经历)，我算是比较勤奋的。然而，关于何谓"学术"，似乎只有官方指定的"标准"。

3.4 "在场"的迷茫

迈向自我认同的道路并不平坦，既会有"自我确认"(self-confirmation)，也会有"自我挫败"(self-defeating)(Collinson, 2003)。作为叙事研究，我必须提及这一旅程中的几段"插曲"，涉及课题、职称及学术影响力等。它们既关系到职业(做人)尊严，也是反思、调整、强化自我认同的重要契机。当然，本文的叙事是片段性(场景化)的，并无深描的必要。至于大学、学院制造出的各种荣誉与头衔，与我的确没有多大关系。很不理解为什么管理者(学术共同体)总要求研究者(教师)主动申请"被证明""被鉴定"应该(值得)拥有某项荣誉？这是对待学术、学者的适宜做法吗？

插曲 1 申报课题

我对申报课题的认识，必须从一个关于"自科基金"的笑话说起。记得 2001 年，导师曾鼓励刚完成博士论文的我申请自然科学基金。我当时特别"幼稚"地反问：管理研究怎么会受到"自科基金"的支持呢？个人理解，"管理科学与工程"(毕竟在交大管院待过 8 年)理应划在"应用数学"名下，而其他多数"以人为对象"的研究(除了部分心理学研究)应该跟自然科学毫无关系才对。2003 年我申报副教授时还没有课题的硬性要求。2009 年为了申报教授，我才开始申请社科基金(关于和谐管理研究)(1 次)、自科基金(关于基础理论、方法论)(3 次)，均以失败告终。我参与过一次"主任基金"项目、两次"自科重点项目"(结题时均评优)，无论从撰写本子还是具体研究，应该说都有比较重要的贡献。

学院领导经常把"成功申请国家项目"等同于"学术水平"，我只能承认自己水平有限，不过对于从事管理基础理论研究的教师而言，我的确不清楚"项目(投入)"能证明什么，因此彻底放弃了那种字斟句酌、诚惶诚恐的"填表游戏"。

插曲 2 申报职称

2002 年，我以讲师身份调到深圳大学。因为在交大管院有些积累，主要是得到刘莉老师的鼓励，2003 年第一次在深大申报副教授就顺利晋升。2009—2013 年，我陆续 4 次申报教授（其中一次因为郭重庆院士点名参加自然科学基金委的“双清会”，错过了学科组答辩）。中间停过一年，是因为看“世界杯”忘记了申报的最后期限。所以严格说来，以参加校内答辩为准，共申报过 3 次，有一次“荣幸”地进入省里的答辩环节（2012 年）。那场景至今仍记忆犹新：

> 主评委（坐在中间的一位男老师）首先抽出一张纸条，问了一个来自我“代表作”但的确无关痛痒的问题，我简单回答了，于此，并没有进一步追问。
>
> 接着问：韩老师参加过这么高级别的课题（自科重点项目第一参与人，子课题负责人），为什么不自己申请一项呢（暗示我“搭便车”吧）？
>
> 回答：申请过，没中。我是搞理论研究的，其实不需要什么经费（当然，我知道这不是他想要的答案，申请不到就证明自己无能呗）。
>
> 接着问：韩老师 2011 年在《管理学报》上发表了 3 篇文章（是有些多了，暗示关系稿吧）？
>
> 回答：其实我只投了一篇，其他两篇，一篇是约稿，另一篇是“管理学在中国”大会的主旨发言。按惯例，《管理学报》会优先发表（明示我也有两把刷子）。
>
> 接着，7 个评委，再没有人搭理我，只剩下沉默……
>
> 我又“深情”地环视了他们一眼，告别，心里清楚“Game is over”！

后来有不少热心的同事帮自己分析答辩态度上的瑕疵。我当然明白自己的缺失，也深刻领悟到“自证清白”和“自证水平”都需要很多的生活智慧。

插曲 3 学术批评变得无聊

直到今天，回看自己的发表记录和许多“激烈言辞”，我承认自己质疑过太多管理学界的学者、研究和观点。2016 年“管理学在中国”大会间隙，一位同行并无恶意地问：“韩老师，这次您准备‘批’谁?”那一刻，我突然意识到“质疑”“批判”，即自己所理解的“学术批评”在中国的学术语境里显得多么突兀，多么容易滑向一种“姿态”以及背后的立场、圈子。这让我非常懊恼！

批评变得无聊，不是批评本身的问题，关键是批评谁，又该如何批评。批评之初，难免有义气的成分，看起来有头绪，其实可能只是一团乱麻。后来约略

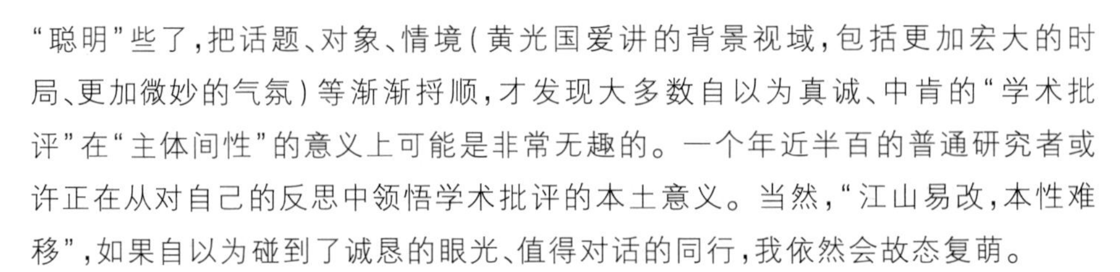

“聪明”些了，把话题、对象、情境（黄光国爱讲的背景视域，包括更加宏大的时局、更加微妙的气氛）等渐渐捋顺，才发现大多数自以为真诚、中肯的“学术批评”在“主体间性”的意义上可能是非常无趣的。一个年近半百的普通研究者或许正在从对自己的反思中领悟学术批评的本土意义。当然，“江山易改，本性难移”，如果自以为碰到了诚恳的眼光、值得对话的同行，我依然会故态复萌。

插曲 4“向韩巍等老师学习”

我不用微信，但 2017 年深大管院“微信群”一次群体性“点赞”行动倒跟自己有关。长安大学推出了一份“中国哲学社会科学最有影响力研究者”排行榜。深大共有 10 位老师上榜，我也“赫然在列”。感谢同事们对自己“蓦然回首”式的肯定。但夫人说过一句意味深长的话：“尴尬，你这种相信学术‘独裁’（张五常语，即靠主观判断学术品质的高低而不是‘数数’）而藐视各种基于计量‘排行榜’的人，有一天，还需要‘排行榜’证明自己的‘价值’。”她当然是对的，但也不全对。其实早在 2008 年，当郭重庆院士在第一届“管理学在中国”大会总结发言多次提到韩巍的时候（学友姚小涛总结）；多年来，蔡玉麟、刘文瑞、谭力文、蓝海林、苏敬勤、周南、郭毅、徐二明、周长辉、陈明哲等太多前辈、同行给予鼓励时，交大、深大部分同事、同门、学生甚至素不相识者给予表扬时，更不用说导师席酉民一向给予肯定与支持，那个自我认同便已经逐步确立了。当我的研究生梁朝高说，是我让他在 24 岁、25 岁这个年纪就能对学术有某种鉴别力，“明白”该如何做研究、做人的时候，那一刻，我几乎“看到”了自己最想成为的样子。

感到挫折时，我心里默默而坚定地讲过一句狠话：“我所经历，必成历史。”但今天看起来，那时的想法实在太小家子气了。人生多么深奥，（学术）江湖何等复杂，当认定彼此未必共享一样的学术信念和评价标准时，一味寻求别人的肯定未尝不是一种讽刺。毕竟，自我认同不可能仅以他者的标准为依据。

3.5 非主流诠释主义者

我们都熟悉一个非常本土性的表达方式——“你懂的”，即保持“沉默”的必要性，然后就开启了与价值无涉的“求真的学术研究”，执着于“科学性”“严谨性”。于中国情境下的管理研究，不觉得略有讽刺吗？

关于人类生活的“事实”“规律”“真理”，在我日渐“成熟”的“理解”中依次崩塌了，我看到了另一幅图景，不是主流的“实证研究”，而是“诠释（建构主义）—批判（后现代）”图景。我的确认为管理研究者不要再试图“追求真理”，不要假装"客观""严谨"，不要以为自己能找到一堆哪怕"疑似普适的规律"（law-like），就静待世界因为这些研究成果而改变。这是不切实际的幻想，是彻头彻尾的幻觉。

管理研究者只能游走在"决定论与相对主义"之间，将自己的信念投向真相/事实—虚构（fiction）（Watson，2011；Starbuck，2004）的中间地带，权宜地选择"经验表征（符合）"或是"意义建构（融贯）"。尽管管理研究离不开"构念""命题""模式""规律"，但那仅仅是专业表达的载体，我们应该越来越清楚地意识到，构念并非经验事实本身（Tsoukas，1998），命题不过是条理化的猜想，模式是被强加的概念秩序（Suddaby，2014），而"（注定被修正、颠覆的）规律"更是人类认知有限性的最好证明。人类是能动的，但最终只能是演化的，我们不是上帝。

对于中国管理研究者更大的挑战在于，本土化方向上的理论研究（而非经验主义实证派所理解的"理论研究"）需要更大的智慧，需要首先回到我们所熟悉的日常生活，而哲学范式依然是可靠的出发点（见表1）。

表1　多元范式的简略对比

	实证 （经验主义）	**后实证 （经验主义）**	**诠释 （人文主义）**	**后现代 批判理论 （规范、实践）**	**科学—工程 （理性主义）**
目标	规律 "因果关系" 相关关系	生成型机制 （generative mechanism）	意义 （持续对话）	话语权 （多重声音）	真理/效果
焦点	预测、解释	解释	理解	解放、干预	设计
方法	假设—演绎、大部分案例、经典扎根	溯因（abduction）部分案例、建构扎根	诠释 （文本、叙事）	解构	演绎、逻辑
理论形态及范例	太多	很少	metaphor （Morgan，1980）； sense making （Weick，1988） style （Van Maanen，1995） ……	马克思、 福柯、 女性主义 …… Vision （Xiang，2016） ……	太多

3.6 我到底是谁?

我是幸运的，有席酉民这样的导师，为自己创造发声的平台而且信任有加；我是幸运的，有太多前辈、同行、学生给予的肯定和鼓励；我是幸运的，直到今天自以为尚存有问题“重要性”的感受（怀特海，2010:1—21），依然有表达的冲动。我是典型的“边缘人”，但一定程度上也拥有少许“话语权”。

大学（学院）首先是教书育人的地方，因此“传道、授业、解惑”应当是所有大学教师的首要追求，我应先努力做一名合格的教师（韩巍，2017a）。大学（学院）是生产新知的地方，就管理学院的研究成果，除了在学界的“影响力”，更应该追求服务于管理实践，使个人（哪怕只是学生）、组织（哪怕只是学院、大学）、社会变得更好。作为研究者，言说（发表）只是起点，那些成果不该被束之高阁、无人问津，最重要的是，它应该具备值得分享的品质（Clarke and Knights，2015）。如果我们做不到这些，未必不能追求“免于欺骗的人生”（韩巍，2016），尽管谁都无法避免自欺欺人。

无论是尝试提出一种中国人对管理的看法（参与和谐管理理论研究），批判主流研究范式，呼吁多元范式，反思管理研究（理论建构），还是探索中国本土理论新构念与机制，一系列文本所构成的那幅图景就是我作为一个管理研究者的自我认同。在迈入知天命之年，我不无兴奋地发现自己与他人对经验世界的感受常常有所不同（问题意识—视角—框架—范式—信念），包括时常被评审人质疑的学术表达方式的差异。很庆幸，我写过《洞见》一文，它体现了自己对于管理（社会）研究“思想性”“启发性”而非“规范性”“严谨性”的偏执（韩巍，2017c）。尽管职业成长难免遇到挫折，但也需要“建构出一种蕴含意义的感觉”（伯基特，2012:232）。桑内特说：“要拯救品格，有一种策略就是采取某种‘生涯’叙事，在这个特别的社会世界里，创造出某种统合感、能动感、责任感。”（伯基特，2012:225）我深以为然，脑海里已经浮现了两个图像：一个关于生活自我，另一个关于职业自我，这是我在“意义—原则—方式”维度上提出的一种关于人们真正使用的理论（theory in use）猜想（韩巍，2018）。建构自我认同没有必然选择，但我乐见成为自己喜欢的样子。

表 2 图像式理论

意义：稍有格调的人生	意义：尽可能真诚地表达
原则：自我取向的“己所不欲，勿施于人”；尽可能的一致性	原则：本土化；多元范式（诠释—后实证）
方式：尽量符合以上意义和原则	方式：叙事；溯因；思辨

4. 结语

“自我”具有多重面向，不断在转化、强化、扬弃中演变。“自我认同”，首先是一个时代、情境中的他者（利科，2013），不可避免地蕴含大量被给定的关于如何生活的均值信息，这是人类社会化，即规训（福柯，2012）的重要成果。伴随个人成长，在与他人互动中“自我”有可能逐渐觉醒，从而产生与他者的疏离。随之而来的，几乎一定是他者以及代理人（众人们）对自我的围剿。于是，活出自我、建构自我认同就意味着可能必然是有些“痛苦、挣扎”的觉悟和行动，即对既有秩序、脚本的质疑（觉悟），对自己“可能性”的内省（觉悟），最终，他（她）该如何实践自己的觉悟（行动）去度过一生。笔者以为，这才是个人生活、职业生涯的意义所在。尽管在经验上，我们容易从“目的—手段—结果”去把握“个体—组织—社会”，但作为研究者更应当保持某种反思性。因为你无法预见自己会被置于何种情境，有什么样的遭遇，在生命长河的变动不居中，是否只是过着仅仅是他者的生活（韩巍，2018）。我们在“习惯—冲突—想象力”间逐渐形成的智慧应该投向每一个具体的组织、个人，每一段具体的场景、情节。一如生活的复杂性，管理研究者只有用“学术实践（言、行）”才能回答那份好奇——“我是谁？”——是否值得做出不同的选择，让个人的生命展现出其他可能性。

要么游荡在他者的世界里乐此不疲或勉力挣扎，要么踏上朝向“自我”的旅程，在查尔斯·霍顿·库利（Charles Horton Cooley）的“镜中自我”（布朗、布朗，2015）中反思自己的卑微和傲慢。感谢这个时代，感谢在精神上、研究上、待人接物上给过自己太多包容、支持的那些师长、朋友、同行和学生们。除了个人的坚持和努力，正是你们让笔者从来不曾也不必像一个“孤魂野鬼”。作为一个管理研究者，在众声喧哗中发出一声异响，留下一丝稍不寻常的印记，足矣。“Everything has its price”（凡事皆有代价），尽管“离经叛道”多少会有些损失，但比较内心的充实，许多东西就会变得无足轻重。

补记

几年前，笔者在几次申报教授失败后，发誓今生就做一名光荣的副教授。不料，因为前辈周南老师的“固执”，又重走了一遍“加封头衔”之路。其间的焦虑和厌烦是显而易见的。所幸，在许多朋友、同事的关照下，在 50 岁“高龄”终于变成了一名“教授”。当同事们表示祝贺的时候，容易觉察我的表情不够配合，很“作”的样子。内心的感受实在无法解释清楚。比照一向以来的“自我认同”，我的确并不十分确定“教授”到底意味着什么。导师席酉民得知这个消息后，只是淡淡地提了一句；2019 年 7 月在上海与陈明哲老师话别时，他轻拍我的肩膀，低语道：“知道你不在意，但还是感到高兴。”

想起来网络上的一个段子：不升职称，会死啊？当然不会！在生死关头，的确不必那么在意，但如果职称与教师这份职业必然存在关联的话，不在意又何必要发誓呢？笔者并不寻常的经历，所谓的自我认同，不过是一直伴随着“重要他人的认同”而让内心变得稍微强大些罢了。

学术终究不是个人之事，它是学者群体的事业！

参考文献

ALVESSON M. 2010. Self-doubters, strugglers, storytellers, surfers and others: images of self-identities in organization studies[J]. Human Relations, 63(2): 193–217.

BOJE D M. 1991. The storytelling organization: a study of story performance in an office-supply firm[J]. Administrative Science Quarterly, 36(1): 106–126.

BOJE D M. 1995. Stories of the storytelling organization: a postmodern analysis of Disney as "Tamara-land" [J]. Academy of Management Journal, 38(4): 997–1035.

BOJE D M, LUHMAN J T, BAACK D E. 1999. Hegemonic stories and encounters between storytelling organizations[J]. Journal of Management Inquiry, 8(4): 340–360.

BOJE D M, OSWICK C, FORD J D. 2004. Language and organization: the doing of discourse[J]. Academy of Management Review, 29(4): 571–577

BREWER M B, GARDNER W. 1996. Who is this "We"? Levels of collective identity and self representations [J]. Journal of Personality and Social Psychology, 71(1): 83–93.

CAPRAR D V, DO B, RYNES S L, et al. 2016. It's personal: an exploration of students'(non) acceptance of management research[J]. Academy of Management Learning & Education, 15(2): 207–231.

CLARKE C A, KNIGHTS D. 2015. Careering through academia: securing identities or engaging ethical subjectivities? [J]. Human Relations, 68(12): 1865–1888.

COLLINSON D L. 2003. Identities and insecurities: Selves at work[J]. Organization, 10(3): 527–547.

COOPMAN S J, MEIDLINGER K B. 2000. Power, hierarchy, and change: the stories of a Catholic

Parish staff [J]. Management Communication Quarterly, 13(4): 567-625.

GHOSHAL S. 2005. Bad management theories are destroying good management practices[J]. Academy of Management Learning & Education, 4(1): 75-91.

GINI A. 1998. Work, identity and self: how we are formed by the work we do[J]. Journal of Business Ethics, 17(7): 707-714.

HAMBRIC K D. 1994. What if the academy really mattered? [J]. Academy of Management Review, 19(1): 11-16.

HAWKINS M A, SALEEM F Z. 2012. The omnipresent personal narrative: story formulation and the interplay among narratives[J]. Journal of Organizational Change Management, 25(2): 204-219.

HENDRY P M. 2010. Narrative as inquiry[J]. The Journal of Educational Research, 103(2): 72-80.

HERRMANN A F. 2011. Narrative as an organizing process: identity and story in a new non profit [J]. Qualitative Research in Organizations and Management: An International Journal, 6(3): 246-264.

HOYER P, STEYAERT C. 2015. Narrative identity construction in times of career change: taking note of unconscious desires[J]. Human Relations, 68(12): 1837-1863.

IBARRA H. 1999. provisional selves: experimenting with image and identity in professional adaptation[J]. Administrative Science Quarterly, 44(4): 764-791.

KNIGHTS D, CLARKE C A. 2014. It's a bittersweet symphony, this life: fragile academic selves and insecure identities at work[J]. Organization Studies, 35(3): 335-357.

KOWALEWSKI S J, WAUKAU-VILLAGOMEZ L. 2011. Storytelling and career narratives in organizations[J]. Global Journal of Business Research, 5(4): 83-92.

MAGALA S, FLORY M. 2012. The rhetoric and narratives in management research[J]. Journal of Organizational Change Management, 25(2): 201-203.

MCKENNA S. 2007. Deconstructing a personal "academic"/"practitioner" narrative through self-reflexivity[J]. Qualitative Research in Organizations and Management: An International Journal, 2(2): 144-160.

MORGAN G. 1980. Paradigms, metaphors and puzzle solving in organization theory[J]. Administrative Science Quarterly, 25(4): 605-622.

OSWICK C, KEENOY T W, GRANT D. 2000. Discourse, organizations and organizing: concepts, objects and subjects[J]. Human Relations, 53(9): 1115-1123.

PENTLAND B T. 1999. Building process theory with narrative: from description to explanation[J]. Academy of Management Review, 24(4): 711-724.

PETTIGREW A, STARKEY K. 2016. From the guest editors: the legitimacy and impact of business schools—key issues and a research agenda[J]. Academy of Management Learning & Education, 15(4): 649-664.

PFEFFER J, FONG C T. 2002.The end of business schools? Less success than meets the eye[J]. Academy of Management Learning & Education, 1(1): 78-95.

STARBUCK W H. 2004. Why I stopped trying to understand the real world[J]. Organization Studies, 25(7): 1233-1254.

STARKEY K. 2015. The strange absence of management during the current financial crisis[J]. Academy of Management Review, 40(4): 652-663.

SUDDABY R. 2014. Editor's comments: why theory? [J]. Academy of Management Review, 39(4): 407-411.

TAPP A. 2005. Why practitioners don't read our articles and what we should do about it[J]. The Marketing Review, 5(1): 3-12.

TSOUKAS H. 1998. The word and the world: a critique of representationalism in management research[J]. International Journal of Public Administration, 21(5): 781-817.

TSOUKAS H, HATCH M J. 2001. Complex thinking, complex practice: the case for a narrative approach to organizational complexity[J]. Human Relations, 54(8): 979-1014.

TSUI A S. 2009.Autonomy of inquiry: shaping the future of emerging scientific communities [J]. Management and Organization Review, 5(1): 1-14.

TSUI A S. 2013. The spirit of science and socially responsible scholarship [J]. Management and Organization Review, 9(3): 375-394.

VALETTE A, CULIÉ J-D. 2015. Career scripts in clusters: a social position approach[J]. Human Relations, 68(11): 1745-1767.

VAN MAANEN J. 1995. Style as theory[J]. Organization Science, 6(1): 133-143.

WATSON C. 2011. Staking a small claim for fictional narratives in social and educational research[J]. Qualitative Research, 11(4): 395-408.

WEICK K E. 1988. Enacted sensemaking in crisis situations[J]. Journal of Management Studies, 25(4): 305-317

XIANG B. 2016. Theory as vision[J]. Anthropological Theory, 16(2-3): 213-220.

伯基特.2012.社会性自我:自我与社会面面观[M].李康,译.北京:北京大学出版社.

布朗,J,布朗,M.2015.自我[M].王伟平,陈浩莺,译.彭凯平,审校.2版.北京:人民邮电出版社.

福柯.2012.规训与惩罚[M].刘北成,杨远婴,译.4版.北京:生活·读书·新知三联书店.

戈夫曼.2008.日常生活中的自我呈现[M].冯钢,译.北京:北京大学出版社.

格根.2011.语境中的社会建构[M].郭慧玲,张颖,罗涛,译.赵旭东,校.北京:中国人民大学出版社.

格雷西亚.2015.文本:本体论地位、同一性、作者和读者[M].汪信砚,李白鹤,译.北京:人民出版社.

郭重庆.2008.中国管理学界的社会责任与历史使命[J].管理学报,5(3):320-322.

韩巍.2014.学术评价的回归及业绩管理的矫正:对管理学院两种核心价值观的质疑与反思[J].西安交通大学学报(社会科学版),34(3):8-17.

韩巍.2016.研究是为了免于欺骗的人生[M]//周南.登山观海:146 位管理学研究者的求索心路.北京:北京大学出版社:94-95.

韩巍.2017a.做一名合格的教师已经足够[M]//马卫红,丁夏齐.我们心向的事业:深圳大学管理学院教学研究文集(7).广州:暨南大学出版社:2-13.

韩巍.2017b.情境研究:另一种诠释及对本土管理研究的启示[J].管理学报,14(7):947-954.

韩巍.2017c.洞见以下皆为修辞:《管理学中的伟大思想》对本土管理研究及理论建构的启示[J].西安交通大学学报(社会科学版),37(1):5-16.

韩巍.2018.共在性的图像式理论:打开本土管理研究的一把钥匙[J].探索与争鸣,29(7):103-109.

韩巍,席酉民.2009.不确定性——支配权——本土化领导理论:和谐管理理论的视角[J].西安交通大学学报(社会科学版),29(5):7-17.

韩巍,席酉民.2012.机会型领导、幻觉型领导:两个中国本土领导研究的关键构念[J].管理学报,9(12):1725-1734.

韩巍,席酉民.2015.下属改变世界:领导—下属互动机制的本土建构[J].西安交通大学学报(社会科学版),35(2):1-15.

韩巍,赵向阳.2017."非科学性"让管理研究变得更好:"蔡玉麟质疑"继续中[J].管理学报,14(2):185-195.

怀特海.2010.思维方式[M].刘放桐,译.北京:商务印书馆.

克兰迪宁.2012a.叙事探究:原理、技术和与实例[M].鞠玉翠,等译.丁钢,审校.北京:北京师范大学出版社.

克兰迪宁.2012b.叙事探究:焦点话题与应用领域[M].鞠玉翠,等译.丁钢,审校.北京:北京师范大学出版社.

利布里奇,图沃-玛沙奇,奇尔波.2008.叙事研究:阅读、分析和诠释[M].王红艳,主译.释觉舫,审校.重庆:重庆大学出版社.

利科.2013.作为一个他者的自身[M].佘碧平,译.北京:商务印书馆.

利科.2012.诠释学与人文科学:语言、行为、解释文集[M].汤普森,编译.孔明安,张剑,李西祥,译.北京:中国人民大学出版社.

席酉民,韩巍.2002.管理研究的系统性再剖析[J].管理科学学报,5(6):1-8.

席酉民,韩巍,尚玉钒.2003.面向复杂性:和谐管理理论的概念、原则及框架[J].管理科学学报,6(4):1-8.